HERMES

在古希腊神话中,赫耳墨斯是宙斯和迈亚的儿子,奥林波斯神们的信使,道路与边界之神,睡眠与梦想之神,亡灵的引导者,演说者、商人、小偷、旅者和牧人的保护神……

西方传统 经典与解释 **HERMES**
Classici et Commentarii

洛克集

赵雪纲 ● 主编

洛克现代性政治学之根

The Biblical Politics of John Locke

[加]金·I.帕克 Kim I. Parker ｜ 著

张杰 ｜ 译

赵雪纲 ｜ 校译

华夏出版社

古典教育基金·蒲衣子资助项目

"洛克集"出版说明

洛克有现代政治之父的美誉，也是如今"自由民主"普世价值的理论之父。尽管普世价值论在学界早已流行，学界人士对洛克思想的了解实际相当模糊，遑论审视的认识——至少，洛克著作的汉译迄今尚不完备，例如，洛克论自然法、论基督教以及圣经注疏的著作，都没有汉译本。已有的汉译本也多为几十年前的旧译，译文尚不足以支撑学术性研究。

英语学界的洛克研究长盛不衰，但绝非一味赞誉，而是持审慎的分析态度，而且早已不限于仅关注其哲学认识论和政府理论。晚近西方学界的洛克研究，最值得注意的成果首先是整理出版洛克的未刊文稿，其次是重新审视洛克关于自由社会的一些根本问题（如宗教对自由社会的意义，自然法在近代转变为自然权利的过程）的观点。换言之，"自由民主"普世价值理论之父的理论，在西方学界看来，并非是自足的或没有问题的。

为了改变我国学界洛克研究的现状，通过研究洛克来思考与中国百年政制变革有关的问题，我们策划了这个编译计划。一、选译尚未有汉译的洛克文献（如《论自然法则》以及八卷本洛克书信）；二、重译洛克的基本著作，包括仅有摘译的要著（如《宽容书简》的汉译本仅译出原著不及五分之一；《基督教的合理性》中译本仅译出原著不及三分之一）；三、选译英语学界有代表性的洛克研究论著。认识洛克思想的真正面目是我们的首要目的，批判地思考洛克问题则是我们的历史责任。

古典文明研究工作坊
西方典籍编译部申组
2011年10月于北京

目 录

中译本说明 …………………………………………… 1

致　谢 ………………………………………………… 1

导　论 ………………………………………………… 3

第一章　洛克：终生关注圣经 ……………………… 11

第二章　理性、启示与堕落 ………………………… 61

第三章　亚当与父权政治秩序 ……………………… 113

第四章　洛克的亚当：《政府论上篇》 ……………… 155

第五章　洛克的亚当：《政府论下篇》 ……………… 200

结　论 ………………………………………………… 237

附　录

洛克、宗教、权利与现代性的兴起 ………………… 246

自由主义的序言：洛克的《政府论上篇》与圣经 …… 262

洛克与现代性的圣经基础 …………………………… 291

洛克、圣经与现代政治学的渊源（一） …………… 310

洛克、圣经与现代政治学的渊源（二） …………… 315
洛克、圣经与现代政治学的渊源（三） …………… 321
洛克政治思想中的圣经与自然的自由 ……………… 327

参考文献 …………………………………………………… 371
索　引 ……………………………………………………… 381

中译本说明

在论述洛克的自然法观念时，施特劳斯说：

> 如果完整的自然法、并且从而是其中的任何部分的"最确定、最稳妥和最有效的教导方式"，由"那些启示的书卷"所提供，那么，特别有关政府的完整而绝对清晰的自然法的教导，就应该是由圣经尤其是由新约中的引语精心编排而成。相应地，人们就会期待洛克写上一本"Politique tirée des porpres paroles de l'Ecriture Sainte"［圣经话语中的政治学］。

倘若洛克的自然法论述和政府学说，就像不少人一直以来认为的那样，与圣经有着紧密关系甚或在某种程度上源于圣经，那么，洛克为何没有像有些人期待的那样，写一部《圣经话语中的政治学》，而是写了《政府论两篇》呢？[①]

施特劳斯所提的这个问题，对理解洛克的政治学而言至关重要。的确，洛克（1632—1704）的一个同时代人，以演讲论著之才名动法国的波舒哀大主教（Jacques-Benigne Bossuet，1627—1704），几乎就在洛克撰写《政府论两篇》的同时，就写了这样一部《圣经话语中的政治学》（*Politique tirée des porpres paroles de*

[①] 施特劳斯，《自然权利与历史》，彭刚译，北京：三联书店，2003，页210。译文对照英文原本稍有改动。

l'Ecriture Sainte）。① 施特劳斯所言，应该正是指波舒哀的这部大作。他的意思是说，洛克的政治学并不像人们通常认为的那样，与圣经密切相关甚或源于圣经，毋宁说，它在暗中是反圣经的。最起码，洛克也是想要"使他的政治学说，亦即他的关于统治者和臣民的权利与义务的自然法学说，尽可能地独立于圣经"。② 否则，以洛克超乎寻常的审慎和明智，如果他的政治学说真是得自像他常常引证的圣经，他当然应该写上一部《圣经话语中的政治学》而非《政府论两篇》。我们切不可被洛克制造的烟幕弹迷惑了眼睛。

应该说，试图从圣经当中发掘一种政治学，这在基督教思想史上源远流长，因为即便是信仰最为虔诚的基督徒，其肉身也活于此世，因此就要与政治发生关系，而一旦与政治发生关系，也就不免要思考在政治面前何以自处、什么是正当的政制这样的问题。在基督教思想史上，奥古斯丁以其深湛之思，为教会、神学和圣经与世俗政权的关系，勘定了一种秩序。随着一代代基督教思想家和政治人的努力，古代异教世界的君主制在基督教世界终于以君权神授论（theory of divine right of kings）为支撑而大获全胜，成了几乎唯一正当的政治统治形式。这种以君权神授论为根基的君主制，想方设法限制人的自由、禁止人的奢靡生活，说是要以此提升人民的德性，使政治共同体能够进于"正义和善德"……

然而，在意识形态并非铁板一块的欧洲中世纪，一直存在一股骚动的思想潜流，对这种限制和缩减古代异教世界人的自由的神权政治，心存厌憎，而欲重新复活那种所谓自由的生活方式。中世纪晚期的文艺复兴运动便带有这样一种性质。然而，文艺复兴运动的

---

① 英译本参见 Jacques-Benigne Bossuet, *Politics Drawn from the Very Words of Holy Scripture*, Translated and Edited by Patrick Riley, 北京：中国政法大学出版社，2003。此后引用此书即参此本。

② 施特劳斯，《自然权利与历史》，前揭，页214。

力量所及，至多不出极少数文人的圈子。要想让多数人甚至所有人都获得彻底解放而达至自由状态，不完全颠覆神授君权这种政治制度便不为功。这就是启蒙思想家们要干的一桩大事了。

要想干成这桩大事，启蒙思想家必须击败、摧毁两个具体的敌人：一是世俗君权，二是为世俗君权提供意识形态基础的教权。因为在漫长的中世纪，正是这两种权力相互利用、相互加强（尽管有时也相互斗争），才成就了神授君权的事业，压制了人民，尤其是压制了心怀自由憧憬的思想者，而导致了长久的"黑暗"状态。第一个明确向君权神授论亮剑的启蒙思想家是霍布斯。霍布斯以自然状态假设为基础，剑指教权，剑指基督教神学，乃至剑指圣经本身，干净利落地、釜底抽薪地从理论上把教权打得个落花流水，使得以教皇为代表的神权自此再无正当资格干预世俗王权，遑论为其提供意识形态基础了。世俗的"主权者"，因而获得了一种牢笼万端的绝对权力，于是，以往需靠神权提供意识形态支撑的世俗王权国家，成为吞噬一切人类事物（human things）的"利维坦"。

这自然更加可怕，因为无论如何，在神授君权的世界中，神及其具体的现世代表教会，尤其是天主教会，有时毕竟还能对世俗君权施加某种并非完全消极的（有时甚至还是相当积极的）影响。霍布斯消除这一影响力量后，剩下的那个赤条条的君权，除了维持国内和平，让人民免于暴死之外，还可以干些什么？甚至，倘若这种绝对的主权者是个坏蛋，谁还能够再限制他滥施刑赏，国家岂不会因而重有复归"黑暗"状态的危险？这是现代启蒙思想之父霍布斯给后继者留下的一个思想难题。

当霍布斯以91岁鲐背之年享其寿考时，洛克已然47岁。尽管彼时洛克尚未发表具有影响力的作品，但他早已开始思虑霍布斯留下的这个棘手甚至令人恼怒的巨大麻烦。必须杜绝没有神授观念支持的绝对主权者为人民重新套上锁链这种可能性，否则，人民自由的大业岂不有毁于一旦之虞？

极其谨小慎微,甚至不止一次对亲密友人表达对霍布斯的憎恶之情的洛克,在君权神授论仍占主导地位的气氛中,沿着另一条极为隐秘的小道,悄悄地、稳妥地继续推进人民自由的事业。尔等菲尔默们不是说君权神授么?尔等菲尔默们不是说君权神授具有牢靠的圣经根据么?好!我们就从圣经开始吧!我等细致周密地研读了圣经,但发现根本就不是这么一回事情。我等从圣经中看到的恰恰是人民的自由和平等,何来世袭的绝对神授君权一说?此论一出,首先害怕的倒不再是论证君权神授的基督教神学家们,而是信奉此种理论的保王派政治家们以及国王本人了,这些人都是世俗政权的代表。至于原先以圣经为根据发皇出君权神授论的神学家和教权掌控者,虽然并不赞同洛克的此番推论,却也不觉得此论多么令人深恶痛绝——毕竟,洛克的自由平等理论,据说也是根据神圣的启示经文推导出来的呢!

殊不知,洛克虽不像莽汉霍布斯那样将矛头直指教会、神学、圣经和君权神授论,但却暗中将世俗政权的目的和功能从神权那里独立出来,将其变成了维护人民的生命、自由和财产。而且据洛克说,这些都有圣经根据,绝不是信口胡说。就是凭着这种明修栈道、暗度陈仓的高超功夫,明智的洛克竟然成功地将君权神授论的釜底之薪给抽拔干净了:不仅君权并非神授,而且圣经从未说过必须要有一个世袭的君权。不宁唯是,圣经甚至还语焉不详地告诉我们,经自由平等的人同意而选出来的政府,才是唯一具有正当性的政府,一旦自由平等的人民认为政府不能保护自己的生命、自由和财产,即可起而反抗,更换政府——何来世袭的绝对君主权力?

于是,不只是君权神授,就连霍布斯留下的那个赤条条的君权自身,都成了大问题。洛克显然比霍布斯棋高一着,因为他凭着不凡的思虑功夫、超人的谋划段位,静悄悄地彻底粉碎了君权神授论,职是之故,自由的人民才万岁起来,自由人民的政府才万岁起来。由此可见,洛克能够摘得现代自由主义政府理论之父的桂冠,断非出于偶然，实乃其来有自，因而完全当之无愧。

有一个人被洛克指认为君权神授论的代表而硬拉出来当作靶子批判，他就是并不怎么高明的罗伯特·菲尔默爵士，此人与君权神授论一起遭了殃，也因之而留名后世。但是，这个菲尔默爵士，果真算得上是君权神授论最出色的代表吗？甚至，他果真算得上发表了一种圣经政治学吗？

可以说，如果从前文提到的奥古斯丁开始的话，基督教内企图论证君权神授之正当性的思想家，代不乏人。这些思想家们在论述君权神授的正当性时，固然也会常常引证圣经经文，或满以为自己是在辨识上帝关于人类政治事务所作的启示，但实际上，他们不管从这些引证或辨识中得出什么样的结论，都是在搞一种神学的政治学——或者颠倒过来说，是在搞一种政治的神学——而非搞一种圣经的政治学（即便他们有时候自以为是在搞一种圣经的政治学）。要知道，神学的政治学完全不同于圣经的政治学。严格来说，任何政治都需要一套神学作为其意识形态根基，即便我们当今的自由民主政治也是如此——"人民的同意"就是自由民主政治的神学根基。但是，圣经与后来的基督教神学还不是一回事情（有时甚至差异甚大），因此就不能说，基督教思想家们关于政治问题所表达的立场就是圣经的政治学。就此而言，这种在17世纪初期英王詹姆斯一世统治时走到前台的系统的君权神授理论（自号"太阳王"的路易十四在17世纪后期尤其服膺这种理论），说不定离圣经关于政治问题的教导——如果有的话——还远着哩！但是，这种理论在当时既受世俗王权的喜爱，也深得基督在世代表机构罗马教廷的首肯。因为彼时，在新教改革家和世俗启蒙思想家一浪连接一浪的冲击之下（一方攻城略地，另一方则节节败退），君主权力的正当性到底根植何处这一问题比以往突出了许多。然而，基督教思想家们论证神授君权的根本依据，还得到圣经中去寻找，于是君权神授论这样的神学政治学，看起来就颇有点像是圣经政治学了。而洛克凭着天赋的敏锐洞察力看透了这一点,因此不像霍布斯和斯宾诺莎那样急切地意欲彻底把教会、神学乃至圣经批倒批臭。洛克温和耐心却暗藏机锋地告诉人们,君权神授论根本就是无稽之谈,即使君权神授论的拥趸自称有圣经作为根据也是如此。不信?那就让我来证明给你们看看,我能从圣经中证明出自由民主政治的正当性来呢!

因此,神学政治论可以有,君权神授论也可以作为神学政治学来理解,但到底有没有一种圣经政治学,尚且很难说哩!或许洛克也是这个意思?

洛克三十岁那年(1662年),波舒哀以三十五岁的壮年在卢浮宫为路易十四布道(太阳王此时二十四岁,已即位十九年),题目是"论国王的义务"(On the Duties of Kings)。这场布道已经预示了他在十五年后关于君权神授问题的基本看法。1677年,当波舒哀五十岁的时候,他开始撰写一部题为《圣经话语中的政治学》的著作。或许已届天命之年的波舒哀那时意识到,君权神授论需要有更深的基础,即直接根植于圣经的基础。因此,这位修辞功夫盖世的帝师花两年时间写完本书前六卷后,就致信刚刚即位一年的教皇英诺森十一世(1676—1689年在位),介绍自己的这部著作,并庄严宣告说,"圣经话语的光耀已经完全掩盖甚至取消了理性的光芒",也就是神学的光芒:

> 我们行将揭示教义和圣经实例中所包含的政治学的奥秘、政府的基本准则以及法律的根源……因为圣经无论就其权威性还是就其智慧性而言,都超越了给人们的世俗生活以教导的一切其他书籍,因此……谁都不可能在任何其他地方看到这样确凿无疑的政府基本准则。[1]

---

[1] Jacques-Benigne Bossuet, *Politics Drawn from the Very Words of Holy Scripture*, Translated and Edited by Patrick Riley, 前揭, 页 XIX。

可以说，在基督教思想史上经历漫长时间形成的君权神授论，直到波舒哀这里才以"圣经政治学"的名义做了最明确的表达。菲尔默的《父权论》（*Patriarchy*）远算不上君权神授论的典型。但洛克非要说，"人们承认他（菲尔默）把这种论点发挥到了极点，并且认为他已经达到了完美无缺的地步"，洛克本人也正是因为这个缘故，才选择去驳斥这个人和这部著作。① 情况确实是这样吗？

没有证据表明洛克和波舒哀这两个同时代人互相读过对方的著作。要紧的是，正如施特劳斯所说，洛克尽管批判菲尔默以圣经佐证君权神授论之正当性的做法，并根据圣经推出了人人自由平等的现代政治理论，但却并未写一部《圣经话语中的政治学》，而是写了《政府论两篇》。洛克费尽九牛二虎之力，终于"在罗伯特·菲尔默爵士的说法之外"，寻求到了"另一种关于政府的产生、关于政治权力的起源和关于用来安排和明确谁享有这种权力的方法的说法"。② 可是，这种"论政府的真正的起源、范围和目的"（《政府论下篇》的副标题）的"奇怪的学说"（借用洛克自己的说法，《政府论下篇》页10），洛克又让它似乎显得同样也是根据圣经推出来的。那么，这到底应该算是一种什么样的政治理论？难道圣经既能与君权神授论联系起来，又能与自由民主论联系起来？在施特劳斯看来，情况完全不是这样。施特劳斯认为，如果以洛克自己的"行动乃是思想的最好解释"这一观点来看，我们当然可以认为，他对自己的"圣经政治学"根本不是真信。他真信的，他服膺的，他暗中支持的，必将是他所厌憎的那个"该受诅咒的"霍布斯建基于自然状态和自我保存的自然权利之上的政治学，尽管他并不喜欢

---

① 洛克，《政府论上篇》，瞿菊农、叶启芳译，商务印书馆1982年版，页5。

② 洛克，《政府论下篇》，叶启芳、瞿菊农译，商务印书馆1964年版，页4。

那个很有可能侵害所有人的自由平等的绝对主权者。①

现如今，帕克教授，应该就是从施特劳斯所提的问题出发，写了一部《洛克现代性政治学之根》（原名《洛克的圣经政治学》）。帕克教授或许意在告诉我们，作为现代自由民主政治理念之父的洛克，完全可以并且实际上已然把圣经与现代自由民主政制完美地结合起来，因此圣经的政治教导与现代自由民主政治理念并不冲突，甚至完全可以支持现代自由民主政治理念。并且正是由于洛克做了这一至关重要的工作，现代自由主义才能与古典传统接榫，从而有了更加深厚的根基。换言之，以圣经为代表的古典传统，通过洛克的工作，已然成功地转化成了现代自由民主政治理念——哪里有什么古今之争？

果真如此吗？难道熟谙圣经的洛克，不知道圣经实际上是一部什么性质的作品？难道洛克不知道，作为圣经尤其是新约核心的耶稣所说的"我的国不属于这世界"② 是什么意思？使徒保罗说，"在上有权柄的，人人当顺服他，因为没有权柄不是出于神的，凡掌权的都是神所命的"，③ 难道洛克不知道这话？难道洛克不知道，保罗这话是在说，这个世界的政制，与基督徒应视之为最高法律的灵魂救赎，其实全然无干？倘若洛克真的知道这些，那他必定也就知道，将圣经与作为政治神学的政治理念，尤其是与具体的政制关联起来的做法，从一开始就搞错了。圣经的真义在于人灵的拯救，而人灵的拯救其实与任何具体的政制都毫不相干。由此看来，洛克就似乎不大可能是想用圣经来支持自己的自由民主政治理论了。

施特劳斯一直未曾明言的一个大问题就是，源自但又突破了基于宗法传统和血缘关系的旧教（犹太教）而获得普世性的新教

---

① 施特劳斯，《自然权利与历史》，前揭，页 210-216。
② 《约翰福音》18：36。
③ 《罗马书》13：1。

(基督教），对人类来说是祸是福，可能还不一定哩！而这种普世性的新教与现代自由民主政制之间的复杂关系，也还需要格外认真地加以审视呢！倘若不加细究就把这种普世性的新教与现代自由民主政制勾连起来，对人类来说是祸是福，可能也还不一定哩……帕克教授感知并下苦功探研了这一重大问题，但似乎并未完全对之心领神会，故而编者蒐集了数篇相关的论文和书评一并译出，期能有助生活在今日自由民主政治观念中的我们，深思这一性命攸关的问题。

除王涛所译《自由主义的序言》一篇外，本人逐字校对了全书及其他各篇相关论文和书评。译事劳苦，编校者于此谨表谢忱！

赵雪纲
2017 年 9 月

致　谢

[ix] 在本书写作过程中，我得到过很多帮助，很高兴能在此表达谢意。感谢牛津博德利图书馆允许我查阅洛克馆藏档案的手稿和书籍，并准许我复印这些资料的摘录。还要感谢伦敦大英图书馆和克佑公共档案局（Public Records Office in Kew）惠允我查阅重要的一手材料。

1998年纽芬兰纪念大学的副校长研究奖金帮助启动了我在牛津的馆藏档案研究，1998至1999年，我在休学术年假期间也由此获得了资助，我对此心怀感恩。随后几年我又回到牛津，加拿大社会科学和人文研究理事会的一项科研经费给了我极大帮助，使我得以完成本项研究。我还要特别感谢来自学术出版项目援助组的两位匿名读者，他们对于改进本书初稿提了许多很有价值的建议。我也要感谢布雷恩（Theodore de Bruyn）持续关注本课题，并自始至终不懈地给予我帮助。

我想借这个机会感谢我的同事们，他们和我一起深入探讨本书初稿的方向，并激发了我对洛克和圣经的兴趣。这些同事就是霍金（David Hawkin）、莱姆（Richard Lemm）、康博斯（Eugene Combs）、博斯特（Ken Post）、阿岑施达特（Sam Ajzenstat）、怀布罗（Cameron Whybrow），尤其是已故的皮尔森（Stuart Pierson）。我也想感谢我的研究生为我提供各种帮助，他们是瓦尔施（Catherine Walsh）、卡特尔（Ben Carter）以及谢尔伍德（Ian Sherwood）。当然，我也要像往常一样坚定地做个免责声明：本书的任何错误，都由我个人负责。

最后,我要感谢伊恩(Ian)、艾佛利尔(Averil)和大卫(David),他们使我能够脚踏实地,并帮助我认识到什么是重要的。我尤其要向凯瑟琳表达谢意,她不仅在本书手稿编辑上给了我专业的帮助,而且在我们日复一日艰难的来往通勤中,她一直都在坚持自己的研究和写作,并维护着我们家庭的健康和稳定。能把本书奉献给她,于我而言,幸莫大焉!

导　论

[1] 我对洛克圣经政治学的研究，就其精神而言，既是神学的又是政治学的，因为这项研究思考了洛克对圣经的关注，以及这种关注如何展现在其政治哲学的发展过程之中。我要论证，圣经是他政治观点的重要组成部分，并且，圣经远非只是为洛克提供了一幅正统的外观，而是为他提供了一种卓越的人性描述。洛克对何为人类最佳政治秩序持有自己的观点，那么，这种观点与《创世记》的人性描述是什么关系？洛克对这种关系的理解迄今为止都相对不受重视，而这正是本书的主题。

显然，洛克终其一生都对圣经和圣经神学深感兴味。洛克熟谙圣经、圣经语言和圣经学问，并花了巨大心血持续追踪英国和欧陆的最新神学发展。洛克出版的著作中包含大量的圣经参考文献，而他的包含了大量圣经评注的未刊著作，也在某种程度上透露了他对圣经主题的兴趣。在洛克的3641部私人藏书中，有关神学主题的著作远远超过了其他种类，数量几乎占了他所藏书籍的四分之一。[①] 仅仅考虑洛克所有作品中参引的圣经内容之数量，下述这一点就相当令人吃惊：在研究洛克的二手文献中，迄今仍未有人稍稍重视他对圣经的使用。事实上，尽管有些学者已经强调了宗教对洛

---

① 参见 Harrison and Laslett, *The Library of John Locke*。这两位作者证明，洛克藏书的23.8%，或者说有870种，都是神学方面的书籍。另一方面，政治学书籍占了10.7%或说390种，其中有不少都是薄薄的小册子。类似地，哲学类书籍只有269种，占了总数的7.4%（18）。

克的影响，尤其是邓恩（John Dunn）在1969年出版其《洛克的政治思想》（*The Political Thought of John Locke*）一书以来，但是很少有人专门著书探讨洛克在其政治思想发展过程中对圣经的使用。① 尽管很多人都注意到圣经文献在洛克作品中频繁出现，但还是很少有人思考这些参引对其整体哲学态度的全部重要性。② 在这里我要论证的是，通过强调或揭示洛克政治思想深处的圣经潜流，有可能断定他的政治理论是完全依赖于还是完全独立于他的圣经诠释。

［2］而且，如果洛克曾把他的政治理论与他基于核心圣经文本（很明显就是《创世记》第1-4章）的人性观联系起来，那么，对那些有兴趣研究早期自由主义的学者来说，确定洛克的政治观念与圣经之间是否具有内在关联，就是一个重要问题。近些年来，政治原理和宗教文本之间的意识形态关系问题，或者说这个神学-政治问题，一直被学术界忽视，这真不啻一场学术灾难。③ 实际上，在

---

① 其他一些学者已经补充、强化了邓恩的历史研究法，他们是阿施克拉夫特（Richard Ashcraft 1969，1986，1987）、塔利（James Tully 1980，1993）、斯佩尔曼（W. M. Spellman 1988）、哈里斯（Ian Harris 1994），以及马歇尔（John Marshall 1994）。

② 实际上，许多人已经注意到圣经参引在洛克政治著作中的重要意义，但他们认为那只是洛克的周密计划的一部分，这一计划一方面要表明洛克表面上是多么赞同圣经，另一方面也证明洛克是多么谨慎地想要颠覆圣经的政治教导。施特劳斯的《自然权利与历史》（1965）最为充分地论证了这一假设。施特劳斯认为，洛克歪曲圣经文本是为了证明理性足以解释启示。按照施特劳斯的说法，"洛克不得不使他自己的政治学说，亦即他的关于统治者和臣民的权力与义务的自然法学说，尽可能地独立于圣经"（207）。对施特劳斯的这种假设，迄今已有许多进一步的论证，其中做得最好的是潘戈（Thomas Pangle 1988）、朱克特（Michael Zuckert 1994，2002）和迈尔斯（Peter Myers 1998）。

③ 放弃神学-政治事业有一种实践上的意义，因为在学术圈已经兴起了互不依赖的政治科学和圣经研究这两个科目，二者互不侵犯、互不干涉。政治科学，如果不是过分简化的话，可定义成一种对政治生活知识的探索和对政治生活的反思，或说对人类从事政治活动所凭借的理念的探索和反思。对人们如

绝大多数现代圣经学者和政治学学者看来，几乎不证自明的就是，《创世记》的开篇几章似乎根本就不是政治性的内容——或者，也许可以说在政治性上如此含混不明，以致挖空了"政治性的"（political）这个词语的意涵。① 按照当代人的说法，在圣经中找寻政治灵感似乎是不切实际甚或毫无意义的工作。绝大多数人都理所当然地质疑一种人，后者会从圣经中摘录某些纯粹私人道德教诲之外的什么东西；同样，他们还认为企图依靠圣经来确定公共政策——更不要说自由主义了，充其量不过是一种时代错误，充其量只不过是落伍的。还有一些人，他们可能会用古老的异教信仰来证实自己的女神膜拜，比如说德鲁伊教崇拜或者新纪元教，但他们发现，圣经及其父权论痼疾及军国主义阴谋则与现代灵性了不相干。最后，还有些人继续从圣经中找寻他们的生活原则，但是他们发现，带有世

何从事政治活动的研究，既可以是实践性的（practical）也可以是现象学的（phenomenological），前者是因为这种研究是对人们在整个历史过程中从事的活动的研究，后者是因为，这种政治活动是理念、传统和环境的根本性储备的显示（参见 Strauss 1959，9-55）。另一方面，圣经研究领域则不仅关注人们自身如何一起生活，更重要的是关注文本的起源、创构和传播。圣经学（Biblical scholarship）首先要解决历史的而非政治的或哲学的问题。历史批判研究（historical-critical scholarship）试图用全力关注圣经创作真相的元叙事，来取代圣经本身的元叙事。内在的冲突、含混和矛盾，被更大的元话语（metadiscourse）克服了，因为这种元话语是想把一切矛盾都纳入某种假定的、被历史地强加的框架。这个框架反过来又被认为比圣经叙事本身更加真实、更加符合实际。

① 站在政治一边，戴利（James Daly）评论说："圣经的第一卷，如果被视为一种政治理论之源的话，则遍布含混、矛盾、谎言和令人费解的宗谱，且常常对细节——这类细节对于阐释一种系统的政治哲学而言本来极为重要——保持沉默，既然如此，那么（菲尔默）的批评者必定就会占据优势"（1970，80）。而站在圣经一边，巴尔（James Barr）则写道：圣经"包含了众多相异的观点和方法的资源……多数诉诸圣经的或源于圣经的政治观点，都只是部分符合圣经，或只是符合圣经里某一内容并不充实的片段，甚或完全不符合圣经"（1980，288-289）。

俗个人主义趣味的自由主义，并不符合圣经的道德教诲。然而，如果对早期自由主义的考察未必要求完全废弃圣经——事实上，早期自由主义部分建基于圣经训诫之上——那么，不借助圣经来诠释深刻影响了西方世界的政治制度和实践，就非常可悲（Ajzenstat 1992）。

当代学者全都常常忽视圣经是洛克的——或者就此而言也是其同时代人的——政治理论的渊源之一，这说明，我们的政治讨论的一个决定性因素正在消失。虽然现在依据圣经世界观来给当代政治讨论定位似乎有些荒唐，也可能十分危险，但在17世纪，人们认为圣经对政治讨论具有根本而独特的重大意义。圣经与政治问题没有直接关系这样一种理念，在18世纪之前，对绝大多数基督徒来说似乎本是非常奇怪的。早期现代政治思想的主要创始人——除了其他人以外，还有霍布斯、斯宾诺莎和洛克——皆在圣经议题所主导的框架内阐述其政治主张；正是圣经给这些思想家提供了通往昔时的门路，而且不求助于某种正确的历史眼光，就不可能有任何政治观念的产生。对于17世纪的政治思想家来说，[3]适于在其中安放政治话语的那个历史框架，正是圣经的框架。

因此，接下来我要讨论与圣经宗教相一致的洛克的政治著作，以图肯定圣经思想对早期自由主义具有意识形态上的中心地位。洛克常常被认为是典型的理性主义者，他给我们提供了独特的连接点：他站在父权政治秩序（其中专制君主的权力与人民的不平等是主要矛盾）与现代世俗自由主义（分裂和多样化构成了这种自由主义的世界秩序）之间。本书证明，洛克在许多方面都是一个典型的理性主义者，因为他有效地粉碎了圣经父权秩序并将自由和平等确立为正当的统治原则。然而，他的政治纲领未必适合于一种现代的世俗主义观念，相反，却适合于某种宗教的观念。这就是说，自由主义，至少洛克所理解的自由主义，深深扎根于一种圣经的世界观。

在第一章一开始我就表明，洛克早在牛津读大学时（甚至可能更早）就倾心于圣经和圣经研究，并且他对圣经的兴趣持续了一生。尽管洛克对圣经的理解确实并不总是正统的，但他总是用理性论证来为他自己不受欢迎的立场辩护。实际上，洛克确实挑战了他那个时代公认的圣经解释，这一事实应该让学者们明白，洛克对圣经的兴趣足以使他努力采用书写的形式来为自己不受欢迎的立场辩护。洛克相当审慎精微地做到了这一点——足可避免引起公开论战——即使在晚年，当其哲学家美誉已然不可颠覆时，洛克还总是介入公众争论以捍卫自己的观点。然而，对于洛克来说，问题从来不在于放弃圣经本身，而在于放弃其他人关于圣经文本的更多可疑解释。此外，洛克对圣经的兴趣不仅表露在神学议题之中，也表现在历史批判的主题之中。从这个思路上来讲，他的发现表明他也应该位列现代圣经研究的创始人中（比如其中还有霍布斯、斯宾诺莎、以及西蒙［Richards Simon］）。洛克作为历史批判方法奠基人之一的这种地位，也是激发当前讨论的动力之一。

尽管有人可以相对容易地确定洛克对圣经的毕生兴趣，但重要的是要追问洛克解释圣经所用的方法，或者，用更适合于洛克自己的方式来说就是：理性与启示之间的关系是什么？更确切地说，启示的训诫能用理性来解释吗？为了解决这个问题，[4] 有必要去查一查洛克的《人类理解论》（1690），因为作者在书中依次探讨了启示、理性及其相互关系的确切性质。洛克的同时代人，尤其那些宗教改革家，坚决认为人的理性受损甚大，以致很难就某一具体的圣经段落得出任何具有终极正确意义的结论，而这都是因为亚当的堕落。照他们所说，一个人所能做的就只是向圣灵祈祷，期盼并等待上帝的恩宠。虽然洛克在理解某些圣经经文的意涵时也有疑难问题，但他不喜欢把我们解释上的"失败"归因于亚当的堕落。实际上，在《政府论两篇》（1690）和他去世后出版的《保罗书信注疏》（*A Paraphrase and Notes on Epistles of St. Paul*）（1706）中，洛克提出了若干解释学的指导原则，以图帮助人们阅读圣经。不过，在有关圣经解释的种种问题上，洛克认为，确定性仍然难以捉摸是因为人类理性的局限，而不能归因于某种遗传上的缺陷。对他来说，堕落观念或归罪亚当的理论存在非常非常大的问题。事实上，它意味着人类根本无法为自己的行为负责，也不能自主地避免犯罪。就洛克对人类理智的一般观点来看，显然他要花费大量的时间努力去弄清《创世记》前几章所暗示的人类处境。因此，本书第二章就追踪了洛克思想的这样一条发展思路，尤其是他对亚当在堕落中之所失的解释。

实际上，如何解释堕落问题（无论人类是否受到诅咒而被判必定有罪）充满政治意蕴。例如，如果人们相信亚当后裔不能自主地逃避罪恶，那就需要一个强有力的政府来管制人性的堕落。因此，对于洛克的同时代人来说，堕落之前的亚当就象征着最佳政府形式所需要的状态。通常情况下，这种政府形式叫作父权论的政府。整个17世纪，父权论的意识形态主导着英国的社会和政治，而且总是能从圣经中找到支持。所以，本书第三章就详细探讨了圣经在父权社会和父权思想发展过程中所起的重要作用。圣经里的族长总是支持君主，也对王室特权给予神圣的认可，17世纪的人们试图以这种圣经解释去巩固或保住英国的查理一世和查理二世的权力。菲尔默爵士（Sir Robert Filmer）是最著名的——如果不是最深刻的话——圣经父权政治的阐释者之一。菲尔默清楚地表达了一种政治立场，那就是用圣经赋予君主专制权力，抬举男人，并使女人和孩子在一种等级制中处于从属地位。这必定会导致以圣经为基础的君权神授理论，[5]而这就是洛克在其《政府论上篇》中明确反对的政治理论。

第四章处理的是洛克对菲尔默的驳斥具有何种性质，这是我们要重点讨论的问题，因为菲尔默的政治理论也是在圣经中找到其根据的。跟着洛克《政府论上篇》对菲尔默圣经父权论的驳斥，我们想要看一看，洛克的圣经解释如何不只是论战性的，而是本身更具有圣经解释学的意义。洛克对圣经的理解不仅在政治学上有别于菲尔默，而且从神学上来讲也不相同。因此，神学-政治辩论的形势随着洛克新创的圣经解释方法而从根本上改变了。为了强调菲尔默是洛克《政府论两篇》中的明确对手，为了强调正是菲尔默建立了与洛克开展圣经辩论的舞台，本书第四章密切关注《政府论两篇》写作时的历史氛围。也正是在这里，我对下述观点提出了反驳论证（counter-argument）：洛克只是对圣经做了点表面文章，或者说，他为了表明圣经教诲符合他的理性主义政治学而曲解了圣经文本。然而，洛克解剖其对手圣经观时所用的技法表明，他绝非业余的圣经解释者。事实上，洛克的释义，尤其是他对亚当之意义的理解，从根本上说在《政府论上篇》里已然确立。

然而，亚当这个人物在《政府论下篇》里也起着重要作用。事实上，就是在那里，洛克展示了他的政治理论。而且，虽然在《政府论下篇》里圣经引文并不常见，但洛克仍是以圣经来支持其政治理论的。因此，本书第五章想挖掘洛克政治哲学的圣经根基。《创世记》前几章在洛克的探讨中占据了重要位置，这一事实表明，为了支持自己的政治理论，洛克再次借助了圣经的人性描述。这一考察的结果表明，在更深的层面上，洛克的政治理论普遍符合他的圣经理解，特别是符合他对亚当之神学意义的理解。

所以，在接下来的篇章里，我将论证洛克的自由主义得自其宗教观尤其是其解释《创世记》前几章所用的独特方法。尽管洛克对《创世记》深感兴味，但他仍然把自己跟那些前现代的圣经父权论者区分开了，在他看来，这些人的成果基本上都在菲尔默爵士的作品里体现出来了。二手文献常常浮皮潦草地处理菲尔默和洛克之间的圣经论战，实际上这场论战让我们能够更好地去理解洛克的政治观点，就像他的《政府论两篇》所体现的那样。[6]此外，就像在他的许多其他著作（包括已出版的和未出版的）中看到的一样，洛克对《创世记》的理解，对他的人性观、道德观以及他关于理性局限性的观念来说也非常重要。

我已经表明并即将在后续几章更充分地证明，洛克与其同时代的人一样，对圣经和圣经神学深感兴味，只不过，他对圣经内容尤其是对《创世记》前几章的解释，大大不同于他那个时代的思想家的解释，并且向其所处历史舞台展示了一种具有同等独特地位的政治观点。首先，洛克认为，《创世记》关于人类处境确曾启示了某些重要的东西——不是关于罪之必然性的同样的悲观想法，而是一种乐观得多的观念，这种观念符合他自己对一位仁慈之神的看法。第二，应该强调的是，这种原罪观所导致的政治结果也是洛克不得不抗争的，因为它意味着人类无法做正当之事，而亟需法律的强力来使自己措置得当。第三，由于洛克对圣经深感兴趣，并且不愿抛弃圣经来理解人对上帝和他人所负义务的根源问题，所以，他确立了一种符合更加自由主义的堕落观的政治学说。在接下来的章节里，我希望更多从细节上逐一考察这些议题，目的是揭示洛克研究领域相对忽视的一个问题：洛克的圣经解释学与其政治哲学之关联的确切位置——那些从整体上型塑、范围其人性论述的界线。

第一章 洛克：终生关注圣经

[7] 对于自己认为是荒谬或错误的信念或观点，洛克确实不是那种坚持不放的人，同样，终其一生，洛克确实也一直在关注某些问题：科学、医学、哲学、政治，尤其是宗教。更加值得一提的是，正是他对圣经的痴迷，他的不愿轻易摒除或舍弃圣经教义，以及他想把圣经教诲运用于其哲学和政治著作中的愿望，使洛克成了如此痴迷于圣经研究的专家。在17世纪的英国，对圣经感兴趣并不是什么非同寻常的事情，但是，作为启蒙运动的一位奠基者，洛克这样做稍微有点不大平常了，因为启蒙运动是一场理性主义运动，其目的在于摒弃和消除宗教、迷信、教会建制以及圣经在社会中的特权地位。

就圣经解释问题而言，洛克完全不只是一个信仰者，他极为尊崇圣经，花了毕生精力研究圣经，以图明白全部的经书究竟讲了什么。洛克与其同时代人霍布斯、斯宾诺莎和西蒙一起，开创了复杂深奥的圣经解释方法（sophisticated methods of biblical interpretation），尤其是对圣经文本作历史的探察，这些方法盛行于18和19世纪的欧洲，并为现代的圣经分析方法铺平了道路。

在本章中，我想通过洛克的作品来简要追溯洛克对圣经的兴趣。我的目的不是把洛克这样一个复杂的思想家的思想简化成任何一种原理（比如说圣经可能非常重要），而是通过崭新的眼光来研究洛克，来看一颗喜好刨根问底的和理性的心灵，如何与同一颗忠于圣经启示的心灵处于紧张之中。

早年生活（1632—1652）

洛克于 1932 年 8 月 29 日出生在萨默塞特郡灵顿地区，在一个相当严格的加尔文教家庭中，由父亲老约翰抚养长大。他的父亲是一位勉强算得上成功的律师，曾经做过地方治安法官的秘书。① 尽管小约翰出生于绅士家庭，但他完全算不上富裕或有钱。[8] 小约翰早年所受的教育，大约就是艰苦朴素、学习圣经以及很强的工作责任感。洛克幼年受的是英国国教的洗礼，由暴躁但虔诚的清教徒克鲁克博士（Dr. Samuel Crook）施礼。洛克出生的头一年内，克鲁克一直在努力停掉灵顿地区的主日娱乐、舞会和尚有节制的宴饮。任何清教徒都不能容忍在安息日如此狂欢作乐，只是凭查理一世的命令，这些活动才得以重新恢复。主日娱乐问题不仅在萨默塞特郡造成了分歧，甚至也分裂了全国的民众。有些人同情、赞成国王和传统，但也有些人，像洛克一家，十之八九却在对抗中变得越来越坚定。

查理国王绝不是一个受欢迎的君主，1634 至 1640 年间的船费税增加了反对他统治的声音。由于查理一世急需硬通货来平衡通货膨胀，于是他制定计划以图筹得更多金钱。他恢复了伊丽莎白时期的一项叫作船费税的税收，将其用于国防。根据英国法律，只有议会才有权征税，但因为查理从 1629 年开始就不再召集国会而自己当权，所以船费税是国王可以征收的仅有的一项合法税收。征收这项不得人心的税费的责任落到了地方官员身上。在萨默塞特郡甚至在全国，这项税费的征收都算不上成功。当北方的苏格兰人爆发动

---

① 在撰写本章时，我的参考文献主要得自格兰斯顿的《洛克传记》（Maurice Cranston, *John Locke: A Biography* 1957）一书，而许多关于洛克宗教背景的内容则取自马歇尔的精深研究，即其《洛克：抵抗、宗教与责任》一书（John Marshall, *John Locke: Resistance, Religion, and Responsibility*, 1994）。

乱而国王急需更多金钱的时候，他别无选择，只得在1640年重新召集国会。然而，在议会直接挑战国王统治权威之前不久，也就是洛克刚刚十岁的时候，内战已经爆发了。因此，洛克在复辟伊始写下这样的话毫不奇怪："在这个世界上，当我刚刚有了自我意识的时候，我就发现自己已然身处风暴之中，这场风暴几乎一直持续到今日。"①

1642至1643年间，老约翰·洛克以上尉职衔在议会军队服役，受波帕姆上校（Colonel Alexander Popham）领导。波帕姆的武装在1643年肆意破坏威尔斯大教堂，并决定去除国教会中的"天主教因素"，那时洛克先生很可能就是其中一员。那一年的晚些时候，王党武装力量重新占领了萨默塞特郡，但最后它还是被议会军队夺回并重新掌控。

1647年，当内战几乎要胜利的时候，圣公会的很多堂区牧师被长老会的平信徒长老取代了，波帕姆和洛克虔诚的叔叔彼得作为长老服务于长老会。波帕姆在他的长老会团体中是领袖，也是巴思议会的议员，拥有相当大的影响力。为了帮助自己的战友，波帕姆在1647年推荐小约翰进入威斯敏斯特学校上学，其时，十五岁的年龄已经完全不算小了（Cranston 1957, 1-17）。

在威斯敏斯特学校，洛克师从巴斯比（Richard Busby），这是

---

① 洛克《政府二论》（*Two Tracts on Government*）（转引自 Goldie 1997, 7）。早年的这个《政府二论》是洛克的私人手稿，后在1947年被拉夫莱斯勋爵（Lord Lovelace）以5000英镑的价格卖给博德利图书馆。这些私人手稿中的主要著作大多在此后二十年间出版。洛克的许多不太重要的散论已经出现在学术著作和论文中；那些论述政治和社会问题的作品，直到近来才得到戈迪的校勘整理（Mark Goldie, 1997），而那些论述宗教问题的散章，已由诺沃编辑出版（Victor Nuovo, *John Locke: Writings on Religion*, 2002）。洛克《政府二论》的评注版是由阿伯拉姆做的（Philip Abrams, *John Locke: Two Tracts on Government*, 1967）。必要的时候，我会参考这个版本，但为方便和统一起见，正文中出现的《政府二论》相关参引都来自戈迪的版本。

一位能力超群的老师（格莱斯顿认为他对英国公立学校教育体系有开创之功），[9] 教龄长达五十七年之久（1638—1695）。威斯敏斯特吸引了最好的学生，他们中有很多人，像雷恩（Christopher Wren）、索思（Robert South）、德莱顿（John Dryden），都将与洛克齐名。巴斯比可能非常独特，因为他尽管不是加尔文派教徒，还是获得了这一职位。事实上，在 1649 年处决查理一世的那天，巴斯比还让自己的学生为这位国王的灵魂祈祷。也许正是在威斯敏斯特的时候，洛克开始逐渐脱离其严格的加尔文主义教养背景，尽管不知脱离程度如何。

在威斯敏斯特，洛克接受了系统的古典文学训练，在这方面打下了深厚的基础，更值得注意的是，他在那里开始了解了圣经语言和圣经文本。学生们学习希伯来文和阿拉伯文，熟谙希腊和拉丁作家。洛克后来会批判这种教育体系，① 但是，这种教育还是为他的圣经解释和神学评论提供了必要的工具，而且，在 17 世纪的英国，古典教育仍是宣扬宗教训导的必要条件。更为重要的是，正是由于从威斯敏斯特开始，一个人才可能成为牛津基督教会学院或剑桥三一学院的学者。1652 年，在二十岁的时候，洛克进入牛津学习，此后十四年间，他大抵都住在这里（Cranston 1957，18-28）。

牛津时代（1652—1666）

洛克在基督教会学院所学的课程主要包括形而上学、逻辑学、修辞学和语言。他后来向莱克拉克（John le Clerc）抱怨说，他不

---

① 参见洛克为其友人克拉克（Edward Clarke）之子撰写的论教育的著作，该作品后以《教育片论》（*Some Thoughts Concerning Education*）为名出版（参见第 94 节）。对此书的所有参引都取自阿克斯泰尔（James L. Axtell）编辑的 1968 年版，随文注中的编号指的是本书节数。

得不学习"逍遥派哲学",① 而且,依据马沙姆女士(Lady Damaris Masham)的说法,"他从学习中几乎得不到什么满足感(因为从中几乎找不到一点点光亮来提高自己的理解力),以致洛克对自己的生活方式相当不满,他希望父亲为他安排的是别的不管什么道路,而非他注定要走的这条路子"(Remonstrants' MSS J. 27a;转引自Cranston,38)。

在牛津,宗教关系也相当紧张。内战头几年间,牛津一直是保皇党的司令部,而基督教会学院,即洛克所去的学院,从1642年到1646年则是宫廷驻地。然而,在1646年夏天,基督教会学院落到了议会手里,到洛克读大学期间(1652—1656),该学院主要奉行清教徒的规诫。那些不是清教徒的人遭到驱逐,很多人丢掉了他们的职位。很难想象这种非常紧张的加尔文主义氛围会对洛克产生什么样的影响,尽管他几乎每天都要面对宗教冲突。

[10] 那时候的牛津,甚至普通的无对抗性的宗教也不曾一天远离这种氛围。洛克每天晚上被叫去和导师一起祷告,而且一天要听两场布道。基督教会学院院长是克伦威尔的牧师,叫欧文(John Owen)。1654年克伦威尔战胜荷兰,欧文印行了他的学生所作的一些献给克伦威尔的颂词,洛克于此第一次冒险发表东西。但是,或许正是欧文的布道本身,对易受影响的大学生产生了更大影响。这些布道常常申明之所以应当宽容非国教派信徒的理由,并且常常基于圣经进行,而这正是加尔文主义的风格。既然圣经不曾主张惩罚异教徒,所以保皇党和清教徒都不应受到惩罚。马沙姆证实了洛克早年及其学生时代宗教训导(religious instruction)的出现,尤其是加尔文主义的出

---

① 在1706年出版的第一部洛克传记中,莱克拉克(Jean le Clerc)写道:"洛克首度投身于研究时耗费了大量时间,因为彼时牛津唯一为人所知的哲学就是逍遥派哲学,这种哲学时时纠缠于含混难解的措辞,充满了一无所用的问题。"(PRO 30/24/47/27, p. 3)

现，她写道，洛克"生于加尔文主义风行英国的时代并在这一时代完成了他的学业"（Remonstrants' MSS J. 27a；转引自 Marshall，6）。

然而，洛克并没有被这种宗教氛围吓住，还在 1656 年开始攻读牛津的硕士学位。硕士学位课程主要是进一步钻研语言、亚里士多德逻辑学以及形而上学。洛克在攻读硕士学位期间认识了蒂勒尔（James Tyrrell），二人的友谊自那时起一直持续了近四十年。蒂勒尔也是大主教乌雪（James Ussher）的孙子，这位主教作为教士声誉卓著，因为他写了很多关于圣经和政治的东西（参见本书第三章）。蒂勒尔也想在圣经政治学上试试身手，他写了一篇东西猛烈抨击菲尔默的《父权论》（1680），题为"家长非君主论"（1681），正像一位学者所说（Wootton 1993，49-64），这篇东西和洛克的《政府论两篇》极其相似。不管怎么说，洛克在攻读硕士的时候就因其非凡的思想力而逐渐为人所知，并受了威尔金斯（John Wilkins）的影响——威尔金斯可能是自培根以来有史可查的第一个经验主义科学家。

在科学中，洛克找到了归宿。保皇党人盲目献身于传统，清教徒又太过依赖情绪化的坚信和"狂热"，洛克对双方都不信任，因此暂时只能从自己的所见所闻出发去观察自然现象，做一些实践推理，以开拓自己的事业。后来洛克也跟从英国杰出的科学家波义耳（Robert Boyle）学习并和他成了朋友。波义耳是现代化学之父，他跟洛克一样也寻求科学研究和神学研究的和谐接榫，那时人们相信，科学研究和神学研究同样都巩固了基督教的信仰和规诫（Cranston 1957，76-77）。①

1658 年夏天，洛克获得文学硕士学位。不过从他与人的通信

---

① 据说波义耳"研究圣经用意甚善，判断精准，极有成就，出于专业目的而不得不致力于此种学问的人罕有能在这一方面超过他的"（Burnet 1696，转引自 Spellman，1988，64）。

来看，他非常讨厌与人交往。宽容的欧文被革去基督教会学院院长之职，[11] 长老会的狂热分子雷诺兹（Edward Reynolds）接替了这一位置。是年九月克伦威尔去世后，宗教紧张气氛大大增强，整个国家都处于不稳定状态。1659 年，洛克给他的朋友威斯特罗（Thomas Westrowe）写信说，他对"这个跌宕起伏的疯狂世界"日思夜想，也像他人一样深觉惊栗："我也是这个伟大而癫狂的英国的疯人之一。"（*Correspondence*，1：82）洛克最想要的是安全、和平、法律和秩序。到 1660 年时，洛克已经做好准备欢迎查理二世复辟。正如斯佩尔曼（William Spellman）所写的，"对于 1660 年的洛克来说，君主制度仍然可以代表某种超越于个人政治行动者之易变和致命狂热之上的东西"（Spellman 1988，49）。

也许正是出于对普遍存在的无政府状态的担忧，洛克没有走上欧文所指明的，或其威斯敏斯特的昔日同窗斯塔布（Henry Stubbe）所走的那条宽容之道。斯塔布的《为古老而美好的事业辩护》（*Essay in Defence of the Good Old Cause*）（1659）[12] 旨在吁求宗教宽容。像欧文一样，斯塔布论证说，既然圣经赞许宽容他人，那就不应狂热地去甄别异端。洛克似乎对这个观点很感兴趣，但又觉得对天主教徒不该宽容。他给斯塔布写信建议说：

> 我仅有的顾虑就是，你给予天主教徒的自由如何能与国家的安全（这是政府的目的）保持一致，因为我觉得他们不可能同时服从两个持有相反观点的权威，尤其是当他们的观点对我们的观点具有破坏性的时候。在他们看来，他们所认为的永无谬误和神圣观念，是直接从神那里推导出来的，而他们的这个神，则是以圣经和他们自己的同样神圣的传统为根基的。（*Correspondence*，1：75）

洛克认为斯塔布的提议不具有"可行性"，这说明在 17 世纪中期的英国，宗教战争和宗教冲突如何主宰了当时的政治局势。1658

年克伦威尔之死揭开了宗教和政治尚且稳定的虚假面纱,因为这种稳定实际上直到1660年查理二世复辟以后才得以恢复。在克伦威尔之死到查理复辟的两年里,洛克在写给他父亲的信中如此描绘英国:"这个破碎分裂、纷乱不堪的国家,是由战争造就的。"难怪在此期间,洛克郑重许愿说,"他会保持静默,他会获得安全"(*Correspondence*, 1: 91)。对于宗教黑暗而不宽容的一面,洛克目睹了太多太多,这将对他后来的生活产生深远的影响。

可能正是出于对更多宗教论战——甚至在查理已经继位之后——的恐惧,洛克才在1660年回应了巴格肖(Edward Bagshawe)的《论宗教敬拜中的无关紧要之事这一重大问题》(*The Great Question Concerning Things Indifferent in Religious Worship*)。此书是匿名出版的,但几乎没人怀疑就是巴格肖写了这部深受欢迎的小册子。就像欧文和斯塔布的作品一样,[12]巴格肖的作品也是在为宗教宽容辩护。如果圣经列明了需要强制实施的事项,那么地方官长就完全有权利强制实施这些事项;但如果圣经里没有明说,那么地方官长就无权制定法律强制实施。这些事项对宗教敬拜来说就是"无关紧要的"问题,应该允许个人按照自己良心的指引去参加敬拜。

这一年的晚些时候,洛克在其《政府二论》(*Two Tracts on Government*)的第一篇中对巴格肖做了更加详细的回应。其中第二篇更富有理论色彩,这是大约一年后用拉丁文写成的。在回应巴格肖时,洛克主张说,地方官长对其人民的一切无关紧要的行为必须享有绝对的专制权力。① 那些只关注洛克后来的宽容书简的人,听到这话可能会感到震惊,但是在1661年,洛克还完全不是人们通

---

① 在1660年12月11日致一位不知其名的通信者的信中(《政府二论》包含了此信),洛克写道:"每个国家的最高官长,无论是怎样产生的,都必须对人民的一切无关紧要的行为享有专制独裁的权力。"(此信的完整版本收录于Abrams 1967, 174-175;此信的一部分一字不差地出现在"致读者的话"中,此处的引用见于Abrams 123, 175, 以及Goldie 1997, 9。)

常认为的那种自由主义者。人们认为他持保守主义的主要原因，或许是他的下述并不完全非理性的论断：宗教和宗教论战一直就是国家沦为无政府状态的原因（《政府二论》，40-41；Marshall 1994，13）。在洛克看来，乞诸宗教宽容实际上可以导致"宗教激情的暴政"（《政府二论》，7）。在论证这一点的时候，洛克已经开始表明，如何能用圣经经文服务于政治目的而非神学目的。无关紧要之事不是一眼就能看出来的，而人们也总会为他们的宗教异议辩解，说那是出于"宗教动机"。洛克赞同那些服从主权者，并把自然状态描绘成无常之地，人们会欣然从那里逃离并加入公民社会，此时洛克是在回应17世纪的另一个政治思想大师霍布斯的政治教诲。尽管洛克在此并未承认他自己得益于霍布斯（后来洛克还会驳斥霍布斯的理论），但仍然有一种明显的霍布斯主义格调，因为洛克在这里把自然状态描绘成"短命的、龌龊的和残暴的"，并主张主权者应该掌握无限的权力。

然而，在洛克的这部早年著作中，应该特别提到的重要一点就是：他从圣经经文中得出了自己的观点，但谴责别人也这样做。他抱怨那些"从圣经经文中抽取证据的人"，说他们想让圣经说什么就说什么。洛克还认为，圣经不可能为那些不愿意接受它的人确立政治正当性（Abrams 1967，33）。洛克甚至还在《政府二论》上篇中提出，

> 圣经在任何地方都极少谈论政体［即政治］（上帝自己建立并予以特别关照的犹太人的政府，是唯一的例外），并且上帝从来不借助明确详尽的指令来制定政府规则，来为官长权力设立界限。(51)

[13] 在《政府二论》下篇，洛克又指出，

> 新约完全没有提及控制或限制官长权力的话，因为无论是

在福音书中，还是在使徒书信中，都没有显示为民政官长确立的规矩。实际上，对于政府权力和世俗权力，新约在绝大多数时候都不发表意见，或者更可以说，每当基督自己偶遇讨论这个问题的场合时，他似乎都会小心翼翼地不让自己涉入世俗事务。基督不领有任何国度，只认那神圣的精神王国是自己的，因此对于世俗的国民政府，他一任其然，从不稍加触动。(72)

尽管洛克关注那些从圣经经文中获取先验政治证据的人，但这不意味着他本人反对那样做。相反，他悄悄地散播自己的主张，在写给一位不知姓名的通信者的附信中，洛克谦逊地解释说，我们应该"满足于圣经自身给予我们的光"，接着他又说，他自己"非常小心谨慎，以免在解释圣经经文时过度自信"（Abram 1967，174；另参 Marshall 1994，21-24）。尽管如此，《政府二论》的字里行间仍然到处都是洛克本人对经文的分析，到处都是他本人总结的可疑的圣经证据。①

尽管洛克尊重圣经，但他还是逐渐意识到，至少已经开始意识到，不宽容与圣经的"佐证经文"之间存在关联，而且允许某个人成为圣经永无谬误的解释者是有问题的。可能是在1661年至1662年的某个时候，洛克写了《论永无谬误》一文，② 这篇小文矛头直指教皇在解释圣经上永无谬误这一说法，并最终指向教皇作为人民

---

① 比如说，可以参见洛克的下述主张：基督吩咐犹太人遵守法利赛人的律法，则是基于《马太福音》23：3 的理由（《政府二论》，17-19），保罗吩咐基督徒服从官长（甚至不惜废除礼仪法），则是基于《加拉太书》2：11-21 的理由（《政府二论》，20-21）。又见洛克在解读圣经文本的细微差别时所说：人们在无关紧要的事上必须服从官长（《政府二论》，22-38）。然而从总体上看，洛克采用的是"默证法"（argument from silence）：若圣经没有明确限制官长对无关紧要之事的权力，就应在一切这类事上服从官长。

② PRO 30/24/47/33，首次翻译发表于 Biddle 1977，重版于 Goldie 1997，205-209。正文中的引文取自戈迪的著作。

的良心的保有者的身份。在洛克看来，教皇只是众多圣经解释者中的一个，不应赋予他的圣经解释以特殊地位。同样的论证也可用来反对通过诉诸并歪曲圣经来维护传统的教父们。这篇"小论"对于天主教教义和滥用解释都是一个打击，但最重要的是，它展示了洛克对圣经解释问题的敏锐意识。洛克认为，圣经中的很多事情都很明了，根本就不需要解释，包含了每一个基督徒必须履行的最重要义务："正义、贞洁、慈悲、仁爱。"（208）还有些段落意思不是很明了，并且圣经的许多部分，其义涵何在，人们对此也难以取得一致意见。很有意思的是，在这篇文章的总结中，洛克试图在过多依赖理性与过多依靠圣灵帮助这两种圣经解释方法之间开辟一条道路。洛克后来会有充分的理由质疑圣灵可在确定圣经义涵时普施恩惠，但这并不是说他想放弃圣经作为道德和神学指南的地位。

[14] 快到 1663 年底时，洛克被选为道德哲学学监，次年上任。这个职位让洛克有机会写了一系列演讲，这就是 1664 年他在基督教会学院发表的自然法系列演讲。① 尽管洛克在《论自然法》(*Essays on the Law of Nature*) 中确实指出人的理性推理是不可靠的（与《政府二论》所用的方法完全相同），但他也试图说明，接受正确指导的推理可能有助于发现自然法，在洛克看来，这一点原则上也可以适用于神的启示。自然法在某种意义上与圣经所显明的启示和谐一致，这种中世纪的观念可远溯至阿奎那，并由胡克尔（Richard Hooker）的《教会政体法》(*Laws of Ecclesiastical Polity*) 第一卷作了详尽阐发，而这部著作洛克在撰写《论自然法》之前一直在读（Spellman 1997，54-55）。不幸的是，出于懒

---

① 这就是《论自然法》（约 1663—1664 年），发现于拉夫莱斯藏品（BOD MSS Locke e. 6 [仅有问题 4-9]，对开页 31 [全本在一个抄写员手中]，以及对开页 30 [122-184]），由莱登从拉丁文译成英文后首印（W. von Leyden 1954）。下文所标页码是戈迪 1997 年著作的页数，戈迪的著作收入了莱登的英译文。

惰或自负，或者由于追随了错误的传统，绝大多数人都没能达到足够的推理水准，因此就遵守不了自然法（《论自然法》，85，95，98，104，127）。就像在《政府二论》中一样，洛克在这里也没有把人类理性的败坏归咎于堕落，他宁愿对此做更加自然主义的解释，不过，就像我们将在第二章看到的，他不愿讨论堕落，部分是因为受他正在写作的素材之性质所限："堕落尤其与哲学家无关。"（97）尽管如此，洛克的如下断言仍使他与加尔文主义者之间有了相当大的距离：自然法的规诫可由自然理性来确定，并且这种法和圣经是一致的。虽然人们犯了罪，而且还在不断地犯罪，但他们不是因为亚当的堕落而被迫犯罪的。

洛克在《论自然法》中攻击天赋观念（innateness）的时候，也已经更加远离了那些信奉加尔文教和国教的同时代人。依据传统神学的说法，在人们出生的时候，上帝就在他们心中植入了很多观念，比如说道德。在《论自然法》的第三篇，洛克则论证说，根本就不存在与生俱来的道德，因为人类根本就没有普遍认同的原则。心灵就是一块白板，或者空板，经验原则在上面留下了烙印。洛克对科学和经验调查方法的兴趣，或可解释为何他远离了天赋道德原则观念，但是，道德及道德来自哪里——无论是来自圣经还是来自理性还是来自这两者，这是他终生都要讨论和处理的问题。

1665年11月，洛克得到了一个秘书职位，随韦恩爵士（Sir Walter Vane）率领的外交使团出访勃兰登堡。出访使命是确保勃兰登堡在英国对荷战争中保持中立，或说服勃兰登堡选帝侯站在英国一边。尽管洛克设法想给他的主人留下印象，但是，此次出访遭遇失败，未能完成使命。[15] 1666年，洛克本可以获得另外一个外交职位，但他婉拒了，因为他要在牛津攻读医学。然而，很有意思的是，洛克还在勃兰登堡时，竟意外地看到大量路德宗聚会、加尔文宗聚会和天主教聚会，并对所有教派之间的宗教宽容深感震撼（Cranston 1957，81-87）。1665年12月22日，在给波义耳的一封

信中，洛克写道，勃兰登堡城的居民

> 心安理得地相互允许各人选择自己的升天之路，在他们身上我看不到任何关于宗教情事的争吵或仇恨。这种良好的和谐状态部分归功于官长用权得当，部分归功于人们的审慎智慧和温厚品性，（就像我所打听到的）这里的人们抱有不同主张，但却没有任何隐秘的憎恨或敌意。(*Correspondence*, 1：175)

就像马歇尔（John Marshall）指出的，1659年洛克在给斯塔布的信中所说的不具有"可行性"的事情，现在在他看来竟然在实践中切实可行了。虽然洛克对路德宗和天主教的宗教实践有很多负面的东西要讲，但各教派间完全没有宗教仇恨的情形还是深深触动了他。两年后，洛克撰写了他的《论宽容》（*Essay on Toleration*）一文，文中显示他的态度已与较早的《政府二论》截然不同。所以，我们或许就可以理解下述情形了：在1666年夏天结识库珀（Antony Ashley Cooper）之前，宽容的种子就已经撒播在洛克心中了。

洛克与沙夫茨伯里（1666—1675）

库珀后来成为第一代沙夫茨伯里伯爵，他是查理二世宫廷中最有影响的人物之一，一开始是国王的顾问，后来领导了密谋武装反抗国王的国家反对党。在之后的十七年里，洛克和沙夫茨伯里的结交将会打开洛克社会和政治经历的广阔局面，这在后来的年月中被证明是洛克非常宝贵的经历。到1667年春天时，洛克已经搬到伦敦，并在埃克赛特沙夫茨伯里家住了下来。在这里，洛克当了沙夫茨伯里的秘书、政治顾问和顾问医师。两个人的情谊逐渐加深，特别应该归因于洛克为沙夫茨伯里做了一次肝脏手术，而这次手术救

了沙夫茨伯里的命。后来,沙夫茨伯里的孙子、第三代沙夫茨伯里伯爵写道:

> 这次治疗之后,洛克先生更加受到我祖父的青睐,以至于他成了医学方面的权威人士,洛克意识到了这一点[16]但却并不在乎……他自己全力以赴研究宗教及一切与国务大臣相关的国家事务,这些研究他做得非常成功,因此我祖父很快就视之为朋友,并开始在这类事务上征询他的意见。(Remonstrants' MSS J. 20, 转引自 Cranston 113-114)

洛克对"宗教和国家事务"的研究,可能让他对自己1660年代早期在宽容问题上所持的独裁主义观点有了重新认识。在1667年或1668年年初,洛克写了《论宽容》一文。① 在这篇文章中,洛克认为君主的任务就是"保障该社会的人们享有善好(good)、保存(preservation)与和平"(135)。官长一定不要干涉"纯理论的观点",比如说"三位一体信仰、炼狱、圣餐变体、相对极(antipodes)、基督在此世的君王身份"(137),在更早的一些手稿中,洛克还罗列了"对堕落的信仰"(参见 Marshall 1994, 50)。这些教义都应该宽容,因为它并不侵害政府或社会。无神论不在"纯理论观点"之列。必须信仰上帝,因这是"一切道德的基础,会影响人类的整个生活和行为,如果没有这种信仰,人可能只会成为极危险

---

① 这篇文章现存四个手稿版本。最早的草稿藏于加州亨廷顿图书馆(Huntington Library, California, HM 584 [BOD MS Locke Film 151]),手迹是洛克的。第二个版本藏于公共档案局(PRO 30/24/47/1,博尔内《洛克的生平》一书收录,Fox Bourne, *Life of John Locke*, 1: 174-194)。第三个版本藏于摩根图书馆(Pierpont Morgan Library)1661年的一个备忘录中(BOD MS Locke Film 77, 106-125)。第四个很可能也就是时间最晚的一个版本,藏于博德利图书馆(BOD MS Locke, c. 28, fols. 21-32)。戈迪1997年的著作(Goldie 1997, 134-159)收录了这篇文章,正文引文即参考这个版本。

的野兽"（137）。① 除了无神论者以外，官长不应对其臣民的良心强加某种敬神模式，因为官长"对于得救的道路，并不比我自己具有更确定的或更可靠的知识"（138）。官长只能干涉那些本身既不善也不恶、但却扰乱国家的行为和意见。并且，由于官长"与人们灵魂上的益处和人们对来生的关切毫无关系"，所以他不应干预那些本质上善或恶的行为。洛克写道：

> 看来似乎非常奇怪，立法者与美德和邪恶竟毫不相干，立法者竟也不应把第二块石板的义务［也就是十诫的后半部分］强加于人，除非这些义务有助于政府治下的人类之善及其保存。（144）

尽管洛克在此承认十诫中存在某种绝对的道德法，但他仍然不愿赋权国家来惩罚违背这种道德法的行为，认为这样做就会干预"上帝和人灵之间的私人的和超政治的关切"（144）。1667年，反对专制暴政的争论对洛克来说再次成为一场宗教争论。②

惠奇科特（Benjamin Whichcote）组织了一个宗教团体，倡导宽容、理性和极简主义的信条（minimalist creed），以图扩展国教会

---

① 类似观点在洛克于一年之后撰写的《卡罗来纳基本法》（PRO 30/24/47/3；收录于 Goldie 1997，160-181）中也出现了。洛克在这里主张，宽容应赋予所有的居民，只要他们承认并公开敬拜上帝，而"凡不承认上帝存在、不承认上帝应受公开和神圣敬拜的，均不得成为卡罗来纳的自由民，不得在卡罗来纳拥有地产或居所"（177）。

② 在1678年4月19日的日记中，洛克指出，犹太人在无关紧要之事上也是宽容的："无论人们如何想象犹太人毫不宽容的严格教规，都应考虑除此之外它还是全能上帝直接颁布的律法：（1）犹太人不受强制去赞同任何信仰条目（articles of faith），或者至少除了下述这一点之外的任何信仰条目：只有一个上帝，并且耶和华（就是）他们的上帝；（2）有若干条律法用来将私生子、阉人和亚扪人等等逐出他们的会众，但没有一条是强迫人加入他们的会众。"（Goldie 1997，269）

的包容性。1668 年，洛克似乎已经成了该团体的一员。惠奇科特是 17 世纪中期的一位不拘泥于教义的（latitudinarian）重要教士，[17] 他极为强调理性在确定基本信仰中的重要作用，他曾这样写道："没有什么能像宗教一样在本质上如此理性。"（Cranston 1957, 125）这种宗教上的自由主义（latitudinarianism）始于 17 世纪 30 年代的牛津，那是在第二代福克兰子爵凯里（Lucius Cary, second Viscount Falkland）位于牛津大缇欧（Great Tew in Oxford）的家中。这场运动在 1660 年王政复辟之后与剑桥柏拉图学派联合起来，它强调了理性在基督教中的核心地位。

"大缇欧圈子"的一员泰勒（Jeremy Taylor，1613—1667）写了一部《论预言的自由》（*Discourse on the Liberty of Prophesying*）(1647)，这个东西影响了洛克后来的宽容观念。其他有影响的宗教自由主义者还有未来的坎特伯雷大主教蒂洛森（John Tillotson）(1630—1694)，以及后来都成了主教的福勒（Edward Fowler）(1635—1699) 和斯蒂林弗利特（Edward Stillingfleet）(1635—1699)，在 17 世纪 60 年代晚期和 70 年代早期，他们都是洛克密友圈子里的人（Marshall 1994, 78-80）。在宗教敬拜问题上，宗教自由主义者都极为强调道德，并试图确立一套宽宏的道德原则，以便每一个理性的基督徒都能赞同。在他们看来，行为远比赞同具体教义信条的细节更重要。这些年中洛克与宗教自由主义者的关联，将大大影响他的宽容观念、他的极简主义信条观念以及他对理性在宗教中的作用的观念之发展，而这种发展的成果，就体现在他的《基督教的合理性》（*The Reasonableness of Christianity*，1695）一书中。

然而，就是这样一种立场，使许多宗教自由主义者（包括洛克在内，尤其是《基督教的合理性》出版以后）和索齐尼主义者成了一丘之貉。索齐尼主义在其创始人索齐尼（Faustus Socinus）(1539—1607) 领导下兴起于意大利，后来逐渐走向更加宽容的波兰克拉科夫地区（region of Cracow，Poland）。在17世纪的英国，索齐尼主义观念的主旨是在1609年随着《拉寇教理问答》（*Racovian Catechism*）——拉寇即出版该问答的城市名——的翻译确定下来的。索齐尼主义在很多方面都不同于英国正统的（安立甘宗）基督教。它拒绝承认下述信条：（a）三位一体，因为它在圣经中没有明确记载；（b）预定论和原罪，因为它们否定了道德责任；（c）对恶人的永罚，因为这与一位公义的上帝之目的不符；（d）可能也是最重要的一点，赎罪的教义：它认为基督不曾用自己的死来宽恕亚当的罪，而只是告诉我们死后还有来生。对亚当之罪的惩罚使得人类终有一死，但基督的复活告诉我们，人只要遵守律法，死后必有生命。因此，索齐尼派教徒明确把道德责任转到人身上，而非通过上帝的恩典来寻找赋予选民的拯救（就像加尔文主义一样）（参见 Wootton 1989，39-67）。

洛克很可能一直就同情宗教自由主义和索齐尼主义，这一点在他与弗明（Thomas Firmin）的交情中有所反映，[18] 后者是17世纪60年代最有影响的宗教自由主义者之一。① 弗明也是沙夫茨伯里的朋友，可能也正是在弗明的家里，洛克遇见了惠奇科特、蒂洛森和福勒。弗明很多观点都接近索齐尼派，他身旁显然聚集了很多索齐尼主义者（Cranston 1957，125-26）。洛克在宗教自由主义和索齐尼主义的观点中看到很多极有吸引力的东西。在这个开始通过理性和科学的研究来认识物理世界的秘密的时代，理性的力量肯定会大大影响洛克——这位博伊尔的朋友和业余科学家。独独强调圣经

---

① 就洛克自己的宗教信仰而言，他可能有点赞成国教，尽管他的宗教自由主义（latitudinarian）倾向非常明显，也远不是多么正统（Marshall 1994，372-373）。又见怀因莱特（Wainwright）的说法，他把洛克的复杂宗教观描述成加尔文主义、阿米尼乌主义、索齐尼主义和宗教自由主义的混合物，不过他不完全赞成其中任何一种立场，并且实际上还反对所有这些教派的部分教义，而处于"索齐尼主义和阿米尼乌主义之间的某个地方"（Wainwright 1987，58）。

经文，也是想要发现哪些内容是一切信徒必须遵守的，并想要以国内和平秩序之名来避免宗教冲突，① 这种强调是贯穿洛克一生思想的核心构成部分。最后，旨在扩展教会基础并避免宗教争论的对极简主义信条的强调，也会对洛克产生很大影响，因为他见证了长达数年的国内冲突和宗教战争。②

宗教宽容问题是此后数年洛克思考的主要问题。虽然洛克的《卡罗来纳基本法》要求公民必须信仰上帝，但他也逐渐看到了宗教宽容政策的长处。官长可在何种程度上干预臣民的宗教事务，是一部有影响的具有独裁主义性质的小册子的核心论题，该小册子就是帕克（Samuel Parker）的《论教会政体》(*A Discourse of Ecclesiastical Polity*)。帕克主张说，官长对其臣民的良心应具有绝对控制权，以便更好地确保其所辖地域的和平。洛克直到1670年才读到帕克的这部著作，并写了一些回应性的评注。③ 洛克的观点跟他在《论宽容》一文中所提的观点差不多，比如说质疑官长是否可以正当地禁止某些宗教活动，官长是否完全有权力规制纯理论的学说——如果这些学说并不会扰乱国家的和平安宁。有趣的是，帕克还主张所有政府在本质上都是父权性的，都是从父亲传给儿子的，对此，洛克回应道：

---

① 参见洛克的《慈善或基督教哲学家的慈善》(*Philanthropy or the Christian Philosopher's*)（原文如此）(1675; BOD MS Locke c. 27, fol. 30)。他在此文中写道："谁都不能说他不爱自己的邻人却爱上帝；谁都不能说他不爱自己的国家却爱自己的邻人。遵守我们所在国家的法律和权利，是最大的慈善。一个好人，一个慈善的人，就是要给予每个人——从宝座上的国王，到大街上的乞丐——他应得的。"(Goldie 1997, 226)

② 正如洛克在他的日记中所写的，"在若干教会中一直存在、迄今仍然存在的很多争议，大部分都是关于它们自己的人为的争议，而非关于上帝亲自命令之事或得救必需之事的争议"(BOD MS Locke f. 8, fol. 97, 转引自 Spellman 1988, 90)。

③ 参见 Cranston 1957, 131–133, 以及 Goldie 197, 211–215。

在父权君主国里，当父亲去世时，父亲享有的政府权利（它并未得到证明）要么完全传给长子，要么各个兄弟都有平等的权利来管理他们各自的事务。如果是前者，那么君主制确实就是依自然法而建立的（jure naturali），也只能有一个合法的君主来统治全世界，也就是亚当的合法继承人；如果是后者，那么所有的政府——不管是君主制的还是其他形式的政府——就只能经人民的同意来建立了。（BOD MS Locke c.29, fol. 7-9；转引自 Cranston 1957, 132-133）

在《政府论两篇》里洛克也会使用同样的论证来反对菲尔默，尤其需要注意的是，到1670年时，[19]洛克已经开始致力于研究专制主义、同意、宽容等问题以及圣经文本。

1671年洛克开始撰写《人类理解论》（*Essay Concerning Human Understanding*）① 的前两稿，② 此后大约二十年间，他一直致力于这部著作（该书最终于1690年出版，到1700年已出了第四版）。这部著作对下个世纪的哲学将会产生巨大影响。然而，令人感兴趣的是本书写作的起因，洛克在其"致读者的话"（《人类理解论》，7）中提到，有"五六个朋友"不时在埃克赛特家里讨论问题，本书就源于这些讨论。蒂勒尔也曾参加讨论，他在关于《人类理解论》（现藏大英图书馆）的一个手批注解中写道，那次交流谈的是"道德原则和启示宗教"（转引自 Cranston 1957, 141）。洛克和他的朋友所谈论的问题，与他十年来一直苦思冥想并将继续呕心沥血的问题类似，这就是理性与启示的关系问题，或说信仰与知识的关

---

① 即手稿 A 和手稿 B。手稿 A 初印于 Aaron and Gibb（1936），手稿 B 最初是由 B. Rand（1931）编辑的。手稿 A 和手稿 B 的校勘评注本见于 Nidditch and Rogers，1990。

② 洛克，《人类理解论》，Peter Nidditch（1987）编辑并作导论和注释。本书参考的就是这个版本，并依次按卷、章、节数字标明引文位置。

系问题。洛克在这些早期作品中认为，知识是"直接的"（immediate），而信仰则建基于某些被认为是正确的命题之上。但在写作这些手稿期间，洛克逐渐意识到，人类的知识和理解力实际上非常有限，因此任何人几乎都不可能在圣经的义涵上取得完全一致的意见，甚或赞同某些关于宗教真理的基本观点（参见 Marshall 1994, 128-129）。无论如何，大多数人都没有闲暇去琢磨错综复杂的抽象推理之事以证实某个命题是否正确，而必须依赖他人的或正确或错误的证明。尽管洛克在这些手稿中不曾明确论证这一观点，但他很可能已经作出下述推论：由于在宗教和信仰中存在这种不确定性，由于人几乎不可能确切地了解圣经的真正义涵，所以人们对参与宗教问题的争斗，应是顾虑重重、不大情愿。此后几十年间，洛克会把很多时间和精力用于思考宗教和圣经问题，以努力阐明在这些问题上什么可以决定、什么不能决定。

从 1672 年到 1674 年，洛克似乎一直忙于政府事务。国王擢升库伯成为沙夫茨伯里伯爵并委任他为英国大法官（Chancellor of England），洛克则成为处理圣职推荐事务的秘书（Secretary of Presentation），这意味着他可以在大法官的权限内监管某些基督教事务。一年后，沙夫茨伯里被解职，因为他反对查理，而支持《忠诚宣誓法》（Test Act）——这部法案要求每一个公职人员都是英国国教徒。洛克也失去了他的相关秘书职位，但在 1673 年成为外贸和殖民地委员会的秘书，[20] 一个相当重要的秘书公职。但是到了 1674 年，很快就要成为丹比伯爵（Earl of Danby）的奥斯本（Thomas Osborne），接替沙夫茨伯里成了宫廷最有影响力的政治家，贸易委员会遭解散，洛克也随之去职（Cranston 1957, 143-159）。

1675 年，出现了一封匿名书信，题为"一位正人君子致乡村友人的信"（A Letter From a Person of Quality to His Friend）。这封信大约一万五千字，抨击了不断膨胀的君主权力，还攻击查理未能承认人民的权利和自由。这对不断膨胀的国教权力——尤其体现于积极迫害那些不遵守《统一法案》（Act of Uniformity）的人——也是一种攻击。在这封信的作者看来，如果一个天主教君主继承王位，这种情况可能就会使全国天主教化。一时间，很多人认为洛克就是这封信的作者，但更可能是沙夫茨伯里在信件创作中起了主要作用，洛克只是在写信时帮了点忙。① 不管谁发挥了更大作用，总之国王命令舒刽子手当众烧掉它。实际上，对于洛克和沙夫茨伯里来说，事情仍在不断升温，而在这封信烧掉之后不久，洛克就离开英国前往法国，并将在那里居住长达三年半之久。

法国之旅（1675—1679）

洛克到法国去，表面上是因为健康问题。洛克患有哮喘病，法国更加温暖的气候，尤其是蒙彼利埃的温泉，极有利于这位哲学家的康复。留法期间，洛克开始就不同的论题做大量的笔记，此后直至暮年，他一直这样做。② 在蒙彼利埃时，洛克认识了里杰斯（Pi-

---

① 这封信收录于 Pierre Desmaizeaux 的《洛克先生短篇作品集》（A Collection of Several Pieces of Mr. Locke, 1720），也重印于《洛克著作集》（The Works of John Locke, 9: 200-246，下引简称 Works）。阿什克拉夫特（Richard Ashcraft）认为，洛克在写作这封信时起了主要作用（1986, 10-23），伍顿（David Wooton 1993, 46）认为洛克发挥的作用甚小，马歇尔则认为是沙夫茨伯里和洛克合作写了这封信（1994, 86）。不管实际情况如何，这封信既反映了洛克也反映了沙夫茨伯里对宽容的支持，同时还预示着他们会在废黜危机期间抵抗自己视为专制独裁的查理政府。

② 洛克的私人日记藏于博德利图书馆（BOD MSS Locke, f.1-f.10），但1679 年的日记藏于大英图书馆（BL Add. MS. 15, 642）。洛克居留法国期间的大部分日记（BOD MSS Locke, f.1, f.2, f.3 以及 BL Add. MS. 15, 642）收录于劳夫的《洛克的法国之旅》（J. Lough, Locke's Travels in France, 1675—1679, 1953）。劳夫没有收录洛克的哲学笔记（其中大部分见于 King 1972, Aaron and Gibb 1936, von Leyden 1954, 或者 Goldie 1997），以及洛克关于旧约和新约所作的笔记。另外，在洛克写有法文、拉丁文和希腊文注解的五卷本新约中，字

erre Regis)——一位笛卡尔著作的解释者。在巴黎，洛克结识了伯尼尔（Francois Bernier），后者激发了洛克对伽桑狄（Gassendi）哲学的兴趣。但也正是在法国，洛克开始对圣经解释表现出浓厚的兴趣。旅居法国期间，洛克可能第一次读到了西蒙（Richard Simon）的《旧约的历史批判》（*Histoire Critique du Vieux Testament*）（1678），现在我们知道，这是最早用历史批判法研究圣经的著作之一。① 西蒙的观点定然大大激发了洛克的好奇心，因为他从西蒙这部著作中摘录的评注，在他自己的各种版本的圣经里、笔记里，随处可见（参见 BOD MS Locke f. 31, fols. 1-23）。洛克也还在研读一些圣经学者的著作，比如说莱特福特（John Lightfoot）、帕特里克（Simon Patrick）和凯夫（William Cave）等人的著作。② 在巴黎，洛克也和托

里行间写满了各种神学笔记（1673，藏于洛克阅读室，架号 BOD MSS Locke, 9. 103-109. 107; LL 2864）。如果这些笔记是洛克在居留法国期间所写，那就表明洛克在计划撰写《基督教的合理性》或《保罗书信注疏》之前很多年就一直在全面思考他自己关于原罪、救赎和圣经批判的激进主义观念了。下述藏稿提到了购买"法文本圣经"的事：BOD MSS Locke, b. 2, fol. 7v; e. 3, p. 393；以及 f. 28, pp. 10, 163。

① 西蒙是法国的一位奥拉托利会神父（Oratorian priest），他的写作，显然是要证明新教"唯独圣经"教义的缺陷。西蒙认为，圣经文本的撰写经历了很长时间，并不包含一种统一的教义，因此（天主教的）系统也是需要的。他的著作是系统的来源批判分析（source-critical analysis）的最早范例之一，为后来两个世纪的圣经历史研究铺平了道路。

② 参见 Marshall 1994, 138。文本批判是揭示圣经段落原初义涵的工具，洛克对这一工具深感兴趣，这在他 1678 年 12 月 30 日的日记条目中体现得非常清楚。在另一位圣经学者克拉维尔（John Clovel, 1638—1722）的陪同下，洛克见到了一部古代的新约抄本，他们仔细核查了这个抄本，但《约翰一书》5：7-8 的表达——"在天上作证的原来有三个，就是圣父、圣言和圣灵，而这三个也都归于一"（一段非常著名的三位一体佐证经文）——没有出现在这个抄本中（Lough 1953, 252-253）。洛克觉得应该在日记中记下这个发现，这一事实表明，他可能早就开始思考三位一体的圣经根据问题了，时间远在斯蒂林弗利特攻击《人类理解论》时提出这个问题之前。

纳德（Nicholas Toinard，1629—1706）这位重要的圣经学者交游往还。洛克和托纳德结成了毕生的友谊，两人就圣经问题尤其是福音书的内在和谐问题彼此交换意见。① ［21］托纳德的《论希腊拉丁福音书的内在和谐》（*Evangeliorum Harmonia Graeco-Latina*）作为遗著出版于1707年，但其中部分内容曾在作者生前私下印刷以分发友人阅读（Lough 1953，191，1n）。② 洛克离开法国很久之后，还与托纳德通信继续探讨圣经解释问题。③

在法国的时候，洛克也决定翻译冉森派教徒尼科尔（Pierre Nicole，1625—1695）的一些道德类文章。洛克翻译的三篇文章论及和平的保持、上帝的存在及其对世界的神意安排，以及宗教奥秘和对上帝恩典的需要——这些都是洛克在过去十年间一直苦思冥想的问题。尼科尔的文章忧心忡忡的是，人类从根本上来说软弱败坏，没有上帝的助佑就不能得救。虽然上帝赋予人理性，但很少有人使用理性，相反，他们却在生活中追求一些短暂的东西，比如说野心和荣耀。尼科尔说，人类需要的是上帝的恩宠，因为恩宠可以帮助他们战胜本性的罪恶并使他们协同努力以提升自我。因此，尼科尔像加尔文主义者一样强调了对上帝恩宠的需要，但却不像加尔文主义者一样主张人类可以凭借努力获得拯救（Marshall 1994，132-135）。虽然在这一点上洛克可能并不想抛弃诸如上帝的恩宠甚或原罪这样的教义（尽管对这些教义的描述可能并不完全与尼科尔相同），但在获得拯救这一问题上，洛克可能已经深受下述看法的影

---

① 例如参见洛克1679年1月5日的日记，2月12、13、14日的日记，尤其参见3月22日的日记（BL Add. MS 15，624，pp. 10-12，48-64）。研究四部福音书的内在和谐问题以发现它们基本的统一性和教导，是洛克也要在《基督教的合理性》中使用的解释工具，这样做是为了确定基督教的根本性质。

② 在洛克的托纳德《论希腊拉丁福音书的内在和谐》抄本中，到处是洛克的评注，此本现藏于博德利图书馆洛克阅读室（BOD Locke 18.1，LL 2934）。

③ 例如参见 BOD MS Locke c. 21；BL Add. MS 28，728，pp. 2，9，34。

响：不只是上帝的恩宠，人类的努力对于得救也非常必要。洛克在1676年9月1日的日记中说，理性的人们

> 认为他们应该爱上帝并对邻人慈善，这样做是为了更多地了解他和他的奥秘，越是这样，他们就越会更好地履行爱上帝和善待邻人的义务；这样的人，无疑必会看到上帝要求他们了解的一切，必不会堕入可诅咒的谬误之中，而只会看到上帝和他的真理。(Goldie 1997, 251)

1676年，洛克得悉沙夫茨伯里因为拒绝撤回他的主张即当政国会不合法而被关进伦敦塔。他的监禁似乎并不多么严厉，因为他还可以继续和洛克通信。在一封信中，沙夫茨伯里问洛克是否可以去巴黎给他最富有的一个朋友的儿子班克斯（Caleb Banks）做家庭教师和监护人。所以之后的几年，这两人遍游法国，结识了很多法国社会造就的知识分子，比如医生、科学家和神学家。不管怎么样，到了1678年，沙夫茨伯里就已经获释，他时来运转了。沙夫茨伯里获任枢密院议长之职，他的主要对手丹比已遭解职并监禁于伦敦塔，据说是因为秘密勾结法国。随着沙夫茨伯里重掌大权，[22] 洛克这位老友和合作者与其共谋国事的时候也就到了。1679年春天，洛克重返英国，重新开始为沙夫茨伯里效力。①

重返英国（1679—1683）

之后的四年间，洛克对外非常低调，比较喜欢在幕后为沙夫茨伯里出谋划策。另一方面，沙夫茨伯里的生活也极不平静。1678

---

① 马沙姆女士在其回忆录中写道："在1679年，沙夫茨伯里伯爵受命担任枢密院议长一职，而洛克先生（就像所说的那样）也回国为其效力。"（Remonstrants' MSS J. 57a, 转引自 Cranston 1957, 185）

年，沙夫茨伯里借助民众对天主教阴谋案的狂热情绪，试图通过一项法案阻止约克公爵詹姆斯（James, the Duke of York）继任王位。[1] 沙夫茨伯里的选择是蒙默思公爵，即流亡荷兰的查理的那个信仰新教的私生子。到了1679年秋天，这位格外不想主动削弱自己权力的国王让议会休会了，沙夫茨伯里因而也被撤掉枢密院议长之职。

此后两年里，沙夫茨伯里组织了一场全国性的运动，意在废掉詹姆斯的继位权从而鼓励反对派获得王权。1680年，他想设法通过《废黜法案》（Exclusion Bill），这部法案一旦颁布，就会排除詹姆斯（或任何其他天主教徒）继承王位的可能性。1681年3月，牛津重新召集国会，几天之后查理就再次将其解散，因为查理害怕通过《废黜法案》。沙夫茨伯里和辉格党废黜主义者感到唯一的选项就是武装抵抗国王。1681年7月，沙夫茨伯里以重大叛国罪被捕，但受诉的辉格党陪审团通过秘密运作驳回指控，使其无罪获释。有一些人的情况就不太好了：沙夫茨伯里的一个支持者克里奇（Stephen College）就被送上了断头台。1682年11月沙夫茨伯里设法逃到了荷兰，但是几个月后就死在那里。然而，一些更加激进的辉格党人密谋在黑麦房（Rye House）酒馆劫持国王和他的兄弟，这家酒馆正处于王室两兄弟从纽马克（Newmarket）参加赛马回来的路上。然而计划受挫，包括西德尼（Algernon Sidney）、罗塞尔勋爵（Lord William Russell）和埃塞克斯伯爵（Earl of Essex）在内的很多辉格党人都以叛国罪被捕。埃塞克斯在伦敦塔自杀（或者是被谋杀），罗塞尔和西德尼则死在断头台上。在对西德尼的指控中，有一项是他攻击菲尔默爵士的《父权论》（Patriarcha）——《父权论》是以《创世记》为基础的一部政治性论著，托利党人用它来

---

[1] 教皇阴谋案是由奥维茨（Titus Oates）编造的，他声称天主教方面要密谋除掉查理二世，让其信奉天主教的兄弟詹姆斯即位。这项指控大大激发了反天主教情绪，所以才能被沙夫茨伯里利用而产生巨大影响（参见Cranston 1957, 184-185）。

支持君权神授（参阅本书第三章）。

很难知道洛克在这些活动中起了什么作用，不过晚近的学术研究表明，洛克对 1679 至 1681 年的废黜危机涉入甚深，尽管他并未深深涉入 1681 至 1683 年间对查理二世的被迫反抗。① 实际上，政府已经觉察出洛克极为危险，所以当他还在牛津的时候就一直监视他。但是，这段时间内 [23] 洛克的大多数活动都是秘密进行的。② 就我们目前的论题来说值得注意的是，洛克在这段时期对圣经的兴趣并未减退，如果稍有区别的话，那就是他的圣经阅读反而更加增强了。这段时期洛克也著文抨击菲尔默的政治理论，尤其抨击菲尔默对《创世记》的疏解。这就是后来的《政府论两篇》的雏形。③ 由于菲尔默与洛克之间的圣经论战将是后面章节的主题，所以在这里只简单提一下这两篇小文就够了——这两篇小文表明，洛克关于《创世记》中的同一些文本，其看法正在远离传统的、正统的判断和感觉。

---

① 阿施克拉夫特对这一点的论证最为让人信服（参见 Ashcraft 1987，各处）。

② 托利党间谍普莱乌克斯（Humphry Prideaux）写信给副国务大臣埃利斯（John Ellis）说："洛克在这里过着一种非常诡谲、莫名其妙的生活，两天在城里，三天外出，谁都不知道他去何处、何时去、何时归。确实有一些辉格党人在搞密谋，但从未有过关于政治的片言只语从他那里传出来，更不要说关于我们当前事态的任何消息了，好像他根本就不关心这些。"（BL Add. MS 28, 929，转引自 Cranston 1957, 221）1684 年 11 月 6 日，查理二世的国务大臣桑德兰伯爵（Earl of Sunderland）致信牛津主教谈到了某位"洛克先生"，说他"行事乖张，好结党营私，不恭顺政府"。这位主教回信说："屡经严密探查，我可以自信地确认，本院之人，无论与其如何熟稔，从未听其发过片言反对政府甚或关涉政府；尽管在公私场合常有蓄意诋毁之言指向其主人沙夫茨伯里，指向其同党的阴谋诡计，但这些言论从不能证明他曾稍稍以言行泄露对此类事情的关注。因此鄙人以为，此世根本就没有这样一个沉默寡言但又激情四射的主儿。"（PRO 30/24/47/22 p. 1）11 月 16 日，牛津奉王室之命开除了洛克。

③ 洛克，《政府论两篇》，拉斯莱特编辑，并作导论和注释（Peter Laslett, 1988）。此后参引以篇数、段落数表明引文位置。

这段时期，洛克即使没有写作，至少也在思考《政府论两篇》，另外他还写了有关上帝、宗教和知识的一些东西。在1680年8月1日的日记清单中谈到上帝的正义时，[1] 洛克似乎至少在原则上攻击了原罪教义，主张上帝不可能"创造任何旨在使其悲惨苦难的任何事物"，而"想象上帝只出于这个原因（即保存人类的更大部分）就必定会施行惩罚，就是要让上帝的正义有重大瑕疵"（278）。到1680年时，洛克显然已经远远超越了其加尔文教的出身，主张上帝不会因其正义而惩罚他的创造物。洛克的看法可能看起来比他愿意公开承认的更接近于索齐尼派的立场，到1679年的时候，洛克至少已经注意到索齐尼主义者恩茵蒂（George Enyendi）的《新旧约章句疏解》（*Explications Locorum Veteris et Novi Testamenti*）一书（参见 Marshall 1994，138），1680年时他还购买了一系列索齐尼派的著作（Wootton 1989，56）。至少依据1681年4月3日的一条无题日记笔录，洛克还信奉这样一种观点：理性是解释圣经的指南。[2] 他认为，人类据以了解其他万事万物的能力，也是上帝借以让其自身得到了解的能力，这些能力从根源上说就是理性。

> 我绝不因此稍稍否定上帝能够或者已经为了证实真理而显了奇迹，我只是要说，我们不能认为他会行不符合理性的奇迹来推行他自己的教义或观念，或强化对他自己的任何崇拜；或者说，我只是要说，为了奇迹的缘故我们可以接受这种东西为真理，甚至可以接受那些具有最大证据证明了上帝启示并确证了奇迹确实如其所是的书卷中的东西为真理。奇迹要受教义的

---

[1] BOD MS Locke f. 4, pp. 144-151（无题目）；戈迪收录此篇（Goldie 1997，277-278），并为之加题目"论上帝的正义"（Of God's Justice）。文中所引为戈迪版本。

[2] BOD MS Locke f. 5, pp. 33-38（无题目）；戈迪收录此篇（Goldie 1997，278-280），并为之加题目"宗教"（Religion）。文中所引为戈迪版本。

判断，而教义也要受奇迹的判断，参《申命记》13：1［-3］，《马太福音》14：24［-33］，以及圣保罗的话：即便是从天上降下的一位天使，也不应宣讲任何其他的不同教义（《加拉太书》1：8）。(Goldie 1997, 280)

洛克十有八九不是想通过承认（以信仰为基础）诸如圣餐变体、三位一体和原罪等教义来把宗教理性化，以揭示问题所在。但这些看法，以及他在1679至1683年间的交往活动，仍然非常危险。

流亡荷兰（1683—1689）

[24] 西德尼在1683年被处决之后不久，洛克就设法逃离了监控其活动的政府特务，逃至安全的荷兰。1684年他的学者身份遭官方撤销，1685年政府试图引渡他回国，但他用了很多假名字避居荷兰的安全住所，因而政府的目的未能得逞。

洛克很可能也同情1685年失败的蒙默思叛乱。洛克在乌特勒支度过了1684—1685年的冬天。乌特勒支是"革命密谋的中心"（Cranston 1957, 250），也是一个收留了很多英国流亡者的城市。线人格雷勋爵（Lord Ford Grey of Werk）和韦德（Nathaniel Wade）也告诉英国当局说，洛克是蒙默思的支持者。格雷和韦德两人都说，"洛克先生"已经为这场叛乱提供了1000英镑的资助，不过克兰斯顿（Cranston）认为这个洛克不是哲学家约翰·洛克先生，而是伦敦的烟草商洛克先生。① 无论情况如何，英国政府都想引渡我们的约翰·洛克和避居荷兰的其他谋叛者。洛克的一个通信者克拉克（Edward Clarke）——其信件构成了洛克《教育片论》（*Some Thoughts Concerning Education*）的基础——甚至因与流亡荷兰的叛

---

① Cranston 1957, 252。另参 Ashcraft 1986, 459ff，阿施克拉夫特提出一个更有说服力的观点，认为格雷和韦德两人通报的就是约翰·洛克。

国者通信而在伦敦被捕,但后来又被释放了。洛克的日记也显示,他与组织叛乱的委员会的主计员(也是蒙默思的秘书)戴尔(Thomas Dare)有财务上的往来。依据1684年11月30日的日记记录,洛克在戴尔先生家中留了几件东西,其中包括一篇早期文稿(Cranston 1957,253)。戴尔随同蒙默思远征队起航,于1685年6月11日在英国登陆,但两天后在一场争吵中被另外一个革命者弗莱彻(Andrew Fletcher)所杀。非常有趣的是,弗莱彻在1690年代也和洛克通信,并且他的题词还出现在洛克的一本希伯来文圣经的扉页上。① 弗莱彻如何、何时拿到了洛克的这本圣经(或者说洛克如何、何时得到了弗莱彻的这本圣经)不得而知,但这本圣经的确提供了更详细的信息,证明了洛克和革命党原本不是很清楚的关系。

在荷兰的时候,洛克对圣经研究和神学的兴趣日渐浓厚。当他回到英国的时候,卡德沃斯(Damaris Cudworth),当时已是达默里斯·马沙姆夫人(Lady Damaris Masham),对洛克说,在荷兰的时光"定然对你大有益处,每每收到你的来信,我就禁不住欢欣雀跃,因为我通过信件知道,你在荷兰对圣经的研究,远超你此前一生对圣经的了解"。② 在荷兰时洛克交了很多朋友,其中不少人对圣经解释有很深的造诣。[25]他自己对前沿神学家的作品也越来越感兴趣,像林博赫(Philipp van Limborch)和莱克拉克(Jean le

---

① 这是在1546年印刷的两卷本圣经,装帧精良,现藏牛津博德利图书馆洛克阅读室,架号 BOD Locke 14.17 a.b.;LL 303。博德利图书馆的一名员工帮我确认了弗莱彻的笔迹,在此谨致谢意。

② *Correspondence*,2:787。马沙姆夫人的这封信常被引用,以证明洛克在荷兰时对圣经的兴趣日益浓厚。然而,尽管达默里斯·马沙姆的这项证据表明洛克的圣经知识已经增长,但他在流亡荷兰之前确实就已经熟谙圣经解释了。达默里斯·马沙姆是一个有教养有才艺的优雅女人,但她在洛克1654年圣经(BOD Locke 10.59 and 10.60;LL 307)一、二卷中对人名地名的罗列却相当惹人讨厌,这表明,就评价洛克流亡之前或之后的圣经知识这一问题而言,她可能并不像人们认为的那样是一个可靠的见证人。

Clerc）这样的神学家，洛克与他们结成了终生的友谊。

林博赫是荷兰一个抗议派（Remonstrant）神学院的神学教授。荷兰抗议派（The Remonstrants）是荷兰的阿米尼乌派，坚信道德、宽容、理性神学和极简主义信条，他们把信仰之事留待个人通过解读圣经来自己判断。当洛克到达荷兰初见林博赫时，洛克就想起，"（荷兰抗议派教义）与他自己的观点是何其相似"（转引自 Fox Bourne，2：6）。实际上，洛克早在 1685 年就已经读过林博赫的《基督教神学》（*Theologia Christiana*）并对之作了评注，而那时此书尚未出版（此书出版于 1686 年）（*Correspondence*，3：905）。在《基督教神学》一书中，林博赫讨论了阿米尼乌派的最低信条、宽容和道德义务等教义。在林博赫看来，同时亦在洛克十年后出版的《基督教的合理性》一书看来，基督教的一个绝对必要的信仰就是，耶稣是弥赛亚，是基督。尽管林博赫承认赎罪教义，但论到原罪问题，他更倾向于索齐尼派的立场。既然圣经中找不到"原罪"一说，林博赫也就拒斥亚当之罪传给了子孙这一观念，而坚持认为"上帝不因亚当之罪而惩罚其后代子孙"（转引自 Spellman 1988，132）。洛克自己也会形成这一立场，尽管此时尚未形成。

洛克还认识了另外一个名叫莱克拉克的荷兰抗议派信徒。莱克拉克已经写了一篇新教性质的文章来回应西蒙的《历史批判》（*Histoire Critique*）一文，全名是《几位荷兰神学家对旧约的历史批判的一些感受》（*Sentiments de Quelques Theologiens de Hollande sur l'Histoire Critique du Vieux Testament*）（1685）。他抨击西蒙的如下观点：只有天主教会才是解释圣经的唯一权威。但是莱克拉克也比西蒙走得更远，因为他提出，并非整部圣经都是神启的。西蒙和莱克拉克都是历史批判方法的先驱，但又都以各自的方式质疑了圣经的启示性。这个问题似乎让洛克颇感困扰，因为他在 1685 年 10 月 6 日致信林博赫时说：

如果圣经中的一切内容都要毫无差别地、同等地被视为皆是上帝所启示的，这就必定会为哲学家提供质疑我们的信仰和真诚的大好机会。相反，如果某些部分被视为纯粹只是人的作品，那么在圣经中到哪里去找神圣权威的确定性呢？——而没有这种确定性，基督宗教岂不是要一败涂地？(*Correspondence*, 2: 834)

洛克意识到，如果人被迫说整部圣经是神的启示，那么，说圣经的任何一部分并非神启，就会意味着整部圣经的启示特性是不可信的；① 而如果圣经并非皆为神启，那么人们还能用什么标准来确定这种神圣权威？② 洛克不得不再次保持航向，穿行于加尔文主义者

---

① 洛克通过自己对各种版本的圣经所作的评注表明，并非所有的圣经经文都是这样受启示写成的。有一条出自西蒙的注释被抄进了洛克1654年圣经的导言之中，它是这样的："摩西五经的风格多种多样，这证明它们不是由同一个作者所写。"（也见BOD MS Locke f. 32, p. 32, 此处也写了同一个注释）。还有一条来自西蒙的注释出现在洛克1648年圣经（LL 309）的导言中，题为"先知"，它是这样的："先知的话是他们自己的话，而不是受启示所说的话。"洛克在其1648年圣经中还指出，《约伯记》只是一部"戏剧诗"（p. 404；又见BOD MS Locke f. 32, p. 28）。洛克曾对罗斯的《为神圣权威和新旧约写作当中的启示一辩》（William Lowth, *A Vindication of the Divine Authoritie and Inspiration of the Writings of the Old and New Testament*, 1692）写过评论，在一条注明为1692年的注释中，洛克详细讨论了启示问题（BOD MS Locke d. 1, p. 177；重印于Nuovo 2002, 42-43）。在这些注释中，洛克怀疑是否所有经文都同样是受启示写成的，并想知道可以用什么方法来确定受启示写成的部分和并非受启示写成的部分。

② 这是纠缠洛克一生的问题。在临死前大约一年的时候，他writes向柯林斯（Anthony Collins）抱怨说，欧洲大陆上的有些教会已经自立为圣经解释问题的权威，并取缔了莱克拉克的新约译本。洛克写道："勃兰登堡和克里夫（Cleve）的神学家们已经让普鲁士国王在其境内查禁它。而荷兰瓦隆的神学家则正在海牙请求做同样的事，只不过人们认为这种想法可能不会实现。我尚未听说谁会作出特殊的例外考虑。如果上帝之言确实需要权威的解释者，那么用什么办法可以找到这些人？这是值得思考的一件事。除非你让每个人都自己去为自己解释圣经——而这会造成什么后果？"（*Correspondence*, 8: 8342）

与理性主义者之间，前者坚信整部圣经皆为神启，[26]后者则质疑整部圣经，就像托兰德（John Toland）在下个世纪要做的那样。

马歇尔指出，这段时间洛克可能正在阅读许多索齐尼派的著作并受了影响，因此不厌其烦地在其笔记和圣经中记下了很多对索齐尼派教义所作的评论（1994，341-343；2000，各处）。后来我还要重新探讨索齐尼派的堕落观念对洛克成熟时期思想的影响，但情况似乎确实是，最起码到17世纪80年代的时候，洛克一直在研读索齐尼派著作，并且很可能还与一些活跃的索齐尼派人士密切往来，这些人像洛克一样，由宽容的阿米尼乌派和宗教自由主义者为其提供处所，在那里寻求避难。虽然后来洛克不承认读过索齐尼派的任何著作，但说他就是索齐尼主义的指控还是在他晚年时铺天盖地而来。斯蒂林弗利特已经感到《人类理解论》本身倾向于索齐尼主义，爱德华兹（John Edwards）则在抨击《基督教的合理性》时无比尖锐地发出这一断言。洛克以他惯有的方式回应说，他的观点基于圣经本身而非基于教会信条，他的绝大部分要著用的都是这种解释学方法。

1685年冬天，洛克正在忙于撰写另一个短篇作品，而它注定要成为几乎与《人类理解论》或《政府论两篇》齐名的著述。这就是他的《宽容书简一》（*Letter Concerning Toleration*）。书简是用拉丁文写给他的朋友林博赫的，但直到1689年4月才得以匿名出版。1685年，天主教国王詹姆斯二世刚刚继承英国王位，而法国国王路易十四也废止了《南特敕令》（*Edict of Nantes*），这意味着新教徒可能要在宗教统一的名义下大大遭受迫害。在洛克心中，欧洲正在变得越发不容异己、越发天主教化。在《宽容书简一》中，他抨击了那些用强力推行基督教的人：基督教是一个和平的宗教，人们更可能通过理性的方式接受说服，而不是通过属肉体的方式来相信这种宗教真理。洛克支持宽容，但宽容对象排除了效忠外国势力的天主教徒，也排除了没有任何契约可以约束的无神论者。他也继续坚持自己在几乎二十年前的《论宽容》一文中所提的主张：教会和国家应该彼此分离。对于此世的事务，国家有管辖权，而宗教则应照看来世事务。这并不意味着洛克暗指圣经在此世毫不重要（人们常常认为洛克就是这个意思）；相反，圣经的宽容劝告之动力，藏在此信的背后。洛克只不过是想避免随教会法规实施而来的种种国内冲突：

> 但是，既然人们对纯正的教会那样关心，这里我想顺便问他们一声：倘若规定入会条件应包括并且只包括像圣灵在圣经里所明确宣布的、对于灵魂拯救所必需的那些东西，不是更适合基督的教会吗？我请问：这比人们把自己随心所欲的解释强加于人，似乎只有他们才具有神的权威，甚至利用所谓教会法规，把圣经里从未提及或至少没有明确规诫的东西宣布为信徒所必须遵守的条件，不是更适合基督的教会吗？①

1686年，洛克的名字从引渡名单中被划掉了，他不再东躲西藏。但他并未返回牛津，而是继续在荷兰写作，可能于此时完成了《人类理解论》第四卷。《人类理解论》始于"究问人类知识的起源、确定性和范围"（1.1.2）。最为关键的是，洛克并不认为我们的种种能力由于天性的败坏——亚当堕落的结果——而受了抑制，而认为我们的心灵就是白板，它通过感性知觉和观念的联接等等来获取知识（Marshall 1994, 346）。某种程度上，洛克谦逊地将自己定位成"小工"，准备清除阻挡我们获取真知的谬误观念、偏见和假设。在《人类理解论》的一些章节中，洛克抨击了某些神学家，因为他们的"胡言乱语"阻碍了对圣经义涵的理解，尽管洛克坚持认为，圣经或任何其他并非数学公理的东西的真实义涵，几乎都不可能确定。为了确立一个神学命题的确定性，人们不得不费劲了解

---

① 洛克，《宽容书简一》，塔利编辑并作导论（James Tully 1983, 29）。此后参考《宽容书简一》，在正文中随文注明。

别人的并不总是准确或公正的证明,又不得不面对自己的种种局限,比如说缺乏闲暇、能力,比如说语言本身的问题(3.9–10)。洛克1681年4月3日的日记记录了有关宗教的讨论("论宗教"),后来他在《人类理解论》中扩展了这一讨论,主张启示必须符合理性,因为启示要被相信为真实无妄的,又因为不依赖理性就没有任何根据去辨别真假命题(4.18.3–5)。洛克在此的目的一如平常,就是避免源于宗教解释的论争,因为这些论争在17世纪已经引发了很多惨剧。与其说洛克是在怀疑圣经的真实性,还不如说他是在减少源于不同的圣经解释的种种差异。① 对洛克来说,圣经的规诫十分明白易懂,即使有些部分比较模糊不明。洛克不曾认为《人类理解论》非难了基督教或圣经,毋宁说,它清除了与基督教或圣经相连的偏见和错误假定,为宽容提供了充分的理由。②

《人类理解论》直到1688年2月仍无法出版,那时,有一篇此书的摘要先发表在了莱克拉克主编的期刊《各国书讯》(*Bibliotheque Universelle*)上。其实早在1687年3月,洛克就已经把完稿给了他的朋友克拉克,[28]那时候,洛克正住在弗尔利(Benjamin Furly)家中,后者是一位贵格会教徒,奉行宽容,款待各个教派的客人。可

---

① 这一观点洛克似乎坚持了一生。他在1686年以"谬误"(Error)为题所写的文章中说:

> 基督徒之间的巨大分裂是关于意见的分裂。每个宗派都有自己的一套意见,他们称之为正统教义。谁要对这些意见公开表示赞同,即便是盲信,即便没有审查,他也就是正统的了,也就走上得救之路了。但如果他审查了,并因此质疑其中任何一种意见,他立马就要被怀疑是异端;而如果他反对这些意见或持有相反的意见,他立马就要被判定为陷进了可诅咒的谬误之中,而确定无疑地走上了万劫不复的地狱之路。关于这一点,有人可能会说,其错误之甚,莫过于此。(Goldie 1997, 345)

② 参见本书第二章对理性和启示问题更为详细的讨论。

能就是在弗尔利的家中，洛克写了一篇题为"和平的基督徒团体"（The Society of Pacific Christians）的短文，① 陈明了宗教组织的一套规则。这个团体应该对所有"接纳圣经启示的真理之言"的人们保持开放。这篇短文的和平主义论调，与《人类理解论》和《宽容书简一》的论调颇为一致。该文极力主张，如果"圣经中的任何信条部分难以理解"，就应该谦逊地学习钻研，祈祷上帝打开自己的悟性，并遵守已经启示的东西，接受那些最能教导人的人的建议。最重要的是，个人绝对无权"把自己的看法或解释强加给别人，［甚至］强加给最平庸的基督徒；因为在宗教事务上，每个人都必须了解、相信，并且给他自己一个解释"（304-305）。这个团体的成员，都要奉行宽容，将团体中可能引发纷争的论辩和纯理论信条搁置一边。总之，至少对1688年的洛克来说，这个团体就是理想的基督教团体。

事实证明，宗教和自由是1688年威廉和玛丽"光荣革命"的象征，其舰船的铭辞就是"为了宗教，为了自由"（Pro Religione et Libertate）（Cranston 1957, 305）。威廉受邀返国，表面上是为了使英国摆脱天主教的控制，恢复人民的权利，但很可能是为了处理一场迫在眉睫的危险，因为是年夏天，詹姆斯的一个儿子出生并成为詹姆斯二世合法的天主教继位者。但人们确实深感好奇，天主教专制主义的鬼怪是如何真真实实地隐藏在詹姆斯政权里的——前些年的蒙默思叛乱也是要除掉本国的天主教君主，但刚刚启动就被粉碎了。然而，到1688年的时候，英国人民似乎更乐于支持反叛事业了，因此到年底时，詹姆斯被迫逊位。1689年2月12日，在威廉和玛丽登上王位的前一天，洛克回到了英国。一年之后，洛克终于出版了他最为重要的政治著作——《政府论两篇》（1690）。这部

---

① BOD MS Locke c. 27, fol. 80, 重印于 Goldie 1997, 304-306。文中引的是戈迪版本。

著作之前他已经写了数年,但现在他却希望它

> 足以使我们伟大的恢复者、当前的威廉国王登上国王宝座。我希望,我们的国王能充分行使他的职权,他是一切合法政府中唯一一个基于人民的同意而荣登王位的,在各基督教王国的所有国王中,他获得了人民最广泛、最明确的同意。我希望,这些篇章能够向世人表明,热爱正义和自然权利并决心捍卫这些权利的英格兰人民,把处于奴役和毁灭边缘的国家拯救过来这一做法是完全正义的。(序言)

[29]《政府论两篇》抨击了菲尔默爵士的圣经政治学,展现出另一种样式的圣经政治学。不过,这将是本书后面的章节着重探讨的主题,对眼下来说,我们认识到宗教和政治至少原则上是1689年威廉和玛丽登基中极其重要的因素,这就足够了。

公众人物(1689—1704)

1689年秋,洛克有三部著作交付印刷,这些著作将确立洛克作为哲学家、政治理论家和自由主义者的声誉。这三部著作就是《人类理解论》《政府论》和《宽容书简一》。洛克只承认自己是《人类理解论》的作者,尽管友人敦促他承认也写了其他两部著作。[①] 然

---

① 林博赫敦促洛克承认自己就是《宽容书简一》的作者,与洛克关系已经比较紧张的蒂勒尔则暗示洛克应该承认自己写了《政府论》(Cranston 1957, 320-321, 327-328)。洛克严厉指责林博赫(Correspondence, 4:1285)和蒂勒尔(Correspondence, 3:1225)想要暴露他的秘密。甚至到1698年的时候,洛克仍然拒绝向他最可信的朋友之一莫利纽克斯(William Molyneux)承认他自己是《政府论》的作者。洛克最终宣告自己是这些著作的作者,是在他遗嘱的一条附录中,而这个遗嘱是他于1704年去世之前不久才写好的。

而，洛克的这些作品不久就深陷争议之中。1690年4月，普罗斯特（Jonas Proast）以安立甘教立场为据反对洛克《宽容书简一》中的宽容观念。普罗斯特认为，鉴于人性的败坏，强力而非理性才是劝慰人们接受纯正宗教的更佳策略——或至少不是无效的。此外，普罗斯特还写道，使用刑罚劝导每个人接纳纯正的宗教，是主权者的义务。同年晚些时候，洛克写了《宽容书简二》来反击普罗斯特，1692年，洛克又写了更长的《宽容书简三》来回应普罗斯特的深度攻击。虽然洛克在《宽容书简三》中承认自己和他的批评者一样都是"纯正宗教"的信奉者，但是存在一个明显的问题，因为关于纯正宗教的知识至少原则上是不可知的，因此官长没有任何权利去强迫本质上属于信仰之事。这并不是说洛克认为追寻真理是不理性的或荒谬的，而是说他更愿意将探求真理的任务留给私人的自觉，而非交给官长的一时兴致。

1690年洛克去往奥茨（Oates），住在马沙姆爵士（Sir Francis Masham）夫妇家中，爵士的妻子就是马沙姆女士，洛克曾一度倾心于她。伦敦的空气让患有哮喘病的洛克感到难受，他需要乡村的新鲜空气。奥茨是洛克的理想之地，因为在那里他可以安静地过一种乡绅生活，追求自己的学术爱好。尽管他常因各种事务去往伦敦，但洛克还是把奥茨当成了余生的永久住所，并在这里安然而逝——那时马沙姆女士正给他读着《诗篇》。在奥茨的时候洛克也结识了另外一个伟人，这就是那位"举世无双的牛顿先生（Mr. Newton）"——他在《人类理解论》"致读者的信"中这样称呼牛顿。洛克和牛顿有很多相同的观念，但可能谁都不像他们两人那样如此沉迷于圣经。[30]实际上，洛克曾鼓励牛顿在老友莱克拉克主办的《各国书讯》上发表他的三位一体解释，尽管牛顿后来决定不发表这个东西。洛克认为牛顿"在神学上造诣极高……他的圣经学问非常深奥，在我所认识的人中，罕有其匹"（Marshall 1995, 390）。事实上，他们两个人经常讨论的就是圣经解释问题，这也是他们交好的基础（参见 Correspondence，4：1338，1357，1405，1499）。① 他们都持有非正统的观点，尤其是在三位一体问题上，但他们也都钟情于对圣经做理性的考察探究。

对洛克著作的回应也不都怀有敌意。爱尔兰哲学家莫利纽克斯（William Molyneux）在其《屈光学新论》(Dioptrica Nova) 序言里，盛赞《人类理解论》由"天下无双的洛克先生"撰写（引自 Cranston 1957，359）。不久他们两人就成了莫逆之交，这种深厚的友谊一直持续到1698年莫利纽克斯去世为止。莫利纽克斯敦促洛克撰写一部《论道德》(Treatise of Morals)，但是洛克发现，这一工作远比他想象的艰难。1692年9月，洛克给莫利纽克斯回信说：

> 尽管我有种种道德观念，但当我思考道德问题的时候，我认为自己已经明白，道德是可以经由证明而理解的，只不过，我是否能够经由证明而理解它是另外一回事。并非每个人都能证明牛顿先生的著作所表明为可证明的东西。(Correspondence，4：1538)

洛克发誓要更深入地研究这个问题。其间，他还结集完成了一部长篇论著，主题是儿童的教养，这就是他的《教育片论》(1693)。这部著作以洛克1680年代与荷兰的克拉克的通信为基础编撰而成。洛克在书中建议，儿童的道德教养起初应该立足于圣经，后来才应阅读西塞罗的《论义务》。因此，洛克从未能够说明道德像数学一样是可证明的，但也许他认为自己不必那样做，因为

---

① 非常有趣的还有，洛克所用1648年版的圣经中至少有十条注解（包括为《启示录》所作的一个概要图表），是用首字母 IN 来背书支持的，IN 代表牛顿（Isaac Newton）。这些注释是洛克的手迹，主题是关于《启示录》的。这进一步证明，至少有两位17世纪的启蒙先驱非常关注圣经和圣经论题，无论他们的观点在后来的世纪中被弄得多么世俗化了。

新约中有清楚明确的道德范例。①

也正是莫利纽克斯，促使洛克改变了对许多问题的想法，尤其是改变了对自由意志问题的想法。1693年1月20日，洛克在给莫利纽克斯的信中写道：

> 我自愿向你承认我的理解力不够，尽管毫无疑问，我们的造物主上帝是全能全知的，并且只有在我自由时才能最为清楚地领悟一切事物，然而我却不能使人的自由完全与上帝的全能全知相契若符，尽管这两者都像我最坚定地赞同的任何真理一样完全说服了我。因而很久以来我就一直在思考这个问题，并将一切思考归结成这样一个简短的结论：如果上帝创造一个自由行动者（a free agent）是可能的，那么人就是自由的，尽管我不知道上帝如何来创造这样一个自由的行动者。(*Correspondence*, 4: 1592)

[31] 然而，在《人类理解论》增补二版中题为"权势"的一章，洛克确实处理了莫利纽克斯关于自由意志的追问（2.21）。1693年7月15日，洛克致信莫利纽克斯说，这个增补章节可以给他"一种关于人的自由的更加清晰的阐释"（*Correspondence*, 4: 1643）。对于《人类理解论》修订二版所作的改变，莫利纽克斯深感满意，蒂勒尔也是如此，所以他在1694年10月16日写道，洛克"避免了霍布斯先生和否定一切意志自由的老宿命论者的谬误，以及那些认为我们可以愿其所好、行其所好的人的谬误"（*Corre-*

---

① 在1696年4月5日致莫利纽克斯的一封信中，洛克写道：

> 世界确实应该有某种规则，我承认，不可能再有如此必不可少、如此值得赞美的工作了。但是，福音书包含了如此完美的一个伦理规范体系，以致理性都可以豁免自己探问研习的责任，既然她在启示中比在她自身中更可以找到清楚得多、简易得多的人类义务。(*Correspondence*, 5: 2059)

spondence，5：1800）。格兰斯顿指出，蒂勒尔在这里对霍布斯并不公正，因为在《利维坦》第21章，霍布斯认为人的自由和上帝全知的问题是语言问题而非逻辑问题。洛克在他的"权势"一章赞同霍布斯的这种观点，只是说这个问题没有得到正确表述（2.21.6f.）。①

---

① 洛克极少引用霍布斯，但在洛克1648年的插页圣经中却发现三处（分别是《以赛亚书》5：4，《耶利米书》19：5，以及《提摩太前书》2：4），这三处引用记录了霍布斯对自由意志和上帝全知问题的思考（怀因莱特［Arthur Wainwright］指出了第二处和第三处［1987，16，7n］，比德尔［John Higgins-Biddle］指出了第三处，并且还复制了这一处引用［1999，lxxvii］。）这些参引都取自霍布斯的《自由、必然性和偶然问题》（*The Questions Concerning Liberty, Necessity, and Chance*，10-11），洛克似乎于1675年赴法国之前就已经写下这些引用文字。此处的圣经章节标数用的都是阿拉伯数字（比如说《以赛亚书》5.4），等1679年洛克从法国回国后，就用罗马数字标注章数、用阿拉伯数字标注节数了（比如：《以赛亚书》V.4）。洛克跟随霍布斯把"《以赛亚书》5：4"写成"《以赛亚书》4：3"（写作"4.3"），表明这是较早的一处参引（参见诺沃对确定洛克圣经注释时间的方法之讨论，Nouvo 2000，203-204）。洛克在解释《以赛亚书》段落时对霍布斯的引证，谈的是上帝内在意志（人不能测度）与其启示出来的意志（通过圣经可以了解）之间的区分问题。在提供了《以赛亚书》5：4a的希腊文表达后，洛克对霍布斯的引用是这样的：

> 如果使用这些语词是指全能的权力（almighty power），那么它们可能就会得到这样的解答：人们本来是可以因这种全能的权力而免于犯罪的。但是，倘若我们要受他的启示的意志衡量，那就好像他在说：那本可以被使用得更多的指令、法律、威吓等等，我却不曾使用。上帝并不愿意也不命令我们追问并探究他的意志和目的，然后依之而行，因为我们不应按我们愿意与否去行，而应看他的命令。

洛克在解释《耶利米书》19：5时对霍布斯的引用，谈的也是上帝的意志和目的，还谈到我们不能认识上帝的意志和目的，因为我们自己的能力非常有限。洛克对霍布斯的引用是这样的：

> （人们）无论做什么，都会进入上帝的思想之中，也就是都会进入上

然而，其他一些人并不是很满意《人类理解论》，洛克以前的朋友、伍斯特现任主教斯蒂林弗利特，就将成为洛克更难对付的批评者之一。可能洛克1695年匿名出版的一部引起更大争议的著作进一步引发了斯蒂林弗利特的攻击，这部著作就是《基督教的合理性》。① 正是在此书中，洛克对圣经和神学问题日渐增长的兴趣得到了鲜明体现。

1695年5月10日，大概在《基督教的合理性》出版前五个月时，洛克致信林博赫，讲了他写作本书的目的：

> 这个冬天我一直在苦思冥想，基督教信仰的根本到底何

帝的知识之中，上帝的知识意味着未来行动的确定性，以及上帝在事前令未来某事发生的预先的目的。因此，上帝的知识不可能意味着上帝不曾愿意此事，而只是意味着上帝不曾有命令此事的意愿。但顺便也提醒一下，当上帝向人说关于他的意志和其他属性的话时，他只能以人的方式去说，就好像上帝的意志和属性与人的那些意志和属性类似一样，只有这样上帝才能得到人们的理解。因此，对于上帝的造物的秩序、对于世界——在其中一事继之另一事，环环相扣，哪个人都不可能凭设计而命定这种秩序、这个世界——他赋予"意志"（Will）和"目的"（Purpose）的名称，我们则称之为设计（Designe），也就是推理和一步一步的思想，但是，推理（reasoning）和一步一步的思想（thought after thought），确切说不可能是上帝的属性，因为在上帝的思想中，没有所谓的前，也没有所谓的后。（参见《利维坦》，第21章）

显然洛克已经思考过调和上帝的预知（或必然性）与人类的自由这一问题，并且提供了一段似乎是表达同一个问题的圣经文本。洛克在这一段中又引了霍布斯，表明洛克并不像他自己以别的方式表达的那样极端厌恶霍布斯，但也确实没有任何证据表明洛克"熟谙霍布斯"（参见洛克的《再复伍斯特主教》[second reply to the Bishop of Worcester]，收录于 *Works*，4：477）。关于洛克不经意地暗中提到霍布斯，参见 Goldie 1997，214，11n。

① 洛克，《基督教的合理性》，比德尔编辑并作导言、注释和校勘（*The Reasonableness of Christianity*, ed., John Higgins-Biddle, Oxford: Clarendon, 1999）。下文均参引此本，并在正文中标明。

在。我认为这一问题只应基于圣经得出结论。至于各教派、各体系的意见和正统观念,无论它们是什么,都应置之一边。我专心致志地仔细研读了新约,对我来说,新约的规定和福音的教诲清楚无比,似乎赛过正午的阳光。我完全相信,一个诚挚的福音书读者,绝不可能疑惑基督教信仰到底是什么。因此我在纸上写下我的想法,由此便能平静悠闲地深入研究各个想法彼此之间的一致性、它们的和谐,以及它们建基其上的基础。(*Correspondence*, 4:1901)①

洛克的笔记都很有指导意义,因为它展现了洛克采取何种方法认真仔细地解读某些文本,并努力拒斥对文本所作的其他一些解释(他将采纳这种解释学立场,并会在《保罗书信注疏》的序言中更充分地阐述这种立场),这种方法有助于洛克理解他所体会的基督教的本质。以上究竟是否就是对《基督教的合理性》创作始因的公正评价,还很难说,但这种评价至少符合自《政府论》创作以来他对圣经的解释。[32] 在《基督教的合理性》一书序言中,洛克表明,他首先找到了"神学体系",但却"几乎看不到令人满意和前后一致之处",所以,他后来才开始详尽地考察研究圣经经书本身。考虑到洛克在 1695 年之前很久已经非常系统地研究了圣经本身和圣经评注,他在表达下述看法时可能有点夸大其词:他的这部著作打算只以圣经(sola scriptura)为基础,而非以任何教派或宗派的观点为基础。② 无论如何,洛克这时很少表现或者完全没有兴趣去

---

① 又见 1699 年 5 月 16 日致博尔德(Samuel Bold)的信中表达的类似观点,收录于 *Works*, 10:315-320。

② 在大约写于 1682 年的题为"传统"(Traditio)的一篇文章中,洛克暗示那些依靠证据而非启示——比如说传统——的人是受怯懦的私欲驱使的:

犹太人、天主教徒、土耳其人,三者都自称以源于上天的启示的法律来引领自己,说这法律向他们指明了通往幸福之路,但他们却常常依赖传

迎合时代要求，他十分确信自己对圣经的理解，于是就发表了他自己的看法。

很明显，对任何读过《基督教的合理性》一书的人来说，洛克的这部著作根本就不是在为正统的神学立场辩护。一开始他就否认原罪，而认为基督教唯一重要的事情就是相信耶稣是弥赛亚。[①] 洛克认为，既然《福音书》的绝大部分内容都是写给目不识丁的渔夫的，以便指引他们用最简便易行的方式得救，因此，《福音书》本身绝不包括任何艰深难懂的、必须相信的神学教条。而且，若不是基督降临此世为人类带来永生的恩典（否则人类不会知道这种恩典的），本不会有什么必须相信的东西。这份恩典是要恢复亚当在伊甸园所丧失的东西。实际上，洛克改变了耶稣从十字架到复活所负使命的重大意义。就像他的诋毁者幸灾乐祸地指出的，洛克的讨论丢掉了这一事实：亚当的罪注定了人类必然会犯罪，而基督在十字架上的死则使人类因他的牺牲而成义。这些神学问题均不在洛克讨论之列，这一事实连同对三位一体的讨论——这个时候，法律仍然

统，以之作为和他们的成文法一样的权威规则，因此他们似乎承认，神法（无论上帝想要怎样启示它）不能通过书写，在不同的地点、时间，以不同的语言和习俗传达给人类……他们引发爱追根究底的人们去怀疑他们的神职人员和教师的诚实廉正，而不愿意人们有一种永久的信仰和行为规则的这些神职人员和教师，为了保有他们自己的权威，已经偷偷插进了另一种传统，而这另一种传统又总会在他们的掌控之中，随他们自己的利益和需要而变化。(Goldie 1997, 293)

为了区分他自己的观点和他读过的别人的观点，洛克偶尔会给他的记录署上他名字的首字母"JL"。这条记录就署有"JL"字样。

① 这一观点类似于霍布斯在其《利维坦》中提出的主旨："唯一的信条（唯一重要之事，Unum Necessarium），圣经提出的对于得救来说唯一必要的事情就是，耶稣是基督。"（《利维坦》，615）极有可能的是，洛克的许多强调极简主义的理性主义信条的宗教自由派熟人，都会像洛克的阿米尼乌派友人林博赫一样赞同洛克（参见前文页25）。

强制赞同三位一体教义——必定会给《基督教的合理性》的作者带来很多麻烦,麻烦不仅来自加尔文教和国教高教会派,还来自更加自由的宗教自由主义者和荷兰抗议宗。始终赞同洛克所写内容的,可能只有索齐尼派教徒,但是,对于17世纪晚期的英国来说,做一个索齐尼教徒意味着遭受法律的严惩。

1695年《基督教的合理性》出版后几个月,狂热的加尔文教徒爱德华兹就写了一本书来批判洛克,即《无神论的动机和因由散论》(*Some Thoughts Concerning Causes and Occasions of Atheism*)。爱德华兹指控洛克是索齐尼主义者,这也是《基督教的合理性》遭到的最早和最有名的批判之一。爱德华兹抨击洛克的这部作品是一位论(Unitarian)或索齐尼主义,因为它完全没有论及三位一体,还否认人类的堕落。尽管在这部著作中洛克没有否认三位一体信条,但他在解释通常与支持三位一体相关的所有经文时,用的都是不信三位一体的方法。① 这个指责非常严厉,[33] 所以洛克很快就写了《基督教的合理性一辩》(*A Vindication of the Reasonableness of Christianity*)(1695),来回应爱德华兹。洛克反驳说,《基督教的合理性》中完全没有不是出自圣经的东西,如果他对经文的解读与索齐尼主义者有一致之处,那也纯属偶然,因为他"迄今为止从未读

---

① 参见 Marshall 1994, 416。洛克可能已经不信三位一体教义多年,但他极为谨慎,从不像索齐尼派信徒那样站出来公开、明确地否定三位一体。在一个始于1694年的题为"神学的相反论证"(Adversaria Theologica)的大笔记本中(BOD MS Locke c. 43),洛克阐述了支持三位一体的论点和反对三位一体的论点(还有其他一些神学问题,比如说 Christus Deus Supremus [至高的神基督]、Christus merus homo [纯人基督]、Spiritus Sanctus Deau [上帝圣灵]、Anima humana Immaterialis [非物质的人的灵魂]、Satisfactio Aff irmatur [神圣的定断],等等)。马歇尔指出,这些反对三位一体的论点都是从比德尔那里搜集来的,但它们代表了引人注目的对三位一体的否定而非确认。然而,诺沃令人信服地论证说,洛克的"相反论证"与其说是反三位一体的,还不如说是反加尔文主义的(Nuovo 2000, 189-194)。

过"他们的任何教义（Works 7：172）。这肯定是洛克的搪塞之辞，因为在17世纪80年代早期，他的笔记已经包括了大量与索齐尼派作者和思想有关的东西（参阅Marshall 2000，141-156）。不过，他的主要意思是说《合理性》的观点只以圣经经文为基础，这一点很可能是完全真诚的——只是索齐尼教徒会赞同他所写的很多东西而已。爱德华兹还写了另一本小册子《索齐尼主义的真相》（*Socinianism Unmask'd*）来反驳洛克，对此，洛克又写了一部长篇论著来回应，此即《基督教的合理性二辩》（*Second Vindication of the Reasonableness of Christianity*）（1697）。爱德华兹的小册子和洛克的回应，很大程度上都是论战性作品，其中一个指责另一个是索齐尼主义，而另一个又矢口否认，并称自己只是在解释圣经本身所蕴含的意义。

1696年，一个更加强大但论战性稍次的敌手也攻击洛克，他不是别人，正是洛克在"废黜危机"争论期间的老友、伍斯特现任主教斯蒂林弗利特。斯蒂林弗利特也指控洛克是索齐尼主义者，但根据不是《基督教的合理性》，而是《人类理解论》，因为洛克也许会否认自己是前者的作者，但洛克作为后者作者的身份是板上钉钉的。在《论为三位一体教义辩护》（*Discourse in Vindication of the Doctrine of the Trinity*）一文中，斯蒂林弗利特攻击洛克的如下观念：除了上帝存在以外，人在世上能够真正了解的事少之又少。斯蒂林弗利特认为，如果一个人没有一种"实体"（substance）观念，那就没有任何办法去证实三位一体的存在，结果就一定是走向索齐尼主义。次年1月，洛克在《致伍斯特主教大人爱德华的信》（*A Letter to the Right Reverend Edward, Lord Bishop of Worcester*）中答复斯蒂林弗利特时指出，尽管人们对实体是什么可能有某种并不清晰的观念，但这并不是否认实体这样一种东西的存在。此后数年间，洛克和斯蒂林弗利特就此问题继续交换意见，争论一直持续到1699年这位主教去世为止。在这场论战中似乎洛克更胜一筹，但很可能正是这场争论导致洛克的母校牛津大学开始查禁《人类理解论》。正如斯蒂林弗利特的正确评论，洛克在《人类理解论》中散播的宗教怀疑的种子，可能会在后来数个世纪中结出世俗主义的果子。就像邓恩所写的那样：

> 洛克对人的认知能力持怀疑主义观点，大力强调宽容各种不同宗教信仰的义务，哪怕一个人碰巧不信和嫌恶这些宗教信仰。对宗教信念十分清楚和坚定的人来说，这两点可能天生就是相伴而生的。但对宗教信念不那么坚定的任何人来说，[34]这两点结合起来可能就极其专制、极其不稳定了。如果洛克坚持宗教宽容的理由只是一些宗教性的理由……那么他的这种坚持的结果，再加上他的人类认知能力观在后来的影响，很可能（在很大程度上）会削弱其他人的宗教信念。（1984，16-17）

然而，在17世纪90年代后期，洛克不仅忙于写作以回应对手并为自己的著作辩护，还担任着相当重要的政府职位——成立于1696年的贸易委员会的委员（Commissioner of the Board of Trade），直到1700年。贸易委员会监管国内外经济事务，其委员（洛克是八名委员之一）经常开会决定政策问题。洛克跟着沙夫茨伯里工作时积累了一些贸易方面的经验，他在1691年写了《论降低利息和提高货币价值的后果》（*Some Considerations of Consequences of Lowering the Interest and Raising the Value of Money*），在1695年又写了《再论提高货币价值》（*Further Considerations Concerning the Raising of the Value of Money*），所以精通货币金融事务。实际上，政府采纳了他的通货观念，开始实施一项按货币面值来重铸货币的政策。尽管糟糕的身体状况使洛克不能参加其中的很多会议，但他显然是这个委员会出台的很多政策的幕后主力（Cranston 1957，399-448）。这个委员会处理的海外事务是诸如海上抢劫和殖民地管理等问题，其国内事务则是处理贫困和失业这类问题。对照洛克在别的事情上的自由主义倾向，他对穷人的政策——例如他的强制工作方案（enforced-work scheme）——尤其令人费解。这种龃龉从该委员会如何为了英国制造商的利益而竭力控制爱尔兰亚麻贸易中约略可见,而这项政策建议洛克是支持的。洛克的爱尔兰朋友莫利纽克斯对此暴跳如雷,于1698年就此问题出版了《爱尔兰受制于英国议会法案的情形》(The Case of Ireland)一书。莫利纽克斯认为,任何国家都无权干涉其他国家的政策,因为这样做不符合《政府论两篇》所主张的政治权利。正如邓恩指出的,莫利纽克斯的观点将与独立战争时期美洲殖民者的观点非常相似,而洛克的大名也将进入革命者从中汲取启发和灵感的思想家之列(Dunn 1984,17-18)。

贸易委员会的工作对洛克的健康很不利,因此在费力完成一个任期之后,他就退休回到奥茨,完全投身于研究和写作了。他的写作计划之一就是详尽分析圣保罗的书信,这些分析作为遗著出版于1706年,题为《保罗书信注疏》(1706)。[①] 洛克之所以全面研究这些书信,很可能是受了一些批评者的刺激,因为后者认为他只懂得《福音书》和《使徒行传》(Cranston 1957,455-456),但是,从洛克的手稿笔记和他的圣经中遍布的插页来看,[35] 他认真研究保罗书信已有多年。在《保罗书信注疏》的序言中,洛克阐明了他自己解读这些信件的方法,这种方法因其复杂精致、圆融老练而格外值得注意。一开始洛克似乎并不想出版他的《保罗书信注疏》,尽管他并不羞于示人,而让包括牛顿在内的一些朋友读了这部著作。牛顿甚至还在1703年5月15日的一封信中向洛克表达了自己的看法(Correspondence,8:3287)。与《基督教的合理性》完全一样,《保罗书信注疏》重申了以下主张:基督徒必须坚信的最重要的教条就是"耶稣是弥赛亚";清晰明白、简便易行的道德义务可以在新约中找到。《保罗书信注疏》还把保罗解释成这样一个人:

---

① 洛克,《保罗书信注疏》,怀因莱特编辑并作导论(John Locke, A Paraphrase and Notes on Epistles of St. Paul, ed., Arthur W. Wainwright, 2 vols, Oxford: Clarendon, 1987)。此后参引本书皆用这一版本,并随文注明。

他不信亚当之罪应当加诸他人,不信耶稣来到世上的主要目的是奖赏那些过道德生活的人。《保罗书信注疏》体现了这样一种洛克形象:他一直醉心于研究圣经和圣经解释,直至生命结束。①

洛克的这样一副剪影,描绘了一个终生沉迷圣经的人,而这种兴趣还不是因为他生活的时代个个学问中人都对神学深感兴趣。洛克对圣经的看法,对于任何想要领悟其主要著作的人来说都非常重要,这些著作包括《政府论两篇》《宽容书简一》《人类理解论》,自然还有《基督教的合理性》和《保罗书信注疏》。他的一些较不重要的作品也常常引到或论及各种各样的圣经文献,所以不用说,圣经神学从未远离他的思想。就像洛克写给伍斯特主教的那样:

> 对我来说,圣经始终是我的意见的忠实向导;我将常常倾听它,犹如其中包含着关于至关重要之事的永无谬误的真理。我想能说圣经中没有任何奥秘;但我承认对我来说有,在这个问题上,恐怕我会一直如此了。但在我想要事情证据的地方,我仍然可以找到自己可以信赖的十足的根据,因为上帝曾说过这一点。一旦我得知自己的任何观点与圣经的任何启示相矛盾,我立刻就会谴责并放弃它。(*Works*, 4:96)

小 结

通观本章,我们已经看出,宗教上的关注,尤其是源于洛克对圣经的终生兴趣的那些关注,如何影响了洛克的思想。不管我们处

---

① 根据第一部洛克传记的作者莱克拉克的说法,洛克在逝世前数年一直沉浸于圣经研究。在《洛克的一生》(1706)中,莱克拉克写道:"在逝世前的几年里,洛克全身心地投入圣经研究,并在这里获得极大的愉悦,以致他对自己才刚刚开始专心于此项研究深感不安和懊恼。"(PRO 30/24/47/27 p.14)

理17世纪60年代早期的"专制主义的"洛克，还是处理90年代思想成熟时期的自由主义的洛克，宗教，尤其是圣经，都在他的思想中发挥了构成性的作用，这一点无论怎样强调都不为过。一方面，宗教影响是必然的，因为那时多数人都从教会布道接受教育，[36]而少数受过学术训练的人，还浸淫在强调古典和圣经语言并要求学生每日颂祷两次且定期听道的教育体系之中。某种宗教情感和敏锐性也是必然的，因为那时的人们目睹年复一年的宗教冲突毁掉了政治架构和文化制度。然而直到最近，对洛克的批判性研究仍然常常不考虑这些以及许多其他宗教性影响对洛克的重要性，只有在不得不承认这些影响时才会说，洛克反对削弱宗教的影响，并为某种启蒙理性主义铺平了道路。这个假设非常有问题，因它不仅未能考虑洛克所处文化中无处不在的宗教影响，更未恰切关注洛克对圣经的毕生热忱。

可能会有人提出反对意见说，尽管洛克受他那个时代宗教发展的影响，但除了可能从圣经的字里行间寻求心灵的教化启迪，他并未认真对待圣经。在下文中，我希望表明，这也是错误的观点。我还希望表明，洛克热衷于研究圣经启示，包括人的本性、政治社会的本质以及上帝对人类的有目的设计等等。这并不是要说，洛克在面临圣经解释的时候追随了惯例成规——事实上，就像我们所看到的，他的很多主张都脱离了正统观点；而是说，他的确相信，关于人性、人类制度和道德，圣经讲了很多深奥的道理。

在下文中，我想要证明的是，从某种程度上来说，洛克并不回避把圣经作为"终极关怀"观念的正当根据——这一点迄今仍未得到承认。① 相反，他的观点深受其宗教视野的启发，尤其深受他对《创世记》前几章与众不同的理解方式的启发。尽管终其思想活跃

---

① 宗教作为"终极关怀"这一观念得自 Paul Tillich, *Systematic Theology* (Chicago: University of Chicago Press, 1951), 1: 14。

的一生洛克确实时时都对圣经充满兴趣，但首先必须弄清楚，洛克所理解的圣经或启示到底是什么。理性与启示之间的关系，其本质到底是什么？一旦理解了这个，我们就能试着确定洛克对《创世记》前几章是怎么想的了——这几章讲的是什么？或者首先，这几章讲的不是什么？这些问题将是下一章讨论的主题，并将涵盖洛克四十多年间关于《创世记》前几章已发表和未发表的思想。

第二章　理性、启示与堕落

[37] 在前一章我们看到，洛克在其漫长的思想生涯中，一直真诚地对圣经充满了兴趣。现在最要紧的是要花点时间思考，洛克认为圣经的启示采用了什么形式，而他又如何运用理性标准来理解圣经的意义或讯息。在讨论这个问题时，我们会处理洛克所阐释的理性与启示之间并不那么明确的关系。这种讨论与其说可能会澄清洛克的问题，不如说是要指出这些问题——洛克在系统论述理性和启示之本质以及它们如何适用于圣经时所遇到的问题。洛克在这个主题上态度相当模棱两可，没有确定答案，任人自由思考。实际上，假如他的著作如此简单直白，那他就很难成为有意义的研究对象，因而或许也就没有多大的神学价值了。

因此，本章首先要讨论的就是理性与启示的关系问题，洛克最成熟的哲学著作《人类理解论》（1690）处理的主要就是这个问题。这一探讨将会用《基督教的合理性》（1695）里面的材料来进一步充实，因为该书正好直接处理过（如圣经所）启示的理性化问题。相应地，这也会要求我们讨论解释学问题，因为洛克一直关心解释学主题，并在遗著《保罗书信注疏》（1706）中对之作了最为完整的表述。在《保罗书信注疏》中，洛克相信人有能力确定一篇经文的意义，但这种确信与他在别处尤其是在《人类理解论》中的论述相矛盾，因为在《人类理解论》中他说，鉴于语言本身的不确定性，确定一篇经文的义涵是颇成问题的。

洛克对于解决理性-启示问题的无能为力，或者他对确定圣经文本确凿义涵之可能性的怀疑论态度，显然对他的认识论观念的形成非常重要。但同样重要的还有，洛克对这一难题并未采用明确而直接的解决方法，或者采用正统教会必定会首先考虑的方法。例如，他本来可以主张说，理性-启示的难题是没有答案的，[38]因为亚当的堕落已无可救药地损伤了我们的理性；他本来也可以主张说，我们无法弄清圣经的真正含义，是因为作为亚当堕落的结果，我们已经丧失了所有字词的纯洁的原初义涵。按照这条论证思路，对亚当堕落的惩罚影响了整个人类，包括对理性能力和意志的这样一种损伤，以致不可能指望人们自己辨清他们的正当义务，更不用说正确解释圣经某一段落了。这是奥古斯丁提供的解决方法，而洛克的大多数同时代人可能也都会求助于这种方法，因此对于洛克来说，这本来会是一个很简单的问题——假如他在此处结束这个问题的话。但是，强烈的好奇心和探究精神使他不能把人类命运交到正统教会或神学家的手中，不能把人类理性的缺陷归因于亚当的堕落。

如果《创世记》的这个故事没能给洛克的理性-启示问题或更大的解释学问题提供一种简化的解决方法，那就会出现这样一个问题：洛克认为《创世记》前几章讲的这个故事，到底是关于什么问题的故事？对于此项研究来说，极为重要的一个问题是，洛克确实并不认为《创世记》前几章的这个故事意味着一种必然的、不可避免的原罪信条；同样极为重要的另一个问题是，洛克确实认为《创世记》极具重大意义。堕落故事给洛克提供了一个基础，洛克据此来理解人性和人类的潜能。[①] 本书最后一章提出了很多这样的问题，但本章讨论洛克对圣经的兴趣时更加详尽具体，处理了他四十多年间在已发表和未发表的作品中对《创世记》前几章的解释。我

---

① 参 Vogt 的说法，他写道："当用洛克其他文本的资料来补充《政府论》的观点时，伊甸园既作为自然法的证明，又作为自主的人性之温床——由此而既作为洛克政治学著作的关键，又作为'自然状态'本身——的重要意义，就显现出来了。"（1997，528）

坚决认为洛克对堕落问题的专心研究构成了其人性解释的神学基础。但洛克的解释远非传统的解释，且它暗示了神学著作中几乎前所未有的人性的解放。具有讽刺意味的是，洛克的乐观主义根植于时人所视为全部圣经叙事中最令人绝望的部分。①

理性与启示

我们凭借理性能够确切了解圣经中的什么内容？这个问题引出了理性与启示的关系问题：除非运用理性，否则我们如何明白圣经的涵义？我们又如何知道我们的理性能够做出正确的解释？在开始与洛克的堕落观进行对话之前，我们应该努力去理解洛克自己所说的理性和启示是什么意思。洛克在《人类理解论》中给我们展示了［39］他认为理性应有的定义——理性至少应该像《人类理解论》中所说的那样：

> 在英文中"理性"这个词语有几种不同的意义：有时指正确而明白的原则，有时指由这些原则所推出的明白清楚的演绎，有时指原因，尤其是终极因。不过我这里所将考察的那个意义，与这些全不相干。在这里，它是指人的一种能力。这种能力正是人和畜类的差异所在，而且在这方面，人显然大大超过畜类。(4.17.1)

这种对理性的定义，似乎改变了经院哲学的理性定义，后者把理性定义为演绎逻辑。作为思维的一种能力，理性并不依赖于演绎推理或数学逻辑，以从前提推出结论。洛克借助本章的绝大部分内

---

① 值得注意的是，洛克关于"堕落"的积极描述并非基于更加正统的有福的罪过（felix culpa）或幸运的堕落（fortunate fall）观念（Lovejoy 1948, 277-295）。洛克避免争论"堕落"的好处，因为对他来说，"堕落"并不意味着人类已然败坏并疏远了上帝，也不意味着基督必须要修补这种疏离。我们将要看到，"堕落"对洛克来说更少具有神学意义，而更多具有政治学意义。

容，指出了演绎推理的局限性，因为演绎推理甚至不能发现谬误的推理（4.17.4）。此外，理性是上帝给予我们并为我们所用的一种与生俱来的能力。① 洛克甚至进而把理性称为"自然的启示，由此，永恒的光明之父和一切知识的源泉，就借理性把人类的自然官能所能达到的一部分真理传达给他们"（4.19.4）。就像赛尔（Alan Sell）所指出的，这种理性观必会触动像胡克尔、奇林沃思（William Chillingworth）、舍尔洛克（William Sherlock）和斯蒂林弗利特这等国教徒的敏感心弦（1997，63）。

尽管理性似乎有提供理解力的极大潜能，但理性事实上所能确切了解的东西少之又少。理性的领域其实相当有限，除了基本的数学命题之外，理性很难确立什么。大大不同于神化理性的论调，洛克更多是怀疑理性获取知识的能力（4.3.22）。实际上，若根据《传道书》的格言来判断，② 将《人类理解论》理解成一部关于我们知识之局限性的著作，比把它理解成一部对我们知识之无限潜力的宣传之作，更加合适、更加正确。③ 就像阿什克拉夫特（Richard Ashcraft）所写的，在洛克看来，

---

① 在这个意义上，也见《政府论上篇》，30，在这里，洛克写道："上帝模拟他自己的形像和样式创造他（人类），使他成为一种有理智的生物，因而有能力行使统治权。"在洛克看来，与其说理性应该与启示分开，不如说理性是一种上帝在起初就赋予我们的能力。换句话说，理性是启示的一种特殊形式。

② 第四版中所附（1700）。按照洛克的翻译，这段格言读作："精神从何道而来，骨头在怀孕妇人的胎中如何长成，你尚且不得知道，这样，行万事之神的作为，你更不得知道。"（《传道书》11：5）

③ 这对洛克来说是一个关键问题，因为如果我们仅仅依赖理性去建立确定性，那我们理解的东西将会甚少，只能一直作旁观者，而不是敢于行动的人（4.14.1）。不管我们决定要做什么事请，我们都应该为自己做来世的准备（4.14.2）。因为我们的知识如此有限，所以洛克建议我们应该宽容其他那些意见与我们不同的人（4.16.4）。因为实际上，关于谁对谁错，没有任何确定的保障（参见 Spellman 1988，126；Ashcraft 1969，219）。

> 我们对于我们的存在、上帝的存在和数学命题具有可靠的知识,此外就几乎没什么了。在那个确定性的狭岛之外,蔓延着可能性的大洋,我们任何时候都会期望看见这大洋之水被来自上帝的启示分开。(1969,217)①

为了理解洛克对理性能力的怀疑主义看法,重要的是要认识到他在知识和意见之间作了极为明确的区分。在洛克看来,知识和意见的差异产生了能够确知的和不能确知的这两种东西,而洛克认为几乎没有什么[40](知识)是确切可知的。当有能力去比较两种事物并能确定它们彼此是否一致的时候,人就可以获取最确定无疑、最无可争议的那种知识。一个例子就是,黑不是白。洛克把这个叫作"直觉的知识"(4.2.1)。然而,如果比较两种意见,那就没结果了。知识中的下一种确定性来自某种从公理推导出来的数学知识,比如一个三角形的内角之和等于两个直角这一事实(4.2.2)。洛克称这种知识为"解证的知识"(demonstrative knowledge)。确定性的最低形式是只从感觉中得来的知识。洛克称之为"感觉的知识"(sensitive knowledge)(4.2.14)。但即便是这种知识,也只限于感官随时能够实际感觉到的事物,因此不能让人获得关于感官不能直接感受到的事物之确定性。这最后一个例子就会堕入意见的领域之内。洛克指出,

> 这种知识所及的范围,亦只以感官运用于刺激它们的特殊对象时所得的直接证据为限,它并超不出这个范围。因为我在一分钟前纵然见过号称为人的一些简单观念的集合体在一块儿存在,可是现在我只是一个人独在这里,既如此,那我就不能

---

① 参见 D. G. James,他强调了洛克《人类理解论》中人类知识的有限性,并评论道:"《人类理解论》是一篇思考人类理解力的论著;同时它也是一篇思考人类无知的论著。"(1949,111)

确知那个人还存在着,因为他在一分钟前的存在与他现在的存在并没有必然的关系;因为我刚才虽可以凭感觉知道他的存在,可是他现在可能以千万种方式消失。(4.11.9)

既然对基本常识性知识都持这样一种怀疑观点,有人可能就会认为,洛克会更加怀疑宗教思想。但情况并不是这样。洛克认为,确实性(certitude)或知识在宗教领域是可以获得的。例如,与数学知识类似,我们关于上帝存在的知识是一种可证明的确定性。就像他在《人类理解论》里所写的,"除了上帝的存在之外,我们只有借感官的报告,才能确知别的任何事物的存在,除此之外便无所知"(4.11.13)。洛克在他的各种著作中用各种方式去证明上帝的存在,但我最为关注的是《人类理解论》中的一个证明。① 他首先推论说,对于我们自身的存在,我们拥有某种直觉的知识,这是我们完全能够肯定的。然而,我们的存在不得不归因于某物,而既然"非存在"(non-being)不能产生"存在"(being),那么我们的存在必定可归因于某个大写的存在(Being),这个大写的存在就是所有存在者的根源——上帝。这种关于上帝存在的可解证的知识,连同人类是思想着的存在者这种观念,向洛克证明了确实有一个智慧的、大能的存在者,即上帝(4.10.1-19)。

这种只以理性为基础对上帝存在所作的证明,让洛克相信,人们关于宗教可以发现的某些基本真理,[41] 也是得自理性。布莱克(Sam Black)(1998,479)方便地将这些内容总结如下:

---

① 洛克在1676年7月29日的一则笔记中评论了无神论的不合理性,或者说似乎是帕斯卡尔版的赌博论的不合理性,洛克写道:"设若表面上的可能性在于无神论者一边,然而当毁灭(这对信徒来说是最糟糕的结果,如果他搞错了)与无尽的痛苦相较时(这种无尽的痛苦决然会降到无神论者头上,如果他的观点被证明为谬误的话),就会使一个人非常警惕于下述问题了:在具有这样一种不平等几率的地方,在后果如此重大、如此极为不同的地方,他如何还会持有某种观点。"(Goldie 1997,246)

上帝是存在的。(4.10.3)

上帝是全能、全知、全善的。(4.10.4)

上帝应受敬拜。(4.11.19)

必须服从上帝。(4.11.13)

上帝赋予人类自然法。(2.28.8)

上帝之法的内容可凭自然理性获知。(1.3.13)

在洛克看来，自然法不是人一出生就被植入人心而人长大后就能发现的，它是理性通过感觉经验获知的。在早年的《论自然法》(*Essays on the Law of Nature*) 中，洛克阐述了这样的看法：一旦某人通过理性有了一种关于上帝的观念，此人就会推出有一位立法者的观念，从这里就能推而进到普遍的道德法或自然法的观念（《论自然法》，转引自 Goldie 1997，93-94）。尽管洛克在早年的《论自然法》和后来的《人类理解论》中得出的推论有一些问题（诸如：为什么思想不得不推导出一个创造者？为什么这个创造者不得不制定律法？或者，为什么这些法律都必定是普遍的？），但他仍然坚持认为，自然法对理性存在来说是显而易见的（也就是通过自然启示），并且也为圣经启示所肯定（参见《论自然法》，转引自 Goldie 1997，102-105）。

因此，如果人类仅凭理性就能够想出关于上帝和自然法的确切知识，那就可能会有人感到好奇了：圣经在洛克的神学中处于什么位置？或者说，为什么圣经还值得洛克终生不断地考察研究？首先，人们并非总是能够理性地推断出洛克所说的确定的宗教知识。这或许是异教祭司的有害影响造成的。这些祭司为了确保自己的权力，遮蔽并抹杀纯正的宗教，搞出一种以迷信为基础的宗教。洛克在《基督教的合理性》中写道：

> 虽然大自然神奇造化的每一部分都足以证明神的存在，但世人却很少运用他们的理性，所以还是不知有神，尽管很容易

通过上帝自身的影像找到他。……在这种黑暗蒙昧、不知有神的情况下,邪恶和迷信掌控了世界。理性既然不被重视,被认为一无所用,便不可能提供帮助,人也不可能指望理性给予帮助。各处的祭司为了维护自己的统治地盘,都把理性排除在外,说它与宗教毫无关系。在种种错误观念迷雾的笼罩之下,在伪造的仪式中,世人几乎完全迷失而看不见那唯一的真神。诚然,确实有一部分有理性和思想的人,他们在寻求神的时候,发现了那惟一、至尊、无形的上帝,但尽管他们承认他的存在并崇拜他,那也不过是在心里……由此看来,尽管理性对具有智慧和品德的人发出了极清晰的召唤,[42] 但它从来没有足够的权柄去劝服众人,让人类社会相信,只存在一位上帝,且惟有他才是他们应该承认并敬拜的。(《基督教的合理性》,143-144)

不仅祭司们用伪造的谬误教义欺蒙民众,洛克还指出,极少人能有闲暇、机会或环境去思考并得出结论说,纯正的宗教独独建立在他们的理性之上。因此就需要某种具体的启示,来帮助人们理解他们所期望的东西。在洛克看来,这就是圣经:①

但是,据我所知,自然理性的力量根本没有能力建立起圆满意义上的自然宗教。从自然理性迄今完成的一点点工作来看,单凭理性自身实在难以担当起重任,让道德全面地、真正牢固地建立起来并散发出清明显赫的光明。所以,为了使凡俗大众能够觉悟,不如告诉他们,有一个人,明显是上帝派遣而来的,他带有明显的权柄,将成为君王和立法者,把他们的本

---

① 洛克立场的清晰论述,可从他对多德(William Dodd)《圣经摘录》(*Common-Place-Book to the Holy Bible*)第二章所作的介绍中找到:"但是,相较于人的理性关于其自身所能发现的,圣经已经给了我们关于那位神圣存在的更清楚、更丰富的说明,获得有关上帝正确知识的最好、最简易的方式,就是凭着上帝之言。"

分职责晓谕他们，而且命令他们服从。这比起听凭他们自己按照理性那冗长复杂的推理去摸索而得，至少是更加可靠、更加简捷的途径。（《基督教的合理性》，148）①

但是，难道圣经仅是理性的附属物？还是说，它能超越理性以确立理性不可及的事物之确实性？这是一个重要的问题，并不那么容易回答，就像我们将要看到的，洛克有时基于理性确定意义，有时基于启示确定意义，有时又基于这两者来确定意义。②要想在这个问题上有所斩获，就得思考洛克所说的通过启示来发现确定性是什么意思（如果确定性是可能的话），就得思考启示如何、

---

① 洛克在撰写《基督教的合理性》时清楚表明了其目的，那就是证明为什么所有的人都需要基督教——因为我们的理性已然受损。单单理性并不能提供充足的、适当的道德。洛克写道："实际上，显而易见的是，人的孤独的理性（不受启示帮助的理性）未能为人们提供伟大的、正确的道德。无助的理性从来都不是从无可置疑的原则，经由清晰的推论，而阐述了完整的自然法体系。谁要是收集了哲学家们的所有道德规则，并把它们与新约中包含的道德规则进行比较，谁就会发现，它们缺乏我们的救主所发布的，由其宗徒所教导的那种道德，而宗徒的团体主要是由不识字却受了启示的渔夫构成的。"（149-50）为了此生能够是道德的而在来世能够得救，人类必须依赖圣经，而非依赖易犯错误的理性（150-54）。洛克在 1697 年对莫当特爵士（Lord Mordaunt）关于如何为了道德教育而读书所提的建议也与此类似。他建议阅读西塞罗、普芬道夫、亚里士多德的作品，而且"尤其是新约……因为在新约中，一个人可以学习如何生活，这才是伦理学的事情，伦理学不是如何去定义、区分或争论美德和邪恶的名称"（Cranston 1957，428）。在他自己最后的作品之一《漫谈绅士的阅读和学习》（*Some Thoughts Concerning Reading and Study for a Gentleman*）中，洛克写道，"真正道德的完整知识"，"只可能在新约中"找到（*Works*，3：296；Goldie 1997，351）。

② 关于理性相比启示的优越性，参见斯库思（Peter Schouls，1992）。关于理性和启示的汇合问题，参见德沃雷茨的讨论（Dworetz 1990，125-134）。关于启示相比理性更优越的问题，参见阿什克拉夫特所列的引文（Ashcraft 1969，216，1n）以及怀因莱特的表述（Wainwright 1987，31-33）。

在哪些方面不同于理性（如果启示的确完全不同于理性的话）。

洛克启示观的一种更加简洁的表述，在其短篇遗著《论奇迹》(*Discourse on Miracles*) 中可以看到 (*Works*, 9: 256-265)。在《论奇迹》一文中，洛克把奇迹定义为"一种感觉的作用 (a sensible operation)，它超出了目击者的理解力，因此在目击者看来违背了固定的自然进程，从而他就视之为神圣"（256）。当然，目击者的"意见"在这里是什么，远非清楚明白，因为各人有各人的意见，并不相同。洛克试图缓解这一困难，他指出，尽管被当作奇迹的东西有赖于我们的知识和经验，但如果我们确切知道它来自上帝，我们就能更加确定一个奇迹的发生：

> 要想知道一切启示都来自上帝，就必须知道那传布启示的使者也是上帝所派遣的，若没有上帝亲自给予那使者的一些凭据，他就完全不可能为人所知。（257）

但是上帝给予的这些标志是什么呢？洛克的第一个标准就是，真正的奇迹要比术士所施的"法术"厉害得多，[43] 他用《出埃及记》中的事例来证明这一点："埃及术士和摩西所用的那些毒蛇、血和蟾蜍，在百姓看来只可能是奇迹。"正是在埃及术士不能"用其邪术造出狗蝇"的时候（《出埃及记》，8: 18），真正的奇迹才得到证明（260）。

判断是否"上帝给予的凭据"的第二个标准，就是"奇迹的数量、种类和伟大性，比如说用来确证耶稣所讲信条的那些奇迹"（261）。这些都是"神的非凡大能"的标记（262）。就像洛克在《人类理解论》中所写的，一旦确认某个奇迹的发生是上帝行事的结果，我们就"只能确信，不许怀疑，只能明知，不许反对。这种证据的特殊名称就叫作*启示*；我们对它所表示的同意就叫作*信仰*"（4.16.14）。在洛克看来，这是一个人所能拥有的最高形式的知识，甚至比我们先前所说的凭直觉获知的理性知识还要高。

洛克想在理性与信仰之间所作的区分，依赖于确证命题的方法。就理性而言，命题得到赞同，是通过从观念中推出结论，而观念则凭借反思和感觉经验得出。理性就"在于发现出人心由各种观念所演绎出的各种命题或真理的确实性或概然性。这里所谓的各种观念，是人心凭其自然的官能——感觉或反省——得来的"(4.18.2)。而就启示来说，命题得到赞同，都是以它们源于上帝为基础的。①正如洛克所写的：

> 在这种概然的命题方面，明显的**启示**应该来决定我们的同意，即使它与概然性相反。因为理性的原则如果不能证明一个命题是真是伪，则清楚明白的**启示**应该来决定，因为启示也正是另一条真理的原则和同意的根据。(4.18.9)

但是，由于这种启示不能通过理性推理来了解，所以就不能通过文字或符号传给别人，因此也就不能引入任何新的简单观念，也就是说，其意义不依赖于其他观念的观念。洛克在这里征引了保罗去大马士革路上的经验，故事中的这位使徒尽管接受了新的知识，却不能描述、不能形容"那些事物，因为那是人眼所不曾见，耳所不曾闻，心所不曾想的"(4.18.3)。

---

① 见洛克1676年8月24日至26日的速记笔记，内容非常类似：

> 因为在一个建基于清晰完备的观念之上的命题中，我们并非绝对需要信仰的帮助来获得我们的赞同，并把这些观念引入我们的思想。因为通过知识，我已经解决了它们，或者说我有能力解决它们。知识是我们理解任何事物所可能拥有的最大保证，除非上帝直接将其启示给了我们。因此，我们的保证不可能再比我们的知识更大了，而这知识也是来自上帝的启示……实际上，关于我们的理性之上的事情——它们是什么我已经说过了——我们不仅应该承认启示，而且迫切需要启示，因此信仰应该全面主宰我们。但这不会取消知识的界碑；这不会动摇理性的基础，而是要让我们充分运用我们的能力。(Goldie 1997, 249-250)

因此洛克认为，人若说他个人得了私人启示（private revelation），他就必须用"理性和圣经这种无误的规则"来判断，"由此就可知道它是否由上帝而来"（4.19.16）。然而，尽管私人启示在被接受和相信之前必须受理性的检验，但这并不意味着关于所说启示的真实性，理性能够提供绝对的确定性判断。除非私人启示的证据比理性提供的证据更加有力，否则我们不应承认私人启示就是启示（4.18.6）。[44] 遗憾的是，尽管洛克承认必须询诸理性来确证启示的真实性，但他没有告诉我们如何来询诸理性，或理性寻求的是什么，或理性如何决定启示之所是。洛克只是告诉我们，我们必须考虑一个被认为是启示的命题是不是与自然理性或上帝之言相一致，如果一致，那么这个命题就一定是被启示的（4.19.5-6）。

到目前为止，我们一直在处理洛克对自己在《人类理解论》中所说的"自然启示"（natural revelation）（也就是给予某个个体的启示）的看法。但是洛克将传统启示（traditional revelation）置于何处？也就是说，将建立在其他人见证基础上的或建立在圣经基础上的启示置于何处？在他看来，我们从这种启示那里所获得的知识，并不像我们凭自然能力获得的知识那么确定：

> 因为我们如果由了解和沉思我们自己的观念而明白发现了各种真理，则那些真理一定比由传统启示传达给我们的真理确定一些。因为我们之知道这种启示最初是由上帝来的，永不能像我们之明晰地看到自己的各种观念的一致或不一致那样确实。(4.18.4)。

对洛克来说，这意味着只有亲自看到并经历了大洪水的挪亚，才能对曾经发生的大洪水有原初的（因而也是感性的或确然的）知识，而其他人就只能依据摩西受上帝启示所写的真实记载来了解大洪水了。因此，我们不可能有任何独立的确凿证据来证明摩西写了摩西五经，而只能单靠我们对这一说法的赞同，也就是我们的信仰。①

"启示"的这种层级——*原始启示（original revelation）* 最为确定，其次是传统启示——似乎驳倒了下述观点：洛克依靠圣经构建了一种人类对其创造者以及人们相互之间所负义务的图景。从某种程度上看这种驳倒之论是正确的。但是，理性所提供的这种确实性，并不自动意味着理性能在大多数事情上提供绝对甚或充分的知识。洛克走得很远，甚至提出"理性在任何事情上都必定是我们最终的判准和指南"（4.19.14），或者如他在《政府论上篇》中所写的，理性在任何事情上都必定是我们唯一的"星辰和指南"（《上篇》，58）。尽管如此，我们最好记住，在洛克眼里，理性似乎只能确认圣经经文，但绝不能对之有丝毫歪曲，更不能证明其为虚假妄诞。而且即便在这方面，理性仍是有限的，因为它不能确认超出理性的真理（参阅 Biddle 1976，410-422，以及 Pearson 1978，244-262）。在《人类理解论》中，洛克断言说：

> 上帝虽然给了我们理性之光，可是在我们的自然才具能给我们以或然决定的那些事上，他仍然可以自由地供给我们以启示之光，而他的手并未因此受了束缚。故此，上帝如果肯给我们以启示，则他的启示必然要否认了理性的或然推想。(4.18.8)

[45] 因此我们似乎还会在原地踏步：理性限于直觉的、解证的和感觉的知识范围，而启示限于原始启示和传统启示的范畴。实

---

① 洛克不像斯宾诺莎、霍布斯或西蒙那样大胆，这几个人都肆意直言"摩西不曾撰写摩西五经"，而洛克则想敷衍这个问题，让读者自己去得出结论。然而，洛克的这一计谋反应的是谨慎而非试图全盘欺骗他的读者（真对不住施特劳斯，Strauss 1965）。摩西五经的创作问题无疑是洛克关心的一个问题，他关于西蒙（Richard Simon）和其他人所作的笔记显示了这一点（参见 BOD MS Locke f. 32, pp. 1-23）。

际上，这两者都是根据其局限性（limitations）而非根据其潜能（potentialities）来被划定活动范围的。这两个范畴也并非互相分离、各自独立（不妨想想，理性是"自然的启示"，而启示是"自然的理性"。4.19.4）。其实，洛克在《人类理解论》第四版增补了一章，题为"狂热"，在其中他痛斥了那些想把理性和启示分开的人。尽管洛克本来可能是想分开信仰和理性，以廓清它们各自的来源，但他并不总是能够完成这一任务，而且，这样做实际上也非常危险。①

如果让理性和圣经信马由缰、任意发挥，它们各自能达至何处？或者，它们会在何处相遇而互相激撞？要是我们认真研究这两者所能达至之处，或至少两者相遇而互相激撞之处，或许还能在前述问题上取得某些进展。对于洛克来说，理性和圣经是"无误的规则，据此就可知道（异常的奇迹）是不是由上帝而来"（4.19.16）。洛克诉诸圣经来反对一切捏造的独裁主义主张，也诉诸圣经来反对各种出于偏执狂热的主张。不过，洛克警惕那些用圣经来扩展其宗派势力的人。在《基督教的合理性二辩》中，洛克写道：

> 研读圣经应更加紧迫，应让人们完全进入圣经去寻找他们的宗教；而不是把圣经交到他们手里，让他们只从中寻找他们所属宗派或团体的意见。若是这样，基督教世界本会有更多基督徒，而那些基督徒也会比现今的基督徒更有见识，更会站在真理和正义一边。阻碍这种情况的，是那挑选出来的一大堆教条，每个宗派都乐于或从圣经中或从他们自己的杜撰中抽出这些教义，而忽略……所有其余的东西。（*Works*，7：294）

---

① 洛克似乎一直就对"狂热主义者"没有耐心。洛克所说的狂热主义者就是新教的一些极端论者，他们声称能从上帝那里获得高于理性的私人启示。洛克认为，这种想法"源于一种兴奋的或过度希冀的头脑之虚幻妄想"（4.19.7）。至于这些人将自己的观点强加于别人且不允许有任何异议，当然是成问题的。

洛克呼吁对圣经作理性的（和宽容的）解释，这将把我们带进解释学的领域，我们现在就转向这一领域。

解释学

尽管圣经确实是洛克毕生致力的学问之一，但认识到洛克在圣经解释问题上颇有先见之明、远远超出了他的时代，同样也非常重要。洛克熟谙圣经文本，长于高超精妙的解释学原则，这两点加起来，就奠定了其历史批判法创始人之一的地位。事实上，有些人已经指出，洛克的历史批判方法，尤其是其研究保罗书信时的历史批判方法，为现代圣经研究奠定了基础。① 在这一点上，洛克的贡献常常被霍布斯、斯宾诺莎和西蒙所开创的圣经批判所遮蔽。② [46]

---

① 关于洛克对圣经研究的总体贡献，参见 Gretchen Graf Pahl (1968), W. Neil (1963), Alan Richardson (1963), Hans Frei (1974), Henning Graf Reventlow (1984), Gerard Reedy (1985), 尤其是 Arthur Wainwright (1987) 和 Victor Nuovo (2000, 2002)。多数学者都致力于洛克在《保罗书信注疏》序言中表述的释经学原则，因为这些原则预告了德国圣经研究在19世纪大部和20世纪早期所作的释经学上的推进。但更值得注意的是洛克在《基督教的合理性》中对耶稣的"弥赛亚式奥秘"的创新性解释，林博赫曾经对此做过评论（*Correspondence*, 6: 2222）。这种创新性解释，比德国学者乌莱德（William Wrede）的那部作品早了两百年之久。

② 尽管洛克在写给斯蒂林弗利特（Stillingfleet）的信中说，他"并没有很仔细地阅读霍布斯或斯宾诺莎，并不能说清他们的观点是什么"，但是，这三个人关于契约式政府的优点都持有相似的观点，他们的释经学原则也有某些共同之处。然而，这些原则还没有相似到洛克不能将霍布斯和斯宾诺莎说成"那些理应受到谴责的名字"（*Works*, 4: 477）。考虑到洛克在神学和政治问题上对斯宾诺莎和霍布斯是多么熟悉，洛克的笔记自始至终都极少提到这两个名字就不免令人惊讶了。

洛克1648年的手批圣经（BOD Locke 16.25）有三处参引了斯宾诺莎，都取自斯宾诺莎的《神学政治论》（*Tractatus Theologico-Politicus*）。（这些引用都来自1670年版的《神学政治论》，洛克似乎在1672年3月购买了此书，并在不过，洛克的确做了很多工作来推进圣经研究中的历史意识，让人们认识到了圣经各卷撰写的地点、日期和时代的重要性。① 同样，洛克的解释学原则，由于对之前圣经解释中盛行的颇为随意的经文证明（proof-texting）确立了某种约束，因此本身有了明显的现代特

1675年11月11日卖给了沙夫茨伯里伯爵（PRO 30/24/47/30, pp. 12, 16）。由于洛克最后的藏书包括了该书的1674年版（LL2743），而不是1670年版，因此这些注释很可能是在1672年到1675年之间写的，那是在洛克去法国之前。第一处引用是洛克对斯宾诺莎的态度的一种释义，因为斯宾诺莎相当居高临下地讨论过犹太人把一切都归因于上帝的倾向（Chap. 1, p. 3），这个释义是在导论性的注释中找到的（17）。洛克的释义是："以宗教和虔敬为由将一切事情都归因于上帝，是犹太人的一种传统习惯。"洛克的这个释义，就像他在一开始解释圣经时所做的那样，表明圣经实实在在就是作为直接启示的上帝之言。然而，在原始的引文中，斯宾诺莎并非认为圣经中的一切内容都应被视为启示："我们绝不承认凡圣经所说的上帝告诉某人的东西都是预言和超自然的知识，只有圣经明确宣称的或者能够从具体情境中推论出来确实是预言或启示的内容，才可以这样认为。"下边两处引用处理的是洛克在《人类理解论》中称为"原初启示"的问题。第二处引用在《出埃及记》7：1（p. 63），记录了斯宾诺莎对先知的定义，即"发言者或解释者，但在圣经中常常在上帝的解释者的意义上使用"（chap. 1, p. 1）。斯宾诺莎在这里指出，尤其说先知接受"原初启示"，不如说他们解释上帝之言。在《出埃及记》7：1的语境中（亚伦是先知或摩西的解释者），洛克很可能会同意这个说法。然而，洛克很可能不会同意关于斯宾诺莎的第三处引用，即《撒母耳记上》（3：21）："撒母耳听到了上主的话"（chap. 1, p. 3）。斯宾诺莎在这里认为，撒母耳很可能只是听到了士师以利的声音而不是上帝的声音；然而，洛克却指出这是对上帝显现于撒母耳的可靠记载，正如洛克在这个引用之前所写的，上帝"通过神迹来显现自己，启示自己"（BOD Locke 16. 25, p. 230）。洛克很可能已经读了斯宾诺莎的《神学政治论》，或者已经读了其中一部分，但他似乎比斯宾诺莎为启示留有更多的空间。

对霍布斯的参引，见本书中译本页62注释1。

① 即使粗略地看一下洛克注释的圣经（尤其是 BOD Locke 16. 25, 10. 59, 10. 60, 以及 9. 103-107），也会明白哲学、历史和神学问题如何联合起来显示了洛克释经学技巧的复杂性。

性。为了更好地理解洛克,为了更好地理解他的读经方法(与之前的圣经解释理路格格不入),熟悉他所确立的清楚明白的解释学原则非常重要。

在《政府论》中,洛克用来反对菲尔默立场的解释学原则是注重"简单明确的圣经文字"(Ⅰ,32)、"直接而明白的文字意义"(Ⅰ,36)或对某一段落的"普通理解"(Ⅰ,80)。既然上帝通过人类的理性和感觉向他们说话(Ⅰ,86),那么人类就应该能够理解上帝借助"普遍语言规则"(Ⅱ,46)和常识所说的话。并且,由于在洛克看来符合常识的解读就是合理的解读,因此他就诉诸理性来帮助自己确定有争议的圣经解释之义涵。洛克主张解释者必须依靠其理性和常识来解决难题,这当然是其解释学的囊中之箭,直击菲尔默的寓意解经法。洛克认为,"根据不足的"或者"不大可能的"解释,根本无法与简单明白的字面意义相抗衡。因此,是洛克而非菲尔默让圣经"照字面意思来解释了"。① 洛克认为,对圣经的理性解释应与圣经整体保持一致,还认为解读圣经应首先以明白的文字意义为基础。洛克在《政府论》中的解经原则,乃是以非常字面的、经验的和符合常识的文字意义解释为基础的。圣经叙事不再是通过模糊的比喻或寓意的解释来理解,而是参照事件本身来理解;是事件产生了解释,而不是解释造成了事件。

《基督教的合理性》中也简略强调了写作语境和经文的明显意义(plain sense),还提到应反对随意的经文证明。洛克在书中宣告说:

> 我们应该把握篇章的主旨大意,观察各个部分之间的统一和关联,还要看各个部分是否自相矛盾,是否与圣经的其他部分抵牾。我们只有理解正确了,才能做到这样。(《基督教的合

---

① 参见里迪(Reedy 1985),是他提出了这个精彩的观点。

理性》，165）。

这一点在《保罗书信注疏》序言中得到进一步阐释。在此序言中，洛克清楚地讲解了他的解释学方法——至少是适用于保罗作品的解释学方法。简而言之，洛克的方法和现代的历史批判方法是一致的，[47] 因为历史批判法就是通过可能影响作品的历史因素，诸如原始文本撰写的时间地点及其针对的受众，来确定作者的意图，努力抵达文本的客观真理。① 读者必须根据作者明白表达的意思，努力按作者的自我理解去理解他（《保罗书信注疏》，107-108）。这意味着消除一切先入之见，包括博学神学家的评注，教会教义，以及柏拉图主义或亚里士多德主义等已经潜入各个学派并产生有害影响的哲学观念（《保罗书信注疏》，114）。②

---

① 洛克在其学术生涯早期就已经持有这种释经学原则了。他在《论永无谬误》一文（1661）中写道："圣经最可靠的解释者就是圣经自身，只有圣经自身才是永无谬误的。"（Goldie 1997，209）

② 对于洛克来说，在确定某个段落的意义时，神学或经院哲学的传统帮助不大。洛克似乎是在说，上帝之言尽管绝对正确，永无谬误，但却没有万无一失的指引帮助人理解它。在《人类理解论》中，洛克写道：

> 经文中所说的样样事情虽是极其真实的，可是读者在理解它们时是可以错误的，而且是不能不错误的。我们亦不必惊异，上帝的意志在披上文字的外衣以后，就会陷于那种传达工具所不能免的疑义和不定。因为就是他的儿子在披上肉体的外衣以后，也不得不陷于人性所有的一切弱点和缺点——罪恶除外。（3.9.23）

洛克在这里暗示，我们不可能获得关于圣经可能意味着什么的完美知识。渊博的神学家们试图用"装模作样的愚陋和学问渊博的妄语"来掩饰混淆与含糊，可他们不是缓解了这个问题，而是把它弄得更加复杂了（3.10.9）。这个问题也不单单是一个关于圣经的特殊问题。洛克在1687年的一个笔记本中写道："达希尔（Dasier）交待了每一篇贺拉斯诗的构思背景，确定其中大多数颂诗的写作时间，从而让贺拉斯（Horace）的真正含义更易为人理解，而其他大多数批评家大都只是毫无意义地夸耀卖弄其学究式的引用，或争论各种各样洛克认为在解释行动中可以摒弃先入之见，这大概有点天真，但他的确看到了按照此前的解释观来解释一个文本时所面临的难题。洛克也觉得必须全面掌握文本撰写时所用的语言（《保罗书信注疏》，104）。避免"经文证明"（《保罗书信注疏》，106）的最好办法就是反复通读要解读的这些信件（文本），甚至应该不分章节地通读整个文本（《保罗书信注疏》，105）。在洛克的解释学世界里，解释者只能和文本在一起，只能与写作的语言、日期、地点和时代的历史感融在一起，这样才能对文本的意义做出比较恰当的解释。在洛克看来，这种解释庶几乎可等于原作者的解释。我们应受文本本身的引导，避免断章取义；我们应该搁置自己对文本意义的臆测。

但是，考虑到洛克自己对能够确切所知之事的问题，我们有理由认为，洛克的解释学理论不可能像看上去那么简单、那么不成问题。事实是，在《政府论》和《保罗书信注疏》中，洛克都提议说，确定作者意图（以及由此而来的意义）的最好方法就是反复阅读文本，盯住明确浅白的文字意义，避免把先入之见带进文本，并要确定文本对最初的读者来说可能是什么意思。从某种意义上来讲，洛克对圣经的日期、创构和意义的整体解读，促成了18世纪欧洲历史批判运动的形成。然而，尽管从表面上看来，洛克在《政府论》和《保罗书信注疏》中对解释文本都奉行一种完全历史的方法，但《人类理解论》却呈现出不同的图景，尤其涉及非常棘手的语言本身的问题。洛克在《人类理解论》中评论了能指和所指之间的任意关联（arbitrary connection），暗示人在交流中不可能发现绝对真相，然后写道：

的异文，这只能让读者精疲力竭，不胜其烦。除此之外，这个人还在若干处地方揭示了贺拉斯的隐秘和不易为人洞察的优雅。JL。"（BOD MS Locke c. 33, fol. 25r）

> 我们很容易看到，语词所指示的是人们的特殊观念，而且它们的含义完全可以随人意转移。[48]因为，我们虽然以为它们是某些观念的标记，可是有时我们竟然不能用它们在他人（即便使用的是同一种语言）心中刺激起那些观念来。任何人都有不可侵犯的自由权利，任意使各个语词来表示自己心中的观念，因此，虽然别人与我们用同一的语词，可是我们并没有权力使他们在心中生出那些语词所表示的同一观念。(3.2.8)

洛克此话比《汉普蒂-邓普蒂》(Humpty-Dumpty) 早了一百五十年以上。当写作《人类理解论》的时候，洛克就已经意识到，

> 人们何以要利用**语词**来标记各种观念。不过语词所以能标记各种观念，并非因为特殊的音节分明的声音与一些观念之间有一种自然的联络，……而是由于人们随意赋予它们一种意义，随便来把一个语词当作一个观念的标记。(3.2.1)

语言的约定俗成性，或者能指与所指之间的任意关联，是试图发现确定意思的交流遭到失败的一个基本原因，而且事实上也对知识本身的性质提出了质疑。尽管洛克对语言问题的看法在二手参考文献中已经得到很好的证明，[①]但奇怪的是，关于洛克语言理论对其知识理论的意义，或事实上也就是对其获取任何确定知识之可能性的意义，人们尚没有给予足够的重视。[②] 这一点，洛克在《人类理解论》稍后的地方略微说了说：

> 我可以坦白地说，在我开始写这部理解论的时候，而且在以后很长的时间里，我并未曾丝毫想到，在这部书中，我应该

[①] 参见 Norman Kretzman 1968; John Yolton 1970, 208; and David Soles 1988, 150。

[②] 这里一个重要的例外是摩尔 (J. T. Moore 1976, 701-714)。

考察各种语词。不过在后来讨论完观念的起源和组织以后,在我开始考察知识的范围和确定性的时候,我就看到,知识与语词有很密切的关系,我们如果不先考察明白它们的力量和意义,则我们在知识方面所说的,万不能明白、不能切当。(3.9.21)

如果有所指的语言是任意的,那么绝对的知识还可能吗?还能主张人可以获得绝对真理吗?在《人类理解论》第三卷中,洛克从头至尾都在论证抽象观念和"混杂情状"中的语言的任意性,也就是说,观念是如何联结在一起的。这些联结在一起的观念,对于政治的、道德的和宗教的语言的形成发展,极为重要。但是,人类中的混杂情状却没有任何共同的原型,并且随文化的不同(3.5.8)、各人的不同而变化(3.6.2)。混杂情状还经常受到误解。如果说理解道德和政治文本就像洛克在《人类理解论》中所揭示的那样艰难,那么,理解宗教文本(纵然是圣经)也同样如此。人所写的圣经注疏浩如烟海,在洛克看来,这一事实就是圣经本身非常费解的"明显证据"(3.9.5)。如果圣经充满了难懂和费解之处,解释者就有责任尽可能认真地推敲文本义涵,但即便如此,也不能保证没有一点失误。圣经可能永无谬误,[49]但人在解释圣经时却难免犯错(*Works*,7:376)。尽管圣经揭示了"明明白白的"道德"义务",但在其他事情上并不一定说得那么清楚。根据洛克的解释技巧,人必须尽最大努力使用理性来确定最为可能的含义,而未必是绝对的含义。

就像上文提到的那样,这种对我们知识之有限性的激进怀疑,构成了整部《人类理解论》的基础。因为,若是语言或者我们表达实在(represent reality)的方式就像洛克在《人类理解论》第三卷中指出的那样任意,那么,一个人本质上就不可能通过语言来表达任何事物了。我们表达一切事物的方式都随文化而不同,都随不同的人而改变,这一事实说明洛克的语言观预设了某种极端的偶然性(a radical contingency），或者，最起码，他的语言观是绝对反本质论的（anti-essentialist）(Hacking 1988, 137)。洛克为亚当这样一种形象招魂，来探讨语言运作所用的方法——反本质论的方法（《人类理解论》，3.6.44-51）。洛克的亚当——对神学家来说常常也是这样——就其理性的精神能力而言，其实就是人类的典型。洛克写道：

> 原来亚当既然有自由可以不借任何别的模型，只借自己的思想，来构成混杂情状的复杂观念，则一切人类从来亦都有这种自由。另一方面，他在拟构实在观念时，如果他不欲自欺，则他又必得契合于外界的事物，契合于自然所造的原型，因此，一切人类如果想要拟构实在观念，则他们亦必得由此途径。(3.6.51)

在这里，洛克是在反对亚当式的语言理论，按照这种理论，据说亚当在伊甸园中已经使用了一种极其纯粹的（unadulterated）语言，其中每一事物都与其名称（已然在堕落中丧失了）(Aarsleff 1982, 57) 完美对应（参见《创世记》2:19）。比如说，亚当怎样来称呼动物，那就是它们的真实名称。至少这就是波墨（Jacob Boehme）(1572—1642) 提出的理论。但是，既然在洛克看来堕落并不意味着人的理性的损害，并不意味着除了道德以外任何别的东西的丧失，那么，伊甸园中的语言就不可能是完美无缺的，交流也不可能是永无谬误的。这当然表明，根本就不存在人类能够向往、能够追求的"纯粹的语言"（pure language）这种东西，并且这种东西也会强化语言自身的任意性和因循性（arbitrariness and conventionality）。此外，语言在洛克的体系中除了是极端个体的、私人的东西，还几乎摆脱了一切束缚，这就使得精确和完全的交流不再可能，而也许会为某种更加复杂深奥的语言学铺平道路（Aarsleff 1982, 24）。

因此，到目前为止我们已经看到，理性-启示问题的特点是各自都有局限,其中哪个领域都几乎不可能存在绝对的确定性。甚至在(对圣经等经书的)解释学的世界中——洛克似乎主张[50]对经文作简单的字面意思解读——他也敏锐地意识到了语言问题,以及通过语言获知绝对真理的困难。对于理性和启示作为获得终极知识的方法是否有效,洛克其实怀有绝望的看法,但值得注意的是,他没有走宗教改革家的道路,而是坚决主张,不确定性一直就是"堕落"以来人类洞察力受损的结果。然而具有讽刺意味的是,正是"堕落"——或者《创世记》的前几章——为洛克提供了一种人性观,只不过,这种人性观与宗教改革家关于人性根本败坏的教义相去甚远。因此,现在我们转而参照宗教改革家,来理解洛克在反对什么,以及他认为《创世记》前几章是在讲什么。

人性:洛克与"堕落"

在17世纪的英国,官方教会对人性持有两种截然相反的观点:一种观点认为,人类是天地万物的顶点,是按照上帝的形像造的,并被赋予了治理大地及其上一切动物的权力;另一种观点认为,人类的罪恶是难以控制的,他们故意违犯伊甸园中的戒律,使自己要遭受永远的诅咒。① 人类彻底堕落败坏了,不能凭靠自己达到甚或力争完善。② 洛克就是在这种加尔文主义传统中被抚育成人的:所

---

① 原罪教义常与新教改革家路德和加尔文联系在一起。加尔文对人类的状况稍稍乐观一些,依他看,人类能够通过践履德性行为来克服败坏。参见他的《基督教要义》(*Institutes of the Christian Religion*, 1977, bk.1, chap.3, sec.3。此后引用所标数字分别为卷、章、节的数目)。然而,在《基督教要义》中,这一讨论的总体趋势是确证人类的总体腐败。参见,例如,《基督教要义》2.1.18-11、2.2.12,以及威廉姆斯的相关讨论(Williams 1927, 431-432)。加尔文主义关于人性腐化的观念,对英国的宗教改革产生了很深的影响(参见斯佩尔曼的讨论和引证,Spellman 1988, 26-28;以及 Schouls 1992, 194)。

② 参见斯佩尔曼(Spellman 1988, 8-10)对这一立场的详尽阐述。

有人都应遭受上帝的愤怒和谴责，没人能凭借自己的努力从（会带来永罚的）罪孽中获得拯救。只有承蒙上帝的恩典，人才能得救。17 世纪的神学家惠特利（Whilliam Whately）以偏激的措辞描述了人类的彻底堕落败坏：

> 一个人的本性若堕落败坏了，就只是朽木粪土，肮脏下贱，令人作呕；他是一堆臭不可闻的腐肉，变得完全无益，毫无用处；他的心是罪恶的渊薮，满积了令人厌恶的贪欲；他的舌头是诅咒和痛苦以及卑劣的交流之源；他的手是邪恶、欺诈和暴力的害人工具；他的眼睛是贪欲、傲慢和虚荣的通衢；他的脚是能快速行进的武器，强有力地迈向复仇、放荡和钱财；他的人生是长长的一连串的罪恶行为，一天比一天更加邪恶：他的人生只是越来越深地陷入决斗之手和血肉之躯所织就的邪恶之网中，他只是一个邪恶败坏的纱工、一个罪恶累累的织工。①

圣保罗首先讲述了源于亚当之罪的原罪理论（《哥林多前书》15：21-22，《罗马书》5：12），[51] 后来圣奥古斯丁又对之作了详尽阐述。② 奥古斯丁认为，亚当的原罪（original peccatum）深植于人性之中，并且通过"基因"传递给人类的子子孙孙。由此，带着有害的影响，亚当之罪无可挽回地植入人身上。较早反对奥古斯丁原罪基因遗传论的观点，或许是由公元 400 年左右定居罗马的爱尔兰隐修士伯拉纠（Pelagius）阐述的。伯拉纠立论反对奥古斯丁的罪恶遗传立场，认为个人能自由地选择为善还是为恶，因而责任须由个人来承担。根据伯拉纠的观点，假如意志不自由，假如罪恶

---

① William Whately, *Neuu Birth* (1618), 7-8；转引自 Harris 1994, 296。
② 参见 F. R. Tennant 1903/1965, 248 - 272; N. P. Williams 1972, 327 - 332；以及 L. Urban 1986, 140-144。

不可避免，那么按照奥古斯丁的传统，人类就不用对罪恶负责了。①伯拉纠的观点考虑到了个人自由，因此个人要为人的罪恶负责。伯拉纠派的立场影响了17世纪的一些圣公会信徒，尤其是洛克的一些更成熟的作品。②洛克——不像一些极端的伯拉纠主义者那样——充分意识到了人性和人类理性的缺陷，但他认为这些缺陷源于人类自己，不是源于上帝。洛克的上帝并不仇恨或谴责自己的作品，而是希望拯救所有的造物。堕落败坏是人类行为的结果，而不是神的行为造成的。

如果上帝不对人性的基本倾向负责，那么"堕落"主要讲的是什么故事呢？尽管洛克对"堕落"的解释在他写作的整个过程中一直在变化，但他极度专注于这一问题：人类在"堕落"中可能丧失什么，而通过信仰耶稣基督，人类又可能获得什么。"堕落"不仅为洛克提供了一种关于基督救世行为之重要性的观点（他在《基督

---

① 奥古斯丁派和伯拉纠派之间的争议显然远为复杂，兹不详述。对此争论进一步的讨论参见：Williams 1927, 332-347; P. Tillich 1968, 122-131; H. Chadwick 1986, 107-112; 还有 Spellman 1988, 15-20。就我们当前的目的来说，关键是要留意洛克的观点在何种程度上更是伯拉纠主义的而非奥古斯丁主义的。

② 斯佩尔曼指出了宗教自由主义者，尤其是惠奇科特（Whichcote），在这一方面到底对年轻的洛克产生了多大影响（Spellman 1988, 79）。惠奇科特的布道指出，尽管人类在实践中倾向于犯罪，但人性从根本上来说却是善的，是"绝对像神一样的"。实际上，上帝切望堕落的人性能够复原、归正。另外一个影响洛克的神学家是泰勒（Jeremy Taylor）。在他的《论预言自由》（*Discourse on the Liberty of Prophesying*, 1647）中，泰勒主张，得救所必需的全部条件就是相信耶稣基督，这一神学理论与洛克《基督教的合理性》一书中的极简主义信条类似。在《唯一必要之事》（*Unum Necessarium*, 1649）中，泰勒并不认为亚当的罪意味着人类的彻底败坏，也并不认为如果是这样的话，人类就必定会处在犯罪的状态。人类在伊甸园中丧失的是不死的机会。这也是洛克在《基督教的合理性》中所支持的观点（参见 Spellman 1988, 97-103, 以及 Biddle 1977, 308-309）。

教的合理性》中写了这一点),还为他提供了一种人性观(他在《政府论》中使用了这种人性观)。在本章的其余部分,我想简要探讨洛克的"堕落"观如何高度评价亚当所起的作用,并以此来理解洛克对人性及其潜能的看法。在后续各章,我将讨论亚当在政治学领域中扮演的更加具体的角色。

在洛克最早的作品中,他似乎思考了人性更邪恶的一面。因为人类天生罪恶,所以必须有精心制定的制度来实施法律,以遏止人类的败坏倾向。1660年,28岁的洛克开始构思作品,以回应巴格肖(Edward Bagshawe)的《论宗教敬拜中的无关紧要之事这一重大问题》(*The Great Question Concerning Things Indifferent in Religious Worship*)(1660)。在第一章我们看到,巴格肖曾主张说,政府没有权利在非严格涉及拯救之事上强制推行某种崇拜方式和内容。洛克的回应名为《政府二论》,其中他支持用一个专制独裁政府来抑制[52]宗教争议,调整人们的行为。在《政府二论》中,洛克完全确信人性是败坏的,但他并没有走到将这种败坏归因于"堕落"的地步。他确实讨论了罪的普遍性,有时听起来几乎就是一个奥古斯丁主义者,他写道:

> 自从人类首度自暴自弃,自行沾染罪恶,他就玷污了自己应该负责的一切东西,那起初可使最好的最完美的本性堕落的人,现在必然也会使其他的东西同样如此堕落。(《政府二论》,36)

然而,另一些时候,洛克似乎又对人性的状态并不那么严厉苛刻,他主张说:

> 我们不能怀疑,可能会有一些很好的或纯洁的东西,不会被人的脆弱本性或有所改善的败坏利用,以伤害他自己或他的邻人。(《政府二论》,36)

在《政府二论》中，洛克从来没有在可遗传的罪性与"堕落"之间建立直接的联系，这或许是因为，正如马歇尔所说，完全没有必要建立这种联系，因为这一概念早就为人广泛接受（Marshall 1994，27）。然而，洛克也写到人类的"脆弱本性"和"有所改善的败坏"，这一事实表明他或许一直就倾向于认为，人类能够改变他们在世间的命运，可以不落在持续犯罪的诅咒之下（参见 Harris 1994，294）。洛克并未以传统加尔文主义的"堕落"解释来支持自己关于人的罪性的观点，这一点，若就他在《政府二论》中通篇都企图曲解圣经含义来看，是很突出、很引人注目的。从这种意义上说，洛克是要表明他自己并非那么依赖于"解经家的阐述"，而是更依赖于"圣经本身所提供的东西"，这个问题，他将在《基督教的合理性》中长篇大论地充分详述（Marshall 1994，21-22），同时这也是他终生都会关注的问题。

洛克于 1663—1664 年在基督教会学院作道德哲学学监时所写的《论自然法》，也对"堕落"表达了相似的观点。前一章已经提到，《论自然法》讨论了自然法问题——它的存在、它的可证明性以及它的义务。在这些论文中，洛克再一次描述了人类的罪恶处境，但并不相信亚当的罪过应转嫁给其余的人之说。他在《论自然法》中有一次明确提到"堕落"，说它"与哲学家没有特别的关系"（97）。或许他这样写是为了符合他作为一名古典道德哲学教师的身份。但事实是，洛克在这篇中也主张自然法在某种意义上是可知的，这表明他已经主动疏离了加尔文主义立场，或至少他想要看看这一立场中的种种难题。① 加尔文宗声称，由于"堕落"及其

---

① 洛克为何如此不愿用"堕落"的神学解释来说明人类发现自己所处的绝望状态？邓恩对此也困惑不解。邓恩在一个注释中表明，

> 对于伦理价值和现有人类心理之间的关系来说，人类堕落的确切含义对一个基督徒的自然法伦理以及由此引出的具体认知问题，具有压倒一切

对理智的无可挽救的损害,自然法只能通过上帝的恩典才能获得,而洛克似乎认为自然法知识能够通过理性[53]和感觉经验获得。① 但洛克承认,只有极少数人才能获得这样的知识;尽管如此,洛克仍为下述观念保留了余地:人性,即使不可能尽善尽美,也仍然可以通过理性地追求自然法而得到极大改善(Harris 1994, 297;Marshall 1994, 29-30)。

在这些作品中,需要重点注意的是,在其思想发展的某个相当早的时候,洛克就决定不追随传统智慧,即不对人类的堕落败坏持一种加尔文主义或奥古斯丁主义的"堕落"观了;相反,他认为人的罪性和败坏不应与圣经故事直接相连。然而,圣经故事的确揭示了人类处境的某些显著特性,洛克不仅在其《政府论》中,也在其

的重要意义。洛克在唯一一次论及这一问题时……只是指出,奥古斯丁主义的立场完全无助于解决从人们相互冲突的道德直觉中推出某种前后一贯的自然法这一认识论问题。这一证明完全不能清楚地证明洛克是如何思考自然法的伦理内容与人类堕落前的状态之关系的……在后期著作中,洛克似乎确实认为人类的冲突源于人类的堕落。(Dunn 1969, 23, 1n)

正如我们将要看到的,洛克非常不愿意将人类的冲突归因于<u>堕落</u>,因为他并不认为这就是《创世记》那几章所讲的全部内容;另外,信仰"堕落"也会把人类的罪性减少到最低限度,并且减轻了人类的责任。

① 马歇尔提出一个有趣的观点,即洛克在《论自然法》中彻底抛弃天赋观念,这表明他早年就割断了与自己的加尔文宗成长背景的关系,特别是与加尔文宗相当阴暗的"堕落"教义之间的关系。洛克并不主张世上的普遍道德败坏是"堕落"的结果,并不主张这种普遍的道德败坏只能用恩典来克服,相反,他似乎是在论证,感觉经验和理性(而不是恩典)足以让人类获知包含在自然法中的道德义务(Marshall 1994, 29-30, 32)。但在否认天赋观念的概念时,洛克也攻击了这样一种"堕落"理论:亚当的纯粹天赋道德知识据说只是部分传给了他的后代子孙。尽管这种堕落教义可能适于让洛克用来攻击天赋的自然法(也就是说,自然法不能为人所知,因为在"堕落"之后人的理智败坏了),但我们仍然应该饶有兴味地看到,洛克在早年这个节骨眼上回避了下述观念:某种受到损害的知识(甚或受到损害的道德)传给了亚当的后裔。

他著作中借助这些特性来阐述自己的理论。

洛克与"堕落"的再次相遇(至少是已经出版的),发生在大约十年之后,那时他决定翻译冉森派神学家尼科尔(Pierre Nicole)写于1675至1676年间的《道义论》(*Essais de Morale*)中的三篇论文。① 马歇尔(John Marshall)强调洛克研究中的这个部分长期遭到忽视,认为这三篇论文对洛克的人性观产生了深远影响(1994, 133-34)。如大多数冉森主义者一样,尼科尔认为人类意志薄弱,不能获得很多知识,不能战胜他们的自利心,因此迫切需要上帝的恩典才能得救。然而,为了使上帝的恩典有效,人们必须尽最大努力作出道德的行为。从这个意义上来说,尼科尔与加尔文主义的预定论不同,他强调人的努力在获得上帝恩典时具有重要作用。尽管洛克避免在其《政府论》和《人类理解论》中强调上帝的恩典,但在这两部著作中,他都赞同尼科尔对我们意志和理智之脆弱的强调。实际上,洛克在其任何作品中都从未否定的人之罪恶和败坏的特征,并非源于亚当的"堕落",而是来自人性自身的脆弱。

也如马歇尔所阐明的(1994, 177-192),洛克发现尼科尔《道义论》中非常吸引人的另一个点,是这样一种观念:人的自利心是证成商业社会的巨大动力。只要能从中获得报酬,个人便可受激励去做各种各样的"慈善"行为。开明的自利(Enlightened self-interest)使得相互竞争的个人之互相合作成为可能,结果就会形成一个尽管败坏但却繁荣的社会。② 根据尼科尔的观点,节制这种自利心的唯一途径就是同时强调爱上帝的必要性,并文明对待与自己同属人类的其他人,以此获得天国的赏报,更好地确保和平状态。

---

① 约尔顿现在已经编选了洛克的这个翻译,包括对莎夫茨伯里伯爵夫人的完整献辞(Jean S. Yolton 2000)。

② 伍顿着重指出洛克如何在《政府论下篇》中重新使用尼科尔的观点(David Wooton, 1986, 74-75)。

强调"文明"(civility)对于洛克以及他表面强调的宗教宽容非常重要。① 尼科尔在《道义论》第三篇中提出了文明问题,这也是洛克所译三篇中最长的一篇。尼科尔指出,为了确保社会的繁荣,可以说服个人相信其私利能够经由维持和平而得到更好的满足,以此来控制人的邪恶性;而想要维持和平,就要坚守黄金法则,强调对别人的爱和尊重。这种文明也能够在宗教事务中得到证明,因为高于其他一切的宗教是最可能激起仇恨和争议的主题。为了反驳这种倾向,尼科尔主张在宗教事务上要有谦逊的精神,并认为在神学问题上一定要避免过强的教条主义(参见 Yolton 2000, 127-57)。洛克在他的《人类理解论》和《基督教的合理性》中都会秉持这样一种低调而又谦逊的态度,而且即使在这个较早的阶段,他也想避开有争议的问题,比如说三位一体论(Trinity)和亚当之罪的归因。

尼科尔支持的这种开明自利,在某种程度上由学者所谓的洛克的享乐主义心理学阐明了。洛克的享乐主义可以以一种霍布斯式的哲学来解读,因为按照霍布斯式的哲学,个人在一种非常机械论的意义上寻求避免痛苦并获得幸福,而洛克的很多作品也都表明了这一点。例如,在《人类理解论》中,洛克写道,"最大的幸福在于享有那些能够产生最大快乐的事物,而避免那些能产生纷扰和痛苦的事物"(2.21.55)。但是,洛克的享乐主义总是受到超越死亡的事物的限制。人的行为动机不应该是尘世的幸福,而应该是天国的幸福。在

---

① 洛克对宽容的关注早在1667的《论宽容》(*Essay on Toleration*)一文中就显示出来了(PRO 30/24/47/1,收录于 Wotton 1993,186-210,以及 Goldie 1997,134-59)。从《政府二论》时期开始,是什么激励洛克改变了他关于政府能在哪里又不能在哪里进行干预的想法,此乃当今学术争论的主题(参见 Dunn 1969,27-40;Marshall 1994,62-72)。但是很明显,洛克在翻译尼科尔的《道义论》之前,也就是他在1690年撰写《宽容书简一》很久之前,就看到了宗教宽容的必要性。

同一章随后不久，洛克写道，"权力"：

> 尘世上一切快乐和痛苦既然同永生的灵魂此后将要受无尽的幸福和极大的苦难不能相提并论，因此，人在选择自己力所能及的各种行动时，一定不要看它们是否能引起暂时的快乐或痛苦，而一定要看它们是否能引起来生的完全永久的幸福。(2.21.60)①

洛克基督教享乐主义的形成可能深受尼科尔（参见 Marshall）或一些宗教自由派神学家的影响（参见 Spellman 1988，120），但仍有自然主义倾向，他似乎认为道德是纯粹唯利是图的，或仅由追求幸福的欲望所激发。这尤其会给一个宣称信仰爱和仁慈，并激烈反对自私和贪婪的基督教带来麻烦。但是，或许在一定意义上，洛克的道德享乐主义也与他的"堕落"观一致。因为，既然人类并没有丧失他们的理性能力且不是必然要持续地犯罪，那么，他们可能就会推延即时的满足来获得上帝的报偿。在此意义上，自然主义的和有神论者的动机联合起来，制造了"文明的"社会。

"文明社会"问题和"堕落"是《政府论》的中心议题。② 洛克花费了大量时间攻击菲尔默的观念，即亚当是 [55] 专制论的范型。正如一些评论家所说，菲尔默的亚当概念或许暗示亚当也是罪恶归咎论（imputationalist）的范型。因为既然亚当代表了所有的人，那么根据这种观点，洛克将不得不承认菲尔默的政治秩序观在

---

① 参见《人类理解论》，2.21.35，60，70；日记，1676 年 7 月 29 日（收录于 R. I. Aron 以及 Jocelyn Gibb, *An Early Draft of Locke's Essay*, 1936, 81-82）；日记，1677 年 2 月 8 日（in *Draft*, 84-90）；BOD MS Locke c.28, fols.139-140；以及斯佩尔曼和马歇尔的讨论（Spellman 1988，117-121；Marshall 1994，189-194）。

② 因为洛克对《创世记》前几章的解释将在后来的第 4 章和第 5 章详细讨论，故在这里，我只是想指出他如何背离了正统神学理论。

某种意义上是正确的：不仅亚当代表了人类，而且专制主义也会对人类产生影响并约束其余的人（Sell 1997, 230; Spellman 1997, 74-78）。这是洛克不能接受的，因此这也使得许多学者认为，洛克之所以不愿信奉归咎论的"堕落"观，是因为他想要绕开菲尔默对亚当代表论（Adam's representationalism）的强调。

但我们接下来将要看到，亚当是洛克政治学的一个范型：无论在对亚当赋予恩典的意义上（《创世记》1：28），还是在亚当因"堕落"而失丧（永生）的意义上，亚当都是洛克政治学的一个范型。当然，洛克笔下的人类的确犯了罪，因此需要政府来控制这种人类的邪恶性。然而，政府要由人们自由来选择。儿童般地屈从于专制君主不能让理性成熟，而一种成熟的理性，加上随之而来的遵守自然法的能力，可在很大程度上减轻罪恶。因此，洛克让每个人自己来承担责任，而非允许道德力量软弱或无用的个人来进行统治。对于洛克来说，"堕落"并不改变人性，因为我们仍然像亚当一样理性（或者是潜在理性的）；"堕落"也不意味着我们必然会一直犯罪并因此当受惩罚。相反，人类有能力遵守上帝的律法，道德的行为人也是如此。[①] 每个人都必须以某种方式对自己的行为负责，不能诉诸亚当的不服从来放弃自己的责任。

洛克《政府论》中的"堕落"观，也在另一方面避开了传统的奥古斯丁主义的理解，尤其是关于"声色之欲"的理解。对于奥古斯丁来说，罪通过无节制的欲望代代相传，所以人都被亚当之罪玷污了。然而，洛克认为，应该以一种积极的方式来看待能够孕育孩子的性行为。事实上，在"堕落"之后的早期人类社会，曾经有一段时间，声色之欲还没有显露出来——在"在虚荣的野心、恶劣

[①] 参见下列各位关于个人作为道德的行为人的讨论（Tully 1980, 106-111; Yolton 1985, 17-32；以及 Harris 1994, 300-305）。对于洛克来说，人（person）"是一个法律名词，专用以表示行动和行动的价值"（《人类理解论》，2.27.26）。

的占有欲和歪风邪念腐蚀人心"之前(《政府论下篇》,111)。这是一个"艰苦而有道德的时代"(《政府论下篇》,110),几乎是一个"黄金时代"(Golden Age);这是一个君主尚未将自己的利益置于人民的利益之前的时代(《政府论下篇》,111)。尽管洛克表明败坏确实是人类处境的一部分,并且在君主专制条件下暴露得更为明显,但他并不是要将原因委诸归咎论的"堕落"观。人类能够创造一个社会,在这里人们能理性地控制自己的行为,并至少有可能遵守自然法(Harris 1994,297-299)。

[56] 洛克的"堕落"观比他同时代的加尔文主义者的观点确实更加自由主义,但他仍然看到了道德进步的需要。很有可能正是因为怀有这种目的,洛克才写了著名的《人类理解论》(1690)。这部著作主要是想阐明人类知识的范围和限度,而非为18世纪的科学理性主义提供一种认识论基础。① 洛克的白板论或其《人类理解论》对天赋观念的驳斥,似乎确实给其批评者留下了霍布斯式的相对主义的印象,但洛克认为,可由理性发现而非天生栽植于人心

---

① 相反的观点参见 Schouls(1992)。但是,洛克以相当谦逊的措辞来描绘《人类理解论》的目的:

在这样研究理解的本质时,我如果能发现理解的各种能力,并且知道它们可以达到**什么境地**,它们同什么事情稍相适合,它们何时不能供我们利用——如果能这样,我想我的研究一定有一些功用,一定可以使孜孜不倦的人较为谨慎一些,不敢妄预他所不能了解的事情,一定可以使他在竭能尽智时停止下来,一定可以使他安于不知我们能力所不能及的那些东西。(1.1.4;也见1.1.6;4.14.2;以及前文的讨论)

根据洛克的朋友蒂勒尔(James Tyrrel)的观点,《人类理解论》远不是一份科学的理性主义的宣言,它来自五六个朋友在1671年冬天的一次聚会,这次聚会所发生的讨论主要集中于"宗教和道德"问题(Cranston 1957,141)。阿什克拉夫特(Ashcraft)曾写道:"洛克写《人类理解论》是为了确保宗教和道德的伟大目的。"(1968,198)

的道德法，是真实的、正确的。尽管这一观念意味着知识产生美德而无知导致罪恶，但洛克也认为，不论人类有多么理性，他们总会牺牲天国里为虔诚信众预备的更大的善而及时行乐。激励个体遵守上帝律法的应该是对天堂赏报的期待，而不应是物质性的私利。即使道德在洛克看来可能像数学一样可以证明（3.1.16），①极多的人仍然只是追求个人私欲，因此他们就需要一个清晰明确的道德模范。即使我们的理性未受损害，也完全不能保证我们会用它来理解上帝的意志（也就是自然法）。因此，尽管教育可能会减轻人类的腐化堕落，但在获得拯救上它最终没有任何价值；人类没有能力遵守上帝的律法。因此，在自己的后半生，洛克要回归圣经来引导人们遵守道德，并且要翻转人的谬误造成的后果——至少是为了人类自身。②

既然人类并不拥有善恶的天赋观念，而是必须被引导才能看见永恒赏报之乐以及永恒惩罚的恐惧，那么，教育者就有相当大的责任来使儿童习惯于正确的行为。所以，1693年洛克出版了他的《教育片论》。这些篇章最初创作于1680年代，那是他写给友人克拉克（Edward Clarke）的一些信件，谈的是克拉克儿子的教育问题。尽管洛克在《教育片论》中抑制自己没有谈到"堕落"，但他对人甚至儿童的"败坏"倾向没有抱任何幻想。这种邪恶性经常在对统治的热望之中显现出来。

> 我以前告诉过你，儿童喜欢自由（Liberty），因此，应带

---

① 参见洛克1681年6月26日的日记（收录于1936年的《人类理解论早期手稿》[*Draft*]，页117）。

② 尽管洛克在《人类理解论》中表明道德可以通过理性来证明，也因此能够表明人类的可完善性，但他越来越认为这在实际上是不可能的（参见 *Correspondence*，5：2059，以及前文指明的类似内容，参见《基督教的合理性》，148）。

他们去做适合他们的事情，不要让他们觉得有任何的约束。我现在告诉你，他们更喜欢某种东西，那就是统治，并且这是普通而自然的最邪恶的习惯的首魁。(《教育片论》，sec. 103)。

然而，值得注意的是，洛克并未像同时代许多其他教育家一样将此归于"堕落"的影响。① 正确的教育能使人意识到自己作为一个人的全部潜能，而且在洛克看来，[57] 正确的教育不只是预防犯罪的必然性。在《教育片论》中，洛克确实提到了亚当，但并不是在暗示一种归咎论的堕落观。"在亚当的子孙中"，他写道，"几乎没有谁会幸福到其自然性情当中没有任何天生的偏见（Byass），而消除或用相反的方面来平衡这种偏见正是教育的职责"（sec. 139）。这一说法并未表明我们在惠特利（Whately）那儿看到的那种大面积的败坏，但它确实暗示，除少数人外，多数人都可能会有这种人性缺陷。有些人摆脱了这些缺陷，这一事实也正表明，不存在洛克的许多同时代人所说的那种普遍败坏（Harris 1994，299）。事实上，尽管有少数人"天生就很优秀"，但绝大多数人"之所以成为好人或坏人，成为有用之才或无能之辈，都是教育的不同所致"（sec. 1）。这似乎与17世纪的教育家们所支持的原罪论相去甚远。②

---

① 参见斯佩尔曼的讨论（Spellman 1988，121-126）。斯佩尔曼的主张或许有点走过头了，因为他认为，"这些人与洛克一样都持有广教会派关于堕落后果的看法：[人里面有]一种可以并必须最终通过道德教育的力量来控制的邪恶倾向"（1988，123）。洛克确实在《教育片论》中强调了人性的可塑性，以及至少可以通过正确的教育来遏制邪恶的可能性，但他不愿去考究、详述邪恶的原初时刻。关于这一点，他的同代人差不多都是这样，而并不觉得有什么不妥。

② 极为有趣的是，某些17世纪的教育家强调了一种归咎论的堕落观，但同时也认为孩子有可能借助受教育而减轻堕落的影响。阿莱斯特里（Richard Allestree）的《基督恩典的实践，或人当尽的本分》（*The Practice of Christian Graces, or the Whole Duty of Man*，1659）和《绅士的呼召》（*The Gentleman's*

洛克将人性看作种种私欲的汇集，而教育家的作用就是尽力通过教育孩子过理性的生活来控制这些欲望（secs. 33. 38）。完成这一任务的方式之一，就是加强孩子对未来赏报而非眼前赏报思想的感受力。正如洛克所写的，人性"对苦乐是敏感的或有意识的，人有感受或意识幸福和不幸的能力，因此可在意识的延伸范围内关心自己"（sec. 17）。教育家的工作就是保证儿童成为负责任的成年人，拥有理性的能力来遵守上帝的律法（sec. 17，18）。通过这种方式，洛克试图绕开原罪问题，并非视之为不可逆转地粉碎了人的理性思考或避免犯罪的能力，而是视之为要求个人的积极努力，以对自己的行为负责。在1694年出版的《人类理解论》第二版中，洛克在题为"权力"的一章中增补说，我们能够暂停我们的各种欲望——

> 在我看来，这正是有限的理智存在者的极大的特权……他们能够暂停自己的各种欲望，使那些欲望不至于决定他们的意志来趋向行为，直到他们能够适当地、公正地鉴别行为的善恶为止，直到事情本身的重要性得到公正评断为止。（2. 21. 52）

人类能够通过自由追求未来更大的善来规避自己的意志。[①] 是的，人会犯错，但他们的错误并不是由于原罪不可逆转地影响了理智或意志。每个人都会因为教育而变得对自己的行为负责，而不必

Calling, 1660）强调了启蒙教育对孩子的重要性，尽管有堕落的影响。17世纪60年代，当洛克在基督教会学院做导师时，他指定了这两部著作让学生阅读（参见Spellman 1988, 68-69；1997, 85）。

① 也见《基督教的合理性》，洛克在其中写道：

> 天堂与地狱的观点会让人轻视现世的短暂苦乐，吸引并鼓励人们趋向德性，而这是理性、福祉和我们对自己的关心所只能许可和欢喜的。在这个基础上，也只有在这个基础上，道德才会挺立不移，也许还会否定所有的竞争。（《基督教的合理性》，163）

继承原罪的毁灭性影响。然而，尽管人类没有从亚当那里继承罪恶，但他们与亚当相似，因为他们都与亚当有相同的能力，服从相同的律法和命令。① 通过教育，人们能够恢复到亚当出生时所具有的理性状态。

[58] 如果人性像洛克所说的那样是可塑的，更是环境、条件和教育的结果而非亚当之罪的结果，可能就有人这样认为了：洛克主张用强大的专制独裁政府来更好地对抗人们的邪恶倾向。然而，这样做就不仅会消解他在《政府论》中所写的很多东西，也会抵触自由主义的另一个基石——他的《宽容书简一》（1689）。事实上，这些问题在普罗斯特（Johnas Proast）攻击洛克《宽容书简一》的时候已经出现，这刺激洛克撰写了《宽容书简二》（1690）来回应攻击，并进一步撰写了卷帙冗长的《宽容书简三》（1692）来回击普罗斯特对《宽容书简二》的批评。

在《宽容书简三》中，洛克论证了政教分离的正当性。在洛克看来，官长无权使用过大的强力来推进崇拜"纯正的宗教"。除了在涉及公益的问题上，官长不应以强力推行道德。道德问题，诸如"撒谎"，"嫉妒、敌意和怨恨，以及所有的不慈善"（*Works*，6：295），更应是上帝的事务而不是官长的事务。然而，普罗斯特认为官长应以强力干涉宗教问题，因为某些人的刚愎自用、反复无常会引诱人类远离纯正的宗教。普罗斯特似乎支持用法律来规定道德，而洛克则更加谨慎，认为只有当不道德之人的行为扰乱了国家的和平和安乐时，才应使其受到惩罚。宗教问题最好留给私人的良心而

---

① 在此我要感谢哈里斯关于人格与归咎论堕落观之关联性的讨论（参见 Harris 1994，300-302），尽管我会限定他的下述结论：这"与亚当及其子孙是同一个人这种看法是不一致的"（302）。亚当及其子孙以及他的后代是"同一个人"（one），这话是在下述意义上说的：他们都是理性的（或者潜在地理性的）人类，都是上帝创造物的一部分，并且亚当的子孙都像亚当一样服从相同的指令。

不是交给官长来决定，因为官长的制裁极有可能造成事与愿违的结果（Marshall 1994，363-373）。

从所有这些，我们可以看出洛克下述观点的重要性：行为人应对自己的行为负责。在这个意义上，洛克推进了一个观念：人们在宗教事务上应该做自己的最好的法官。怀着极大程度的乐观主义态度，洛克认为基督教真理将会凭自身的理性力量而盛行于世，因此完全不需要官长来介入干预。普罗斯特则较悲观，他认为官长的强力是引导人们信仰基督教的最好办法，因为人类从本质上说天生就是罪恶的，不愿意拥抱真理；人类如此腐化败坏，因此必须有强制力。正如哈里斯所说，普罗斯特在这里的言辞使人想到了原罪论信仰，也就是相信人类不能理解纯正宗教的真理。这对洛克来说是一个严肃的问题，因为他的宽容观和有限政府观恰恰建基于下述观念之上：人类有能力理解种种事物，只要他们使用自己的理性。尽管普罗斯特对人性的描述可能是准确的（洛克也可能同意这种描述），但这种描述［59］在理论的或神学的意义上并不真实、并不正确。尽管理性需要被培养至完全成熟，但是在亚当的归罪意义上，它并不必然带有遗传性缺陷（Harris 1994，290-300）。事实上，在内容翔实但却少有人读的《宽容书简三》中，洛克质疑了并且非常接近于明确地拒绝了原罪论。他写道：

> 英国国教会信徒承认并必须信仰原罪教义，这是《三十九条信纲》国教祈祷书若干段落明白讲的。不过我要问问你：是否这"对所有那些勤勉真诚寻求真理的人都是明明白白、显而易见的"？一个国教团契中的真诚寻求真理的人，可能并不会向自己提出这种有可能困扰他自己的有关原罪教义的难题，尽管他可能是一个喜好研究的人。并且，他会不会将自己的探寻推进得如此之远，以致在观点上摇摆不定？（*Works*，6：411）

在一篇大约作于1693年同一时期的题为"堕落前后的人"

(*Homo arte et post lapscum*)① 的未刊手稿中，洛克也对堕落之后（post-lapsarian）较早时期的状态表达了相似的观点。洛克写道，亚当在伊甸园中享有某些特权——

> 人被造成了终有一死的存在，且被给予了拥有整个世界的权利，可以充分利用各种受造物。在这里，几乎没有空间容纳不合常规的欲望，但是本能和理性也以同样的方式驱使他，他既无贪婪也无野心，因此当他能自由利用一切的时候，他几乎不可能犯罪。因此，上帝给了他一条试用的律法，根据这条律法，他只不可以伸手去摘一种果实，那本身就是好的、有益的和诱人的果实（Goldie 1997, 320）。

然而，一旦吃了这个果子，亚当就判了人类死罪，使之丧失了永生的可能，这就把人放逐到了一个严酷的世界之中：

> 因此现在亚当及他所有的子孙后代，都注定终有一死了，因此罪就进入了世界，而死亡也因着罪进入了世界……因着这罪，亚当和夏娃开始知道善恶，也就是善恶之间的区别，因为若没有罪，人本不会知道何为恶……而当私人占有和劳动（对大地的诅咒使其成为必然之事）逐渐区分了人们的不同境况，这就为贪婪、傲慢和野心留了空间，这些东西一旦有了先例，便从者如风。败坏于是就传播开来、盛行人间了。（Goldie 1997, 321）。

因此，对洛克来说，"堕落"并不意味着人类完全腐化败坏，而只是意味着人类已然丧失了永生的机会，因此也就屈从于伴随

---

① BOD MS Locke, c. 28, fol. 113V（收录于 Goldie 1997, 320–321）。

有限寿命而来的短见。① 从根本上来说，人类要为自己的行为负责。②

[60] 在洛克《基督教的合理性》中，我们能看到他非常清晰地论述了这一主题，他在这里继续质疑原罪教义。洛克在文中处理了原罪教义，或说更一针见血地提出了这个问题："自亚当堕落之后，我们失去了什么？"洛克发出此问的目的在于理解通过基督我们恢复了什么。③ 洛克首先提出两种令人讨厌的观点：奥古斯丁主义的观点是亚当的罪恶应归于全人类，这一观点"动摇了所有宗教的基础"；另一种观点是自然神论的观点，它会让基督的事工变得没有必要（5）。第一种观点认为一个人可因另一个人的罪而遭受惩罚，因此最小化了人类该受的惩处或个人的责任，而这种东西对于洛克的基督教（还有他关于宽容和有限政府的）观念来说是如此根本。洛克引用《罗马书》2：6，强调上帝将会"根据每个人自己的行为"回报各人（11）。为了理解为什么第二种观念不适当，洛克转向圣经去寻求亚当受罚必然带来的后果。亚当丧失的东西是永生和天堂，而这两者，他若在伊甸园中完美地遵守上帝的法律便可拥有。

---

① 尤其见《基督教的合理性》开篇几页内容（5-16），以及 BOD MS Locke，c. 27，pp. 101-103。如上所述，这种自由主义的堕落观回应了泰勒的观点（参见 27n，Wainwright 1987，35-37，以及 Mitchell 1993，88）。

② 约尔顿做了很有价值的评论，他认为在洛克关于"人"的核心观念中，人就是"一个可以为他自己的行为负责，关心自己的行为及其后果的存在"（John Yolton 1985，27）。

③ 在写于 1687 年 1 月的题为"原罪"（Peccatum Originale）的一则笔记中，洛克写道，圣西彼廉（St. Cyprian）是第一个充分阐明原罪教义的人。这则笔记得自莱克拉克（Le Clerc）的《各国书讯》（*Bibliotheque Universelle et Historique*，vol. 3，Amsterdam，1686，70 [LL 332]），原文写的是："圣西彼廉是第一个讲原罪理论以及我们需要耶稣基督恩典的人。"（BOD MS Locke c. 33，fol. 26 r）

可见，亚当是从完美服从的状态中堕落了，而这种完美服从的状态，在《圣经·新约》中被称为"正义"（Justice），不过这个初始义涵表示"公正"（Justice）的词语被翻译成了"正直"（Righteousness）。因为"堕落"，他丧失了宁静的、生命之树长青的天堂，也就是说，他丧失了福佑和永生。（5）

洛克认为，作为亚当"堕落"的结果，在其余的人中发生了两件事，即丧失了永生和天堂。他反对下述观念：

> 由于亚当的罪过，他的所有后裔都注定承受永远无尽的惩罚，而其中有许许多多的人都从未听说过亚当的名字，也没有一个人曾被授权处理他的事务或做他的代理人。（5）

在这里，洛克政治立场的回声开始出现：个人必须能自由地赞同选择基督作为他自己的代表；官长不能把信仰强加到人们身上。同样值得注意的还有，在《基督教的合理性》中，洛克并没有提到亚当在乐园中丧失了什么，也没有提到人类随之获得的不是惩罚而是礼物：

> 纵然阻止一个人去做他没有权利做的事情，也应被称为惩罚（punishment）。天堂中的永生状态，亚当的后裔并不比任何其他受造物更应得。不仅如此，如果上帝赋予他们一个短暂的终有一死的生命，那也是他的礼物，人们应该因此感激他的慷慨仁慈，而不能称之为自己的权利，而如果上帝把这个礼物拿走，也不算伤害他们。（10）

很难判断洛克是否认为"堕落"对人的理性带来了有害影响。他的确说过亚当从"完美服从的状态"中堕落了（6），这使得人通过坚守上帝的律法来获得拯救已然 [61] 不再可能。但在洛克看来，"堕落"的结果完全不包括灵性上的败坏。在《政府论》中，洛克说只有亚当才是天生就理性的（《政府论下篇》，56），但其他所有人仍可以通过教育及自由同意生活在社会中而获得某种理性。然而，即使人类可以被教成理性的，仍然达不到上帝所设定的标准。因此，基督在十字架上的赎罪非常必要，类似地，洛克也因此不能支持自然神论的选择。与自然神论者的观点相反，洛克认为对于人的理性来说，按照上帝的要求遵守自然法几乎不可能。因此，基督的救赎事工对于将人类恢复到福佑状态和永生，是非常必要的，洛克还引了《哥林多前书》15：22（"在亚当里众人都死了，照样，在基督里众人也都要复活"，as in Adam all die, so in Christ shall all be made alive）的话来证明自己的观点。在洛克看来，基督恢复了因亚当"堕落"而丧失的东西，他拒绝（比如说像奥古斯丁和加尔文一样）接受人类灵性上的败坏。基督带来的是这样一种可能性：人类不会因为不遵守律法而被定罪，如果他们信他的话：

> 行为的律（Law of Works）与信心的律（Law of Faith），区别仅在于此：行为的律对任何情形的失败都不留余地。遵守律法的人是正义的；在任何事上不遵守律法的人，都是不正义的，也必定不能期待正义者所赏报的永生。（《基督教的合理性》，19）

在这个意义上，基督成全了律法，但是并没有取代律法。然而，基督的出现是必要的，因为他亲自恢复了亚当所丧失的东西：他恢复了正义，也因为有了正义，才使永生成为可能。在基督来临之前，人类没有任何理由相信死之后还有生命，也没有任何理由相信基于地上的行为还会有天上的赏罚。

在洛克看来，基督降临的另外一个重要方面，是他如何使人类能够更好地利用理性。在基督之前，哲学家们试图不严格地找到自然法或道德法，但是没有成功。正如前文所说的，洛克发现"让孤立的理性借助清晰可信的光,来确立道德的所有内容,将其建立在真确的基础之上,是一项太过艰难的任务"(148)。基督的降临揭示了道德的所有内容。① 哲学家们即使已经得出某种理性的规则,仍然没有任何方法来使它具有强制性,并且,由于大部分人都没有闲暇来理解、追随错综复杂的道德法,因此"绝大部分人都不能了解自然法,而只能相信自然法"(158)。基督的启示完成了哲学家们所不能完成的任务,因为哲学家缺乏权威去做这样的事。源自上帝而非源自理性的权威,为洛克提供了强制性的来源。随着基督启示的来临,现在知识对所有人来说都可以获得,因为所有人都平等

---

① 这就提出了关于理性和启示的问题,尽管只是转弯抹角提出的。很有可能是在《基督教的合理性》之后几年写的一则笔记里,洛克评论说,在古代有两种老师:教授启示的神职人员,以及教授理性尤其是道德的哲学家。洛克写道,哲学家

> 不乱碰公共宗教、崇拜或仪式的事情,而是把它们全部留给神职人员去管,正如神职人员把教导人们自然知识和道德知识的事务全部留给哲学家一样。这两个部分或两个领域的知识因此是由两种不同的人来掌控的,这样做似乎是基于如下的看法:启示和理性这两种东西有着完全不同的起源。因为神职人员从来都不求助理性来为他们的任何仪式或任何形式的崇拜辩护,而总是以上帝的欢喜、古老和传统来敦促人们参加他们神圣的祭典,这最终使他们建立的所有宗教仪式全都变成了启示而非任何别的东西。另一方面,哲学家总体上都自称只信奉理性,他们说自己从理性那里得到了他们所有的学说……耶稣基督将来自天国的启示、真正的宗教带给了人类,再次将宗教和道德重新统一起来,作为敬拜上帝不可分割的两个部分,而这两者本就永远不应分开的,这样才能获得神的助佑和宽恕,以便完成一个人所能履行的主要义务,即过圣洁的生活。纯正的宗教只应强调圣洁的生活,并应把外在仪式之类的东西几乎完全清除出去。(Goldie 1997, 344-345)

理性-启示问题在《人类理解论》中是非常关键的、紧迫的问题,但在洛克的理性基督教中,却全都消失了。

地站在了基督面前。①

[62] 尽管理性在亚当受造之始便已存在，但只有当基督降临时才完全成全了理性。正如米切尔指出的，在洛克看来，理性在本体论上是随亚当而存在的，但直到基督降临之时，理性才达至成全和完满的状态：

> 在基督初次降临的时候，亚当的理性被赋予了更充分的权威，或说知道了它自身（know itself）是有权威的。因此，尽管理性从一开始（from the beginning）就存在，但直到基督死的时候，它才意识到自身的权威（conscious of its authority）。从亚当的理性的真理可以推出政府的理性的真理，但只有在基督的真理中，（亚当的）理性真理才被证明是有根据的、清晰明白的。尽管起初（在亚当的原始时代的时间中）理性是一个本体论事实，但理性的认识论基础（人类关于它所知道的东西）只是后来才出现的。在这里，从本体论上说，本质先于存

---

① 有些人已经因为《基督教的合理性》中的这些评论而批评了洛克。麦克弗森（C. B. Macpherson）主张说，洛克在这里有意边缘化了劳工阶层，使其顺从赏报的许诺和惩罚的威胁，并指明劳工阶级"没有能力度理性的生活"，从而全面否认了他们在政治社会中的资格和地位（1962，224-226）。类似地，施特劳斯派学者也认为，洛克是在努力给大众灌输一种信仰，让他们信仰一种理性化的、净化过的基督教，并试图把哲人（或潜在的哲人）从宗教的尤其是基督教的束缚中解放出来（尤其参见 Pangle 1988，189-197）。然而，在上述引用的段落中，洛克并没有区分雇佣劳工（wage labourers）的政治权利和绅士阶层（the gentry）的政治权利，也没有区分两种真理，即哲人的真理和大众的真理，洛克的观点因此要民主得多。他非常想要表明，一种独一无二的统一的基督教真理，作为基督启示的结果，可以为一切阶级、所有等级的理智获得。洛克著述《基督教的合理性》的原因之一就是，通过表明所有人在上帝面前都是平等的，并且所有人都能够享受上帝的赏报（比如说当初被亚当丧失的、但却因基督降临现在又可以复得的永生），而取消神职人员、哲学家和贵族的权力。

在，但在认识论上，存在先于本质。(1993，95)。

如果米切尔是正确的，那么在一定意义上，洛克对"堕落"的理解，即他认为理性可不断发展这一观点，使他置身于神学唯理论者（theological rationalists）的行列。只有在与圣经的对话中，我们才开始完全理解我们是谁；若不能完全运用理性（比如说由于一个专制政体，或者由于导师的失败，或者由于允许宗教象征先于圣经本身，或者由于心怀天赋原则这样的愚蠢观念），将带来危险，即把社会隐于黑暗之中。一旦宗教的理性保证受到威胁，自我就处于灭亡的边缘了。只有在基督教那里，只有在基督教对战胜死亡的许诺那里，自我和理性才能从灭亡中获救。只有通过洛克所描述的基督教，那种负责任的自治，也就是洛克的自由主义，才能成功繁荣起来。

因此，洛克《基督教的合理性》描述了人类得救所必需的最低条件，而且是在普遍的罪以及任何人都不能遵守上帝道德法的背景中，人类得救所需的最低条件。尽管事实是每个人天生都没有任何天赋观念，但同样真实的还有，社会环境以及不受约束的情感和欲望——伴随着对眼前幸福的渴望，阻碍了人们获得拯救（更不用说因功得救了），也让他们敌对基督教的道德秩序。尽管洛克并不把人类的败坏归咎于原罪或亚当之罪，但他确实认为，情有可原的环境（extenuating circumstances）妨碍了个人通过自己的行为获救的可能性。在《基督教的合理性》中，洛克立论支持宽恕，因为宽恕不仅会克服人类在遵守上帝之法上的无能，也会克服人类在起初创造道德秩序上的无能。洛克确实认为存在着某种道德法：

> 但是，是谁曾经或者仍在把它作为律法全部给了我们？相比它所包含的，不多也不少。并且，是谁曾经或者仍在让那种律法具有约束力？(153)

[63] 直到耶稣基督到来，没有任何人给世人以真正的道德指

导原则：

> 这样一个伦理体系证明就是自然法，而自然法源于理性的原则，并教导一切的生活义务；我想在我们的救主降临之前，谁都不会向世人述说这些。(151)

基督的意图是让人类重获永生。如果人类只是运用他们的理性，并承认基督是他们的代理人，他们就会达至永生。因此，对洛克来说，在他的解释性神学作品中，个人责任（personal responsibility）始终是一个问题。一个人不仅必须为他在人间的行为负责，也要决定在天国中信任谁。由于行为的律太难只靠这种律自身而施行，因此洛克不得不借助于基督，认为人需要基督的救赎（5）。允许人们自由地同意承认耶稣是弥赛亚（这本身是一个自愿的行为），这对拯救而言是必要的，但不能由官长或教会来强制人们同意。在这个意义上，洛克给予个人而非社会公共机构以巨大的责任。然而，洛克最终还是认为圣经是上帝的启示之言，并默认了上帝的善以及上帝的许诺（Harris 1994，313-317）。

在《保罗书信注疏》中，洛克反复重申下述观点：亚当丧失的是永生，亚当的僭越并不必然就使全人类玷污罪恶，然而不幸的是，人类的犯罪倾向是如此强大，以至于不能仅靠意志的努力来克服。洛克认为亚当是人类持续犯罪而不能自救的原型（参见《加拉太书》5：16-17）。洛克并不认为亚当传递了基因上有缺陷的血脉，以原罪沾染了其余的人，而原罪这种过犯又归到了基督身上，致他以死来替世人赎罪。① 在这个意义上，洛克的"堕落"观念，

---

① 这当然是加尔文主义者爱德华兹（John Edwards）在回应洛克《基督教的合理性》和《基督教的合理性一辩》时对洛克所发的批评。爱德华兹的两部回应著作分别是《无神论的动机和因由散论》（1695 年，页 112）以及《索齐尼主义的真相》（1696，页 45）。

与其对天赋观念的否认一起,是对奥古斯丁主义原罪观念的有效驳斥。洛克并未摒弃传统基督教关于每个人都有受损的理性(impaired reason)的观念,但他将自己的观点建立在某种并非传统奥古斯丁主义正统观念的基础之上。

原罪教义的传统文本证据之一来自保罗。新标准修订版圣经(NRSV)《罗马书》5∶12写道:

> 为此,正如罪是从一人进入世界,死又从罪而来,于是死就临到所有的人,因为人人都犯了罪。

洛克的《保罗书信注疏》译文读作,

> 为此,因着一人,罪就进入世界,而死又因罪而来;于是死就临到所有的人,因为人人都犯了罪。(523)

[64] 洛克的释义写道,

> 为此,从一开始就给你了整个事情的情况。你必须知道,通过我们所有人的祖先亚当一人的行为,罪进入世界,而偷吃禁果而来的惩罚,就是死,也因着罪进入世界,为此,亚当的子孙也成了有死的。(523)

洛克在对这一段的注释中更加清晰地表达了这个意思:亚当并没有将罪归到其余的人身上,尽管洛克确实将保罗的这个相关段落翻译为"为此,因着一人,罪就进入世界,而死又因罪而来"。洛克指出,不应机械地照字面意思来理解保罗的话(也不应按照《哥林多前书》15∶22相应的段落来理解保罗),保罗实际上是用转喻的方式倒因为果了:

> 在那里[《哥林多前书》15∶22]他说,在亚当里众人都死了(As in Adam all die),这里的话不能照字面意思来理解,

而应当理解成，在亚当里，众人都成了有死的（become mortal）。在这里，他说的是同样的意思，只是文字不同，他用一种非常通用的转喻倒因为果，偷吃禁果的罪成了因，造成了亚当身上的果，也就是亚当成了有死的，而他的所有子孙，在亚当里也都成了有死的：一个终有一死的祖先，现在沾染了死，因此只能生出有死的人类……但不论此处还是第19节，都不是在说实际上的罪或者被归咎的罪。(524)①

关于将亚当之罪归咎其余的人这一断言，进一步的证据是在洛克解释《罗马书》5：18时处理的。对于洛克来说，这一节完成了

---

① 在洛克的1648年圣经中，有一处对《罗马书》5：12所作的注解（BOD Locke 16.25，p.787）。洛克在这个注解中区分了什么东西可以自然地从父亲传给儿子，什么不能。在洛克看来，一种疾病可以遗传，但从犯罪的必然性这一意义上来说，行为却不能遗传。洛克一如既往地渴望保护个体的自由道德力量，否认我们的行为可能会受我们祖先的约束。他还一如既往地想要证明这种看法是符合圣经的。他的证据如下：

> 显而易见的是，在犹太人中间，任何人的后裔都被视为实际上是在他的身中（腰中）（即《希伯来书》7：5-9），并且参与祖先的行为。即使人不是道德的或自愿的行为主体，他几乎也可以从祖先（他们就在祖先的腰中，尤其是在与祖先的自然构造或动物性的生活有关的东西之中）的行为中得到好的或坏的东西。现在让我们假设，上帝已经禁止人吃禁果，谁若吃了便应遭受终有一死的痛苦。可以说，亚当的所有后代都犯了罪，也就是说，实际上都参与了那个行为，据此，由于他们都在祖先的身体（腰）里，所以也都沾染了那个禁果的毒汁，这几乎就跟他们自愿地、罪恶地实际吃了禁果一样，会毁掉他们的生命。因此，这就相当于说在亚当里众人都死了（In Adam all die）；而说在亚当里众人都犯了罪（in him all have sinned，《哥林多前书》15：22）也绝不更加困难。我认为这里的这些话具有完全相同的含义。也就是说，众人都在亚当这里一起参与吃了禁果，也因此都成了有死的。在并不严格的意义上，现代哲学和新近关于活体动物雄性精液的发现究竟在什么程度上支持了这一说法，我自不用提。JL。

始于前文第 12 节的思想。① 新标准修订版圣经此节作:

> 这样看来,因一人的过犯,所有的人都被定罪;照样,因一人的义行,所有的人也就被称义而得生命了。

洛克的翻译如下:

> 因此,因一人的过犯,审判临到所有人身上并给他们定罪;同样,因一人的义,自由的恩赐也降临到所有人身上,让他们称义而得生命。(523)

洛克的释义甚至进一步否定了原罪:

> 因此,因着一次过犯,也就是亚当偷吃禁果的过犯,所有人都被判了死罪,而因着基督在十字架上服从至死这一义行,所有的人都得以重获生命。(526-527)

在对这一段所作的语言学注释中,洛克主张说,因着 enoz parapiwmatoz(应被译成"一次冒犯,而不是一人的冒犯"),因此 enoz dikaiwmatoz(应被译成"一次义行,而不是一人的义")(527)。②

---

① 在对《罗马书》5:18 的注释中,洛克写道:

> 因此在这里,这一节并非用作与紧挨着的前几节推出的一个推论性结论,它的意思与第十二节开始但又在这里重复讲述的那个推论的一部分相同。那个推论始于第十二节但又没有完成,因此是不完整的,它的连续性被插入用来证明这个推论的第一部分的证据打断了。(526, n.18)

② 事实是,洛克在布满希腊文、法文和拉丁文插页的 1673 年圣经中对《罗马书》5:18 所作的注释(BOD Locke 9.106),可能写于流亡荷兰期间甚或此前,读起来意思几乎完全相同。这一事实表明,在关于亚当之罪不可遗传

[65] 对于洛克来说，关键就是亚当的失足并没有将罪而是将死归给了世人。我们在洛克其他的晚年著作中看到，这就是洛克始终坚持的观点。他在《基督教的合理性》的开端陈述道，他在下述两种观点中寻求中间立场：一种观点是，亚当之罪归到了人类身上，以致个人的责任和上帝的仁慈都没那么大了；另外一种观点是，救赎是没有必要的，因此基督只是自然宗教的一个教师而已。洛克的观点为基督腾出了地方，同时也让个人对自己的行为负责，我们将要看到，这是洛克政治纲领中一个极其重要的准则。

小 结

至少从表面上看起来，洛克似乎为颂扬理性提出了充分的理由。理性是我们在这个黑暗世界中能够把握的、我们"唯一的星辰和指南"（《政府论上篇》，58）。但在更深层次上，理性是有些问题的，至少必须进一步发展和成熟，才能更加有效。我并不想把洛克哲学观中理性的重要意义减至最小，因为这样做也会把他认为的启示的重要意义减至最小。毕竟理性在《政府论》（《上篇》，86）中是"上帝之声"，在《人类理解论》（4.19.4）中也被看作"自然的启示"。但是，有两个因素削弱了人的理性能够达至完满这一观

这一点上，洛克的观点大体上是前后一贯的。此一注释的相关内容如下：

> 此外，此处的比较，是亚当违背一条实在法（positive law）的罪，与基督对一个实在命令（positive command）的服从，这种比较表明，没有任何人因亚当之死而受到损害，亚当也没有因基督的服从而获得自由（JL）。因此我认为，说"一次义行"（di enoz dikaiwmatoz），肯定是指对神的一个实在命令的具体服从行为，而这个实在命令又绝非自然法的一部分。"牺牲他的生命"，第十六节写作"一次义行"（di enoz dikaiwmatoz）；"因着一次冒犯"（enoz parapiwmatoz），武加大圣经则将其译为（JL）"因着一次过犯"，我认为这里应该解读为一次过犯。JL。

念：（1）理性的有限能力，以及（2）事实上极少有人能有闲暇来推敲一个论证的复杂性。如果一个人没有受过教育、没有闲暇，理性就不可能像它看起来那么值得信任，人类也会陷入超出其理解力的意识形态强力之中。

然而我们应该注意到，理性不能光照不是因为"堕落"，而是因为社会化，或者说是因为教育或习俗中的社会化。这些因素——不是亚当的罪——被引证来作为人们因不能实现其潜能而应受指责的原因。通观洛克的已刊和未刊作品，都坚持了这一立场。尽管在其早期作品中洛克敏锐意识到了人类的败坏，但在《政府二论》《论自然法》甚至在对尼尔（Nicole）《道义论》的翻译中，洛克都没有将这种败坏直接或间接地归因于"堕落"。事实上，洛克认为，理性的进步尽管极其困难，仍是有空间的。到17世纪80年代的时候——这十年是洛克撰写其主要作品的十年，《政府论》《人类理解论》《宽容书简一》《教育片论》均在此间完成——洛克就已经远离了加尔文主义的立场。"堕落"不是意味着犯罪的必然性，而是意味着丧失永生。洛克在《政府论》中指出，人类［66］自由选举负责任的政府的行为是他们自己的选择，这会帮助他们开发理性的潜能，也有助于遏制他们的低级欲望。类似地，《人类理解论》也指出了做出理性决定的必要性。是的，理性确实不易获得，但是，这更多是因为我们的知识而不是因为"堕落"。在《宽容书简一》中，特别是在回应普罗斯特时，洛克几近于全盘否定原罪。他怀有这样的希望，即如果官长任人们自由，并允许人们自己去发现纯正宗教的智慧，那么人类就能更好地改善他们的处境。在开始撰写《教育片论》的时候，洛克已经意识到改善人类处境最有效的途径就是教育。但是，正是在其晚年的作品里，尤其是在《基督教的合理性》中，洛克至为明确地抛弃了人性败坏是亚当之罪的结果这一观点。只要对他们自己的行为负责，而不因当前处境去责备上帝或某一个人以往的行为，人类就能努力改善自己的处境。在生命的最后几年中，洛克更加全身心地投入圣经之中，撰写了大量关于保罗书信的评论。对洛克来说，其中尤其具有重要意义的是保罗式的"堕落"佐证文本，如《罗马书》5：12或者《哥林多前书》15：22。洛克主张，这些文本不足以为原罪教义提供充分的圣经支持。对于洛克的保罗来说，亚当并没有将罪而只是把有限的寿命传给了未来的世世代代。

诚然，洛克对"堕落"的理解与正统观念相去甚远。在下文中，我想详细探讨洛克"堕落"观的政治含义，以在下述两点之间建立一种联系：洛克认为亚当是谁？亚当给后来的人留下了什么？——这是一点，另一点就是与此相伴的政治立场。考虑到圣经无疑就是洛克思考"终极关怀"问题所依凭的最重要文本，考虑到圣经人物亚当无疑让洛克深感兴味，因此对有志研究洛克政治观点的人来说，观察洛克对《创世记》前几章的理解如何影响了其政治立场，就是极为重要的事情。但是首先，我要在洛克早年的同代人的政治观点与他们对亚当的处理之间建立联系：关于亚当是谁、亚当给后人留下了什么，如果一个人赞成正统的观点，这会导致何种政治秩序？在分析洛克《政府论》对菲尔默爵士的明确反驳时，这一讨论将达至高潮。

第三章　亚当与父权政治秩序

[67] 到目前为止，我们不仅已经看到圣经如何持续地影响着洛克，也看到"堕落"故事如何有助于我们深入了解洛克对宽容、政治和人性的看法——尽管有一个事实是，理性和语言在很多事情上都不能给我们可靠的知识。我们也已经了解到，尽管洛克毫无疑问理解人性是不完美的，但他并没有将这些不完美归因于原罪。对于洛克来说，"堕落"意味着某种东西，但不是一个关于人类缺陷的故事——这种东西究竟是什么，将成为以下三章的主题。第一件重要的事情就是，我们要看看洛克早年的同时代人，看看他们如何对《创世记》前几章产生不同理解——尽管他们都在关注这些篇章。我们已经看到了神学上的对立，现在是时候来看一看这种对立在政治领域是怎样的了。洛克的同时代人对政治义务的性质和人类处境的性质，逐渐有了截然不同的观点。

接下来我想证明，圣经，尤其是《创世记》前几章，对于塑造洛克的政治观想要取而代之的那种传统，如何非常重要。我们将要看到，这种传统主要由以下理论所构成：国王凭神权而统治，每个人生来就不平等。对我们的意图来说更为重要的是，这一传统主要形成自对圣经一些关键文本（大多数都在《创世记》中）所作的父权论解读。通过审视圣经在思想史发展过程中的作用，我们就能更好地理解洛克的政治理论如何不同于此前的政治理论，至少可以更好地理解他是如何运用圣经文本的，或者说，他自己是如何诠释这些章节的。

重要的是，我们不能低估圣经在这些过渡年月中所发挥的作用。事实上，在17世纪的英国，如果不以圣经话语来塑造这些理论，就很难从理论上说明政治问题。[1] 一名政治著作家，无论他是想要为君主专制政体辩护，还是想要为社会契约论确立基础，圣经都是相互对抗的各种政治理论的战场。比如说，在17世纪初期，英王詹姆斯一世曾写了一篇 [68] 关于君权神授的论文，这篇论文就是以若干圣经段落为基础的（1603）；克伦威尔（Oliver Cromwell）在空位期（Interregnum）之始（1650）认为，他的摄政职位就是在实现《诗篇》（110）的要求；在王政复辟时期（1660—1685），政治小册子不断说查理二世就是新时代的挪亚、摩西和大卫；圣经解释也陪伴着1688年奥兰治的威廉（William of Orange）的"光荣革命"（Reedy 1985，63-89）。在这个世纪中，圣经问题是生死攸关的问题，站错神学-政治立场不只意味着社会排斥，因此人们严肃对待圣经也就不足为奇了。本章的主题是，在17世纪前期，这种严肃性如何在政治事务中显露出来。

圣经对这一时期发生影响的最重要的途径之一，就是通过父权论。在本章第一部分，我会简要描述父权论的政治思想，以便为重点讨论17世纪英国的父权论设定背景。接下去，我主要讨论17世纪的父权论政治理论家如何不断参引圣经来支持他们的政治观点。由于缺乏比较好的术语，我称这些理论家为"圣经父权论者"（biblical patriarchalists）。再下一部分，我会更加细致地考察或许是最著名的（或者最为声名狼藉的）圣经父权论者菲尔默爵士，首先看他的写作起因，然后再看他的父权论政治学，因为它们都是从他的圣经诠释长出来的。菲尔默的观点重要，不仅因为这些观点几乎

---

[1] 雷文特洛（Henning Graf Reventlow, 1984）指出，在英国，圣经历史与政治理论之间关系的传统早就建立了，最早可溯源至威克里夫（Wycliffe）时期。

都只从圣经中寻求支持,① 更因为这些观点是洛克予之以毁灭性攻击的对象。

父权理论

父权论的政治义务理论以如下观点为基础：社会关系是父亲权力的自然发展结果。父权论者认为，因为每一个人都是父母（通常是父亲）的自然臣属，所以谁都不曾自由地从零开始组建政府。政治社会源于家庭，人们相信大的国家不是别的，只不过是大家庭的联合和扩大。在父权制家庭中，父亲是最高领导，统治女人（包括他的妻子）和孩子，继承规则由继承惯例确定，即众所周知的长子继承权。在17世纪，父权制"家庭"常常不只是包括血缘关系。对上等阶级的成员来说，其家庭常常包括了技工，而且似乎极少有佣人不属于这样的家庭（Laslett 1949, 25）。事实上，只有通过[69] 成为"家庭的成员"，个体才能获得某种社会地位，尽管通常只有男性家庭首领才可以成为公民（Schochet 1975, 64-68）。这种类型的社会盛行于17世纪的欧洲，并一直存活到19世纪中叶美国南部的棉花和糖料作物种植园，以及东欧的众多地区。②

根据肖切特（Gordon Schochet）的说法，父权制政府的形式多种多样，尽管17世纪斯图亚特王朝治下的英国（Stuart England）

---

① 菲尔默也讨论了亚里士多德、格劳秀斯、霍布斯和弥尔顿的政治作品，不过我们下文将要看到，圣经对菲尔默来说无疑才是最重要的权威。

② 也见迈耶，《旧政制的持续存在》（Arno Mayer, *The Persistence of the Old Regime*, 1981）。即使在当代的"平等主义"社会中，父权论的观念和实践仍然非常活跃。许多社会仍然倾向于使女性的经济利益低于男性，而长子也常常被赋予比其他家庭成员更高的地位。因此，尽管家长制政治或许已经消亡了，但是父权论的一些假定和观念仍在某种程度上流行于社会当中，只是显然已不再像17世纪那样明目张胆了。

可能并不存在某种单一的、纯粹的父权制政府形式。人类学的父权论（Anthropological patriarchalism）是一种描述政府起源于最初的家庭父权的理论。按照这种形式的父权论，一切社会都起源于一家之长，即父亲；第一批国王也就是其臣民的父亲。① 正如肖切特所说的，这与其说是一种政治理论或政治义务理论，还不如说是对前政治世界的描述。

肖切特提到的第二种形式的父权论是指道德的父权论（moral patriarchalism）。这种形式的父权论，就政治权力取决于父亲这一点而言，确实包含了一种义务理论。对父亲权力和君主权力的认同意味着，谁都不能自由地根据他（尤其是她）自己的选择来建立政治机构。正如一个人有义务服从他的父亲，他也有义务服从作为国家首脑的君主。就我们的目的而言，关于这种父权论最重要的是，它常常由对《创世记》前几章的解读来证成。一家之长就是《创世记》所说的众族长（patriarchs），他们被认为拥有君主式的权力。政治社会始于上帝对亚当的原始授权（《创世记》1：28），大洪水之后，上帝又对挪亚做了这样的授权（9：1-6）。亚当和挪亚都是绝对君主，凭神授权利进行统治，因为上帝独独给了他们权力来统治别人（Schochet 1975，12）。

最后，*意识形态的父权论*（*ideological patriarchalism*）类似于道德的父权论，但完全缺乏后者的详尽道德或历史推理。根据肖切特的说法，这种形式的父权论用父亲形象作为人们必须服从的权力的象征。

或许事实是，要不是 16 世纪晚期和 17 世纪早期英国已经确立了关于父亲绝对权威的理论，圣经的父权论也不会找到这样有所准

---

① 于是，做下述适当的类比就成了一件简单的事情：国王是家庭的父亲，而亚当作为第一个父亲也是第一个国王。我们将要看到，在菲尔默撰写其《父权论》很久之前，就存在一种承认亚当国王身份的久远传统，这一传统还认为，亚当的国王身份直接传给了欧洲的各个君主。

备的听众。在一个社会中,如果家庭之父实施统治,所有家庭成员都服从父亲,并且公民资格通常只分配给家庭中的男性领导,那么,父权政治制度显得如此"自然",也就不足为奇了。父权制结构的这种自然的外观,受到了教会教义的鼓动和支持。教会在这个领域影响深远,[70]以至于甚少有人质疑子女的忠顺理论,以及父权和君权的互补性认同。在多数人不识字的社会,例如17世纪的英国,国教会的《教理问答》就是最重要的教学工具之一。《教理问答》包含一系列问题和答案,旨在详细解释基本信条、使徒信经、十诫和主祷文。其中尤其强调了第五诫,"当孝敬你的父母",以便构建社会秩序。第五诫这样一个命令有助于为政治义务打下基础,也为17世纪早期盛行的专制主义父权制形式播下了种子。由于高度强调教理问答,尤其是第五条诫命,因此人们几乎不可能对现状提出挑战(Dunn 1968, 74; Laslett 1949, 26; Schochet 1975, 64-84)。在写到那段历史时期时,肖切特评论说:

> 应该毫无疑问的是,各种背景的英国人在幼年就被教导必须服从国王,因为上帝将第五诫命颁给摩西的时候,就是这样安排的。尽管不可能完全确定这一事实的全部含义,但似乎可以合理地作出下述推测:斯图亚特王朝时期的普通社会成员……都会倾向于参照服从父母的神圣义务来解释他们的政治义务。(1975, 81)

关于父权论的政治义务论,我们不应忽视的更深一点,就是遗传论的政治起源理论,它依赖于最早记载下来的政治秩序实例。《创世记》的记录可以追溯到人类历史的起始之处,因此它被用作证成遗传论的政治模式。① 实际上,如果政治社会是由上帝创造

---

① 对这种遗传论观点的阐述,参见:Dunn 1969, 64-65, 101; Schochet 1975, 8-9, 58-63;以及 Daly 1979, 57-59。

的，那么探索原始之初的政府形式（在"堕落"之前），将有助于指明政治社会在被人类的败坏改变之前是如何运行的。因此，遗传论力图再现那个黄金时代，并将其政治原则运用于当前的政治环境，以图遏制人类败坏的大潮。实质上，这种对败坏的强调是想回到某种解经惯例，即在圣经中寻找某种自古及今未曾中断的历史连续性：通过考察上帝所建立的、尚未被人类败坏所改变的政治秩序，遗传论理论家希望复制一种理想的政府形式。由此来看，遗传论可被视为是在努力解释与过往世代相连的当今世代。这种努力是要通过考察过往世代，来发现仍可支撑当今世代的规范性原则。在这个意义上，各种政治义务观可以根据其起源得到理解，不单可以作为一种类比关系，也可以作为历史连续性的结果来理解。①

[71] 17世纪的父权论政治义务理论非常复杂，但如果考虑到父权论的政治思想形式具有漫长的政治历史，可以一直追踪到柏拉图和亚里士多德，复杂也就不足为奇了。对柏拉图来说，国家是从若干家庭的自愿联合发展而来的（《法律篇》，680e-681b，转引自Hamilton和Carins编本，1963年版，1273—1274），而在亚里士多德看来，公民社会是从家庭发展而来的一种自然的联合（《政治学》，bk.1）。在早期基督教时代，父权论政治学在奥古斯丁的名著《上帝之城》（*City of God*）中又迂回地重新浮出水面。在奥古斯丁看来，家庭是"城市的开端和要素"（bk.14，i），但奥古斯丁并没有像亚里士多德走得那么远，将政治事务等同于家庭事务，或者主张某种形式的道德转化要靠国家的形成才能完成。在奥古斯丁看

---

① 在《菲尔默爵士与英国政治思想》（*Sir Robert Filmer and English Political Thought*）一书中，戴利（James Daly）质疑了肖切特（Schochet）对17世纪英国历史连续性之重要意义的强调，而将当时主要的父权制形式看作与过去是一种类比关系（在这里父权和政治权力只是相似），戴利不像菲尔默那样将其看作与过去完全相同，他认为，在菲尔默的父权制形式中，过去和现今有着根本的统一性，戴利称这种父权制形式是"法律上的"。

来，政府只能帮助补救"堕落"带来的恶果，因为堕落已经割断了人类自然的关系。直到中世纪重新发现了亚里士多德，从家庭生长为某种独特的政治秩序这一理论才成了标准的学说。首先是阿奎那在其《亚里士多德政治学评注》（*Commentary on the Politics*）（1272）中，然后是帕多瓦的马西利乌斯（Marsilius）的《和平的保卫者》（*Defecsor Pacis*）（1324），都主张政府起源于家庭。他们认为，随着时间的推移，家庭越来越大，逐渐发展成一些小的共同体，并最终变成了小的国家或侯国。这种说法在形式上类似于前述的人类学父权论。阿奎那和马西利乌斯都在很大程度上借鉴亚里士多德的理论，来论证政府是上帝自然秩序的一部分，并论证公民社会有益于人类。我们将要看到，菲尔默关于国家起源的理论——即共同体并不是"雨后春笋般涌现出来的"——在很大程度上归功于这种亚里士多德式的、自然主义的概念，即家庭的进化性有机生长的概念（Schochet 1975，18-31）。

在宗教改革期间，关于父权制的讨论越来越具有意识形态性。在欧洲大陆，博丹（Jean Bodin）的《国是六书》（*Six Livers de la Republique*）（1576）和阿尔色修斯（Johannes Althusius）的《政治方法论举要》（*Politica Methodice*）（1604）对有关政治义务的父权论证明之发展极具影响。对这两个人来说，家庭是所有政治组织的逻辑起点，政治组织和家庭结构之间只有很小的区别，甚至完全没有区别。博丹写道："命令的权利和权力不是天生就给了父亲之外的任何人，父亲才是万有之父、大能上帝的真实肖像。"（转引自Schochet 1975，32）数十年后，阿尔色修斯又响应了这种看法，但是，这两位思想家都没有像都铎王朝和斯图亚特王朝时期的政治思想家那样，去详细阐释某种基于圣经的道德父权论。

在英国，第五诫命常被用来证明服从政治权威是正当的，正如1543年的《圣公会信理撮要》[72]（又名《国王之书》，*King's Book*）中显示的那样。几乎同一时间，奥佩尔（John Hopper）在其

《对〈罗马书〉第 13 章所作的虔敬的、最为必要的注释》（Godly and Most Necessary Annotations in ye. XIII Chaptyer to the Romans，1551）中，根据他阅读第五诫命和《罗马书》第 13 章（Schochet 1975，37-43）得出的理论，类比了孩童对父母所负的义务与臣民对国王所负的义务（Schochet 1975，37-43）。① 然而，正如肖切特所说，这样一种父权论的政治权力观，本来可以证明 16 世纪中期玛丽女王和伊丽莎白都铎王朝的统治多么令人尴尬（1975，44）。事实上，诺克斯（John Knox）写了一篇极其歧视女性的文章，来非难苏格兰斯图亚特王朝的玛丽女王和英格兰都铎王朝的玛丽女王的统治，名字是《反对女性怪异统治的第一声号角》（The First Blast of the Trumpet against the Monstrous Regiment of Women，1558）。诺克斯将其观点建立在女性生而劣等这一理论基础之上，他根据圣经的两个段落来证明该理论的正当性，即《创世记》3：16 和《哥林多前书》11：18，② 在他看来，这两个段落指明女性比男性要低等，因此不适于统治。父权论的这些早期形式中的争议，乃是一种政治秩序理论，旨在调和人类家庭关系的自然起源和某种类似于声称是家

---

① 第五诫的两个版本分别是："当孝敬父母，使你的日子在耶和华你的上主所赐你的地上得以长久"（《出埃及记》20：12）；"当照耶和华你的上主所吩咐的，孝敬父母，使你得福，并使你的日子在耶和华你的上主所赐你的土地上得以长久"（《申命记》5：16）。《罗马书》13：1-3a 的表述是，"在上有权柄的，人人当顺服他。因为没有权柄不是出于神的，凡掌权的都是神所命的。所以抗拒掌权的，就是抗拒神的命。抗拒的必自取刑罚。做官的原不是叫行善的惧怕、乃是叫作恶的惧怕"。

② 《创世记》3：16 是菲尔默与洛克会有争论的一段经文："又对女人说，我必多多加增你怀胎的苦楚，你生产儿女必多受苦楚。你必恋慕你丈夫，你丈夫必管辖你。"保罗在其致哥林多人的第一封信中关于男性和女性着装要求的讨论，也激起了诺克斯（Knox）的厌女情结："男人本不该蒙着头，因为他是神的形像和荣耀，但女人是男人的荣耀。起初，男人不是由女人而出，女人乃是由男人而出。并且男人不是为女人造的，女人乃是为男人造的。"（《哥林多前书》11：7-9）

庭关系的东西。父权论想要把家庭关系转变成政治关系，或把一种社会组织的事实转变成一种政治意识形态（Schochet 1975，55）。

在这里，我们最能清楚看到契约论的政府理论与父权论的政府理论有何不同。契约理论让人们有可能为自己选择一个他们对之负有义务的政府。因此，政治组织就有了某种约定性或人为性（artificial），因为这个时候政府就成了人民意志的产物，不管它采取什么形式。父权论的政府形式则以自然的家庭模式为基础，在这一意义上，它被认为是更加"自然的"（也因此而更具约束力），因为家庭中的每个人都要服从父亲。正因为所有人都服从父亲，因此所有人都要服从对他们享有专制权力的君主。国家只不过是大大扩展了的家庭，人们不能自由选择喜欢的政府。既然对其他家庭成员的父权统治看起来是"自然的"，既然这种理论得到对圣经所作意识形态解读的支撑（正如在道德的和遗传的父权论那里一样），也就无怪乎神权专制看起来是如此自然，且是由上帝所赐的政府形式了。这些类型的父权论解读，否定了在早期现代自由民主制的发展过程中如此重要的自由、权利和宽容。

[73] 在 17 世纪，毫无疑问，由于宗教改革的唯独圣经（sola scriptura）教义的影响，人们愈多使用圣经来支持父权论的政府理论。① 17 世纪初，奥维拉尔（John Overall）的《1606 年集会书》（*Convocation Book of* 1606，以下简作《集会书》）建议对《创世记》作父权论解读，这种解读可以将政治权力的起源确定到亚当和挪亚。上帝给了亚当和其他家长对其妻子和孩子实行专制统治的权利，因此，同意理论在这种神圣秩序中完全没有地位。奥维拉尔写道：

人若愿意正确地、规规矩矩地阅读圣经，就会清清楚楚、

---

① 尽管圣经中的许多经文都曾用来支持父权政治，但我主要关心的是《创世记》，尤其是亚当，如何影响了父权论话语。将《创世记》独立出来，将有助于阐明菲尔默与洛克之间的释经学争议的界限。

明明白白地看到,上帝之子已经创造了我们的第一批父母,决心让他们世代繁衍,让这个世界遍布他们的子孙后代。这样一个上帝之子,确曾在大洪水之前,成功地在亚当的有生之年给了他以及其他族长和家长以权威、权力和主权,来治理和管辖他们的孩子和后代子孙。因着这种自然法的命令,他们的上述孩子和后代子孙(由他们所生所养的孩子和后代子孙)理应畏惧、尊崇、孝敬和服从他们。(1844,chap. 2,p. 2)

亚当不只是政治权威,他也是教会权威。奥维拉尔写道:

> 不过,毋庸置疑,首先,在亚当的有生之年以及此后,每个家庭的忠实的首领,不仅对其亲属来说是世俗的官长,而且在圣职中也有类似的权力和执行力。(1844,chap. 4,p. 5)

尽管奥维拉尔的著作并没获得詹姆斯一世的认可,但是《集会书》仍然得到了英国国教议会(the assembled houses of the Church of England)的承认。同一年,菲尔德(Richard Field)的《论教会》(*Of the Church*,1606)也讨论了亚当的君王和牧师身份。由于亚当是第一个受造的人,所以他的权力可以扩及自己的家庭:

> 因为那个时候,世上还没有更多其他的人,而只有上帝从泥土中造出的第一个男人,从男人中造出的第一个女人,以及上帝赐予他们的孩子。女人是为了这个男人的缘故受造的,孩子则生于这个男人的精血,难道他们比这个男人还要更适于统治和领导?(第二版,1623,410)

1642年,英国爆发内战,圣经父权论又一次进入政治舞台。这次从查理一世手下的一个保皇党人斯佩尔曼(John Spelman)开始,那时,他正在回应帕克(Henry Parker)对查理一世权威的攻击,帕克发表了《评陛下最近的一些答复和表白》(*Observations upon*

Some of his Majesties Late Answers and Expresses）（1642）的作品攻击查理一世。帕克一般被认为是第一位承认议会至上的英国人（Judson，1967），他的观点像斯佩尔曼的一样，在内战早期的小册子之战中有很大影响。帕克区分了［74］父亲对子女享有的自然权威与国王对臣民享有的权威。然而，对于斯佩尔曼来说，不言而喻的是，亚当是世界上第一位君主，因为上帝自己赋予了他这种权威。在回应帕克的《评一部已出版的著作》时，斯佩尔曼说道：

> 我只想说，即使是在亚当那里，以及在以后的家长挪亚、亚伯拉罕、雅各和人类其他的共同父亲那里，君主政府也是由上帝亲自建立的，没有任何人来选举。上帝从一人中创造人类，以便在人们之中出现的不是民主，而是王权（GOD created Mankinde *ex uno*, *ut esset homines non Democratia*, *sed Regnum*）。（1642，13）

两年之后，帕克匿名写了一个小册子《人民的正义》（*Jus Populi*）来回应斯佩尔曼。有趣的是，我们注意到帕克（他曾使用《创世记》来支持人类自然的自由）和斯佩尔曼（他曾使用相同的圣经章节来支持政治父权论）之间的圣经争论，与差不多半个世纪之后洛克和菲尔默之间的争论何其相似之甚（Schochet 1975，105）。在平民主义者帕克看来，亚当不可能有任何政治权威，因为亚当没有因为该隐杀害亚伯而惩罚该隐，也因此政治的权威和父亲的权威需要区分开来。实际上，君主制下的生活"不应忍受，因为这样的国家不能提供自由，只有奴役，致使谁都不会真正关心国家"（1644，28）。

强调父亲权力与政府权力之间的区别而不是其相似性，对父权论和君主制的敌手来说极其重要。他们如果能够证明父亲的权力不同于政治权力，就能重拳出击了。一些父权论者，比如说赫勒（Charles Herle），在《答弗尼博士的回应——满足的良知》（*An An-*

swer to Doctor Fernes Reply, Entitled Conscience Satisfied）（1643）中，就认为父亲的权威与政治权威之间的联系只是"比喻性的"，而不是完全相同。① 而其他一些人，比如说卢瑟福（Samuel Rutherford），在《法律与君主》（Lex, Rex: The Law and the Prince）中，就认为父亲的权威与政治权威在本质上不同，父亲对其儿子没有生杀之权。

> 如果亚当能因该隐杀了兄弟亚伯而有权杀死他的儿子该隐，那么上帝就是给了亚当一种政治的权力，这不同于父亲的权力。（1644，112）

在保皇主义者这一边，麦斯威尔（John Maxwell）像菲尔默将做的那样，继续以同一论调主张说，亚当是这个世界的专制君主，他拥有统治妻子和子孙的权利。麦斯威尔在其《陛下的神圣王权；或基督教国王的神圣王权》（Sacro-Santa Regum Majestas; or, The Sacred and Royal Prerogative of Christian Kings）中写道：

> 上帝没有像创造亚当一样，用泥土创造夏娃，而是从这个

---

① 赫勒写道：

寓言（Allegoryes）绝不是好的论证（arguments），它们只是尽其所能表明了相似之处而已。难道因为一个国王可以在某些方面被称作父亲（Father）、首领（Head）、他的王国的丈夫（Husband）（正如弗尼博士所坚持的），就应该由此得出结论说，因为他应该以一位父亲的照管（providence of a Father）来进行统治，所以他就应该以一位父亲的独裁（Arbitrarinesse of a Father），不经他的人民同意来统治，来为他的政府制定法律或规则吗，就像父亲不经子女同意就那样做一样？（1643，16-17）。

另见里迪，他认为，寓意式解经在空位期的圣经解释中会发挥重要作用，克伦威尔自己也用圣经文本来支持他本人作为人民护国公的地位（Reedy 1985，65-68）。

男人中创造了她，并宣告创造她是为了**男人**（for man），难道这不重要吗？[75] 更加可能的是，上帝凭其智慧认为制造**两个互不依赖的人**（two independents）是不适当的，而且他最喜欢人类的政府，**一个人的至上权**（*The Sovereignty of one*），在这个意义上，妻子和孩子、后代子孙都应该服从并受制于他。(1644，84)

在麦斯威尔看来，不言自明的是，在人"堕落"之前，上帝已经创造了君主制形式的政府。那么，在人"堕落"之后，一个这样的政府到底有多么必要呢？

> 难道我们看不到，在女人来到这个世上之前，或在一个孩子降生之前，上帝就已代表亚当确立了政府？难道他不曾保证说，政府应被传给第一个出生的人，且政府在终有一死的人们中间应是永存的？看到犯罪会给世界带来更多痛苦和不幸，人类有时应受他们自然的和正当的**父亲**（father）、**君王**（king）和**统治者**（soveraigne）驱使，好叫自己在幸福、富足中生存，而免于罪恶和不幸。他们被迫选择一个或是多个人，来代理他或是他们（the surrogate him or them in his place）……（而且）不是通过自愿的同意，乃是通过一种必要的行动，来拥有他的或是他们的统治者。这种权力不是源于共同体，而是直接来自全能上帝的恩典。(1644，89-90)

另一个相似的观点由大主教乌雪（James Ussher）表达，他的圣经年代表至今仍然在为某些钦定版圣经增色。在他的论文《上帝赋予君主的权力》（*The Power Communicated by God to the Prince*），以及《臣民必须服从》（*The Obedience Required of the Subject*，1661；大约写作于 1644 年）中，乌雪主张亚当对夏娃和她的子孙拥有政治权力：

> 而且，正如上帝对我们的第一位母亲夏娃（Eve）所说的，你必恋慕你丈夫，你丈夫必管辖你（Thy desire shall be to thy Husband, and he shall rule over thee）……通过这一说法，上帝命令女人服从，由此在每个家庭中都确立了领导者。因此，在夏娃的子孙开始被分成家庭之后，同一位上帝也对该隐说了关于他的兄弟亚伯的同样的话，他必恋慕你，而你必管辖他（Unto thee shall be his desire and thou shalt rule over him）。通过这个说法，上帝似乎已经确立了一个人对若干家庭的统治权，也因此建立了政治政府的基础……作为一种荣誉，降到了第一个出生的人身上，而非降到了他更年轻的兄弟身上。（第二版，1683，14）

甚至在 1649 年查理一世遭处决之后，圣经父权论也没有显示出任何式微或废除的迹象，尽管它因温斯坦利（Gerrard Winstanley）的工作而绕了一条奇奇怪怪的道。温斯坦利就是那个把自由的圣经证成与财产理论联系起来的人。温斯坦利是一个"掘地派"小组的领导，1649 年曾短时间在萨里的圣乔治山上（St. George Hill Surrey）耕种公共土地。这一事业并没有持续太久，但是温斯坦利撰写了一些论文来解释他的那种共产主义的意义。他认为，[76] 在一开始，所有土地都是共有的，整个大地都属于人类。正如他在《新的正义法》（The New Law of Righteousness, 1649）中所写，亚当的贪婪以对土地的私人占有为形式，因此罪恶的起源可以归因于对私有财产的欲望：

> 肉身的聪明和力量爆发而为亚当，他坐于统治和管理的宝座之上，以一部分人来统治另一部分。这就是特殊利益的开端，从一个人手中买卖土地给另一个人，说，这是我的（This is mine）。他自己制定的政府法律又支持这种特殊的规矩，因此也就限制了同属一类的其他人从自己的大地母亲那里寻求滋

养。(1965,158)

战胜邪恶的唯一途径就是废除私有财产,将这个世界恢复原状,让人类共同占有。只要还存在私有财产,真正的自由就绝不可能出现(Zagorin 1954,48-49)。就像许多同时代人一样,温斯坦利也将政府的起源追溯到亚当,但这一位亚当却不曾用专制独裁的权力进行统治。在《自由法》(Law of Freedom, 1652)中,温斯坦利写道:

> 亚当是大地上的第一位统治者或主管,因为他是第一位父亲,因此他最善于谋划创造,最能出力劳动,也因此最适合于做最高统治者(Governor)。(1965,536)

除了自己的意志之外,亚当不服从任何法律,比如说"应该耕种土地,以保证家庭的共同生存和安宁"。这种旨在生存的法律,"明明白白写在了他的人民心中,以至于他们都默示赞同他为此目的而给予他们的任何议会"(1965,536)。正如我们将要看到的,温斯坦利的圣经政治学,在许多方面,都类似于洛克借助圣经对自然状态中财产起源的讨论,类似于洛克的自然法观念。

温斯坦利关于原初自然状态的观点,得到另一个圣经父权论者霍尔(John Hall)的观点的补充。在其《论圣经和理性所指导和确定建立的政府和服从》(Of Government and Obedience as They Stand Directed and Determined by Scripture and Reason, 1654)中,霍尔主张,政府的起源根植于亚当,没有任何人生于自由的状态之中:

> 因为我们发现,尽管世上只有两个人,但女人按特殊指令要恋慕并服从其丈夫,而她的丈夫要管辖她。再者,就像妻子们一样,孩子们和仆人们也都要服从这个家庭的父亲。(1654,79)

从一开始，人类就生活在亚当及其继承人的父权君主制之下，直到对权力的天生贪婪和欲望导致了反抗和不服从，这种情形才得到改变。[77] 于是，以长子继承权为其形式的上帝法律遭到挫败，按照这种法律，年长的兄弟应该"统治其他兄弟，让其他兄弟听从他"(rule over the other, and have their desires subject to him)（1654, 80；参见《创世记》4：7）。我们将要看到，这些观点非常容易让人想起菲尔默爵士的那些观点。然而，霍尔并不认为菲尔默（或者任何其他人）会有这些观念。

这个时期还有一位著名的政治作家，哈灵顿（James Harrington）。不像大多数圣经父权论者，哈灵顿认为亚当的权力和权威并不是无限的，而且在亚当殁后，他的统治者头衔传递给了若干人，而不只是传给了一个合法的继承人。在《民众政府的特权》(Perogative of Popular Government, 1658) 中，哈灵顿写道：

> 在亚伯拉罕和罗得分家并各自为王时，时间尚早，在雅各的儿子们都经上帝任命而成为家长之后不久……（人们）就处于民众政府的统治之下了……家庭的父亲分为三种：或者是一个单独的地主，例如亚当，他成了专制君主；或者是一些地主，例如罗得和亚伯拉罕以及那个时代的其他家长，在那个时代，如果他们不联合起来，就有许多的君主，而如果他们联合起来，就会组成一种混合的君主制……第三种家庭的父亲是，很多人都是地主（这种情况发生在分割迦南地的时候），于是就产生了一个共和国。(1977, 410-411)

然而，哈灵顿为父权论争论补充了一个新的元素，他将政治权力与经济控制联系起来，并把自己的主要工作建立在关于一个、少数和多数的公民人文主义传统的基础之上。[①] 他在《大洋国》(The

---

① 参见波考克（Pocock）对哈灵顿的精彩介绍（1977, 16）。

Commonwealth of Oceana, 1656）中写道：

> 如果一个人是一块儿领土的唯一地主……他的帝国就是专制君主政体；如果是一些人或者一个贵族阶层，或者是一个包括神职人员在内的贵族阶层作地主……这个帝国就是混合君主制；而如果所有人——不是一个人，也不是一些人——都是地主，或者都拥有各自分割的土地……那么这个帝国就是一个共和国。(1977，163-164)

那些在共和国中拥有财产决定权的人拥有最大的政治权力。哈灵顿的最大贡献就是阐明了经济生活和政治生活之间的关联。然而重要的是要意识到父权论在多大程度上塑造了其思想基础——就财产权仍然建基于父亲在家庭中的地位这一点而言。哈灵顿的如此主张"证明他接受了传统的基督教教义和亚里士多德的理论，即家庭是最基本的社会单位，一个人通过行使父亲式的权力，就可以准备参与政治秩序本身"（Schochet 1975，170）。

然而，爱德华·吉（Edward Gee）在《神授权利与源自上帝的世俗官长》（*Divine Right and Original of the Civil Magistrate from God*, 1658）中有力攻击了父权论。正如洛克［78］数年以后要做的一样，吉区分了家庭的权力与政治的权力，认为一个父亲可以在家庭事务中要求绝对服从，但国王或世俗官长对其臣民并不拥有相同的权力。换句话说，将二者加以类比是错误的。吉说：

> 这里的问题并不是，父亲和第一个出生的人是否比他们各自有紧密关系的人更优秀。也就是说，父亲是否比他的孩子，第一个出生的人是否比他更年轻的兄弟更优秀？这里的问题是：这种优秀是否与世俗官长是一样的，或者说，共和国中的政治权力是否并不是同一种东西，而是另一种卓越（优秀）？还是说，它们在本质上并无真正的差异？(1658，144；转引自

戴利（Daly）1979，69）

即使家庭权力和政治权力是相同的，当亚当的孩子有了自己的孩子的时候，在权力的传递方面还是会有一个问题。于是，每个父亲既是他的家庭的绝对统治者，同时也要服从他自己的父亲。在巴别塔（Babel）之后，由于建立了若干共和国，这种情形得以稍微缓和：

> 假设我们的亚当在其有生之年作为单独的君主施行统治。此后他的某个儿子继了位，或者，他的每一个儿子都对各自的后裔在不同的社会中施行统治。在语言变乱之后，他们被迫互相分离，或者，亚当那些不同种族的后代变得数不胜数而且分散于许多不同的国家，以致他们如此庞大而不能继续生活在一个社会之中。此时就可以设想，他们每个种族都自愿脱离全体从而分成若干共和国，这些新建的每一个共和国中的家庭的父亲们，每一个人都享有与其子女、家庭相关的权力，于是他们就同意为了他们自己以及后代而集合到一起，选出某个人作为他们公共的世俗领袖或国王。世俗官长职权就这样自愿构成了，在其中，父权保留下来，并且继续服从于任何的世俗公共权力。（158-159，转引自Schochet 1975，174）

由此，吉仍然保留了父权制的本质（正如拉斯莱特所说的，Laslett 1949，38；Schochet 1975，171-175），因为在这里，人类并不天生就是自由的，家长的权力仍然属于家庭中的男性领导。实际上，在吉看来，社会性联系通过家庭结构传递。这一事实表明，在这种有限的意义上，这种形式的家长权力与政治权力相似。然而，能比吉的政府起源分析更仔细、更令人信服地整理这些问题的，还是洛克这样的重量级人物。

政治讨论的性质随着1651年霍布斯（Thomas Hobbes）《利维

坦》（*Leviathan*）的出现而改变了。① 尽管霍布斯的某些政治讨论仍然还有某种父权论的基础，但这时的一些父权论理论家却反对他的作为战争状态的自然状态观念，他的平等理论，[79] 以及他的政府契约论。那些挑战霍布斯的人几乎总是从圣经父权论角度对他发起挑战。在《钓出利维坦》（*Leviathan Drawn out with a Hook*）一书中，罗斯（Alexander Ross）认为在伊甸园中就有一种天然的不平等，"孩子之于父母，妻子之于丈夫，属下之于上级"都是天然不平等的（1653，19-20）。类似地，在《对霍布斯先生〈利维坦〉及其他著作中声名狼藉的谬误之评论、抨击和驳斥》（*Observations, Censures and Confutations of Notorious Errors in Mr. Hobbes His Leviathan and Other His Bookes*）中，露西（William Lucy）认为亚当是夏娃的长官，而子女服从他们的父母，以此攻击了霍布斯关于自然状态是原初平等的这一观念（1633，转引自 Schochet 1975，180）。

坎伯兰（Richard Cumberland）也在解读《创世记》前几章的基础上，拒绝了霍布斯的自然状态。在《论自然法》（*De Legibus Naturae*，1672；后来，麦斯威尔在 1727 年将其译成英文，题为 *A Treatise on the Law of Nature*）中，坎伯兰认为，圣经并没有说"亚当和夏娃对一切都享有权利，比如说让他们对上帝宣战成为合法的，让他们互相宣战成为合法的，即使完全没有引起伤害；并且让

---

① 尽管霍布斯与圣经的关系跟洛克与圣经的关系同样复杂，但我在这里的兴趣，只是突出霍布斯的某种微小但却重要的父权论倾向，并且指出圣经父权论者攻击霍布斯是因他对圣经关于平等权利的误读，而不一定是因为他关于主权者权力的观点。进一步对比霍布斯和洛克以及他们二人对圣经的使用（和滥用），在这个节骨眼上，二者仍然是一种类比性的关系而不是实际的关系。我在这里主要意在表明，对于洛克《政府论》中的那位明确的敌手来说，父权论的圣经语境之基础，在 17 世纪前半期的英国已经有了很好的准备。对霍布斯和圣经的综合处理，参见雷文特洛的著作（Reventlow 1984，194-221）；对这一问题颇富洞见的讨论，参见米切尔（Mitchell 1993，46-72）和杜穆谢尔（Dumouchel 2000）。更长但不那么复杂的处理，参见库克（Cooke 1996）。

相互剥夺食物和生命也成为合法的"（转引自 Schochet 1975, 188-189）。这些简要的例子表明，一些圣经父权论者如何论证了人并非像霍布斯的自然状态所描述的那样，一生下来就进入了天然平等的战争状态。

霍布斯主张契约式的政府形式，并认为每个人都生而处于自然状态中的平等状态，显然已经与传统的父权论理论家分道扬镳。另一方面，肖切特指出，《利维坦》第十七章中仍然存在某些父权论政治学的因素。在那里，霍布斯认为，父亲的权威实际上存在于前政治的社会中，在某些情况下，家庭权威和政治权威是一样的，"城邦和王国只不过是更大的家庭"（224）。霍布斯接下来又说，一个家庭如果足够大，就能够形成一个政治社会：

> 一个大家庭如果不成为某个国家的一部分，其本身就主权的权利而言便是一个小王国。不论这家庭是由一个人及其子女组成，还是由一个人及其臣仆组成，抑或是由一个人及其子女与臣仆组成，都是一样。其中父亲或家长就是主权者。(257)

霍布斯并未想要克服自然的家庭式社会结构，以此来支持原子式的或人造的社会结构；毋宁说，在他看来，父亲的权力源于子女的同意，而不是源于父亲的权利。事实上，在自然状态中，独立的父亲"在自己的家庭中是绝对的君主"（《利维坦》, 285）。对于霍布斯以及许多 17 世纪的父权论理论家来说，是父亲的同意，而不是所有个人的同意，建立了共和国。[80] 肖切特指出，霍布斯似乎在他的共和国中保留了某种形式的父权制。在《利维坦》一个经常被忽视的段落中，霍布斯认为，

> 起初，每个人的父亲也是他的君主，对他拥有生杀大权。家庭的父亲们在建立共和国时放弃了那种绝对的权力，但是，这从来都不意味着他们应该丧失本应属于自己的（来自子女

的）尊敬。(《利维坦》,382)

在某种意义上,霍布斯也与其他许多父权论者共有某些关于政治社会的起源和发展的基本原则。子女在父母的管辖之下,要服从父母,因此不能签订契约来组成社会,除非他们到达理性的年龄。从这个意义上来说,霍布斯似乎不愿意放弃同时代人的父权理论。然而,霍布斯的第一个批评者,一位相对鲜为人知的肯特郡绅士(Kentish gentleman),要名满天下了——不是因为他批判别人,而是因为他的著作激起了反响。这个人就是罗伯特·菲尔默爵士。菲尔默的理论或许是17世纪圣经父权论最为清楚明白的范例,因此引起了西德尼(Algernon Sidney)和蒂勒尔(James Tyrell),尤其是洛克的注意。因为菲尔默的作品,现在我们要转而看一看,洛克如何从圣经对世界起源的描述中得出了自由平等观念,因为这种描述强调的恰恰是服从和不平等。

菲尔默爵士及其写作时机

不像他的同时代人霍布斯,菲尔默的作品并没有立即引起人们的关注,无论是1648年内战后期匿名出版的一些著作,还是1652年克伦威尔摄政早期出版的一些政治小册子,都是如此。菲尔默的第一部政治作品,同时也是他最长和最著名的作品,就是《父权论:为国王的自然权力辩护,反对民众不自然的自由》(*Patriarcha: A Defense of the Natural Power of Kings against the Unnatural Liberty of the People*)。我们很难准确断定本书的写作年代,不过它有可能写于1635年之后的某个时间,但应该在查理一世与国会之间的冲突导致1642年内战之前。①《父权论》的手稿已经在菲尔默的

---

① 有关菲尔默的文献信息,我依赖的是 Laslett 1949, 44-48, 以及 Sommerville 1991, vii-xxxi。根据拉斯莱特的说法,《父权论》似乎是在内战(Civil War)

朋友之间私下传阅，但菲尔默显然并不想出版这部著作。① 这部作品作为遗著在1680年才出版，那时正是废黜危机时期（参见下文）。正是在《父权论》中，菲尔默最为直截了当地建立了他的以圣经为基础的父权论理论。

实际上他的第一个出版物是于1647年发表的短文《论亵渎圣灵》（*Of the Blasphemie against the Holy Ghost*）。那时他的家[81]已遭劫掠，财产已被没收，而且他在监狱里至少已经住了两年。1648年2月，菲尔默出版了他的第一部政治学著作，《自由地产持有人大调查》（*The Freeholders Grand Inquest*），本书研究了英国宪法史，主张国会依赖于国王的意志和默许，不能主张任何统治的权利。《自由地产持有人大调查》的主要内容由对更早作家的引证和先例构成，以表明历史上只有国王才有权利制定法律。

几个月之后，菲尔默发表了《有限君主制或混合君主制的无政府状态》（*The Anarchy of a Limited or Mixed Monarchy*，1648年4月），以回应亨顿（Philip Hunton）的《论君主制》（*Treatise of Monarchie*，1643）。《有限君主制或混合君主制的无政府状态》中

之前写的，因为菲尔默在说"这个王国已被内战搞得生灵涂炭，国将不国"（34）的时候，只提到了两种情形（贵族战争和玫瑰战争）（the Barons' War and the War of the Roses）。他没提到英国内战，这表明该书写于1642年之前。更进一步说，《父权论》必定在1635年之后就写完了，因为菲尔默引用了赛尔登（Selden）出版于1635年的《闭海论》（*Mare Clausum*）。见 Sommerville 1991, xxxii-xxxiv, 以及页1注释a。

① 菲尔默的《父权论》实际上现存两份手稿，一份在芝加哥，另一份在剑桥。断定它们的日期也是学者辩论的一个主题，尽管似乎看起来芝加哥手稿（Codex MS 413）是在1631年以前写完的，而略微修改过的剑桥手稿（MS Add. 7078）是在1635至1642年间所写的。拉斯莱特在1949年出版他编辑的菲尔默作品时，并没有看到芝加哥手稿。萨默维尔1991年的评注版也没有考虑芝加哥手稿，同时这个评注版也是菲尔默其他作品的更准确的译本。必要时，我会参考萨默维尔1991年的版本，但是决定使用拉斯莱特1949年的版本，是为了便于将菲尔默的作品与拉斯莱特的洛克评注本《政府论》互参（1988）。

的许多材料都取自《父权论》，论证了有限君主制的正当性，但极少引用《父权论》使用的圣经历史。这部著作或许是菲尔默对专制主义最为极端的论证，甚至比那个时候的绝大多数保皇主义作品还要更加极端，它或许是为了支持受监禁的查理一世恢复王位才出版的（Sommerville 1991，XII）。

有人恳请菲尔默参加保皇派在其母郡肯特郡举行的起义，但显然被他拒绝了，他更愿意出版一部博丹《国是六书》的摘录汇编，此汇编由诺尔（Richard Knolles）在1606年翻译，题为《所有国王专制权力的必要性》（*Necessity of the Absolute Power of All Kings*，1648年8月）。[1] 或许菲尔默希望用自己的专制主义宣传来帮助国王；如果这样，那他失败了，因为1648年8月国王的武装被击败，查理本人在1649年1月亦被处决。

在弑君和英吉利共和国建立之后的一段时期，政治义务的性质问题甚至对最冷淡的政治观察家来说都应是显而易见的。在共和国的前几年里，菲尔默没有发表任何东西，但他继续阅读最新的政治理论，包括霍布斯的《利维坦》（1651），以及弥尔顿（John Milton）的《为英国人民申辩》（*Defensio pro Populo Anglicani*，1651）对弑君的辩护。菲尔默为这些作品和另外一部即格劳秀斯的《战争与和平法》（*De Jure Belli ac Pacis*，1625）都写了评论，这些评论被收集起来出版，此即《政府起源观察》（*Observations Concerning the Originall of Government*，1652年2月）。在这部作品中，菲尔默以自己的父权理论来对抗其同时代最伟大的作家所支持的同意理论。他对霍布斯的开篇评论非常有趣，因为他赞同霍布斯的专制主义，却不赞同霍布斯的论证方法：

> 我颇为赞同霍布斯先生的作品《论公民》（*De Cive*），以

---

[1] 参见 Sommerville 1991，xii。关于菲尔默对诺尔译本的使用，权威研究参见史密斯（Constance Smith 1963）。

及他的《利维坦》。关于主权者的权利这个话题，我知道，不曾有任何人如此详细而审慎地讨论过。我赞同他关于政府统治权利的论述，但我不赞同论证这种权利的方式。①

几个月之后，菲尔默发表了最后一部政治学著作，《评亚里士多德政治学所论的政府形式》（*Observations on Aristotle's Politiques Touching Forms of Government*，以下简作《政府形式》）。他还在书后附了［82］一篇独立的短论，《如何在危险而可疑的时期服从政府》（*Directions for Obedience to Government in Dangerous or Doubtful Times*，1652年5月。以下简作《如何》）。《政府形式》是对亚里士多德思想的分析，意图表明亚里士多德是支持君主专制的，尽管他不可能完善表达这个意思，因为他没有读过圣经。关于较少哲学性而更具实践性的自然，《如何》一文为保皇主义者提供了建议，告诉他们应在何种程度上服从克伦威尔或者流亡中的查理二世。最后这篇短文很有意思，因为它表明很难将圣经父权论原理适用于这样一个问题：既服从篡位者（克伦威尔）又服从合法的国王（查理二世）。因为要解决这个问题，就得分裂臣民的忠诚，如果所有国王都是根据上帝的同意来统治的话。菲尔默最后发表的作品是一篇关于巫术不可知论的论文，《对英国陪审团审判女巫的建议》（*An Advertisement to the Jurymen of England touching Witches*），发表时间是1653年3月。到了那一年5月，罗伯特爵士就去世了。

菲尔默发表的政治作品都是匿名的，在他有生之年，极少有人关注这些作品。作品出版之后，唯一认真关注菲尔默的同意派理论家就是长老会牧师爱德华·吉（Edward Gee）。吉在他1658年出版的《神授权利与源自上帝的世俗官长》（*The Divine Right and Origi-*

---

① 《政府起源观察》，序言，239。下文称为《起源》（*Originall*）。所有对菲尔默作品的引用，参考的都是拉斯莱特1949年的版本，并且随文注明简短标题，除非另有注释。

nal of the Civil Magistrate from God）中回应了菲尔默的《无政府状态》，他比大多数人都看得更为清楚，认为这个问题介于"自然和天生的"政府起源与"自愿和约定的"政府起源之间（Laslett 1949，38）。①

然而，菲尔默的作品在他死去二十七年后，于1679—1681年废黜危机期间引起了严肃关切，根据一个学者的说法，当时"菲尔默的著作成了托利党意识形态的支柱"（Schochet 1975，120）。②废黜危机之始，菲尔默政治作品（不包括《父权论》）的一个集本出版，到1684年时，该集本已经出了五版（Laslett 1949，47-48；Schochet 1971，135-160）。很可能许多人认为废黜争论与1640年代的冲突类似（戴利1979，11）。也是在这一危机期间，菲尔默最有名的作品《父权论》出版（1680），此举有可能是想发起一场对废黜主义者的攻击。假如不是《父权论》的出版，菲尔默在英国政治思想史上可能仍然是个被遗忘的人物。但主要是由于菲尔默使用圣经来支持他自己的政治立场，《父权论》才触怒了一些精明强干的契约论倡导者，尤其是蒂勒尔（James Tyrrell，著有 *Patriarcha non Monarcha: The Patriarch Unmonarch'd*，1681）、西德尼（著有 *The Very Copy of a Paper Delivered to the Sheriff*，发表于1683年他被处死的时候；西德尼更加精审的攻击是 *Discourses Concerning Government*，作为遗著发表于1698年），以及洛克（《政府论》，1690）。

[83] 菲尔默的作品多是驳斥其敌手的一些零散论战性作品，

---

① 值得注意的是，洛克有一本吉的作品，并且似乎已经在与菲尔默论战时使用过这一作品（Laslett 1949，38；Daly 1979，10）。

② 也见拉斯莱特的评论，即菲尔默爵士的意见"已经成了王室和托利党关于政府权力基础观念的官方表述"（Laslett 1988，45）。戴利表达了相当不同的观点，他认为菲尔默处于保皇党思想主流之外（尤其见 Daly 1979，124-150）。萨默维尔已经对这一观点提出了挑战。

其政治思想并不是多么具有连贯性的哲学思考。[①] 他指控他们搞两面派，利用圣经经文来确立圣经对自由和平等或政府之前提的支持。那些他指名道姓加以批判的人——亨顿、霍布斯、弥尔顿、格劳秀斯，都是彼时最伟大的政治思想家，这突出显示了菲尔默的重大决心：捍卫自己的父权论政治体系，抵抗他认为是新奇且危险的契约论立场。在攻击契约论的时候，菲尔默认为他的对手们不可能调和其自由平等理论与经文的明白意图。然而，我们如果理解菲尔默的前提，就可能看到菲尔默关于政治权力和义务起源的总体论辩中存在某种连贯性。菲尔默文集的主编拉斯莱特是这么说的：

> 罗伯特·菲尔默爵士的根本假定是，圣经是真实的，是上帝对所有事情所作的唯一而完整的启示。圣经包括了关于世界本质和社会本质的全部真理。从起初直到使徒之死的有记载的历史之种种细节，都要从圣经中去发现，支配自那时起直到世界终结的历史之种种法则，也要从圣经中去找到。清教徒和高教会派教徒分享了这个首要的假定，实际上几乎基督教世界的每一个成员都是如此；它不需要辩护……关于人类和社会的所有证据都来源于圣经。(1949，11)

关于人类和社会，菲尔默从圣经的段落中到底发现了什么？关于菲尔默的"奇怪体系"，洛克到底发现了什么，以至于他竟然认为必须在《政府论上篇》就攻击一位"早已作古的"作家？洛克的确提到过处理罗伯特爵士的观点非常重要，因为"宗教界……使他成了当今时代的圣人"（《政府论》序言），但是，在洛克能够详尽阐述自己的政治立场之前，关于菲尔默的观点，有些东西使得驳斥这些观点绝对必要。因此，在我们处理洛克自己的政治观点之前，有必要阐明菲尔默的政治立场是什么，以及该立场如何从他对

[①] 在这一点上，尤其参见邓恩的讨论（Dunn 1969，58-76）。

圣经的解读中发展出来。这样的探究将揭示出，菲尔默在政治权力起源、人类关系、财产权、同意和权力传递上说了很多的话——这些事情，洛克将在他的《政府论下篇》中讨论。在这个意义上，洛克和菲尔默所视为对政治理论来说非常重要的那种基础，是相似的，尽管他们双方实际上在这一问题上分庭抗礼。总而言之，在考查菲尔默和洛克的政治体系时，记住这一点非常重要。

[84] 菲尔默的认为，政治义务原理可以通过考查上帝在《创世记》开篇几章对亚当的授权来决定，这种观念，正如上文所述，是一种遗传论的政治义务理论。根据这个理论，我们能够通过考查政治国家的起源来发现政治国家的本质。国家一旦建立，政治义务的本质就永远不可能改变；尽管政治国家的形式（form）（例如有一个新的国王或者朝代）可能改变，但是它的本质（substance）（王权）是不可能改变的。亚当作为家长所起的作用因此就是一种规范性描述，描述政治权力如何必须总是被代表。这些政治义务理论尽管在菲尔默的时代极其普通——但或许菲尔默的理论是其中的一个极端版本——却不仅仅是 17 世纪所独有的。在北美，引证一部具有创生意义的"权利宪章"或者"宪法"，是一种惯例——当要坚持它们的传统效力时，一个人与其说是修改这些文件，不如说是以新的方式修订或者解释它们。因此，如果说传统赋予了政治程序以合法性，那么菲尔默观点的基本原则（即《创世记》是能够获得的最古老的传统）就是可以上诉的最高法庭。菲尔默的理论要想更有说服力，非常关键的就是，《创世记》构成了此后一切政治义务理论的基础（Dunn 1969, 60, 101; Schochet 1975, 7-76, 144; Daly 1979, 57-60）。

从圣经父权论者的讨论中可以明显看出，整个 17 世纪，政治含义都是从《创世记》篇章中推断出来的，尤其是这些篇章与父权论的联系。菲尔默结合父权论对圣经作了字面的-历史的解读，奏效甚大，这个方面也影响了后来的作家。尽管这种圣经父权论得到广泛认可,却不曾有人试图按照菲尔默的方法阐释一种精确的政府理论。但在菲尔默之后,正如肖切特注意到的,"君主专制的父权论辩护者比以往更严重地依赖于亚当、挪亚和希伯来家长的父权了"(1975,139)。政治义务的这种历史渊源,对17世纪的理论家们来说极具强迫性,并意味着此后的理论家不得不以各自的方式来处理菲尔默的《创世记》描述。因此,菲尔默与洛克之间的解经争议,是理解洛克自由主义的一个重要因素。

在菲尔默看来,完全没有必要去别的地方寻找原初的政府形式,人类的秩序安排在上帝创世时所指示亚当的话中就揭示出来了:

> 我们绝不能忽视圣经和哲学家对统治权和财产之基础的探索,因为这是关于政府和公正的主要原则。世界上第一个政府是君主制的,[85] 执掌于众人之父手里。亚当奉命繁衍后代,人要遍满大地,征服大地,并且亚当还对所赐予他的一切生物都有统治之权,因此他就是全世界的君王。①

菲尔默认为,人类社会取法于亚当的模型,因为在开天辟地之初,亚当受造而为他一切子孙后代的君主。菲尔默认为,《创世记》1:28 提供了证据,证明第一个政府形式是君主制的,并且证明那

---

① 《评亚里士多德政治学所论的政府形式》(*Observations upon Aristotle's Politiques Touching Forms of Government*, 87-88)(下文简作《形式》)。类似地,在《无政府状态》(*Anarchy*)的序言中,菲尔默告诫他的读者不要在圣经之外寻找关于人类秩序之基础的信息:

> 对我们基督徒来说,从诗人、雄辩家、哲学家和异教历史学家的虚构或文学作品中寻求政府的起源,是耻辱或丑闻,因为他们都生活在创世后几千年,而且(在某种意义上)对政府起源一无所知。对我们基督徒来说,无视圣经同样也是耻辱和丑闻,因为这具有更大权威的圣经已经至为详细地告诉了我们政府的真正基础和原则。(278)

第一个君主亚当对其臣民的生命和自由享有绝对的统治权。① 政治社会绝不是由人类创造的一种人造结构（artificial structure），而是由上帝启示的一种自然的结构（natural structure）。人类社会不是起源于一群人，而是起源于一个人，上帝赋予这一个人统治其他一切事物的绝对政治权力。原始的君主制拥有神的这种祝福，取代了所有的传统政府形式：

> 亚当一受造，上帝就任命他为世界的君主，尽管他还没有臣民。尽管直到有臣民才会有实际的政府，但因着自然的权利，亚当理应成为子孙后代的统治者，虽不是通过行动但至少是通过习惯而成的。亚当一受造就是君王；在那种天真无罪的状态中，他一直就是其子女的统治者。（《无政府状态》(Anarchy)，289）②

由于上帝已经授权给亚当，他就不仅仅是第一个君主，他的君权也是绝对的。职是之故，国王就有绝对的统治权力，因为上帝在起初就颁布了命令；"因为国王的权力源于上帝的法令，所以没有任何低等的事物能够限制它"（《父权论》，96）。③ 政治社会的基础起源于一个人，所有的财产、生物、人民都自然地从属于他。最后

---

① 《创世记》1：28 的经文写道："神就赐福给他们，又对他们说，要生养众多，遍满地面，治理这地，也要管理海里的鱼、空中的鸟和地上各样行动的活物。"

② 在《父权论》中，菲尔默认为，"我们必须维护亚当的自然的和个人的统治权，这是所有的政府和财产权的基础"（71）。

③ 该观点也在《如何在危险而可疑的时期服从政府》（Directions for Obedience to Government in Dangerous or Doubtful Times）中提出来了（下文简称为《如何》）："正如父亲享有的权力一样，（国王的权力）同样也在来自上帝和自然的授权和恩赐那里有其根源，没有谁的较低的权力能够限制它，也没有谁能制定任何法律规定来反对他们。"（233）也见《无政府状态》，在此菲尔默强调说，必须要有一种"不受限制的最高权力"（284）。

一点对菲尔默来说有深厚的政治意蕴,因为它意味着从一开始,所有人都处于永久的不平等状态。通过首先创造亚当,上帝将所有人都置于天然要服从他的地位。这一论题已经由人"堕落"之后出现的政治状况证实了。

菲尔默断言,男性对女性、父亲对子女的天然优等由《创世记》3:16 提供了支持。就像许多同时代人一样,菲尔默认为女性低于男性,因为上帝已经给了男性自然的优等和主权。我们很难忽视菲尔默对女性的厌恶。在《政府起源观察》中,他推论说,"上帝在创世时就给了男人主权,让他统治女人,在这一代中作更高贵的委托代理人"(245)。[①]尽管女人受造时就低于男人,但是菲尔默仍然主张说,是上帝在《创世记》3:16 中的授权确立了男性对女性的优越性,以便达到一个明显的政治目的:"在这里[86]我们有了对政府的原始授权,所有权力的根源都被放在了这位人类之父手里"(《无政府状态》,283)。[②] 因此菲尔默认为,夏娃不仅仅天

[①] 也见《无政府状态》中的表述:"在亚当犯罪之前,夏娃是服从他的。"(289)菲尔默关于女性在创世时期的低等地位的认识无疑非常独特。加尔文认为,"女性是按照上帝的形像受造的,尽管是第二等级的"(转引自 John Thompson 1988,344)。弥尔顿(John Milton),菲尔默的同代人,在《失乐园》(*Paradise Lost*, 1667)中以如下方式描述夏娃的低等:

> 至少是给她过分的润色了,
> 她外表精美而内心稍欠完美,
> 我很懂得"自然"的根本目的,
> 在最精美的心最精美的内部能力上,
> 她要稍差些,上帝造男又造女,
> 但女人像他的形像不多,
> 对其他生物的统治权也表现得少些。(卷8,行 537-546)

[②] 这个段落实际上是菲尔默在其《论君主制》(*Treatise on Monarchy*, 1643)中对亨顿(Philip Hunton)的观点的释义。然而,上下文语境表明菲尔

生比亚当低等,"她必恋慕丈夫而她的丈夫必管辖她"这一上帝之命,还意味着男人对女人享有政治的(political)权力。菲尔默攻击霍布斯的自然状态观念时写道:

> 如果上帝仅仅创造了亚当,然后用他的一部分创造了女人,而且从他们两人这一代开始,全人类都作为他们的一部分而繁衍出来,如果上帝不仅给了亚当对女人和生于他们二人的孩子的统治权,还给了他对全地及其上一切生物的统治权,以至于只要亚当活着就没有任何人可以主张或享受任何东西,除非通过他的赠送、分派或许可,那么我好奇的是,霍布斯先生如何能够想象自然权利。(《政府起源观察》,241)

菲尔默推断,如果夏娃服在亚当下,那么她的子女也应服在他以下。确确实实,夏娃及其子女的服从进一步证明了亚当的绝对统治权。实际上,亚当的子女就是生而为奴,要服从亚当,因为上帝已经给了亚当最高的政治权力。在《父权论》中,菲尔默写道:他

> 不能明白,亚当的或者任何其他男人的子女,如何能够脱离对父母的服从获得自由。子女的这种服从是凭上帝自己的命令所建立的一切君主权威的基础。(《父权论》,57)

因此,亚当的家长权力"没有任何低等的事物能够限制它",至于人民的自然权力,"无论圣经、理性还是实践,都(不能)证明它"(《父权论》,96;《无政府状态》,277)。

在已经确立亚当对一切受造物的绝对统治权和不受限制的权力之后,菲尔默处理了继受问题,这应是其圣经父权论的最大障碍。

默会赞同亨顿在这方面的立场,尽管这个立场为他自己的观点提出了难题(参见洛克《政府论上篇》,44—49)。

蒂勒尔、西德尼和洛克见缝插针地提出了有价值的观点来战胜菲尔默的理论。根据长子继承的律法，上帝给予亚当的这种权力，在家长死后要传给他的后代。菲尔默借用圣经的历史来证明，绝对的家长（和君主）权力如何一代代传下去：

> 无论是夏娃还是她的子女都不能限制亚当的权力，或让其他人与亚当一起共治；而那赋予亚当的东西，上帝也亲自赋予了他的后代子孙。这种家长权力直到大洪水时期都一直像是一种君主性的权力，而在洪水之后直到巴别塔分音之乱——那时列国首度建立、定居并分散大地——此时我们发现（《创世记》10：11），这种权力是由所有家庭通过殖民达成的。在这些家庭里，最初的父亲享有［87］最高的权力，是国王，他们都是挪亚的儿子或孙子，从挪亚那里获得了统治其家庭的父权和王权。（《无政府状态》，283）①

由此也引出一个有趣的问题：菲尔默如何使用《创世记》也得出了长子统治其兄弟姐妹的权利呢？这里关键的一节是《创世记》4：7，其中记载了上帝的训诫，即该隐要统治那些恋慕他的人。② 菲尔默对这一节的解释是，这是对长子继承权的辩护。根据他的诠

---

① 也见《父权论》，菲尔默在那里认为，最老的父母具有最高的权力：

> 因为亚当是其子女的主人，因此他的子女在他之下对他们自己的子女也可下命令（即享有权力），但他们始终要服从第一对父母，因为他们对他们的子女的子女，对所有的后代（作为他的人民的祖先），都是享有最高权力的主人。(57)

（括号中的用语在剑桥手稿中是没有的，Sommerville 1991，296。）

② 《创世记》4：7对于菲尔默和洛克来说都是重大的解释学难题。若严格依照字面意思翻译，则译文如下："你若做得好，岂不也可仰起头来？你若做得不好，罪就伏在你门前，企图对付你，但你应制服它。"

释，这句话赋予年纪较长的儿子该隐统治年纪较轻的儿子亚伯的权利:"也因此我们发现,上帝关于他的兄弟亚伯告诉该隐说,'他要恋慕你,而你要管辖他'。"(《父权论》,61)这个论证是这样进行的:由于上帝给了该隐统治其兄弟的权力,因此继承的权利也总是应该传给长子;职是之故,在父亲去世的时候,统治的权力也就传给了长子。[①] 通过根据《创世记》4:7确立长子继承权的法律,菲尔默断定,亚当的家长权威与国王的家长权威之间有关联。

亚当与现代国王统治权利之间的桥梁由大洪水故事(《创世记》6-9)所搭建。大洪水之后,挪亚作为家长和君主,将他的王国划分为三块,分给自己的三个儿子,各人统治自己的地区。依赖于所推定的国家的历史性起源,菲尔默认为,"世界上大多数文明国家都努力从挪亚的某一个儿子或侄子那里寻找根源,这些儿子或侄子在巴别塔分音之乱后分散到了全地"。没有"混乱的众人"(confused multitutes),只有"分开的家庭(distinct families),它们有父亲来统治"(《父权论》,58)。也因此,对于菲尔默来说,父亲式的权威直到当今仍在继续。即使国王并不是其人民的亲生父亲,菲尔默也推论说,他们已经继承了做国王的权利:

> 的确,所有的国王都不是其臣民的亲生父母,但他们都是——或者被认为是——祖先的合法继承人,那些祖先是所有人的第一批亲生父母,凭着他们的权利继承了最高的管辖权。(《父权论》,61-62)[②]

[①] 大主教乌雪也曾经说,《创世记》4:7证明上帝已经规定了长子继承制(参见Schochet 1975, 113, 1n)。菲尔默也用以撒对雅各的祝福——"成为你弟兄的主人"——来支持自己的观点,即长子应统治其他的兄弟(《父权论》,61)。洛克在他的《政府论上篇》中用很长的篇幅嘲弄了这种观点。

[②] 也见《父权论》中的类似观点:

> 如果有人反对说,国王现在不是(他们最初在垦殖大地、繁衍人口使

尽管菲尔默还未至于说在位的君主就是亚当的直系后代，但其他人的确这样说了。[1]

菲尔默关于亚当的家长权威和政治权威的理论还有另外一层重要意义，关乎财产权（property）或者占有权（property，这个词在17世纪常常拼写成propriety）。当今自由民主传统中对财产权的强调，很大程度上要归功于菲尔默对这个问题的阐释，尤其要归功于洛克处理［88］政府起源问题和私有财产起源问题的方式（Dunn 1969，77）。菲尔默认为，财产权是私人事务——上帝不仅使亚当成了第一个君主，而且给了他整个世界：

> 世间的第一个政府是君主制的，掌于众人之父手里。亚当奉命繁衍后代，人要遍满大地，征服大地，并且亚当还对所赐予他的一切生物都有统治之权，因此他是全世界的君主。他的后代子孙谁都没有权利拥有任何东西，除非凭着他的授权或许可，或凭着从他那里继承——大地（《诗篇》作者说[2]）他已

其遍布世界时曾经是）其人民或王国的父亲，而且父亲的身份已经失去了统治的权利——如果有人提出这样的反对意见，那么答案就是，所有的国王现在都是，或曾经都是，抑或现在或曾经都是其人民的父亲或这样的父亲的继承人，或者这样的父亲的权利的篡夺者。(288)

[1] 那些希望确立君主王位"正当性"的人，经常采用这种"谱系式解读"方法。这些谱系试图证明一个君主是亚当或挪亚的直系后裔。理所当然地，由于一个人过去的历史总可追溯到前考古学的时代，因此宗谱对大众具有极大的吸引力。显而易见，如果可以证明某个君主是亚当或挪亚的唯一直系后裔，那么他或她作为"神所指定的人"（divine appointee）的地位就更加正当了。这些谱系给了君主的统治以可信性；实际上，亨利八世、伊丽莎白一世和詹姆斯一世都曾把自己的血统远溯至亚当。关于谱系式观点的综合精深的处理，参见格林利夫（W. H. Greenleaf 1966），以及戴利和肖切特的讨论（Daly 1979，77；Schochet 1975，156）。

[2] 菲尔默在这里引的是《诗篇》115：16："天是耶和华的天，地，他却给了世人。"

经给了人的子女。这就表明权利源于父亲的身份。①（《评亚里士多德政治学所论的政府形式》，187–188）

财产权就像权威一样，只有权威自身表示同意，才可以转移。财产权的获得只能经主权者的容许，因为其他任何人都没有有资格根据任何自然权利来主张任何一部分财产。既然亚当在起初就被授予了一切，因此主权者也是这样，所以，只有主权者才有权力给予（或取走）财产。谁都不拥有任何自然的财产权利，除了主权者分给的东西。不存在原始共产主义或公共占有财产这样一个早期阶段，所有的物品都只属于主权者，那像继承政治权力一样继承了这些物品的人（Laslett 1949，13）。菲尔默在《评亚里士多德政治学所论的政府形式》中写道：

> 依靠人类的聪明才智不可能找到政府的首要基础或原则（这必定依赖于财产权的起源），除非他知道，创世时只造了一个人，统治一切的权力给了他，而所有人都从他那里获得他们的所有权。这一点只有从圣经中才能得知。（203–204）

与财产权利紧密相连的是同意问题。对于菲尔默来说，在政治中，根本就没有同意这种东西，根本就没有个人经由同意组建政治社会这回事情。这种理论不符合下述事实：人们出生在家庭之中，生来就要服从他们的父亲。

> 从来就没有起初就对某一共同体享有自然权利的独立的大众这种东西，这只是这个时代的许多人的虚构或幻想，他们只

---

① 在指出格劳秀斯的原始财产共同体的错误之后，菲尔默主张说："如果反之，即如果我们坚持亚当自然的个人统治是一切政府和财产权的泉源，那么这些以及其他更多的谬论很容易就能清除了。"（《父权论》，71，ed. Laslett；《起源》，225，ed. Sommerville）

是在追逐哲学家和诗人的看法以自娱自乐,发掘政府的这样一种起源,是因为这可能会承诺给予他们这样一种自由。这不仅让基督教蒙羞含耻,颜面尽失,还带来了无神论,因为如不否认亚当的受造,就不能想象人类享有一种自然的自由。(《评亚里士多德政治学所论的政府形式》,188)

对于菲尔默来说,既然家庭一直存在,且在性质上是政治性的,政治社会也就一直存在,也因此,[89] 原始的同意问题(the question of an original consent)毫无意义。所有的社会都起源于亚当一个人,所有人相互独立的那种"自然状态"根本就不曾存在过。霍布斯认为每个人都有自我保存的权利,菲尔默则认为霍布斯的这种立场极其荒诞,他写道,

> 我难以理解,假如不去设想一群人在一开始被同时创造出来,彼此之间互不依赖,或者像蘑菇一样(更像真菌[fungorum])突然从地里冒出来,彼此之间没有任何义务,那该怎么去构想这种自然权利,正如霍布斯先生在他的《论公民》(De Cive)一书第8章第3节所写的一样。圣经经文以另外的方式教导我们说,所有的人都是通过继承而来的,自一个人产生一代人;我们一定不能否定创世历史的真理。(《政府起源观察》,241)

在菲尔默看来,同意或契约理论家未能充分解释个人对国家所负的义务。这些理论也否认有可能存在一种固有的和自明的父权社会结构。如果说个人有自由,天生不服从任何人,那么他们只要表达同意,就对国家负有义务。因此,必须获得同意或至少是所有个体的同意才能组建政府,这将非常困难。多数人的统治只是意味着多数人有权利将其意志强加于少数人。

> 因此,除非能够借助某种自然法证明,多数人,或者是某

些人，有权力支配其余的群众，否则必定得出这样的结论，即那并不包含全体人的群众的行为不能约束所有人，而只能约束那些表达同意的人。(《父权论》，82)

没有任何决定可以约束社会，除非每个社会成员都同意这样做；若非如此，人们就会受他们并没有对之表达同意的某个人的统治了。换句话说，在一个人人都有自然权利和自然自由的社会中，政府采取任何行动都必须获得全体社会成员的一致同意。正如菲尔默指出的，事实上这完全不可能。无疑，除非有一个国家首脑处于法律之上，不能对人们的一时冲动和奇思怪想负责，否则从来不可能有任何国家制定任何法律。因此，人们享有自然的自由和平等这一理论，会导致人进入无政府状态——如果每个人都被赋予权利去分享大地物产的话。对于已经完全存在的私有财产权而言，要求人们一致同意是完全不可能做到的事情。① 从菲尔默的观点来看，父权制才是一种合乎逻辑得多，也自然得多的政府形式。每个人都有义务服从父亲，而既然所有的国王都是父亲，那么每个人就都应义不容辞地服从国王。正如我们在讨论父权制社会时所说，[90]这一理论会立即吸引在第五诫文本"当孝敬你的父亲"中成长起来的读者，因为这一诫命被普遍写在了 17 世纪的教理问答中。再说了，假如人类社会完全没有这样的结构，那么谁都不会拥有任何权利去统治某个具体的人，除非后者同意。

菲尔默的处理方案是，每个人都生而进入了一种极端不平等的状态，都要服从某种权威。在菲尔默看来，圣经为同意问题提供了答案。亚当，作为全世界的父亲和绝对的君主，凭神授权利施行统治。在这种等级秩序之内，所有人都应在不同程度上顺从国王：

---

① 菲尔默在其若干著作中的若干地方都表明了这种看法。参见《无政府状态》，285-287；《形式》211，217-218，225-226；《起源》，256；《父权论》，53-57。

(a)女性要服从男性；(b)年幼的兄弟要服从长兄；(c)长子要服从父亲；(d)父亲要服从国王。换句话说，没有一个人是生而自由的。菲尔默在《如何在危险而可疑的时期服从政府》中写道：

> 那出生的每一个人都绝非天生自由，因着出生，他就成了那生他之人的臣属。他总是生活在这种从属状态之下，除非得到上帝直接的任命，或因他的父亲之死获得授权，从而自己拥有了那种他曾服从的权力。(232)

每个人生来就要服从某种权威，而且"子女的服从是自然的，不可能存在任何自然的自由"（《无政府状态》，287）。正如菲尔默推论的，"如果不否定亚当的受造，就不可能设想人类的自然自由"（《评亚里士多德政治学所论的政府形式》，188）。如果人们只有在不服从别人的时候才是自由的，那么人们就是不平等的。平等只能出现于"没有更高级的权力的时候"，而既然社会就是按照等级安排的，人们就不可能是平等的。如果所有人都是平等的，菲尔默讽刺说，那么小孩"好像就会对世上最睿智的人产生影响了"（《无政府状态》，287）。因此，一个假定人人自由平等的政治组织将毫无政治意义，而且在《创世记》的政治教导中也找不到任何根据。既然每个人天生都在某种程度上从属于某种权威，每个人生来在某种程度上也就都是不平等的。在论述亚里士多德的文章中，菲尔默总结道：

> 1. 没有任何其他的政府形式，只有君主制。2. 没有任何君主制，只有父权。3. 没有任何父权君主制，只有专制或独裁君主制。4. 根本没有贵族制或民主制这类东西。5. 根本没有僭主制（tyranny）这样一种政府形式。6. 人们并非生而自由的。（《评亚里士多德政治学所论的政府形式》，229）

或许这些就是他关于政治学所写的最后的文字。

[91] 因此,《创世记》的叙事不仅为菲尔默爵士提供了神学真理,也为他提供了政治真理。正如亚当在夏娃及其子女之前被造,上帝因此给了亚当私人授权,使他对大地以及上帝的所有造物"都有统治权",这统治权排除了其他的人,后者恰恰因为是在亚当之后受造的,因此要服从亚当。在这位家长死后,按照神的安排和计划,统治的权利就传给了在世的年龄最长的男性继承者。在菲尔默的圣经政治学中,所有人都生而进入了奴役状态。女人要服从丈夫,子女要服从父母,父母要服从继承了政治权力的君主。这种论证为菲尔默提供了一种模型,不仅是政治权力应该(should)如何转移的模型,而且也是政治权力实际上是如何有序转移的模型——这种"序",就像一根线一样将当今君主与亚当或挪亚联系起来了。尽管圣经经文并没有具体说明任何权力转移的过程,但是菲尔默依靠默证法确立了他自己的立场。因此,说菲尔默是从"字面上"来理解《创世记》的人,也许不完全正确。① 菲尔默的解释方法远为富于暗示性、远为具有比喻性,或者如里迪(Gerard Reedy)所说,这种解经方法是"寓意式的"。② 上帝赋予亚当的财产权和政治权力是后来历史上为数众多的对型(antitype)所效仿的原型(prototype)。在17世纪,这种对圣经的寓言式理解或象征主义理解相当普遍,出现在大量的时政小册子和布道之中。

菲尔默对圣经的解读至少在两方面值得注意。首先,他的观点似乎远不像一些评论者所设想的那样与众不同。他的圣经父权论,尽管可能极端地将君主的绝对权力与对《创世记》开篇几章的解释联系起来了,但相比许多其他也将政治讨论基于圣经的政治理论家而言,也并非别同天壤。前文论述过的大多数父权论者也都认为,

---

① 例如戴利和肖切特就是这样认为的,参见:Daly 1979, 57; Schochet 1975, 122。

② 参见 Reedy 1985, 70。然而,重要的是要强调,尽管菲尔默可能也使用了寓意解读法来解读圣经,但他同时也坚信圣经的历史真实性。

在政治社会的形成过程中，圣经发挥了重大作用。17世纪的基本假定是，圣经是上帝关于众多事情的启示，许多政治评注者也都转而认亚当为政治理论的范型。如何解释亚当是谁，他有什么样的政治权力，这才是亟待解决的问题——而不是亚当与政治讨论是否相关。

其次，菲尔默的解释正当化了差异，因此也就正当化了不平等。既然就与别人的关系来看，人们生来就是极端不平等的，因此在社会和政治的天平上，就不可能存在任何上下运动。事实是，这一理论在父权制社会中看起来是非常［92］"自然的"，这一事实也是其吸引力和持久性的部分原因所在。也有了某种确定性的保证（尽管不一定让人完全满意）来了解一个人在社会中的地位和作用，尤其如果这被认为是根据神法所确定的。但是，创造现代世界的驱动力，却是它与自然的、自明的和可靠的事物的决裂能力，却是开始尽力控制自然力和环境的能力。父权论与契约论之间的政治对抗在圣经战场上的上演，至为明显地反映了它们之间的交锋。①

小　结

本章开始简单讨论了父权社会和成熟的父权论的类型，然后概述了父权论的起源及其对直到17世纪政治思想的影响。在17世纪初的时候，家庭服从与政治服从之间具有紧密的联系，以至于家庭和国家之间很少会作出区别。可以看到，宗教观念与政治观念之间也有相当紧密的关系，在支持父权社会的权力结构和父权制的政府

---

① 这一点在霍布斯《利维坦》的序言中表现得尤其明显。霍布斯毫不隐讳地表明，人类利用神授君权的目的就是为了创造国家。正如在《创世记》1：27中上帝用他的神圣命令创造了人类一样，人类也有这样的能力去创造政治体——霍布斯称之为"利维坦"（参见17，132）。

形式方面，教会具有重要作用。支持专制政体的政教关系，也得到了第五诫命"当孝敬你的父母"之政治意蕴的进一步强调。

英国斯图亚特王朝初期，保皇主义者越来越多地转向《创世记》来支持君主的地位。一般认为，通过将最初的政府形式看作是上帝在圣经中的启示，这些圣经父权论者就能进一步支持他们的专制立场。这些问题不仅仅有理论上的重要性，尤其是在这个世纪的中叶，当英国经历了数年内战，处决了查理一世，建立了克伦威尔摄政的时候。在这一时期，圣经成了种种相互竞争的君主专制论与议会契约论政治理论交锋的战场。很多这样的问题在菲尔默爵士的著作中成了紧要主题，所以他才用《创世记》开篇几章来为神授君权提供全面的论述。

因为菲尔默的观点对自由主义的兴起最为关键（洛克在担起重任论述自己的自由主义时，总是一开始就详细驳斥菲尔默的圣经政治学），所以，有必要［93］详细考查菲尔默观点的核心。由于圣经无疑是菲尔默爵士的政治权威，因此至少有可能在理论上证明，菲尔默如何可以挑选《创世记》的一些内容，来证成国王的绝对权力、女人和孩子的劣等、财产权利的限制以及同意问题。总而言之，菲尔默用圣经来反对这样的主张，即人们生来就是自由平等的、就有权利根据自己的选择组成政府。在这一方面不应该模糊这样的事实，即自由主义的起源深植于关于正确解释圣经的神学-政治争论之中。

尽管菲尔默或许已经区分了自由主义政治学的建构性品质与他自己的更加自然的体系，而且决定支持对圣经文本来说更加真实的后者，但是，他的自然秩序并没有为仍在进行的启示留下余地。一旦上帝关于政治问题已经发言，他就永远被排出局外了。在菲尔默看来，这种历史情况已经被一劳永逸地启示了，因此人必须遵从上帝起初创造的这种自然秩序。在菲尔默的体系中，人们在一个等级制度内有一个被安排好的、确定的位置，休想逃离。一个人的身份——男性还是女性，年老还是年轻——在菲尔默的圣经历史中，一出生就被确定下来，并且永远不能改变。对于菲尔默来说，历史已经被启示了，个人和政府必须遵从这启示。

在洛克的描述中，圣经同样也是真实的或历史的——实际上，如果不首先理解他们思想的历史维度，这两个人都很难理解。但是，洛克为人类的进化，为人类将其行为建基于历史先例，并为人类对自己的行为负责，找到了一条康庄大道。尽管对这两位思想家来说，一个人的身份都与其起源相联系，但洛克认为身份是可以改变的。洛克始终试图在人类经验的连续性中为启示寻找一个位置。正如邓恩指出的，这是洛克一生都在关心的问题。① 洛克也非常关注如下问题：如何在上帝仍在进行的启示中为人类的理性找到一个位置。下一章，我们就将看到洛克在这一问题上所作的努力。

---

① 参见 Dunn 1969, 68, 2n：

洛克一生有两个关键的思想事业，其中之一就是将神圣启示置于人类经验的秩序之中。在某种意义上，《人类理解论》的主要内容，《基督教的合理性》的全部内容，以及对圣保罗书信所作的全部解释性评论，构成了这项事业的一个部分。

第四章 洛克的亚当:《政府论上篇》

[95] 在第一章,我讨论了圣经对于洛克的思想发展有多么重要;在第二章,我讨论了"堕落"教义(或者说亚当丧失了什么)如何在洛克的圣经研究中成了主题——尽管理性与启示之间有着令人困惑的关系,两者自身也都有局限。亚当的角色对于父权论者来说也很重要,因为这些父权论者主张,每个人生来就要服从权威,生来就不平等。然而,洛克挑战了这种人性观,他用圣经对亚当的描述来证明,没有一个人享有自然权利来统治其他任何人,极端不平等并不是人类处境的根本特征。洛克的观点(以及那些紧随其后的自由主义理论家的观点)使个人登上了舞台的中心,于是个人开始主张将会在公民权利、社会权利和政治权利中被奉为神圣的新自由。

尽管洛克的新政治秩序使个体从对权威的服从中解放出来,获得了自由,并有助于克服个人和社会进步中的性别及一些类似的障碍,但是,这种秩序也是有问题的:新发现的对理性的强调,最终导致了人类精神的分裂和新的社会隔离形式。在这一重要问题上,菲尔默与洛克之间的圣经论战,象征了旧秩序的消逝和新秩序的产生。在评论《论政治》(*Essais sur Politique*,1986)一书所描述的勒弗特(Claude Lefort)的民主革命时,墨菲(Chantal Mouffe)写道:

通过君主自身体现并与超验权威紧密相连的权力的缺位,

替代了合法性的终极保证或根源的存在，再也不能把社会定义为具有有机性的实体了。剩下的是一个没有清晰确定的轮廓的社会，一个不可能从单一的或普遍的视角出发来描述的社会结构。由此，民主可以用"确定性地标的消解"来描述。（Mouffe, 33–34）

从以上观点来看，洛克攻击菲尔默所带来的一个副产品是，"社会"这个概念暴露了极端的不确定性，这意味着［96］任何终极基础都不可能存在。在这一章，我们将要看到这些复杂的问题如何在圣经战场上上演。然而，要记住的根本事情是，尽管洛克攻击了菲尔默的圣经专制主义，但他并没有攻击圣经本身——他只攻击了菲尔默对圣经的解释。洛克并没有因为父权论而全盘否定圣经。

我想首先讨论洛克与菲尔默之间在文字上的关系，特别要关注菲尔默《父权论》出版时（1680）所处的历史－政治环境。另外，正是《父权论》的出版迫使洛克做出了详细回应，故二人在文字上的关系非常重要。我要简洁评论学者尝试重构洛克《政府论》（1690）的创作日期及其写作情况的努力，以便更清晰地考察这场讨论的历史。本章旨在详细解读洛克的《政府论上篇》及其根据《创世记》建立的圣经论证。然而，这种解经式的讨论要始于对相反观点的简短描述——洛克是一个坚定反基督教的、现代的、自然权利的理论家，他为资本主义财产积累的辩护非常卓越。20世纪50年代，新保守派评论家施特劳斯（Leo Strauss）和马克思主义政治理论家麦克弗森（C. B. Macpherson）又各自独立进一步阐发了这种理论。两人都认为，洛克利用圣经，推进了霍布斯式的自我保存和自然权利理论。我要首先对这种理论作一般性的简单评论，至于详细的讨论和批判，仍会在本章及下一章继续进行。

本章总的目的是要表明，洛克密切依赖《创世记》来阐释他自己的政治观点，不管他的解读可能多么非正统（如果不是似是而非、难以置信的话）。就这一点而言，洛克与菲尔默的争吵更多是神学的（theological）而非政治学的（political）争吵，或者，更确切地说，尽管两个人都同意《创世记》对于政治学的讨论非常重要，但对于要从各自的解读中得出的政治义务之性质，他们的意见并不一致。洛克有效消解了菲尔默提出的等级的、父权的、政治的结构，在这一意义上，我同意洛克是"现代的"，但他的现代性包含了某种固有的对以自我为中心的利己主义（egocentric self-interest）的批判，而这种利己主义恰恰是人们指控洛克推进了的东西。我要论证，洛克的现代性是他对圣经的解读的结果（result），而不是不管（in spite）圣经的结果。

如我们先前讨论过的，除了认为洛克的宗教作品对他的总体立场基本是多余的，还极少有人关注这些作品。直到邓恩发表他关于洛克政治理论的重要作品，学者们才开始根据洛克的宗教观点来正确评价他的思想结构。[1] 邓恩试图证明"洛克的宗教预设具有理论上的核心地位"，并且认为 [97] 洛克思想的一致性源于加尔文主义的呼召意识。[2] 在下文中，我想证明，洛克政治学观念的这种前提，以及他对人性的评价，揭示了一种独属圣经的立场，而不是一种理性主义的甚或加尔文主义的立场。实际上，是圣经，或说尤其

---

[1] 邓恩指出，迟至1969年，"仍然还需要认真地全面研究并重新审视洛克的精神生活，从洛克的宗教关切角度来重新审视洛克的精神生活。这是一项令人难以置信的空白"（1969, 195, 1n）。然而，紧接着邓恩的工作，出现了许多其他的相关研究来讨论洛克的宗教思想。其中包括阿什克拉夫特（Richard Ashcraft 1969, 1987），皮尔逊（Samuel C. Pearson 1974），塔利（James Tully 1980），斯佩尔曼（W. M. Spellman 1988），德沃雷茨（Steven M. Dworetz 1990），马歇尔（John Marshall 1994），以及哈里斯（Ian Harris 1994）。

[2] 参见 Dunn 1969, xii, 以及他的思考："如果从洛克的理论中移除宗教目的和呼召的因素，那么个体生活的目的和社会生活就都只能彻底用功利最大化这一目标来确定了。"（250）

是菲尔默的圣经解释,激发了洛克的回应。拉斯莱特在他的校勘评注版《政府论》中指出:

> 菲尔默爵士主张,要在《启示录》中找到证据,来证明上帝已确定一些人高于另一些人:父亲高于儿子,男人高于女人,年长的高于年轻的,国王高于其他所有的人。正是因为菲尔默的这个主张,才让他的理论非常危险而必须受到驳斥。必须一段一段地分析圣经文本,以精审详尽地证明这种解释谬误百出。
>
> 这就是洛克论政府的作品中《政府论上篇》在逻辑上的功能,但他在那里没有说一点点《下篇》中不曾确立的东西。与菲尔默的争辩必须采取圣经论证的形式,但同时也必须根据观察和理性来进行论证,因为圣经不能自我解释。①

因此,为了理解洛克政治思想的发展,非常关键的是,我们应该探究菲尔默和洛克的圣经论证的意识形态必要性。然而,在钻研

---

① Laslett 1988, 92-93。为了澄清洛克和菲尔默之间的这场讨论,关键是要认识其中的释经学维度。例如,塞利格(Seliger)就坚持认为,"由于菲尔默从圣经中推出了专制权力,因此洛克也不得不在菲尔默的场域里面来与之交锋"(1969, 210-211)。肖切特也主张说,"甚至洛克也不曾在攻击政治父权论时质疑圣经历史字面上的真实性。有待争论的是要从某些意义不明的段落中提出的解释"(1975, 122)。而阿什克拉夫特(Richard Ashcraft)也恰如其分地指出,

> 菲尔默希望根据对圣经的字面解读来构建一种政治理论,而就像菲尔默的主权者对其臣民来说是绝对的一样,菲尔默也想让他自己的这种解读相对于其他所有观点来说也都是绝对的。在菲尔默的思想框架中,根本就不存在解释的不确定性或具有合理性的相反主张。然而,如果他的反对者能够证明这样的不确定性确实存在,而且对这种证明来说存在不止一种解释,且它们都是可能的、似乎可信的,那么菲尔默的整个论证体系就会轰然坍塌。(1987, 53)

洛克的圣经论证之前，我想首先概述这两部作品出版时的历史环境。

洛克《政府论》的源起

从第一章我们应该能够想起，1680 至 1690 年这十年以菲尔默《父权论》出版为开端，并以洛克《政府论》的第一版出版而结束，这十年间，政治论争的战场一直硝烟弥漫。随 1679 年到 1681 年的"废黜危机"而开始的那场骚乱，终于在 1688 年随威廉和玛丽在"光荣革命"中登上英国王位而结束。废黜危机是沙夫茨伯里伯爵（Earl of Shaftesbury）阻止查理二世的天主教兄弟詹姆斯继承王位的努力。在此期间流言四起，说有人密谋暗杀查理二世并让其天主教兄弟詹姆斯取而代之。这次所谓的天主教阴谋案的最终结果，将是使英国转回罗马天主教。为了反击这次已被隐隐感觉到的威胁，沙夫茨伯里伯爵提出一项法案，意在排除任何天主教徒继承王位。接下来的斗争使英国的政治两极化，出现了两个截然不同的政治组织：最初由丹比（Danby）伯爵领导的保王派"托利党人"，[98] 和由沙夫茨伯里伯爵亲自领导的废黜主义者"辉格党人"。尽管辉格党在 1679 年到 1681 年的三次议会选举期间支持率越来越高，查理仍然拒绝让《废黜法案》（*Exclusion Bill*）获得通过。最终，在 1681 年 3 月，查理解散了议会，在他当政的最后四年间，再也没有召集议院开过会。

《废黜法案》使得权威问题和政治义务问题走上前台。如果詹姆斯成为国王，那么，新教徒会不会因为不服从天主教君主而陷入被贴上"异端"标签的危险，并因此而遭受迫害？1680 年适时出版的菲尔默遗著《父权论》一书，尽管不是极端却也非常坚定地论证了国王的绝对权力和臣民无条件服从的必要性。《父权论》为保王派托利党人提供了一种对国王绝对权力的意识形态辩护，以及急需的武器，以便他们与沙夫茨伯里伯爵和辉格党废黜论者进行战斗——这里有一个政治小册子，其圣经基础证成了世袭继任还有神授权利和国王的专制权力。因此，辉格党需要对菲尔默的回应，对专制主义的回应，一种直接植根于圣经的回应。于是，洛克在沙夫茨伯里伯爵的庇护下，受召捍卫辉格党的事业。重要的是要看到，洛克写作《政府论》是为了直接回应菲尔默爵士的政治观点，下文对《政府论》的创构的学术重建表明了这一点。

实际上，在洛克的学术成就中，更复杂的一个问题是他的《政府论》的写作日期和顺序。尽管很多洛克学者已经悉心考察了文本和语境证据来确定创作的日期，但遗憾的是，关于这个问题并没有取得一致意见。这里我想要尝试评论这些论证的主要轮廓，并提出《政府论》撰写的可能时间段。

从序言看来，撰写《政府论》似乎是为了"确立我们伟大的复国者、我们当政的威廉国王的君权"，由此可推断，创作时间是在1688年"光荣革命"之后。然而，在1960年，拉斯莱特提出了不同的理论来解释洛克创作的源起。拉斯莱特认为洛克在1679年至1680年的冬天就开始撰写《下篇》，而且在1680年增补了《上篇》，这就是在菲尔默的《父权论》第一次出版之后了。在接下来的几年里，《政府论下篇》屡经修订，但实际上完稿是在洛克于1683年逃到荷兰之前。拉斯莱特的论证以这样的事实为根据，即《政府论下篇》对菲尔默的唯一一处参考（《下篇》，22）来自[99] 1679年版的菲尔默著作集，而其中并不包括《父权论》。然而，在《政府论上篇》中，对菲尔默的参考却是来自其1680年版的文集，而且其中包含了《父权论》。此外，在一本笔记的一页中（BOD MS Locke f. 28，日期标的是79 [1679]），洛克提到1679年版的菲尔默作品集，并论及"良知"和"同意"问题，而这两个问题都是《政府论下篇》的主题。最后，互见参引（cross-references）是《上篇》有内容指向《下篇》，但却没有相反的情形

(Laslett 1988，45-66)。①

阿什克拉夫特提出了另一种更符合常识的说法，认为1679年的辉格党政治学，还不需要像洛克在《下篇》中写的那种强有力的抵抗性论述。抵抗问题在1683年随着黑麦屋阴谋案（Rye House Plot）的发生才大大凸显，因为这是要谋划在一个叫作黑麦屋（The Rye House）的小酒馆里刺杀查理和詹姆斯。洛克的《政府论下篇》号召每个人正当地抵抗国王的专横权力，阿什克拉夫特认为它在1681—1683年的某个时间写就。然而，《政府论上篇》更像是一部废黜主义小册子，应该写于1679—1681年废黜危机期间，因为它详细讨论了菲尔默继任观的种种问题，而且表明了应如何在宪政框架内行使权力。然而，查理二世1681年在牛津解散第三届废黜议会，全面表现了建立专制君权的意图，因此唯一剩下的选择就是反叛。正是在这个时候，洛克开始创作他的《政府论下篇》。但是，考虑到英国的政治形势，考虑到《政府论下篇》的激进性——实际上是叛逆性，因为洛克在其中建议说，"在某些情况下，人们反抗其国王是合法的"（《下篇》，232）——洛克为何直到1690年才出版他的这部作品，就可以理解了。阿什克拉夫特观点的长处是，它使得对《政府论》的直接解读成为可能，并且使《政府论》上、下篇成了连贯的政治原则表述（Ashcraft 1987，286-297）。②

---

① 在一则可能写于1675年的笔记中，洛克将菲尔默写的一个小册子列进了名为"政治学"（Politici）的著作系列之中，这个小册子题为《对英国陪审团审判女巫的建议》（An Advertisement to the Jury-Men of England touching Witches）（1653）。然而，洛克并没有提到菲尔默的政治著作，尽管这本《建议》与弥尔顿和迪格斯（Dudley Digges）的政治著作列在了一起。事实是，洛克还将这位作者称为"S' Tho Filmore"，这表明洛克仍然还要像他很快就要做的那样认真对待菲尔默的著作（PRO 30/24/477/30，p. 42）。

② 伍顿（David Wootton）承认《政府论上篇》先于《下篇》，但他主张，洛克是在1681年年中或后半年很快就写完了《政府论下篇》。这个时候，查理已经审判并处决了辉格党人菲茨哈里斯（Fitzharris）（7月1日）和克里奇

无论如何，不管《政府论》创作的精确时间是在何时，洛克似乎都是在英国政治危机期间写了这部作品。查理二世在1681年最后一次解散议会，而结果就是不再有任何种类的实际的反对派。正是在此期间，洛克的朋友沙夫茨伯里伯爵和一些更激进的辉格党人开始谋划反叛。沙夫茨伯里伯爵在1681年因叛国罪被捕，尽管其成员全部由辉格党人组成的大陪审团拒绝控告他。然而，自黑麦屋阴谋案开始，对查理的反抗重又出现。洛克很可能与这些激进分子有一定牵涉，因此当阴谋暴露时，洛克也像许多谋反者一样，逃往荷兰了。① 如先前提到的，洛克直到1689年才返回英国，[100] 也就是说，直到威廉和玛丽在1688年"光荣革命"中推翻詹姆斯的统治，再无安全问题，洛克才返回英国。即使这样，1689年秋天，《政府论》仍以匿名形式出版（尽管日期写的是1690年）。洛克唯一一次承认他是《政府论》的作者，还是在其遗嘱的一条附录中，这个附录所签日期为1704年9月15日，即在他去世（10月28日）之前不久。

尽管所辩论的这些时期对于将来的政治发展可能是决定性的，但人们常常忽视了圣经在这场讨论的初始阶段如何发挥了决定性的

（College）（8月31日），并已经把洛克的朋友和辉格党领袖沙夫茨伯里伯爵囚禁于伦敦塔（7月2日）。1681年11月，德莱顿（Dryden）发表了他的政治性极强的诗篇《押沙龙与阿齐托菲尔》（*Absalom and Achitophel*），来攻击沙夫茨伯里伯爵和辉格党人，可能正是在这样一种思想氛围中，《政府论》被构思出来了。伍顿提出，洛克之所以能够相当快地完成这项工作，是因为他有一本蒂勒尔攻击菲尔默的小册子，题为《家长非君主论》（*Patriarcha non Monarcha*），他大量吸取和借用了其中的很多思想（1993, 49-64）。另一方面，马歇尔却认为，《政府论上篇》的主要内容是在1681年完成的，但洛克写作《政府论下篇》的时间可能稍晚于伍顿所说的时间，很可能是从1682年才开始写的（参马歇尔的颇有价值的讨论，Marshall 1994, 205-291，尤其是234-265）。

① 更多细节参见本书第一章。

作用。换句话说，一个圣经学者可能倾向于认为，在君主专制权力的衰退和人民权力的兴起背后，是菲尔默与洛克之间基于圣经解释的神学政治争论图景。这种观点并没有将这场争论的重要性还原成一个解释学问题，但它的确大大凸显了圣经和圣经解释，否则，倘若只是研究《政府论》撰写的所有历史或政治前况的话，事情就会是另一个样子。事实是，现代政治理论家已经丧失了政治理论问题所安放其中的圣经视野，但这丝毫没有减少圣经视野对这种讨论的意义。

洛克与圣经：批评家

在我们考察洛克如何借助圣经来阐述其自由主义政治学之前，我想简略审视一下几位学者，他们都认为洛克通过曲解圣经来宣传一种自我中心的、世俗化的自然权利理论。麦克弗森（C. B. Macpherson）和施特劳斯都认为，尽管洛克至少部分要为现代自由民主政制中把自由和平等价值奉为神圣负责，但是，洛克只有通过推翻宗教和圣经道德等等其他价值，才能够主张其自由和平等观念的合理性。由于这一论题对我的论点很可能最具杀伤力，所以有必要表明种种根本性的差异之点源起何处。

在《占有式个人主义的政治理论》（*The Political Theory of Possessive Individualism*）中，麦克弗森认为，洛克精心策划颠覆圣经，以为资本主义作理性的证立。对此，麦克弗森提供了一种鞭辟入里的马克思主义式的分析。[1] 麦克弗森论证说，洛克的《政府论》是一种资本主义宣言，它允许，实际上是鼓励不受限制地占有私有财

---

[1] 麦克弗森的假设近数十年来一直是人们彻底批判的主题（参见 Tully, 1993）。我不希望为其他的批判添加任何东西，而是想要指出，甚至这种"占有式个人主义"理论也受到下述观点的支持：洛克是在颠覆圣经以证成资本主义式的占有。

产。对于麦克弗森的洛克来说,"从事不受限制的(财产)积累,就是理性的本质(the essence of rationality)"(237),也因此,一个人越是勤劳或越是理性,就越有机会或者就越倾向于[101]积累财产。根据这一观点,只有财产的所有者才能变得充分理性,而其他所有人,包括"日工"在内,已经丧失了他们的理性以及由此而来的权利主张,因为权利主张的先决条件就是变得理性。因为理性的不同水平是由社会等级来决定的,而不是由上帝或自然植入人心的(246),所以只有财产所有者才是正式的社会成员(242)。而且如果政府的目的是保护私有财产,那么财产所有者在政治权力上就对普通工薪阶层占有优势,而不可能公平。

麦克弗森利用洛克在《基督教的合理性》中关于圣经不得不说的东西来支持对洛克所作的这种解释。麦克弗森认为,在洛克看来,圣经提供了简单明白的信条,就连体力劳动者也能理解。体力劳动者是"次理性的"(sub-rational)存在,不可能指望他们运用他们的理性来遵守错综复杂的自然法,但他们通过遵从一些简单明白的戒律,很容易就能获知得救的必要条件。圣经因此就只不过是一种社会结合的工具,使那些"不能理性生活的人"(226)、那些需要以永恒赏罚的威胁来驯顺的人,变成听话的臣民。对于洛克来说,正如对马克思(Marx)来说一样,圣经是人的鸦片,被用来强化现存的等级结构。

如果对圣经在洛克思想中的作用持这样一种观点,就会证实上文所说的内容之要旨,即洛克要为基于社会等级的有差等的理性负责,要为永恒化社会不平等负责(因为他为没有能力进行理性论证的人养了圣经这样一个幽灵)。然而,尽管麦克弗森持这样的观点,但洛克在写作《基督教的合理性》时的明确目的,正如我们已经看到的,是要表明为什么我们都需要基督教——因为我们的理性受了损害。洛克的道德和宗教平等主义说的是,圣经并非只是对平民百姓讲话以奴役他们的,圣经的说话对象是每一个人。手握权力的人尤其亟须纠正，因为他们更倾向于信仰物质占有而不是信仰宗教事务。正如洛克在《基督教的合理性》中始终强调的，"德行和富足，并不常常相伴而行"（《基督教的合理性》，161）。

如果说麦克弗森认为洛克是在用圣经支持现存的阶级结构，那么施特劳斯的主张就是，洛克中立化了圣经，将其作为一种政治对抗的资源，以便推动一种本质上是霍布斯式享乐主义的自我保存理论。施特劳斯认为，为了做到这一点，洛克在自然法（可以通过理性获知）和圣经法（只能通过启示才能获知）之间搞了一种对立，以便把启示的有效性降至最低。施特劳斯还进一步主张说，洛克教导了一种世俗化的［102］自然法，它与圣经的教诲毫无关联、截然对立。自然法（被等同于理性）允许不受约束的霍布斯式的享乐主义，而这种享乐主义与圣经律法完全对立（Strauss 1965，202-51）。人们因此可以想积累多少财富就积累多少，并且他们的积累完全不受神法的限制。按照施特劳斯的说法，洛克的理论含有"资本主义的精神"（246）。①

尽管洛克多次明确表达说，在判定道义时启示是比理性更高级的指南，或者明确表达说，自然法和圣经法是上帝意志的相互补充的两个方面，但施特劳斯仍然认为，在洛克的心中有两种听众，因此洛克的作品是写给两种人看的。为了避免被迫害，洛克将他真实的意思隐藏在正统观念的面纱之后（参见 Strauss 1965，207-209、220-221、227），这样他就可以将自己的非正统理论传播给那些不

---

① 无疑，正是由于施特劳斯在政治哲学领域的巨大影响，处理施特劳斯派的解释的文献数量才相当庞大。然而，施特劳斯学派的研究基本上没有对传统的洛克研究（主要是历史研究）产生多大影响，而历史性的洛克研究（最出色的代表是邓恩、阿什克拉夫特、塔利、哈里斯和马歇尔）也没有对施特劳斯学派的研究产生多大影响（参见 Wooton 1993，129-130；Myers 1998，13-22）。

厌其烦去揣摩字里行间言外之意的人了。通过这样的解读，施特劳斯就可以不理会那些质疑他的解释的文本证据，也就可以将他的解释与大量的批判隔绝了。然而，施特劳斯的方法，就洛克这样一个煞费苦心认真写作和阅读，并期望别人也这样做的哲学家来说，必定是有问题的。① 如前所述，如何处理文本这一问题与洛克的释经学方法直接相关，而我们很难理解洛克为何要阐释这么一种解释方法，既处理每一段的"显白意义"，然后又用极其隐晦的写作方式来使自己的意思被人领会。②

---

① 我在这里想的是洛克如何努力澄清自己——因为他时不时就会遭到公众批判：他曾数度撰写文章来回应普罗斯特对《宽容书简一》的批评；《基督教的合理性》的两篇辩护是为了回应他的论敌爱德华兹（Jonathan Edwards），另有三封已经发表的致伍斯特主教斯蒂林弗利特的信件，说的是《人类理解论》的正统观念问题。尽管洛克确实是个谨慎的人，但同样真实的是，他也承认直接和精确交流的价值，并发泄过针对"学问渊博的妄语"的沮丧之情。

② 洛克当然知道人们确实会采纳隐微的方法来让他们的观点为人明白。洛克指控菲尔默"在字里行间到处散播他的隐微义涵"（《上篇》，3）。他甚至告诉马沙姆女士说，她已经"接受了这种象形文字一样难懂的（hyroglyphical）著述方法"（BL Birch MS 4, 290, 52r; c. 1704 年 10 月 1 日）。当洛克表明圣经有不只一层含义的时候——字面含义是给普通民众看的，处理的是道德问题；更深奥的含义是给哲学家看的，处理的是人性问题——他追随的似乎是俄利根（Origen）、奥古斯丁（Augustine）等人的释经学传统。洛克在 1648 年注释圣经《士师记》5：20（页 207）时写道：

> 可以看到，基督、摩西以及其他的使徒和先知们，在他们说话过程中偶然触碰到事情的本质时（他们的主要目的一直就是教导如何过有德性的和真正虔敬的生活），他们常常会顺从听者的理解力和判断力，不管这理解力和判断力是怎样的。基督告诉我们，在终末的日子，星星要从天上坠落，除了其他表述之外，借助这个说法，基督是在旁敲侧击地暗示那时自然将要发生的大混乱；在这里，我们普通民众作做星星的那些彗星，确实可能会划过天空。但是哲学家们的星星却不可能坠落天穹落到我们身上，除非一切都重归古老的混沌，并且一个系统与另一个系统混淆。摩西称太

麦克弗森和施特劳斯都提出了有趣的论证来支持那个"资产阶级的洛克"形象，并且都指明洛克在其政治理论中使用圣经时具有马基雅维利式的动机。如果情况确实如此，那就意味着洛克的自由平等思想是以对圣经的蓄意颠覆为基础的。因此，麦克弗森和施特劳斯都强调了洛克哲学中理性的重要性——以牺牲启示为代价的理性。麦克弗森认为，尽管洛克在强调自由和平等时占领了道德高地，但洛克至少在实际上永恒化了极端不平等。施特劳斯的理论也类似，因为他认为在洛克那里理性被赋予了优先性，还因为他认为，洛克对语言的隐微使用看上去显得他在表达正统的观念。但麦克弗森和施特劳斯的解释都是有问题的：他们缺乏对文本的虔诚尊重之情，而且似乎将洛克自己关于圣经的意图和观点所明确表达的东西都搞得矛盾重重。确立文本对素材的某种控制，能使我们探究麦克弗森和施特劳斯的假设之局限，也能让我们重申洛克的释经学是其政治思想不可或缺的部分。因此，为了更清楚地理解这些问题，有必要考查洛克在其《政府论》中呈现的圣经论证。[103]本章的剩余部分将处理洛克《政府论上篇》中的圣经论证，而下一章则会处理《政府论下篇》中的圣经论证。

阳和月亮为大光，称苍穹的星星为小光，尽管这违背哲学的真理，但他只是想向具有这种普通的大光小光观念的民众宣告，太阳、月亮和所有其他的星星和行星，同样都是由他所揭示的那位神创造的。

在这里，洛克根据他最主要的哲学原则区分了圣经中两种不同类型的教导：有秩序的安排与创世之后的自然。这并不是说洛克认为整个圣经总是显示出这两种教导，或认为圣经总是清晰易懂的，而是要说洛克认为圣经的教导并不与自然相矛盾（除非考虑耶稣的复活），因此任何明显的矛盾都是先知或摩西或基督为了迎合他们对之讲话的那些人的理解力才造成的。然而，将这一释经学原则应用到洛克自己的写作上，就要求提供比现有证据所能证明的更多的证据。

洛克对菲尔默的回击:《政府论上篇》①

正如格兰特(Ruth Grant)在她卓越的研究中表明的,洛克想通过《政府论》中的政治理论,为如何正当使用权力和权威这一问题确立坚实的基础。菲尔默的父权论理论认为,进行统治的权力和权威在于上帝对亚当的最初授权,而在洛克看来,菲尔默父权论的问题是他没有区分正当的与非正当的权威。② 菲尔默没能做出这种区分导致了一种理论,即"强权就是公理",或者应把权力和权威

---

① 尽管《政府论上篇》甫一出版即广受欢迎,甚至超过了《政府论下篇》(参见汤普森[M. P. Thompson]1976),但在过去的三个世纪中,它却一直遭到负面的评论。塔尔顿(C. D. Tarlton,1978)已经蒐集了一些引用来表明《上篇》吸引的注意力有多么有限。例如,拉斯基(H. J. Laski)写道:"《政府论上篇》对菲尔默的历史想象所作的驳斥繁复冗长,读之不免令人生厌。"(1920,38)杰洛尼莫(D. Geronimo)评论说:"几乎没有谁还会再去读《政府论上篇》,它是对菲尔默卷册所作的逐行驳斥。用'单调乏味'来形容《上篇》,都算是太过奉承它了。"(1972,118)而布卢姆(W. Bluhm)则认为,"《政府论上篇》是如此枯燥乏味,对于一个现代的读者来说,《上篇》似乎只能引起他的考古兴趣"(1965,310)。甚至就连邓恩也补充道:

(洛克在《政府论上篇》中对菲尔默的攻击)在思想上的干瘪乏味,只有用其意识形态上的必要性来匹配:如果可以从圣经中推断出某种具体的政治理论,正如菲尔默宣称可以做到的那样,那么这种政治理论显然就预先排除了任何更进一步的政治反思。(1969,68)

然而,近些年来,阿什克拉夫特(1987)、米切尔(1993)和马歇尔(1994)等学者做了大量工作来唤起人们对《政府论上篇》的兴趣,施特劳斯派学者朱克特(Zuckert 1979,2002)和潘戈(Pangle 1988)也是一样,尽管他们所抱的目的不同。

② 格兰特(Grant 1987,52-56)。尤其要注意,菲尔默如何从《父权论》的观点,即人民应无条件服从国王,转到了《如何》中的观点,即人民应通过消极服从来效忠篡位者克伦威尔。

授予任何能够控制它的人。为了质疑菲尔默未能在其自然不平等理论中区分不同种类的权威（或更确切地说，亚当的原始君主制及其绝对权力，以及继承的权利），洛克必定要攻击菲尔默理论的确立根据，即菲尔默对《创世记》1：28 的解释。然而，为了使这一策略更有说服力，洛克不得不用理性的论证来表明他自己的解释的优越性。由于菲尔默把自己的君主专制理论建立在圣经的基础上，因此对于洛克来说就没有其他可用的说法了。①

在这里重要的是要记住，洛克的亚当在他的政治学中将要保持与菲尔默的亚当相似的基础性地位。亚当——或者更明确地说，他所代表的东西——对于菲尔默和洛克来说都是一种立国的政治形象。其他的同意理论家比如说霍布斯以亚伯拉罕②开始其政治讨论，他们更关注在西奈山（Sinai）发布的律法的政治含义。③ 不像霍布斯那样，洛克保留亚当作为政治权威的象征，这是因为亚当关

---

① 《政府论上篇》全书一再不厌其烦地评论《创世记》前几章，这可能会使现代读者感到意外。有人倾向于认为，洛克作为启蒙运动的先驱，本应使用更加复杂深奥而较少神学论证性的战略来驳斥菲尔默的观点。正如我们所看到的，洛克立场的某些批评者认为，这只不过是对宗教事务所主导的文化所说的一些应酬话而已——洛克太过理性主义了，以致不能认真对待菲尔默的圣经解释。但是，如果仅仅把洛克看作一个纯粹的理性主义者——无论认为他是在装饰性地使用圣经，还是认为他是在颠覆圣经的含义来为理性的自由主义政治学扫清道路——那将是对洛克关于圣经不得不说的东西的严重误判，并且也会忽视圣经在早期现代政治思想中的积极作用。有人可能还会注意到，另一个"至高的理性主义者"牛顿（Isaac Newton），在圣经解释上（尤其是在年代学上）所花的功夫，远远超过他在物理学上所花的功夫。参见凯恩斯（John Maynard Keynes）（1956，280-290）以及韦斯特福尔（R. J. Westfall）（1983）。

② 参见雷文特洛（Reventlow）："霍布斯与菲尔默的不同在于他是从亚伯拉罕开始的。"（1984，210）

③ 参见米切尔："被赋予了统治权可以要求别人服从的摩西，被赋予了解释权利的摩西，在霍布斯那里是作为最重要、最卓越的政治人物出现的。"（Mitchell 1993，70）

于人性所揭示的东西。① 因此，洛克与菲尔默的争论并非亚当是否重要，而是亚当与上帝的关系的政治含义是什么。

在《政府论上篇》的开头部分，洛克就开始反对菲尔默的体系，即"所有的政府都是绝对君主制"，"没有谁是生而自由的"（《上篇》，3）。洛克由此就攻击了菲尔默观点的圣经基础，那就是"亚当的统治权"（《上篇》，11）。洛克认为，菲尔默支持亚当的统治权，其理由包含在他的很多其他著作之中，并且基于如下三个前提：（1）上帝创造了亚当；（2）亚当对夏娃有统治权；（3）亚当凭父亲的权威对自己的子女享有统治权（《上篇》，14）。在《政府论上篇》第3章和第4章中，洛克思考了亚当作为权威的资格，因而攻击了菲尔默的第一个前提，[104] 洛克发现圣经中缺乏菲尔默需要的证据。在第5章，洛克讨论了菲尔默的第二个前提，即通过夏娃的服从，亚当有了权威的资格。在第6章，洛克思考了菲尔默的第三个前提，即亚当统治权资格的取得是凭父亲的权利。

在分析和消解（以及嘲笑）菲尔默立论的这三个前提之后，洛克在第7章深入思考了亚当死后他的权力应如何继承的问题。通过这样做，洛克攻击了菲尔默的长子继承权理论，并思考了"财产权利问题"和"父亲的权利"。财产权概念在洛克的整体政治理论中

---

① 米切尔对这一点表达得最为清楚：

因为亚当对洛克来说是一个至关重要的人物，所以他必须对付菲尔默而不是比如说霍布斯——霍布斯也维护上帝赋予统治权力的观念。菲尔默才是这里的真正的靶子，而这是因为洛克赞同菲尔默提出的形式论题：亚当在政治上非常重要，某种东西从他的堕落中保留下来了。他们只是在关于保留下来的是什么（what）这一问题上观点不同。尽管霍布斯的结论使人想起了菲尔默的结论，但是霍布斯并不依赖亚当来论述他自己的实证主义的政府契约理论。洛克和菲尔默既是对手，也勉强算是同盟者。为了挫败菲尔默，同时又维护亚当在政治上非常重要这一观念，洛克才写了《政府论上篇》。（Mitchell 1993，81）

是一个重要主题，洛克将在《政府论下篇》第 5 章更充分地处理这个问题。

最后四章占了《政府论上篇》一半以上的篇幅，这几章继续讨论亚当权力的转移问题。洛克在第 8 章的反对意见是，菲尔默并没有正确区分篡权、授权、继承和选举。洛克打算处理所有这些问题，但实际上他只是在第 9 章处理了继承问题，并在第 10 章和第 11 章处理了合法的继承人这一问题。关于篡权、授权和选举的讨论，有可能是洛克在序言中提到的丢失的中间部分。

洛克的讨论，总体上看相当冗长繁琐，在这种读之不免令人生厌的讨论中，洛克主要关心的是从菲尔默的立场中提取他的含义。总体而言，洛克的语气是讽刺嘲弄的、居高临下的，且常常是论辩性的，与废黜危机期间的小册子论战颇相合宜。洛克在这里没有必要像主张圣经不是什么意思一样主张圣经是什么意思，与其说他是在提出理由支持（for）某一立场，还不如说是在提出理由反对（against）一种荒谬的立场，或一种不太可能基于圣经字面意思的立场。这是非常重要的一点，对于洛克来说，不仅必须摧毁菲尔默的或许更加"自然的"立场（如果我们同意肖切特的如下说法的话：17 世纪的英国父权制才是自然的社会秩序），还要摧毁这样的观念，即只有一个叫亚当的人才享有政治权力。洛克的亚当，尽管在洛克看来仍然保留了政治力量，却与菲尔默的亚当相当不同。

但在洛克的思想中，亚当究竟是谁或者他究竟代表了什么，完全不清楚。即便对洛克的政治理论敏感如哈里斯（Ian Harris）和米切尔（Joshua Mitchell）的学者，对亚当在洛克的思想中究竟扮演了什么角色，也不能取得一致意见：哈里斯坚称洛克的亚当是一个个体，其行为只属于他本人（区分性的模式），米切尔则坚决主张洛克的亚当代表了人类（整合性的模式）。

据哈里斯之见，洛克对菲尔默立场的攻击意在破坏 17 世纪盛行的神学信仰，即"一切人在亚当内都合而为一了"（1994，235）。亚当代表人类这一论点［105］与奥古斯丁的弦外之音如此共鸣，以致当菲尔默在《无政府状态》中写下"那给予亚当的，也通过亚当本人给了他的后代"（283）这话的时候——根据哈里斯的说法——菲尔默还是在使用一种公认的奥古斯丁式的比喻，以指明不仅政治权力被继承了，罪也被继承了。对于哈里斯来说，洛克并不对亚当作这么彻底的主张，他把亚当看成一个独立的个体，并不代表人类。为了支持这一论点，哈里斯把注意力集中在洛克所强调的亚当的个人特征上。洛克在这方面与17世纪的普通处理相反，因为洛克坚称人类并不从亚当那里继承罪，更不用说继承绝对的政治权力了。哈里斯指出，假如洛克承认亚当是人类的代表，那么专制就是可能的，而自由无形中就被破坏了，因为那样的话"上帝就可以为人类设立一个上级，无论是父亲还是统治者"，而且"人们即使没有表达自己的（own）同意，也可以被代表（且要对他们的代表的行为负责）"（1994，238）。对于洛克来说，显然非常重要的是，人们应对自己的行为负完全的责任（尤其参见《政府论下篇》，II，182-83），"他的《政府论下篇》的前提与亚当的代表身份并不一致，也不符合从这种身份得出的政治推论"（1994，239）。

在讨论洛克对亚当的解释——当说到前文第2章讨论的洛克的堕落观时，这种解释必定有其长处——时，哈里斯强调前述区分性模式，米切尔强调的则是整合性模式。正如米切尔所说，

> 在《政府论》中，洛克论证说政府的权利和起源来自创世之初所有人的统一（unity）或平等。这里的问题是如何从原始的统一转到正当的差异。通过为关于亚当是谁的观点辩护，洛克做到了这一点。菲尔默声称亚当是继承了对其他人的统治权利的一个人（one man），与此相反，洛克则主张亚当是继承了统治一切生物的权利的所有人。按照洛克的观点，所有人在亚当里都是平等的；按照菲尔默的观点，上帝用亚当规定了人类

之间的差异。(Mitchell 1993,80)

如果米切尔是正确的,那么洛克在其《政府论上篇》中要处理的主要问题之一,就是菲尔默关于人类在亚当里面有区分性的观点,即上帝对亚当的创造和赠予使人类自己同意如下观点:在一个等级制度的安排中许可人类的不平等,许可人类服从一种不保护所有权的独裁权威(这里的所有权可以理解为生命、自由和财产)。洛克的自由主义若要有效,就不能把亚当视为一个个体,而只能视之为人类的代表,洛克需要把这后一种观点纳入自己的政治框架之中。洛克的难题是,既要为多数辩护并尊重差异,同时又要立论支持绝对平等和自由的普遍理论。然而,通过保留自由和平等的普遍性,[106] 洛克确立了某种基础,以开展对下述制度的攻击:以自然权利的名义赋予或赠予某些人以特权,而不管其他人。洛克认为众人在根本上都是一样的,这种观点不会给予任何人以统治别人的权利。

米切尔也认为,洛克正是通过其财产理论和理性概念,才在人们之间确立了差异——这种区分并不是从一开始就有的。[①] 通过把劳动用于自然所提供的东西,通过发展旨在避免浪费的交换制度,通过引入不会朽坏的货币约定,人们之间的差异才被创造出来。理性也有助于促成微观家庭结构中的差异,因为在家庭中,一个孩子靠着接受教育从潜在的理性成长为实际的理性;理性还有助于促成一个宏观的政治结构,在这个结构中,经由自由选择一个负责任的政府,童年社会(父权制)成长为成年社会(自由主义)。

米切尔还提出一个有趣的观点,即不和谐的可能性"在本体论上先于"对亚当的授权——授予其统治权——尽管它"在认识论上后于对亚当的授权"(Mitchell 1993,88)。换句话说,尽管败坏从

---

① 对洛克财产权理论的更为深入的讨论,见下一章。

一开始在每个人身上都是潜在性的，但是只有一个人生活在社会上，这种潜在性才能变成现实性。然而，为了承认这一点，洛克必须接受原罪的存在，而他并不愿意这样做。在米切尔看来，或许洛克已经认识到这个问题，但他并不因此就明确地表达出来，他宁可借助希腊人的骄傲观念，而不依赖宗教改革关于人类彻底败坏的（尽管是潜在的）观念（1993，204.65n）。尽管如此，米切尔对洛克的解读仍然表明，不和谐的可能性从一开始就存在，即使它本身并未转化成现实。只有通过实现区分、不和谐和异化（它们表现为对父亲统治的反抗），一个人才能意识到等级化的父权制政府的偶然性本质，由此才能建立理性的、负责任的政府。父权制的黑暗，凭借理性之光被克服了（1993，89）。

哈里斯与米切尔之间的分歧，揭示了在何种程度上，对洛克亚当观的两种敏锐解读，导致了两种不同的但又都与《创世记》政治学相关的论点。哈里斯强调，当思考罪的传递时洛克需要避开整合性模式，因为采纳整合性模式就等于承认所有人都陷进了一种预定论的自然秩序之中。另一方面，米切尔则强调，当思考一个人出生的最初情形时，洛克需要容纳整合性模式，不这样做就等于承认所有人生而进入了各种程度的不平等之中。尽管这两个人都认为，[107] 洛克最终主张政府一旦建立就应该支持区分和差异（这符合洛克对个人主义和个人责任的强调），但他们在洛克如何解释政府的最初授权上却意见不一。亚当应被视为一个个体还是人类的一个集体性代表，也绝不是一个小问题——洛克反对菲尔默的论战，关系到亚当作为一个人或作为人类的一个代表，其权利能在何种程度上得到保障。

似乎可以得出这样合理的结论，即洛克将整合性模式和区分性模式都合并到了他自己的政治理论之中，并且避开了过度的整合或区分。其实，实情正是如此。当洛克在《政府论上篇》中与菲尔默论战时，洛克既把亚当作为一个个体（15，16，17，18，19，等等),也把亚当视为明显扩大了的人类(24,29,30,31,等等)。而且在整个《政府论下篇》中,亚当既作为个人(1,25,56,57,61)又作为人类代表(26,27,34,39)的这种双重身份仍然得以保留下来。洛克的这种矛盾态度得到了圣经文本的支持。上帝计划按照"我们的"形像和"我们的"(复数)样子创造"亚当",并让"他们"(复数)在《创世记》1:26中享有统治权,但在《创世记》1:27中又按照"他的"形像(单数)创造了"亚当",①"创造了他",或者"他们","男人和女人"(有单数又有复数)。这时,可能就要有人百思不得其解了:受造的到底是一个人,还是由男人和女人构成的一个种类——人类?亚当像他的创造者一样,既是单数的又是复数的,既是被分开的或区分的,却又是被整合成了一个的。洛克和菲尔默都是正确的——都是正确的吗?

因此,尝试理解《政府论上篇》以及与菲尔默的辩论的一个进路,就是去看他们关于亚当的种种不同解释起于何处,并且在每一情形中具体都涉及什么问题。洛克的问题是要克服父权制政府形式,而菲尔默和其他许多人则在提出理由支持这种政府形式。进一步说,这种政府形式尽管显得(appear)是最自然的政府形式,但在洛克看来它无论如何都不是最好的政府形式。于是,洛克圣经政治学的问题,就是要去论证圣经并不教导某种"自然主义"或人类应该遵从自然的命令,圣经教导的是人类应该服从上帝给予的理性之命令,以克服或通过长大而脱离他们的自然状态。洛克必须把圣

---

① 尽管在希伯来语中,单词 אדם 既能够表示单数专有名词"亚当",也能表示集合名词"人类"(humanity)(Brown, Driver, and Briggs 1907, 9),在语言学专家看来,定冠词的使用(ה,字面意思是"这个人"[the man],האדם),表明 האדם 更应在总称意义上而非单数意义上来理解(参见 Gesenius, Kautzch, and Cowley 1982, 406, #3; and Williams 1976, 19)。然而,这还是留下一个问题没有解决,即"亚当"和"上帝"应该用单数形式还是复数形式。

经理解成高于自然的稳定的文化，这样《创世记》的开篇几章才能给予某种人为的或建构的政治秩序以优先性，而不是给予某种自然的政治秩序——其实是一种更高的秩序——以优先性。

洛克在第3章开始反驳菲尔默，他指出，菲尔默认为仅凭亚当受造这一事实他便是主权者，但这一观点存在种种难题（《上篇》，15）。值得注意的是，洛克并没有否认 [108] 圣经记载的亚当的受造，只不过他并不认为亚当的受造会带来菲尔默所讨论的那种政府类型。洛克继续在《政府论上篇》通篇强调"亚当受造"（Creation of Adam）的重要性，同时也强调了他本人的"人类自由"观（Freedom of Mankind）（《上篇》，15），仿佛在暗示这两者以某种方式联系在一起。然而，洛克指出，对于菲尔默来说，不只是上帝对亚当的创造赋予了亚当权力，而是上帝创造亚当与上帝任命他为统治者加在一起，才赋予了亚当权力（《上篇》，16）。

洛克坚定断言，与上帝的任命有关的任何东西，都应具有三个特征：神意，自然法，以及启示。但在神意的意义上亚当不可能是君主，因为当时还没有其他人（《上篇》，16）；根据自然法亚当也不可能是君主，因为他还不是一位父亲（《上篇》，18）；根据圣经，他也不可能是把其他人排除在外的唯一的君主，因为上帝既给了亚当也给了夏娃统治大地的权力（《创世记》1：28）。洛克也进一步说，菲尔默主张，自然权利证明上帝给了亚当进行统治的神授权利，但这一推论是谬误的；换句话说，洛克似乎在暗示，一个人不能根据自然来论证圣经是启示性的。① 洛克直接指出，亚当不可能仅仅因为是第一个受造的男人，就成了第一个君主，因为《创世记》中没有任何地方明确表示创造（creation）与君主制

---

① 但是参见塔科夫（Tarcov）的观点，他认为洛克这里是在说，一旦理性开始说话，圣经就是多余的了（1984, 63）。这个段落的意义是，自然权利不能揭示（reveal）圣经，或者，就像洛克要在《基督教的合理性》中所说的，理性不足以揭示（reveal）圣经。

(monarchy)之间存在固有的联系(《上篇》,19)。此外,菲尔默在这一点上的游移态度——亚当是一个君主,"根据习惯而非根据行为"——只是回避了问题;核心问题不是亚当权力的行使,而是亚当是否有正当的资格享有这项权力(《上篇》,18)。

第4章中(《上篇》,21-43),洛克提出理由反驳菲尔默的如下立场:上帝不仅赋予亚当独有而其他人都没有的私人的统治权,也给了亚当统治其他人的权利。洛克认为,在《创世记》1:28中,亚当没有被赋予任何统治其他人的权力,他只是获得了管理"活物"的权力,这些活物分成三类:牲畜或家禽,野兽,[1] 以及爬虫或爬行的物类(《上篇》,25)。上帝创造的所有"无理性的生物"(《上篇》,23)都按栖息地分类——海中的鱼、天空的鸟以及地上的活物,最后一类再分为牲畜、野兽和爬行动物。尽管洛克注意到一种明显的矛盾或龃龉,即在《创世记》1:26上帝的计划是让人类统治牲畜而非野兽,但在《创世记》1:28执行这个计划时上帝却让人类统治野兽而非牲畜,但洛克认为这两节本质上表示的还是相同的意思。因此他得出结论说,人类只被赋予了统治无理性的陆上生物的权力,包括牲畜、野兽和爬行动物(《上篇》,26)。[2] 换句话说,[109]亚当(作为人类)只被赋予了对那些先

---

[1] 以下几页中出现的希伯来文与洛克文本中出现的希伯来文是一样的。拉斯莱特(经与 D. Winton Thomas 磋商)并不认为洛克对希伯来文的使用有助于讨论(note to《上篇》,25),但它确实使洛克在语言学上的观点更加清楚了,尤其是在翻译中有歧义的地方。而且,究竟亚当的统治权针对的是什么——他对万物享有的"财产权"究竟是什么(参见《上篇》,86),这对于洛克与菲尔默的论战,对他自己的财产权观点,以及对于由之而来的他关于政府目的的立场,都至关重要(《下篇》,124)。

[2] 福斯特(David Foster)论证说,洛克指出上帝不曾明确赠予不理性的东西,也即牲畜,其目的是为了表明"在圣经对世界的理解或阐述中,理性并非决定性要素"(1997,193),也是为了表明"在洛克看来圣经的赠予性上帝观念与理性是不相容的"(1997,195)。福斯特认为,把上帝描绘成无常、

于人类受造的无理性动物的统治权力;人类没有被赋予政治权力去统治其他人,无论当时还是后来。事实上,挪亚被允许吃上帝反复申述的用以献祭的这些东西,这表明了同样的内容——当然,除非上帝允许挪亚吃其他的人(《上篇》,27)。

关于洛克对这一节的解释,不应忽视的另外一个方面是,人被赋予对动物的统治权是因为人类是理性的,因而比动物更高级。正如洛克一直在提醒我们的,这是人类按照上帝形像受造中非常突出的一个方面。对洛克来说,

> 上帝按自己的形像和样式(in his own image after his own likeness)创造他(人类),使他成为一种有智力的生物,因而有能力行使统治权。无论上帝的形像表现在什么地方,智力的禀赋当然是其中的一部分,并属于全人类所有,人类因而才享有对低级动物的统治权。(《上篇》,30)

通过规定人类比动物高级,上帝给了人类一种利用动物以延续人类种族的权利。这一"伟大命令"就是要"生养众多,充满大地"。换句话说,为了保存人类这一物种以实现上帝在《创世记》1:28中的命令,洛克将上帝的"享有统治权"这一命令转变成了"财产权利"。

洛克也认为,上帝在1:28中的授权不只是给了一个人,而是授予人类共有。这个文本使用了第三人称多数"他们"(them)来表示这项授权的接受者。因此,即使他们(them)仅仅是指《创世记》1:28中的那个男人和那个女人,也必定是一种联合的统治

专断的(而非理性的,尤其参见186-187),且他通过恐惧来控制人类,这更接近于"圣经教导"。尽管洛克在这个段落中(还有很多其他的段落中)更应被理解为是在试图调和理性与启示——因此洛克也是一个非常"现代的人"——但洛克对这个段落的解释比菲尔默的"前现代"解释更接近于实际的文本。

权。然而，根据洛克，他们很有可能是指全人类，因为他们是根据上帝的形像受造的，是"有理性的"，并获得了高于其他受造物的地位（《上篇》，29-31）。这里要注意，洛克以集合意义而非单数意义来理解希伯来词语"亚当"。菲尔默论证说，"他们这个字样单指亚当，而不包括其余同他一道在世上的人们"，在洛克看来，

> 这就违反了圣经和一切理性：而且，如果这节中前一部分的"人"与后一部分的"他们"不是指同一的东西，那是说不通的。我们只可把那里的"人"像通常一样解释为人类，而把"他们"解释为人类中的一切个人。（《上篇》，30）

洛克也考查了菲尔默用来证成亚当个人统治权的类似的圣经内容，即《创世记》9：1-3中上帝对挪亚的授权。根据洛克的说法，这一授权就像《创世记》1：28中的授权一样，不只给了一个人以统治权——上帝对挪亚的授予同时也给了挪亚的儿子们（《上篇》，32，参见《上篇》，33-36）。洛克还质疑菲尔默的下述断言：上帝并没有给予挪亚高于亚当的更多的财产权利。洛克指出，就财产权而言，对挪亚的授权[110]大大不同于对亚当的授权，因为它给了挪亚吃肉的权利，而只给了亚当（作为菲尔默笔下世人的君主）吃素的权利。即使菲尔默承认，上帝给亚当统治大地和动物之权，与上帝允许挪亚自由食用动物之间存在差异，这也表明了财产权地位上的某种变化，与菲尔默所说的变化相反的某种变化。① 洛克指出，由于亚当没有像挪亚那样被赋予食用动物的权利，因此就不能说亚当是一个绝对的君主，他对动物的统治权因此也就是"狭小而有限的"（《上篇》，39）。正如洛克所写的，这种区别是"一个牧羊人可能具有的支配权（having dominion）与作为一个所有者所享

---

① 所说的这个段落出现在《父权论》中，菲尔默在那里推论说，"亚当对万物所享的占有权，绝不会改变或消失，而只会扩大他的共有权"（64）。

有的完全所有权"之间的区别（《上篇》，39）。看起来挪亚可能对动物有最大限度的财产权，但是即便那些权利也要受到上帝的限制，上帝是所有事物的最终所有权人，他允许挪亚使用，挪亚才能使用。洛克理论的含义是，上帝的授权是随历史环境的改变而改变的。洛克政治理论的核心是一种神学观点，即上帝参与人类的事务，但不是专断任意地参与，而是因应人类的活动，或者配合人类的需要和欲望。洛克以纯粹神学的术语强调上帝指令不断变化的性质，这就使他得以提出一种动态政治结构，它远比菲尔默和17世纪其他父权论者所提倡的静态政治结构更有活力、更富于变化。

洛克进一步主张，个体对财产的排他权利让一个人有权利拒绝给任何想要食物的人以食物。事实上，看起来更可能的情形是，最初，所有东西都是共有的，没有人对任何事物享有将其他人排除在外的绝对权利（《上篇》，40）。囤积食物而排斥其他人享用，会违背神的愿望，因为神要求人类生养众多，充满大地，以延续人类种族。如果人类的生存要依赖某一个人的意志，那么人类就不可能实行上帝的这个重要命令（《上篇》，41）。反过来说，不管是谁，只要他拒绝给饥饿的人以食物，或用强力把财产从别人那里夺走，都是不正义的。在此，洛克第一次使用了他的仁爱（charity）概念，仁爱在他看来是一种基于财产权的自然义务。一旦某个人有了足够他生存下去的财产，他就义不容辞地应该去帮助他人（《上篇》，42）。[①] 因此，《创世记》1：28中对亚当的授权和9：1-3中对挪亚的授权，在洛克

[①] 这些观点与洛克的自然法理论相一致。塔利（James Tully）指出，洛克的慈善理论与阿奎那的慈善理论极其相像（1980，32）。潘戈提出了一种不同的解释，他将洛克的慈善理论仅仅解释成一种权利，一种饥饿的人自我保存的权利（1988，144）。但在这里，洛克既关心饥饿的人自我保存的权利，也关心富有的人给予穷人食物的义务。正如洛克所说，"任何有财产的人，若不以自己的充裕救济贫困的兄弟而致其死亡，都总是犯罪"（《上篇》，42；参见Dunn 1968，81-82）。

的政治世界中共同引发并带来了物种的保存。我们将在下一章看到，这就是洛克的第一自然法。上帝把这个世界给了人类，好让人类能够生存繁衍。洛克提醒我们，通过增加人口，就有可能"改进并提升艺术、科学和生活的各种便利设施"（《上篇》，33）。基于[111]对圣经的解读，洛克改进人类命运的这种首要关切，在《政府论上篇》中很早就显示出来了，这种关切还贯穿了他的全部政治思考，因而会成为洛克反复申述的主题。洛克的神学观点又一次为他的政治结构提供了基础。

在第5章（《上篇》，44-49）中，洛克处理了菲尔默的第二个政治前提：亚当统治夏娃的权利，以及相似地，所有男人统治女人的权利。在这一章，洛克处理了一个更大的问题，即政治权力与父亲式的权力之间的区别，以及菲尔默提出的一个具体问题，即《创世记》3：16是否授予男人统治女人和子女的权力。洛克的难题是，如何通过重新解释菲尔默用来支持父权的圣经基础，来限制父权。这对洛克来说是更难的问题，因为这些段落的显白意思似乎表明女人要受男人统治。洛克在《政府论上篇》第47段引用的圣经文本是：

> 又对女人说，我必多多增加你怀胎的苦楚，你生产儿女必多受苦楚，你必恋慕你的丈夫，你的丈夫必管辖你。

洛克既要处理这个贬低女性自由能力的文本，也要对付17世纪英国的父权制结构。主张性别之间的平等，就像主张上帝授予了（政治上的）平等那样是不合传统的，这不仅会引发争议，而且可能非常危险。在一个明显父权制的世界中，这一论证表明，洛克的观点可以在何种程度上与早期女性主义运动相容。①

---

① 在一篇非常精彩的论文中，巴特勒（Melissa Butler）指出，相比菲尔默的其他一些同意派理论家对手——西德尼（Sidney）或蒂勒尔（Tyrrell）——来

在对《创世记》3∶16 的分析中，洛克主张，既然亚当刚刚违抗上帝，吃了分别善恶的智慧树的果子，因此上帝不大可能赋予亚当统治夏娃的绝对权力以奖赏亚当。实际上，洛克指出，上帝使亚当成了这样一个君主：他必须辛勤劳作才得谋生，"你必汗流满面才得糊口，直到你归了土，因为你是从土而出的，你本是尘土，仍要归于尘土"（《上篇》，49；参见《创世记 3∶19》）。显然，亚当比之于夏娃的优越，只是一种"偶然性的优越"（《上篇》，44），因为若说上帝竟然在将亚当逐出伊甸园、令他耕种土地至死的同一天，给予他绝对的权力和独享的统治权，那将是不可思议的。况且，当上帝告诉夏娃必恋慕她的丈夫，而她的丈夫必管辖她的时候，上帝只是在说明那新的处境会意味着什么；上帝在《创世记》3∶16 既没有对亚当说话，也没有给亚当任何授权（《上篇》，47）。① 因此对女性的这种诅咒并不包含任何悲惨的政治后果，也没有限制女性的自由。

[112] 其中所包含的意思也不外是女人们通常应对丈夫的服从，但如果由于她自己的条件，或者由于和她丈夫所订契约的关系使她可以免去这种服从，那就不能说这里存在什么勉强妇女接受这种压制的法律，如同若有办法避免生育儿女的痛苦，也没有什么法律规定她非受这种痛苦不可，这种痛苦也是上面所说的对她的同一诅咒中的一部分。（《上篇》，47；参见《下篇》，52-86）

说，洛克对女性要仁爱得多。蒂勒尔写道："从来没有这样的政府：其中，妇女和孩子组成混乱的乌合之众，这些人尽管没能力投票但却拥有投票权。"（1978，139）对于洛克的女性主义，参见沃尔什最近的思考（Mary Walsh 1995）。

① 也请注意，洛克还批判了菲尔默的如下观点：亚当被赋予统治夏娃的权力，是因为他"生来就是更加高贵的和主要的行为人"（《上篇》，55）。洛克再次指出，这种说法缺少圣经根据。

这里洛克似乎是把上帝放在了先知而不是审判官的角色上。洛克在暗中限制了上帝对事实陈述的发言或者预言，也没有使上帝参与谋划任何种类的普遍的性别不平等。洛克也指出，女性试图避免生育儿女的痛苦并不是罪恶；这是专对夏娃说的话，并不一定是对所有女性施加的诅咒（《上篇》，46，47）。① 上帝并没有给予男性以统治女性的权威，以致想促成确立一套基于习俗和传统而非神圣命令的关系。洛克似乎就是在说，如果这些关系是被建构的，那么它们同样可以被解构。

> 据我看上帝在这段经文中并没有给予亚当对夏娃的威权，也没有给予男子对其妻的威权，而只是预言女人可能遭受的命运，即上帝依照他的意旨想要做出规定，使女人必须服从她的丈夫，正如人类的法律和各国的习惯一般规定的那样；我认为，世间这种规定具有一种自然的基础。（《上篇》，47）

圣经中的基础只是为了"婚姻上的权力而不是政治权力"

---

① 请注意洛克的强调重点是如何变化的。他在早期认为上帝对亚当所说的话适用于全人类（如在《创世记》1：28 中），后来转而强调这样的观点：上帝对那个女人所说的话（以及随之对那个男人亚当所说的话）仅仅适用于个人（如在《创世记》3：16 中）。换句话说，尽管上帝在《创世记》第一章授予人类以权利和特权，但在《创世记》第三章却又把惩罚限定在个人身上。因此，在洛克看来，就亚当而言，无论整合性模式还是区分性模式，都是既包含了堕落前的整合（参见 Mitchell），又包含了堕落后的区分（参见 Harris）。有人也可能会论证说，洛克在此是认为可以对《创世记》文本的不同地方做非常不同的解读，他是以类似于现代圣经研究的方法注意到了《创世记》中两种创世记述之间的风格差异和事实差异。尽管洛克并不把文本上的异例归因于不同的起源（在这种情况下，就是《创世记》1：28 的祭司起源和《创世记》3：16 的耶和华起源），但他确实注意到了这些异例，并指出在每一种情况之下，这段文本都是在说某种政治上不同的事情。当然，在菲尔默看来，这段文本在两种情况下都是在说相同的事情。洛克则暗示《创世记》中的这些段落可能不存在某种统一的教义，从而为现代圣经研究的历史批判法开启了大门。

(《上篇》,48),也就是说,这是一种就普通私人事务而言的对夏娃的权力,而不是一种公共的、政治的生杀大权(也见《下篇》,82)。① 洛克在这种情形中尽可能减少了丈夫对妻子的支配权,为某种性别平等主义而非性别等级关系铺平了道路。② 洛克对"堕

---

① 许多批判自由主义的女性主义批评家指出,洛克对公共领域与私人领域的区分(女性在前一个领域有平等地位,但在后一个领域没有),妨碍了真正解放的可能性。参见:Lorenne Clark,1979,16-40;Carole Pateman,1988;以及 Diana Coole,1988,86-94。然而,我更认同沃尔什(Walsh)的观点,即洛克"试图在公共领域和私人领域内,在这两个领域之间,平衡自由需求与平等需求"(1995,253),并因此而为女性解放的可能性铺平了道路。实际上,在私人领域中,洛克版的自由主义设置了许多保护措施来阻止专断性的父权式婚姻。

② 施特劳斯的许多追随者都已经把洛克的女性主义看作一个标示,认为它标示着洛克否认了传统基督教意义上的"堕落"概念。按照施特劳斯的说法,

> 正如堕落自身一样,随堕落而来的惩罚对于洛克的政治理论来说已经不再具有任何重要意义。他认为,上帝对夏娃的诅咒并未给女性施加这样一项义务,即"不能努力去避开"这个诅咒;"只要有可能找到补救办法",女人就可以避免生产之痛。(1965,216-218)

施特劳斯的这种看法,有很多追随者,其中包括考克斯(Cox 1960),潘戈(Pangle 1988),朱克特(Zuckert 1979,1994,2002),以及福斯特(Foster 1997)。这些论证的核心就是,洛克在曲解圣经,以使女人可以逃避生产的痛苦。这种观点假定"上帝对女人的诅咒"意味着"女性的痛苦应被理解为神的惩罚"(福斯特 1997,204)。尽管洛克对堕落的理解确实可能比正统的理解更具有索齐尼主义色彩,但这并不意味着洛克必定就是在像颠覆父权论的正统观念一样颠覆"圣经的教导"(参见 Myers 1998,188-190)。情况更可能是,是施特劳斯主义者的上帝,而非洛克的上帝,要通过对女人施加"诅咒",以及"长达数世纪之久的食肉禁令,惩罚性的大洪水和由之而来的圣约",来实施父权制政治和严酷的要求(参见 Pangle 1988,150)。洛克的上帝要仁慈得多;他悄悄限制了上帝对事实陈述的发言权。洛克的天赋与其说让他抛弃了圣经,不如说让他质疑了关于"堕落"的父权论假设;洛克的天赋也让他保留了圣经作为自己政治哲学不可分割的一部分。

落"的"女性主义"的解读,要基于他在《创世记》中所发现的公私领域之间的某种区分。如果菲尔默是要消除公共政治与私人家庭事务之间的差异,以使政治权威建基于父权——对于菲尔默来说政治即是家庭——那么,洛克就是要区分这两个领域,以推进自由和平等。

在第6章(50-72),洛克攻击了菲尔默将父权等同于君主权力的做法。洛克想要做出的区分,与每个权力持有者所持有的权力之等级有关系。洛克想要表明父亲对其子女的生死没有决定权。父亲(和母亲)对其子女的权利是基于生育行为,这是一种婚姻上的(conjugal)而不是政治上的(political)权利。因此,所应给予父母的权力,是基于一种独属于他们的自然关系,这不同于所应给予主权者的权力。对我们的目的而言,这里特别需要注意,洛克作出这些区分是根据他对《创世记》故事的解读。[113]根据洛克的说法,亚当对其子女没有任何政治权力——只有父权。① 亚当是其子女的生父这一事实,并不赋予他对子女的政治权威,因为子女的创造本身最终还是上帝的行为,而不是一个男人的行为(《上篇》,52)。对于洛克来说,人类最终是"上帝的财产",因此不可能是其他人的财产。这里洛克援引了人类"制作技艺"的论证模式("workmanship" model):既然我们都是上帝制作技艺的产物(《上

---

① 但可比较福斯特的观点,他认为洛克做出这种区分,是在悄悄反对将父亲的生育行为与上帝的创造行动相关联,而上帝的创造行动,福斯特认为是一个核心的圣经概念(1994,641-670,尤其是655-659,663-670)。福斯特的施特劳斯式解读与菲尔默的解读(他对"生育"的描述也没有提到女人)几乎同样都是父权论的解读,这种解读表达了一种毫无圣经根据的男性行动原理。福斯特同样也指控洛克不忠于"圣经教导",因为在洛克那里,父亲对其子女同样也不享有生杀大权(参见《出埃及记》21:15,17;《利未记》20:19;《申命记》21:18-24;《马太福音》15:4)。然而,考虑到这样一种把圣经道德的复杂性过分简化的观点,我们不禁怀疑,是否除了那些支持杀婴的人以外,每个人都会被指控亵渎神明?

篇》，53-54；《下篇》，6），这种财产的权利最终就应属于上帝。①

洛克继续攻击菲尔默贬低女性的做法。洛克认为，如果生育赋予了亚当政治权力，那么他的妻子必定享有共同的政治权力，因为她在生孩子的过程中至少有同等功劳（《上篇》，55）。第五诫命（同时还有其他圣经经文）是以同样的方式对待父亲和母亲的（《上篇》，60-63）。② 洛克指出，甚至菲尔默也承认这一点，因为菲尔默说，"没有什么人的儿女可以不服从他们的父母"。因此，要么亚当和别人分享他的权力，要么父母（parents）仅仅指父亲，但这显然是荒谬的（《上篇》，63）。即使父亲对子女有绝对的权力，洛克仍然又一次援引圣经表明它是一种被分享的权力。此外，如果亚当的生育行为让父亲对子女享有政治权力，那么，有多少父亲，也便有多少统治者了（《上篇》，65）。

这样一种政治权力不可能给任何父亲以剥夺子女生命的权利。洛克引用例子来阐明，有些人会卖掉或吃掉自己的孩子，但这样的人已经屏弃了他们的理性，也没有遵守圣经的道德（《上篇》，57）。在《政府论上篇》一个更加特别的段落中，洛克采用一个航海比喻来表示，人们如果不追随理性就很容易变得愚蠢，所以，理性是他们"唯一的星辰和指南"（《上篇》，58）。借助习俗和传统的帮助，这种愚蠢可以变成邪恶，实际上会变得如此邪恶，以致连野兽都可以成为人类更好的道德榜样，因为野兽至少还关心它们的崽儿呢！洛克在这里的核心议题是反驳菲尔默的做法，后者有选择

---

① 参见邓恩等人对"制作技艺"论证模式及其与洛克自然法观念之关系的讨论（Dunn 1969，125-127；Tully 1980，62-63；Ashcraft 1987，72-73，128-129）。

② 在这里，洛克主张第五诫与政治权威没有任何关系，而是与家庭权威有关，公然抗拒正统观念。参见《上篇》64 以及拉斯莱特的注释（Laslett 1988，187）关于第五诫对新教的重要意义的讨论，以及本书第三章关于第五诫对 17 世纪英国社会和政治秩序的重要意义的讨论。

地借用历史先例来确立父亲对子女的绝对权力。洛克否认"曾经出现过的事例都可以成为理应如此的通则"(《上篇》,57),因为这样的话,历史上的许多恶行就可以成为正当的了。关于这一点,洛克还举了上帝谴责古以色列人以小孩献祭的习俗来表明自己的看法(引自《诗篇》106:37—39)。① 如果人类不使用他们的理性或不咨诸启示,他们就得听从传统的有害影响,而无论本能还是天赋道德观念,都不能使他们免受劝导性的传统或习俗的权力控制。当然,这是洛克在他的《论自然法》和《人类理解论》中所关心的问题了。②

[114] 处理完菲尔默支持亚当的自然主权者身份的论证之后,洛克总结道,人类享有一种"自然的自由"。通过频繁引用《创世记》,洛克才总结出了这一通向人类自然自由立场的观点。所以值得全部引用这一长段话,因为它明确地把《创世记》的解释与人们之间的自然自由和平等并列起来。

> 我们的作者菲尔默假设亚当有"绝对无限的统治权",因此,人类从来都是一生下来就是"奴隶",绝没有任何自由的权利。他提出来的看似可以用来论证其假设的一切东西,我们终于全部考察过了。但是,如果上帝的创造只是给予人类一种存在,而不是把亚当"造成""他的后裔的君主";如果亚当(《创世记》1:28)不是被确立为人类的主人,也没有被赋予超越其儿女之外的"个人的支配权",而只是被给予了凡是人

---

① 这并不是要说,洛克不依赖于历史实例或不以人类历史来看待上帝的行动(尽管塔科夫[Nathan Tarcov] 批评洛克"拒绝认为具体的神意会在历史中运作和起作用";1984,316n)。

② 在《论自然法》(99-103)、《政府论上篇》(57,58)、《人类理解论》(1.3.9)中,洛克关于每个人都倾向于堕落败坏的煽情描述,表明了习俗的巨大力量,以及随之而来的人们在运用理性时所面临的困难。更多讨论见本书第五章。

类子孙都共同享有的支配土地和下级动物的权利和权力；如果上帝（《创世记》3：16）也没有给予亚当以支配其妻子和儿女的政治权力，而只是作为一种惩罚，使夏娃服从亚当，或者只是在有关家庭共同事务的处理上对女性的从属地位作了预言，但不曾因此而给予作为丈夫的亚当以必然属于执政官的生杀予夺之权；如果父亲们不能因生育儿女而取得对儿女的这样的支配权；如果"孝敬你的父亲和母亲"这一诫命也没有授予这种权力，而只是责成人子对双亲应同样地尽责任，不论他们是否臣民都是一样，并且对母亲也与对父亲一样；如果上述诸点都是对的——在我想来，根据上面所说的论证，这是十分清楚的——那么，不管我们的作者怎样坚决地加以否认，人类都确实具有一种"自然的自由"。这是因为一切具有同样的共同天性、能力和力量的人从本性上说都生而平等，都应该享受共同的权利和特权，除非能把作为万物之主，并永受祝福的上帝用明白语言所表达出来的选任摆出来，用以显示某一特定个人的优越性，否则就应拿出一个人对一个上级表示服从而自行作出的那种许诺来。（《上篇》，67）

当然，菲尔默关于亚当绝对统治权的论证，逻辑上是有问题的，而洛克抓住了这个逻辑问题。洛克提问说：如果亚当凭着父亲的权利成了最高的君主，那么当亚当的孩子有了孩子的时候会发生什么呢？一个人怎么可以同时既是奴隶（比如说亚当的孩子对亚当来说就是奴隶）又是绝对的统治者呢（比如说亚当的孩子对亚当的孩子的孩子）？孙子辈的孩子也要服从亚当的权力吗（由此岂不割断了因出生而来的权力与政治权力之间的联系！）？还是他们要服从他们的父亲的权力？——在这种情况下，亚当的孩子同时既是奴隶又是专制统治者，或者会有多少父亲便有多少国王。如果父亲的身份不能与政治权力相区分，那么这一情况只会导致无政府状态或者暴政（《上篇》，68-72）。

[115] 接下来在简短而又复杂的第 7 章（《上篇》，73-77），洛克提出了财产权问题——与私人统治和公共统治一道。表面上这一章描绘了菲尔默圣经政治学的另一个矛盾：财产所有权和政治权力的转移所需的条件。菲尔默已经表明，财产权和政治权力就其都能转移给一个继承人而言是相似的：亚当的权力以及他的遗产都是因着父亲的权利传给了他的下一任继承人。洛克希望阐明，一个人（通过"生育"）获得（gets）权力的权利，决定了他对谁享有（has）权力（在这种情况下，只有对他的孩子才享有）。这样，洛克就保持了政治权力和父权在财产权问题上的区分：一个是私人的，能够被转移，另一个是公共的，不能被转移。① 换句话说，尽管父母，例如父亲，能够指定一个孩子继承私人财产，但国王，作为统治者，却不能选任一个孩子继承政治权力；前者涉及父亲的自然权利，而后者并不涉及国王的自然权利——臣民并不是他的孩子。对于洛克来说，一个人不能"在不满足某种权利据以成立的唯一条件的情况下，对任何东西享有权利"（《上篇》，74）。如果一个人不能保持这种区分，义务就变得有问题了。此外，根据长子继承权，所有的财产和权力要传给长子，亚当其他的子女既要服从亚当（因着父亲的权利）也要服从该隐（因着长子继承权）——"除非我们能够假定一个人可以根据同一理由而同时处于两个不同的人的自然的和绝对的支配（Natural and Absolute Dominion）之下"（《上篇》，74）。因此，菲尔默的依赖于父权的统治权原则和依赖

---

① 在《政府论上篇》后边的一些地方，洛克主张财产权利与政治权力是不同的，因为财产权利"是为了所有者的利益和个人的好处"，而政治权力则是"为了被治者的益处"（《上篇》，92）。换句话说，一个人将全部财产给予长子，就是只有利于长子个人的利益和快乐，这不会使其他家庭成员受益，因为他们很可能会忍饥挨饿。洛克将在《政府论下篇》讨论这种对自然法的违背。

于财产权的统治权，实际上是两回事（《上篇》，75）。对此，洛克后来（《政府论下篇》，第5章）在阐述他自己的财产权理论时做出了区分。

正如我们早些时候在《政府论上篇》注意到的，洛克论证说，父亲对其子女不享有任何财产权利，从而不能想怎样对待他们就怎样对待他们（《上篇》，52-53）。看起来当涉及财产权问题的时候，洛克区分了人与纯粹物质的东西，只有东西才能成为财产。洛克更早的时候还论证说，挪亚就其可以杀死并食用动物而言对动物享有"最大的"财产权利（《上篇》，39；又见《上篇》，92）。但是在他关于父亲权利的讨论中，洛克却表明丈夫不能对妻子和子女享有财产权利（《上篇》，48；又见《下篇》，82）。没有任何人可以成为其他人的财产。同理，在暴虐的君主之下，臣民也可以得到保护，因为他们不是君主的财产；进一步说，在财产所有权与政治统治之间没有任何关系。最终，是上帝拥有财产，而人们只是租户（《上篇》，39）。正如洛克早些时候讨论过的，上帝并没有［116］把这个世界给予一个单个的人，而是给了人类全体（《上篇》，24，29）。人被授予了使用财产的权利，因此才能供养家庭，并完成神的指令："生养众多，成为多族，遍满地面。"（《创世记》1：28，参见《上篇》，41）如果所有人都要依赖亚当才能生存，那么神的这种指令就更加难以实现。事实是，上帝也改变了财产的性质和财产所有权——也就是说，使亚当成了劳动者，并赋予挪亚吃肉的权利——这表明上帝口授了关于财产的命令条款，但不管亚当还是挪亚，除了上帝赋予他们的权利之外都不享有任何绝对的权利。①

在这个节骨眼上，当已经指明菲尔默对《创世记》1：28（对亚当的最初授权）和3：16（亚当对其妻子儿女所享的政治权力）的解释存在问题之后，洛克现在必须处理菲尔默对《创世记》4：7

---

① 相关的清晰易懂的讨论，参见阿什克拉夫特（Ashcraft 1987，81-96）。

(长子继承权原则)的解释之后果了。正如我们在《政府论上篇》第 7 章看到的,洛克引进了财产权概念,使它与政治权力相区分,由此摧毁了菲尔默的长子继承权理论。对于洛克来说这个问题是比较重要的,因为他在《政府论上篇》的其他章节(第 8,9,10 和 11 章)处理了继承和政治权力的传递问题。这些章节中的许多观点都重复了之前提出的观点,尤其是关于财产权的问题,但洛克推论说,权力的传递在政治上如此重要,所以对菲尔默的观点必须予以详细驳斥。正如他在第 11 章开头表述的:

> 从古至今,为患于人类,给人类带来城市破坏、国家人口灭绝以及世界和平被破坏等绝大部分灾祸的最大问题,不在于世界上有没有权力存在,也不在于权力是从什么地方来的,而是谁应当拥有权力的问题。(《上篇》,106)

因此,在《政府论上篇》剩下的章节中,洛克通过长子继承权处理了继承问题。在简短的第 8 章中(《上篇》,78—80),洛克指出,菲尔默关于亚当权力传递的理论,未能区分篡权、选举、授权及继承。洛克打算依次考查全部这些东西,但事实上只是分析了继承问题(《上篇》,80)。

在第 9 章(《上篇》,81—103),洛克回到第 7 章提出的核心问题:如果在菲尔默的论证中亚当的权力来源要依赖两个前提(上帝在《创世记》1:28 中的授权,即财产权[property],以及亚当的自然生育行为,即父亲的身份[fatherhood]]),那么继承权也必须仰赖这两个基础(《上篇》,84—85),但正如洛克早些时候指出的,这是荒谬的。在这一点上,《政府论上篇》变得不是那么具有论战性了,而且洛克又一次论及财产权和自我保存的主题,因为它们与继承权相联系(《上篇》,86—90)。许多 [117] 评论者在这里批评了洛克,因为他主张说,亚当"对于万物的财产权,是基于他所具有的利用那些为他生存所必须,或对他的生存有用处之物的权利"(《上篇》,86),而这一论证与他早前的说法即食用动物"在对亚当的授权中是不被允许的",相互矛盾(《上篇》,39)。尽管洛克从来没有明确表达说上帝给了亚当食用动物的权利,但许多评论者都指出,洛克希望读者做出这样的推论,因为"人能享有的最大的财产权"就是"通过使用它来消耗它"(《上篇》,39)。然而,这样一种推论并没有根据,因为洛克显然是在说,这个伟大的神恩允许人类"统治"动物,只要人类认为有利于自己的保存,就可以利用动物(不一定要吃但可以像"牛马"那样役使;《上篇》,86)。洛克的表达可能使食用动物的问题仍然悬而未决,但上帝在《创世记》1章28节、29节中的授权也是以相似的方式作出的。直到某一种树的果实在2:17中被禁止食用,以及某些类型的动物在9:4中被禁止食用,饮食的限制才生了效。在《创世记》第1章中没有关于饮食本身(per se)的限制,只有关于每个人和每个东西能吃什么的建议。无论如何,洛克在这个部分的主要观点就是,人们凭着他们使用动物的权利获得了财产权。这是人们普遍共有的财产权,并不是给其中某一个人的。洛克急于要使自己的财产权理论符合《创世记》中的神圣授权,也急于使它符合理性,即他要使它成为说给人类的"上帝之声"(the voice of God)(《上篇》,86)。

洛克的第二个要点是,上帝植入了一种通过繁殖来延续种族的欲望(正如在《创世记》1:28神的指示中看到的那样),也因此,为了帮助延续种族,子女要在父母去世的时候开始继承遗产(《上篇》,88)。正如在自然状态中人类有活命的自然权利,以便实现自我保存的义务,子女对其父母的物品也享有继承的自然权利,以便能够更好地生存。对于洛克来说,这些自然法符合上帝的总体设计(《上篇》,88-89)。因此,洛克论证说,任何一个子女若比其他子女继承更多的东西,都会违背上帝的意志。洛克进一步保持了早些时候在与菲尔默的争论中提及的区分:统治的继承不同于财产的继承；财产是为了所有者的利益，而政府，"通过保障每一个人的财产权利"，则是为了被治者的利益（《上篇》，92）。尽管继承财产是子女从父母那里得到的一种权利，但他们没有继承政治权力的权利，除非他们获得了被治者的同意（《上篇》，92-94）。洛克引用一些圣经例证来说明长子继承权在实践中并不总是得到遵从，而且还指明了上帝对指派以色列王位继承人的关怀（《上篇》，95）。即使生育［118］给了父亲统治子女的权力，这种权力也不能被继承，因为它是私人的而不是政治的，也因此，不能凭这种权力来控制年轻的兄弟、父亲的妻子或者其他任何人（《上篇》，96-103）。

在接下来篇幅简短的第10章，洛克仅只指出，如果亚当的权力有一个继承人，那么直到证明它是谁，人们才能在良心上服从他。而且，如果有两个或多个继承人，那么每个人都有合法的权利被称为统治者。"如果亚当的继承人有两个或两个以上，那么每个人都是他的继承人，也因此每个人都享有王权"（《上篇》，105）。

在最后一章，也就是《政府论上篇》最长的一章，洛克再次就亚当权力的正当继承人问题与菲尔默展开释经学论战（《上篇》，106-69）。正如洛克表明的，这是一个比较重要的问题，因为如果菲尔默的理论是正确的，那么"任何不是亚当继承人的人登上了王位，都会是亵渎神圣"（《上篇》，107）。考虑到这样的后果，洛克责怪菲尔默太过模棱两可（《上篇》，107-10），并最终得出结论说，菲尔默的意思必定是继承不得不通过长子继承权（《上篇》，111）。接着，洛克考查了菲尔默从该隐和亚伯的故事中为长子继承权寻找的圣经证据（《创世记》4：7），并发现这一复杂艰涩的文本在这一点上绝非清楚明白。实际上，我们可以在一种完全不同的意义上来解读它。首先，对该隐所说的话是有条件的——"如果你做得好"，这并不意味着一种必然关系，而是一种依赖于该隐的行为方式的关系（《上篇》，112）。此外，"亚伯"的名字并未出现在这一段，而且代词 his 的先行词很有可能是指罪而不是指亚伯

(《上篇》, 118)。①

> 把那样关系重大的学说建立在圣经中如此可疑和含糊的文句上，未免过分了，因为这文句尽可以作别的意义很不相同的解释，甚至还更加妥当一些，所以只能把它当作一种拙劣的证据，其可疑的程度与要用它来证明的事情不相上下，尤其是在圣经中或理性上都找不出别的什么东西来赞助或支持这种说法。(《上篇》, 112)

洛克也证明，雅各统治其兄弟以扫的故事也没能给菲尔默提供他所需要的圣经证据。为了证明自己的核心观点，洛克又一次在财产权与政治权力之间作了区分（《上篇》, 113-118）。另外，根据洛克的说法，菲尔默并未指明在没有儿子的情况之下谁来继承（《上篇》, 119-128）。② 总之，直接继承自亚当的知识已经无可挽回地丧失了（《上篇》, 125）。像这样一个重要的问题，上帝若想要让亚当权力的合法继承人为人所知，必会坦率直言。上帝并没有指定任何人具有更高级的自然权利来进行统治。

在《政府论上篇》剩下的部分，洛克相当仔细地考查了菲尔默

---

① 在希伯来文文本中，这个代词的先行词不清楚。《创世记》4：7 的最后一部分读作，"罪就伏在门前，企图对付你，但你应制伏它"。请注意，安斯沃思（Henry Ainsworth）（洛克在《政府论》中唯一明确提到的解经家）把 4：7 中的代词 him 解释成是指亚伯（Abel）或罪（1639, 22 [BOD Locke 14.10; LL.41]）。洛克认为"罪"是正确的先行词，这表明他与安斯沃思的解释不同，但洛克确实承认这是一段"可疑而模糊的"文本（《上篇》, 112）。极具讽刺意味的是，塔尔顿（Tarlton）主张说，洛克承认这段文本"含混难解"，这证明圣经对洛克而言也是"含混难解的"，因此也就不能用圣经来作为人类安排秩序的基础（1978, 47-48）。

② 洛克这里的观点对菲尔默来说有点不公道，正如拉斯莱特在他的注释（《上篇》, 119 和 123）中指出的一样。菲尔默的意思是，下一任继承者会由现任主权者或根据本国的法律来判断、指定。

"从圣经抽出来的历史"(《上篇》,128),以图发现 [119] 亚当的继承人可能是谁。洛克找不到任何令人信服的证据,可以证明亚当的统治权传递给了亚伯拉罕(《上篇》,129-138),甚或找不到任何可信的证据,证明统治权如何从挪亚传给了他的巴别塔的子孙,又从那里传给了世上的诸王(《上篇》,139-149)。① 实际上,直到在埃及为奴时以及在士师统治时期,每一个人本可能拥有的权力都不是绝对的,甚或都不是自父亲继承的父权。上帝屡屡干预以色列人的历史,选择新的领袖而非让亚当的继承者来实施统治(《上篇》,150-159)。甚至当以色列人确实有了国王后,长子继承制实际上也没有生效(《上篇》,160-66)。洛克指出,上帝的选民以色列人,在他们还是上帝子民的时期,由君主统治的时间不能说超过了三分之一。洛克就以这样的总结结束了《政府论上篇》。②

小 结

根据某个解释学派的看法,如果菲尔默及其父权论的圣经政治学招牌并不存在的话,洛克就会自己去虚构它们。菲尔默的理论给了洛克机会来摧毁父权论,这种父权论始终在为洛克自己的霍布斯

---

① 洛克说,"关于他们的统治者或政府的形式,圣经未置一词"(《上篇》,145;参见《政府二论》,51),洛克这话只是在说,圣经并未规定世界上所有国家都从某个祖先那里获得其权力,甚至父权实际上也是这样。正如有些人所说的,关于圣经对于政治讨论的不相干性,洛克并未提出一个普遍性观点。

② 关于洛克的圣经年代表,参见拉斯莱特的注释(《上篇》,168-169),尤其是塔克夫对拉斯莱特年代学计算结果的敏锐评论(1984,324n)。如果洛克的年代表依随的是乌雪计算出来的那个年代表,那么奇怪的是,它并不符合他的笔记或圣经中展现的那个年代表(BOD MS Locke c.27,258r-60v,BOD Locke 10.59,10.60 [LL 307]),后者显然差不多与《政府论上篇》写于同一时期(参见拉斯莱特对《上篇》136 所作的注释)。洛克用另一个圣经父权论者乌雪来反驳菲尔默的观点,或许是为了论战的目的。

式世俗主义政治学提供充分掩护。然而，对《政府论上篇》的前述分析表明，洛克并不是在暗中使用《创世记》来转移人们对其理性的世俗主义政治学的注意力，而是把精力用在与菲尔默作复杂的释经学论辩，主题就是我们如何能从圣经文本中得出正确的解释。只有认真对待洛克对圣经的使用，我们才能看到他反对菲尔默的圣经父权论之效果。当然，菲尔默并不是第一个借用亚当的绝对统治权来讨论政治理论的人，但菲尔默的理论或许影响最大，至少在大众层面上是这样。正如洛克在序言中告诉读者的，"最近几年，宗教界也都公开接受（菲尔默）的理论……使他成了当今时代的圣人"。在这两个政治学的圣经学者发生冲突时，有某种相当引人注目的东西深处危险之中，尽管对我们现代人来说，这种冲突似乎听起来隐约过时了。不过，虽然我们已经丧失了安放政治学讨论的圣经历史背景，但这种讨论对于自由民主制的基础来说同样重要，同样意义深远。

本章一开始就提出，《政府论》的政治理论或许最好放在洛克与菲尔默的释经学论争背景中来理解。重构《政府论》写作年代的学术努力表明，《政府论》确实是作为对菲尔默理论的驳斥，作为辉格党废黜论者的宣传品而创作的。尽管有了这些观点和论证，但麦克弗森和施特劳斯还是提出了另一种不同的假设。他们认为，洛克的《政府论》更应该被解读为 [120] 一种霍布斯式的、以自我为中心的个人主义的宣言，尽管是一种隐蔽的宣言。麦克弗森和施特劳斯认为，洛克对圣经经文的引用隐藏了他真正的计划，即要释放无条件的占有（麦克弗森），并将基于圣经的宗教中立化，使之成为对抗霸权资本主义的一种有效手段（施特劳斯）。

为了检测麦克弗森和施特劳斯假设的正确性，我们审慎细致地分析了《政府论上篇》。这种分析不同于大多数其他的分析，因为它完全依赖于洛克与菲尔默的释经学论辩，以图重构《政府论》中的政治理论的基本宗旨。洛克不仅仅是想在一些论争点上让菲尔默出丑（尽管他确实做到了），他还想以某种方式来解释《创世记》，以构建他自己的政治理论的基础。他在四个关键的领域中都是这样做的：自由、平等、财产权和权力的传递。

洛克将《创世记》1：28解释成可以适用于全人类——不只是可以适用于一个人，也因此，没有任何一个单独的人能够凭着自然权利统治其他的人。在这一方面，所有的人都是"自由的"。

另外，就人是按照上帝的形像受造的理性存在而言，他们都是平等的（《上篇》，86）。因此，亚当（作为人类）没有被赋予任何统治的权利，但他确实对无理性的万物享有统治权，这是为了更好地供养人类的保存。洛克分析《创世记》3：16时，在政治领域与私人领域之间作出了重要但颇有争议的区分，以反对菲尔默的男人对女人和孩子具有绝对的政治权力这一观念。男人拥有的权力仅仅是"婚姻上的"，这在洛克的自由主义版本中——正如一些女性主义者已经注意到的——包含了解放女性的可能性。在消除菲尔默于家庭成员之间确定的等级差别时，洛克不仅攻击了菲尔默的圣经解释，而且攻击了在洛克看来是基于谬误的圣经解释所确立的社会结构。由此，洛克就切断了圣经与父权秩序之间的联系，揭示了父权论政治学的习俗的而非自然的性质。对于洛克来说，这是一个重要的策略，而且与盛行的正统信念大大龃龉。在揭示了父权论的习俗主义性质，它的缺乏圣经认可，并确立了所有人都生而自由平等之后（《上篇》，67），洛克处理了财产权问题。

洛克主张，尽管没有任何人能有权利统治其他人（因为最终所有人都是上帝的财产），但人们能够对物质的东西享有财产权（狭义上所理解的财产权）。事实上，上帝通过授予亚当对某些东西的统治权，已经给了人类使用财产以享用福利的权利（《上篇》，39，86）。人们对万物的统治权确立了财产权利，但它是一种与艰难的义务联系在一起的权利，这义务就是为整个人类提供福利，这也是上帝的意图之一。[121]谁都不能拥有把其他人排除在外的独占财产权利，因为这样做会让一部分人不能供养自己。洛克因此在《政府论上篇》花了相当多的时间来对付菲尔默对《创世记》4：7的解释的影响，这种解释就是某一个家庭成员凭长子继承权法则而拥有财产权利。洛克推论道，长子继承制只有在私人权力与政治权力分开时才能被证明是正当的；也就是说，只有当一个人能够只根据一个单一的理由来指定财产而非权力的继承人时，长子继承制才能被证明是正当的。而这个单一的理由就是：菲尔默据以确立其权利的那种基础（生育），能够适用于这个人的家庭中的人，而不能适用于全体公众。

通过区分小规模的财产权与大规模的政治权力，通过将财产权限制于家庭内部的个人使用和保存，而将政治权力限制于保存每个人的财产权利（在更大规模上，参见《下篇》，92），洛克区分了对财产权的继承与对政治权力的继承。财产权能够传递，但是统治权不能，除非它得到被统治者的同意。正是基于这样的理由，洛克又一次考查了《创世记》开篇几章以及整个旧约，要看上帝是否确立了长子继承制或任何形式的君主继承。洛克对圣经的解读表明，甚至王权也是上帝为了满足人类的需要而作出的让步，圣经中记载的以色列历史，也只显示在不到三分之一的时间里存在君主制政府。洛克对亚当合法继承人的讨论，是他在《政府论下篇》讨论正当和非正当政府的基础。

全面考察菲尔默和洛克对圣经文本的政治解释后，我们显然可以看到两个人之间存在某种区别。他们得出了不同的政治权力观和不同的人性观，这必然会影响他们的政治哲学。菲尔默主张人类既不是自由的也不是平等的，而洛克驳斥了菲尔默，认为人类具有自然的自由和平等。与菲尔默相对，洛克相信亚当对其他人没有自然的统治权，亚当没有从上帝那获得私人授权，亚当对他的孩子没有统治权，对这个世界也没有管理权。即使亚当享有自然权利，他也没有任何继承人来继承他的权力；而且即使他有继承人，圣经也不曾明确指出要由哪个继承人来统治。即使承认长子继承了权力和权威，洛克也作了实践性的批判，而认为亚当后裔中的长子身份已然无可挽回地丧失了，因此没有一个个体的人享有继承的权利（《下篇》，1）。既然人类没有义务服从任何人，他们就处于自然的自由状态之中。他们并不从属于其他任何人，与其他人在本性上是平等的，[122] 除了上帝的权威之外，他们不服从于任何权威。既已证明菲尔默圣经政治学的错误，洛克就准备在《政府论下篇》中详述他自己的政治理论了。

第五章 洛克的亚当:《政府论下篇》

[123] 研究洛克在《政府论上篇》与菲尔默的圣经论辩的学者,一般都认为洛克比他刻板的思想对手更好地理解了《创世记》的前几章。然而,同样这些评论者也认为,《政府论上篇》频频引用的经文,却在《政府论下篇》全都消失了,结果是洛克大大依赖理性来确立他的政治观点。我们已经看到,有些人甚至认为洛克是在蓄意颠覆圣经,以便把自由主义从宗教束缚中解放出来。这一章我将要提出的是,洛克在《政府论下篇》中同样依赖于《创世记》的前几章,以此来支持他自己对自然法、自然状态、财产权、父权以及公民社会的起源和目的的观点。尽管洛克在《政府论下篇》中确实不大使用圣经,但是正如在《政府论上篇》中一样,圣经对洛克的整体理论立场同样非常重要。接下来,我想讨论《政府论下篇》中洛克政治观念的圣经框架,以表明洛克的圣经解释与他自己的那种自由主义如何密不可分。

根据洛克在《政府论上篇》中的观点,菲尔默解释《创世记》的基本问题是没能区分合法的与非法的权力;也就是说,菲尔默认为,从亚当那里继承的绝对君主权允许一个人在不合法的情况下进行统治,因此菲尔默的这种解释不能为专制独裁权力的实施提供任何预防措施。洛克又一次攻击这种解释就是《政府论下篇》了,他在《下篇》一开始就希望消除这样的观念:"世界上的一切政府都只是强力和暴力的产物,人们生活在一起乃是服从弱肉强食的野兽法则,而不是服从其他法则。"(《下篇》,1)洛克告诉读者,他希

望为政治权力（他将之等同于合法的权力）提供一种让人满意的定义，也就是说，

> 政治权力就是为了规定和保护财产而制定法律的权利，判处死刑和一切较轻处分的权利，以及使用共同体的力量来执行这些法律和保卫国家不受外来侵害的权利，而这一切都只是为了公众的福利。（《下篇》，3）

[124] 然后，洛克着手解决的问题，是人们为了公众福利而保护财产和保卫共同体的权利的起源。为了确定人们有什么样的自然权利，洛克思考了人们自然地处于什么样的条件之下。在某种意义上，对洛克来说，答案由《创世记》中一个大胆的断言提供，即人类是按照上帝的形像受造的。按照上帝的形像受造，正如洛克在《政府论上篇》中已经主张过的，就是被创造成有理性的（《上篇》，30），而如果人类被造得具有理性能力，那么他们生来就有自由的能力。换句话说，他们的自由依赖于他们的理性，而理性又依赖于上帝的形像。正如洛克在《政府论下篇》中简明表达的，"我们生来是自由的，因为我们生来是理性的"（《下篇》，61）。于是，在洛克式的圣经政治学世界中，按照上帝的形像受造（也就是说禀有理性）就是生来就处于自由的状态之中。

但是，在我们处理人类的自然自由之前，重要的是看到《政府论下篇》首先也处理了人类的自然平等。《政府论下篇》不仅反驳了人们生来就要服从某种绝对权力的主张，或许更加微妙的是，它还处理了一套独特的权力关系。洛克希望将政治权力或者统治者与被统治者的关系，与许多其他的关系，例如丈夫与妻子的关系，或者父母与孩子的关系加以区分。同时，洛克也想证明每一种关系必然伴有的责任和义务。

> 我提出我认为什么是政治权力的意见，我想这样做不会是

不适当的。我认为官长对于臣民的权力，同父亲对于儿女的权力、主人对于仆役的权力、丈夫对于妻子的权力和贵族对于奴隶的权力，是可以有所区别的。由于这些不同的权力有时集中在同一个人身上，如果我们在这些不同的关系之下对他考究的话，这就可以帮助我们分清这些权力彼此之间的区别，说明一国的统治者、一家的父亲和一船的船长之间的不同。(《下篇》, 2)

菲尔默的理论混合了这些关系，但是也坚持了在堕落之前的亚当那里进行区分的原则，由此，所有的人都是潜在地天生不平等的，其自由也是受到限制的。在《政府论下篇》中，洛克必须一方面区分这些关系，一方面保持亚当的独一性。在菲尔默的保守主义政治学中，这些关系被瓦解到这样的程度，即某些人对其他人和无生命的物体享有排他的权利；而在洛克的激进主义政治学中，则需要承认别人是自由的和平等的，需要承认别人作为一个人有其独立的身份，其他人不能对他（她）享有绝对的支配权。对洛克来说，自然法规定了这些不同关系的问题（Grant 1987, 22）。[125] 接下来应该阐明，洛克对自然法和自然法所施加的义务的理解，如何构成了《政府论下篇》观点的理论基础。

自 然 法

尽管洛克的自然法概念是他的政治思想不可或缺的部分，但他并没有在《政府论》中详细阐述自然法概念。① 然而，自然法在他的所有政治学著作中都是被假定的，他也在许多场合提到了自然法。在下文中，我想简述他的自然法理论的大意，使他的政治思想的细节更加清晰、更加容易理解。洛克为了确立他的自然法观点，不

---

① 当然，他在未出版的《论自然法》中早已经提出了一种解释（约1663—1664）。

得不确定以下三个事情：(1) 我们怎么能了解自然法；(2) 是什么让我们有义务遵守自然法；(3) 自然法都包含什么内容。尽管洛克使用《创世记》（在解释中有一定的回旋余地）来确定自然法的内容，但他认为我们也可以通过理性来了解自然法和我们的义务，只不过，这种理性是基于对这个世界如何运行所作的一种有神论的理解。

洛克在他早期的《论自然法》（约写于1663—1664年）中全神贯注的问题之一，就是如何了解自然法。在这些论文中，洛克主张自然法是人类行为的道德体系的基础，但又暗中拒绝了自然法完全根源于天赋观念这样的通论。自然法和物质客体的知识只能源于感觉，这样一种观念将成为洛克《人类理解论》（1690）的伟大主题。但是，要是洛克主张行为规则不是天赋固有的，他就会在他的时代引起很大的争议，因为这一理论似乎威胁了关于上帝和道德的基本命题的基础（雷文特洛（Reventlow）1984，249）。然而，洛克的目的在于把基于自然法的道德规则建立在更加合理的基础之上，因此他才区分了他对先天知识的攻击与对自然法的攻击。① 对洛克来说，自然法不可能是天赋的，因为关于是什么构成了天赋的道德法，根本就不存在普遍的同意。习俗和惯例在不同的地方差异很大，以至于不可能主张存在某种基于共识的天赋的自然法（《论自然法》，106-16）。另外，通行全世界的习俗各种各样、相互抵触这一事实（洛克毫不犹豫地引用了许多轰动性的例子），也表明不可能存在基于普遍原则的天赋自然法这类事情。看起来是天赋的自然法，只不过是习俗和传统的结果，或者更笼统地说，是社会化的结果。而且，设若我们 [126] 观察那些最不可能被社会化的人（文盲、原始人和儿童），就会发现其中没有任何人表现出任何的道

---

① 参见《人类理解论》，洛克在其中写道："在天赋法和自然法之间，有很大的差异：一种是原始印在人心上的；一种是我们初不知道，后来渐次应用我们的自然能力才知道的。"（1.3.13）

德标准。事实上,真实情况常常正好相反(《论自然法》,97-98)。

没有天赋的道德原则,是否意味着根本就没有道德这种东西?对此,洛克断然回答说,"不"!我们能意识到自然中存在规律性和一致性,由于这样的秩序不可能是偶然出现的,所以,自然必定是智慧和全能上帝的杰作(《论自然法》,93-95;也见 Ashcraft 1969, 203)。从这一"设计论证"中,我们逐渐理解了,我们最终是如此依赖于上帝,以至于我们所有的自愿行为都与他的存在联系在一起(参见《人类理解论》,4.10.19)。① 正如我们将要看到的,这种依赖状态对于洛克的政治学非常关键。正是从人类对上帝的这种单向依赖中,产生了很多义务。正如洛克后来关于"法律"所写的(c.1693):

> 所有法律的起源和基础都是依赖性。一种依赖性的和理智的存在者,处于他所依赖者的权力、命令和统治之下,并且必须为了那个高级的存在为他指定的目的而努力。如果人是独立的,他就不可能有任何法律,而只可能有他自己的意志,不可能有任何目的,而只可能有他自己。他会成为他自己的神,他自己意志的满足将成为他自己行为的唯一标准和目的。(BOD MS Locke c.28, fol.141r)

对洛克来说,如果我们最终依赖于上帝,那我们就可以认为他是为了某种目的而创造了世界。在洛克看来,上帝行为的目的,不在于某些天赋的原则,而在于确立"关于我们应做之事"的法律(《论自然法》,102)。这种设计论证因此就确立了这样一点:从上帝特意创立法律让人类遵守这一点看来,存在一位立法者。因此,

---

① 洛克试图在泛神论(人类和上帝如此相互依赖,以致上帝依赖于这个世界)与自然神论(上帝对世界、人类对上帝都没有绝对的依赖性)之间走一条中间路线。参见 Tully 1980, 35-36。

我们的义务，"部分来自立法者的神圣智慧，部分来自创造者对他的创造物所具有的权利"（《论自然法》，117）。上帝就像其他立法者一样，把惩罚与违反法律联系在一起，但又不像其他的立法者，上帝只是把死后才完全生效的惩罚与违反法律联系在一起（参见《人类理解论》，2.28.8）。因此，对永恒的快乐或痛苦的预期，成了在此世遵守自然法的动机。在某种意义上，洛克关于人类义务的享乐主义理论，是唯意志论立场与理性主义立场之间的一种妥协。①

有些人主张，洛克在《政府论》中对自然法的依赖，既是唯意志论的也是（and）理性主义的。根据唯意志论立场，自然法是命令性的，凭信仰而接受的，有约束力的，因为它们是上帝意志的表达。然而，这一立场的传统困难是，自然法成了上帝的独裁统治。而根据理性主义的立场，自然法有约束力是因为它们符合理性。这一观点的传统困难在于，它使一位上帝颁布法律成为不必要，而且似乎也限制了上帝的自由。[127]洛克试图避免这两个难题，而主张自然法既符合理性，又是为上帝所意愿的。一位学者认为，

> 洛克同意唯意志论者的看法，即上帝的意志是义务的来源，但他拒绝推论说，对自然法效力的检验标准是非理性的。他接受了理性主义者的信条，即自然法能够通过理性被发现，因独立的标准而是智慧的和善的，但他否定下述推论：这就是自然法的约束力的根源。②

---

① 这对洛克来说会有点问题。一方面，如果自然法是上帝的意志，那么除了天赋观念或实证的启示（positive revelation），它的条规如何为人所知？另一个方面，如果自然法能够被理性地证明，那么是什么让我们有义务来遵守它？关于来世赏罚的许诺并不能为我们设定必须履行的义务，除非来世的赏罚能够得到理性的证明（参见 Strauss 1964, 204）。关于这些问题的讨论，参见 Grant 1987, 21-26。

② Tully 1980, 41。也见 Dunn 1969, 187-199; Reventlow 1984, 250-51; Ashcraft 1987, 60-80。

正如洛克在《政府论下篇》所写的，人类的理性让人可以了解上帝的意志，也就是自然法，并且正是对自然法的了解可以让人成为自由的（《下篇》，35；参见《人类理解论》，1.3.6，13；2.2..21，46-47；2.28.8，20）。① 似乎如果永恒的对错不是天赋的，而是以理性可发现的自然法的形式存在的，那么，生命的教育就是最重要的（Spellman 1988，112-13，123）。因此，洛克对天赋观念的攻击，与其说是在攻击自然法，不如说是在承认一个对人类有目的有要求的上帝。

对洛克来说，自然法的内容似乎是要提出不那么哲学，而或许更具实践性的问题。首先，他认为自然法的目的是保存人类。② 正如洛克所写的，"基本的自然法（Fundamental Law of Nature），是尽可能地保存人类，当不能让所有人得到保存时，应首先保护小孩的安全"（《下篇》，16）。洛克认为，人类保护物种的义务是基于这样的观念，即所有人都是上帝财产和创造物的一部分（《下篇》，6）。有人在这里可能会想起洛克所称的《创世记》1：28 中的"伟大的恩赐"，即我们是按照上帝的形象受造的，且奉命要繁衍后代。确实，正如洛克在《政府论上篇》中主张的，上帝在《创世记》1：28 中的话，表明他并不希望摧毁他的创造物。换句话说，如果上帝是为了某些目的才设计了我们，那么我们就应被保存下来，无论代价如何。事实上，上帝希望人类尽可能地保存他们自己，他还给了人类对其他动物的统治权来帮助他们做到这一点（《上篇》，

---

① 不幸的是，洛克并没有告诉我们怎样（才能了解）。也见拉斯莱特为《政府论》所作的导论，(Two Treatises, 94, 2n)；以及 Aaron 1971，375，2n，他提出了相同的观点。然而，阿什克拉夫特认为，只要人们不会违反自然法，他们在自然状态之下就可以被认为是自由的（《下篇》，57），换言之，个人是自由的，只要他们不宣布放弃自己的理性（1987，101-105）。

② 参见《政府论下篇》，6，7，11，16，23，60，79，129，135，155，171；《论自然法》，106，112，116。

86)。洛克在这里又一次提出，自我保存与其说是为了人类的利益，不如说是为了人类创造者的利益。①

另一个自然法是，社会必须被保存。② 有时，洛克也称之为"首要的和基本的自然法……社会的保存，以及社会中的每一个人的保存（就其符合公共利益而言）"（《下篇》，134）。在重申这个首要的自然法时，洛克把重点从个人转向了共同体，而且自相矛盾的是，从所有的人转向了各个独立的社会，直到共同体的保存似乎取代了人类中个人的保存。似乎很明显，从某种意义上说，在社会的保存与人类的保存，或在个人与社会之间，可能会存在相互冲突的义务，但如果社会［128］与自然法是一致的（把共同体的实在法解释为与自然法一致），那么人类的利益和社会的利益就不一定相互冲突了（参见《人类理解论》，2.28.10；以及 Grant 1987, 99, 129, 142）。

探察此一问题的另一个方法是指出，由于人类有义务保存他们的物种，由于上帝想要人们加入社会，因此人类就必定应该保存社会。③ 对洛克来说重要的是，他对人类条件的分析预设了社会中的个人有一种组织，在这个问题上他与菲尔默站在一起，两个人都反

---

① 参见麦克弗森和施特劳斯的说法，他们认为洛克此处是在默认一种霍布斯式的自我中心主义（egocentrism）。但是洛克进一步澄清说，人类的保存是为了神的目的而非为了人类自己的目的。个人也有义务保存其他的人，因此对其他人也负有道德上的义务。只有自我保存脱离了义务，某种霍布斯式的情况才会盛行起来。正如洛克在 1677 年的一则题为"论研究"的日记中所写的，"一个坚持自我保存原则的霍布斯主义者——他自己也要受这一原则的判断——不易接受很多明白简易的道德义务"（BOD MS Locke, f. 2. p. 128；也见塔利的精彩讨论，Tully 1980, 46-48）。

② 《论自然法》，106；《人类理解论》，1.3.10；《政府论下篇》，134-135，195。

③ 参见塔利的讨论（Tully 1980, 48-49）。塔利注意到，人类为了自己的生存而需依赖社会和上帝，这一假设可以追溯到苏亚雷兹（Francisco Suarez）和普芬道夫（Samuel Pufendorf）。

对霍布斯《利维坦》所描绘的那种原子式个人形象（正如邓恩所说的 1968，77-83）。[①] 此外，如果洛克像 17 世纪的另一个伟大自然法思想家普芬道夫（Samuel Pufendorf，1632—1694）那样，[②] 认为社会的保存是一条基本的自然法，那就很难调和洛克的理论和霍布斯的理论了。因为霍布斯声称只有自我保存才是自然的，而社会的保存则是人为的（artificial）。

"保存"这一观念对洛克的政治理论非常重要。政治权力，就其实在法明确有力地表达了自然法而言，可以被认为是应负责任的，因为自然法责令国家尽其所能去保存人类或社会。对洛克来说，自然法是上帝的意志，同时也是一种"理性的规则和普遍的公正，这种理性的规则和普遍的公正是上帝为了人们彼此的安全而为他们的行为设定的标准"（《下篇》，8，11）。谁也没有权利侵害其他人的所有权（也就是生命、自由和财富），因为所有人在本质上都是"上帝的财产"（《上篇》，39；《下篇》，6；《论自然法》，119）。在这个意义上，自然法与上帝对人类的目的相连，此目的即共同体的和平和保存（《下篇》，7；《论自然法》，106）。应当禁止个体去伤害其他人。违反自然法的人因此表明他们自己已不属于这个共同体，因此可得而惩罚之，因为他们试图毁灭别人，而别人实际上也是上帝的财产（《下篇》，8）。

洛克的自然法概念也必然包含了自由的概念。阿什克拉夫特指出（1987，102-103），如果个体被强制服从自然法，那么他们必须利用他们所有的自然能力去寻求并履行自然法的义务。换句话说，重要的是要理解，上帝让每个人遵照自然法去自由行动；否则，倘若他们不是自由地遵守自然法，那么上帝确立自然法时的目

[①] 正如阿什克拉夫特评论的，"洛克认为自然状态是基本上互相毫无关系的原子式个人的自然状况……这种看法现在已经被洛克思想的解释者们完全抛弃了"（1988，100）。当然，施特劳斯派学者并不完全赞同这种评论。

[②] *De Jure Naturae et Gentium*（1672），2.3.24。见 Tully 1980，73。

的就是无效的了（《下篇》，57，58）。这一自由不是允许人们随心所欲，想做什么就做什么；法律的目的是要为所有受其约束的人扩大自由，提供保护。正如洛克自相矛盾地所写的，"哪里没有法律，哪里就没有自由"（《下篇》，57）。[1] 个体有自然的自由"在他受其约束的法律许可的范围内，随心所欲地处置或安排他的人身、行动、财富和他的全部财产；[129] 在这个范围内他不受另一个人的任意意志的支配，而是可以自由地遵循他自己的意志"（《下篇》，57）。因此，作为上帝的创造物，我们是自由的、理性的，而且有可能是道德的（《论自然法》，105，125；《教育片论》，sec.41；《人类理解论》，4.21.1），但是那些违犯自然法的人已经表明他们是在保存人类这一目的之外行动了，因此他们可以像动物一样受到惩罚（《下篇》，8，10，172）。洛克的自然法概念，为他在《政府论》中的自由与平等观点之间架起了一座桥梁。

自然状态和执行特权

在第2章，洛克以描述自然状态开始了他对自由主义的描述（4-15）。[2] 他的讨论已经引得不少评论者指出，既然圣经不包含自

---

[1] 更理性的人就是更有能力了解上帝意志或自然法的人（参见《论自然法》，89，125；《政府论下篇》，8，10，11，57，135，172，181；《人类理解论》，1.4.9；4.3.18；4.11.13；4.13.3）。也见 Yolton 1958, 482-483。请记住，对于洛克来说，理性是"上帝在人类中所发的声音"（《上篇》，86）。

[2] 在二手文献中，关于洛克的自然状态究竟是虚构的（参见 Dunn 1969, 96-119）还是历史的（参见 Ashcraft 1968, 909-915, 以及 1987, 147, 1n），有大量讨论。我倾向于赞同阿什克拉夫特的说法。洛克对圣经的使用不是演戏，而是他整个政治理论的核心。洛克眼中的圣经实际上展示了人类历史早期阶段所发生的事情。它是洛克所获得的关于人类起源的卓越描述。因此，在使用其他人类学实例的同时，洛克也频频引用圣经来讨论自然状态，这说明洛克的观念是一种历史性的观念（也见格兰特的讨论 Grant 1987, 66）。

然状态理论，洛克必定是在努力为自己的政治理论加上一个理性主义框架，而不是加上一个圣经框架。① 对洛克来说，自然状态，从严格意义上来讲，是"没有独立的审判官"的地方（《下篇》，19，87-91，171，216）。然而，它也是这样一个状态：

> 所有的人都是处在……一种完备无缺的自由状态（a State of perfect Freedom），他们在自然法的范围内，按照他们认为合适的办法，决定他们的行动，并处理他们的财产和人身……这也是一种平等的状态（a State also of Equality），在这种状态

---

① 此处尤其可以比较施特劳斯的说法。根据施特劳斯的看法，尽管洛克的政治哲学"建立在自然状态假设的基础之上"，但这种自然状态无论如何也不可能是基于圣经的。首先，圣经中描述的犹太人的状态是唯一一种非自然的状态，因为上帝亲自介入了犹太人的事务。而且，尽管洛克似乎是把自然状态等同于圣经中的无罪状态（state of innocence），但洛克的自然状态分享了人类的败坏和堕落状态（1965，215）。但我们已经看到，洛克讨厌将堕落前的时期等同于"无罪"时期（这表明堕落后的时期是一种有罪的时期），他的这种自然状态观念比施特劳斯所认为的要更加复杂。考克斯（Cox）也根据洛克的自然状态概念中明显缺乏圣经参引这一点，提出了一个类似的观点：

> 首先，随着《政府论上篇》只明确提了一次的"自然状态"在洛克的论证中逐渐走上前台凸现出来——即始于《政府论下篇》第二章——他对圣经的引述和参考就大大减少了。这样一种逆转尽管本身并非结论性的，但它既表明这一论证很可能自始至终一直在缓慢而谨慎地进展，也表明在圣经教导与洛克的自然状态和政府起源观念之间存在一种张力。（1960，52-53）

但是塞利格（Seliger，1969，99-101）对此持有不同观点。我们将要看到，圣经的概念（尽管或许不是圣经的引述）在很大程度上贯穿了洛克《政府论下篇》的政治学。施特劳斯对洛克自然状态的论述，其问题源于他试图通过一种奥古斯丁式的甚或加尔文式的透镜来理解洛克的圣经解释，而这种透镜恰恰放大了一种归咎论的亚当罪恶观，也就是说亚当之罪玷污了所有其他人这样一种观念。无可否认，洛克对堕落的理解与正统信仰相去甚远，但也未必就是一种与"圣经教导"不能相容的理解。

中,一切权力和管辖都是相互的,没有一个人享有多于别人的权力。(《下篇》,4)

在自然状态中,人们仍然有完备的自由去做想做的事情,只要他们在自然法的范围内活动(《下篇》,6)。而且,在这种自然状态下,每个人都有权利执行自然法,都有权利惩罚违反自然法的人(《下篇》,7,8)。这一"奇怪的理论"符合洛克关于保存人类的自然法。人类要被保存,因为人类是上帝的创造物(《下篇》,6),也是上帝的财产,而不是任何单独的个人的财产。违反自然法使得犯罪者"对人类是危险的",因此"人人都享有惩罚罪犯和充当自然法的执行人的权利"(《下篇》,8)。根据洛克的说法,人们对那些违反自然法的人执行惩罚,目的在于遏制和补偿(《下篇》,11)。自然法的执行权,在理论上无论如何都不是独裁专断的或不理性的,而是符合理性的、合法的。它是为了人类的保存。违反自然法的人的行为表明了对理性原则和人性的无视(《下篇》,10),所以罪犯可被视为野兽(《下篇》,172)。事实上,在极端情况下,一个人可以杀死违反自然法的人。洛克又一次回想起《创世记》的开篇几章,于是写道:

> [130] 因此,在自然状态中,人人都有处死一个杀人犯的权力,以杀一儆百来制止他人犯同样的无法补偿的损害行为,同时也是为了保障人们不受罪犯的侵犯。这个罪犯既已灭绝理性——上帝赐给人类的共同准则,以他对另一个人所施加的不义暴力和残杀而向全人类宣战,因而可以当作狮子(Lyon)或者老虎(Tyger)加以毁灭,当作人类不能与之共处和不能有安全保障的一种野兽加以毁灭。**谁使人流血的,人亦必使他流血**(Who so sheddeth Mans Blodd, by Man Shall his Blood be shed),这一重要的自然法就以上述情况为根据。该隐深信无疑,人人享有毁灭这种罪犯的权利,所以在他杀死兄弟之后喊

道，凡遇见我的必杀我（Every one that findeth me, shall slay me）；这是早就明白地镂铭人心的。(《下篇》，11)①

洛克对自然状态的讨论非常矛盾，因为它似乎既是一种混乱的状态，又是宁静的状态。然而，这种矛盾不是蓄意要表明他赞同霍布斯的自然状态（参见 Strauss），而是反映了他自己对这个问题采取的更加经验的和历史的（与理论的相对）进路。有时，洛克主张个人能够用他们的理性来理解自然状态中的自然法。循着"平静的理性和良心的"每一个人（《下篇》，8），都"能够了解自然法，而且能够遵照自然法的规则来生活"（《下篇》，60；也见 Ashcraft 1987，97-122）。然而，尽管人类可能有能力运用其理性并生活在和平之中，但同样明显的是，他们自己对持久的公正或和平的自然状态的热爱太容易动摇。事实上，由于每个人在自然状态中都有执行自然法的权力，因此此权力可能会被滥用。在前文引用的提及该隐的那个段落中，洛克评论说，"一个加害自己兄弟的不义之徒，就不会那样有正义感来宣告自己有罪"（《下篇》，13）。正如该隐并不是首先直接向上帝承认他自己杀害兄弟的行为（他这样回答上

---

① 邓恩感到奇怪的是，洛克为什么在这个关键时刻放弃了他的杀死谋杀者的自然主义权利观，来支持一种源于《创世记》的神学论证（1969，168，3n）。然而，整个这一章所提出的主张就是，洛克在其政治思想的若干关键之处都非常依赖于《创世记》。此处洛克使用了《创世记》9：6（"凡流人血的，他的血也必被人所流"）来作为复仇法——在自然状态下允许处决违法自然法的罪犯——的根据，并用《创世记》4：14（"凡遇见我的必杀我"）来论证该隐确信其他人会因他谋杀兄弟而运用杀他的权利。在上文的同一个段落中，拉斯莱特对"镂铭人心"这一表达也深感困惑，因为它表明洛克"在这里愿意利用对天赋观念和天赋实践原理的信仰，而这两个东西在《人类理解论》第一卷都是受到严厉责难的东西"（in TT, II, 11, 30-31n）。但是正如哈里斯正确指出的，洛克使用"心"（Heart）字，指的是理智能力，而非任何天赋的概念（1994，31）。换句话说，一旦上帝向该隐揭示他违背了自然法，该隐在理智上就相信了上帝这一陈述的真实性。

帝的问题："我岂是看守我兄弟的吗？"4：9），我们也不能指望人们在任何情况下都公正地践行正义。原因是，"上帝确曾用政府来约束人们的偏私和暴力"（《下篇》，13）。

因此，洛克的自然状态是一种先于政治权力的状态，这表明政治权力是被建构的，不是自然的。然而，即便人类享受自然状态中的自由和平等的好处，自然法也仍是有效的，而且每个人都必须努力去履行自然法的义务。违反自然法的人要受到惩罚，因为在自然状态下，每个人都有执行的特权。我们看到，洛克为这些基本前提提供了圣经支持。但在接下来讨论战争（《下篇》，16-21）和奴隶制（《下篇》，22-24）中执行权的极端事例期间，[131] 对圣经的参考就不那么明显可见，也不再需要这些了；洛克已经把他的自然状态建立在神学的基础之上，因此在这些章节中，他想要阐述他自己的理论之含意。

洛克指出自然状态不是战争的状态（在霍布斯那里就是战争状态），而是每个人在其中都有权惩罚自然法侵犯者的状态。自然状态和战争状态的特征都是缺乏一个独立的裁判者在两造之间作出裁决，但是，当不正当地使用强力时，即当人在自然法之外使用强力来剥夺某人的财产或自由时，一个人与另一个人就处于战争状态之中了。洛克写道：

> 这就是**自然状态和战争状态**（the State of Nature and the State of War）的明显区别……人们受理性支配而生活在一起，不存在拥有对他们进行裁判的权力的人世间的共同尊长，他们正是处在自然状态中（properly the State of Nature）。但是，对另一个人的人身用强力或表示企图使用强力，而又不存在人世间可以向其诉请救助的共同尊长，这是**战争状态**（the state of War）。（《下篇》，19）

洛克进一步展开论证说，生活在专制君主治下，不仅相当于生活在自然状态之中——没有独立的裁判者,所有人都不得不生活在"另一个人的不法意志之下"(《下篇》,13,137)——而且是生活在完全服从一个专制君主的状态之中,这近似于生活在战争状态之中。① 专制君主在限制自由时,也就限制了为个人保存所必需的那种自由(《下篇》,17)。确立一个独立的裁判者来裁断纠纷,会使共同体脱离自然状态和战争状态(《下篇》,21)。

在第4章(22-24),洛克简要考察了奴隶制度。在洛克看来,就一个人处在他人的权力之下这一点来说,奴隶制状态很像战争状态,但就不曾使用极端强力(也就是杀人)这一点而言,两种状态是有区别的(《下篇》,17)。尽管如此,奴隶制仍是一种持续的战争状态(《下篇》,24)。奴隶制发生于战争状态之中,战争状态中是杀人,作为替代,奴隶制中则是使人处在被奴役的状态之中(《下篇》,23)。在这种情况下,对别人行使专制独裁的权力是正当的,以致尽管这种状态不那么邪恶,在此过程中却剥夺了自由。

但洛克在这里提出了一个更重要的观点,即不管是专制独裁的权力(如在战争状态中)还是奴隶制(如在持续的战争状态中),都不可能经由同意产生,但它可能通过没收产生。一个人不可能只因为一切实际上都是上帝的财产,并且一个人不可能放弃本不属于他自己的东西这样的简单理由,就可以同意作其他人的奴隶。由于同样的理由,自杀也被禁止,因为一个人不能丧失他一开始就不拥有的东西(《下篇》,23)。[132] 换句话说,洛克区分一个人能够放弃与不能放弃的东西(例如,一个人能够放弃自己的物品,却不能放弃自己的生命),是基于一个先在的、更重要的主张,即人类只有经由上帝的许可才有权利处置自己(《上篇》,39)。我们对自

---

① 当执行权、立法权和司法权掌握在同一些人手中时,情况就是这样。专制君主(如在菲尔默的例子中一样)不是一个不偏不倚的法官或一个中立的立法者,因此人们仍然与他同处于一种自然状态之中(《下篇》,90,91)。

身享有的权力或权利，完全处于上帝设置的限度之内，并且完全应当符合上帝的意图，也就是符合保存的自然法（Grant 1987, 66-72）。

处理了非法的、专制的、独裁的政府如何与理性、自由和平等不相容这一问题之后，洛克现在必须讨论合法的政府如何产生，也就是说，与自然法和圣经中发现的启示法相容的政府是如何产生的。洛克必须证明自然状态如何逐步发展成为政治社会，必须证明这个过程如何牵涉到自由、平等和同意。[①] 事实上，似乎令人奇怪的是，有点舒适的自然状态，竟是人们想要逃离的地方。为了处理这个问题，洛克还要再次求助于《创世记》的故事。他由此引进了财产权的概念，这或许是他的政治理论中最有名的概念。正是通过财产权概念，洛克从自然状态——在那里，所有人都在自然法的范围内享有绝对的自由——转变到了必须要有政府的状态，并始终在确立上帝的设计的首要地位。

财 产 权

"财产权"，洛克在1703年写给他表兄的一封信中说，"在任何地方我都找不到一部著作，能比题为《政府论》的著作解释得更为清晰详尽了"。[②] 通过这个一反常态的傲慢声明，洛克表明他对自己关于财产权的独特解释很是满意，而这一解释仍然主要归功于他对《创世记》文本耗费的大量心血。洛克在"财产权"一章的开头就回忆了人类处境的两个方面：人们生来就有理性，因此有潜力遵守关于人类保存的自然法；就像圣经中表明的那样，上帝已经给

[①] 正如我们在最后一章所见，洛克从讨论作为人类代表且享有某些权利和特权的亚当，转向了作为个人的、享有某些只属于他的具体权利的亚当。

[②] 致金牧师（Rev. Richard King）的信，1703年8月25日（*Correspondence*, 8: 58）。

了人类某些权利和特权（《下篇》，25）。理性教导人们，他们对自然提供给他们用以生存的东西享有权利，而圣经则教导说，上帝已经给了人类统治动物和大地的权力。上帝对人类的赐予让我们想起了《政府论上篇》：

> 不管上帝在这个赐予的话中（《创世记》1：28）所给予的是什么，他都不是把其他人排除在外单独许给亚当（Adam）。因此，无论亚当由此取得了什么样的统治权（Dominion），它都不是一种个人统治权（Private Dominion），而是一种和其余的人类共有的统治权。（《上篇》，29）

［133］亚当对大地及地上万物的统治权，构成了洛克财产权理论的基础。根据洛克的说法，这一授权意味着每个人都可以获得自然提供的土地和动物。在起初，有一个包含了一切事物的原初的共同体（《上篇》，37，39，40；《下篇》，25）。对上帝提供的那些东西，谁也不比其他人拥有更多的自然权利。米切尔指出，必须注意，洛克在关于财产权的讨论中区分了人类与其他受造物。菲尔默认为，这不是人类本身的区别，不是一种原始的自然不平等。① 考虑到这一点，洛克的难题要大得多：他想在"财产权"这一章说明，人类作为未分化的亚当（as undifferentiated Adam），如何对那些原本给予人类共有的东西获得了排他的财产权利。换句话说，我们如何从拥有未分化的财产权的未分化的亚当那里出发，走到了政府有义务保护分化的、各个人的财产权利（differentiated property rights）这一步？洛克需要提供一种解释，来说明私人财产权——以及实质上的经济不平等——如何产生于一种所有人都是"自由的和平等的"状态。这个问题，即"在上帝给予人类为人类所共有的东西中，人们

---

① 正如米切尔所写的，"上帝不曾区分人类共同体和亚当。所有人在亚当那里都是一个。亚当是未被区分的、一体的人"（Mitchell 1993，82）。

如何能使其中的某些部分成为他们的财产"(《下篇》, 25), 是洛克要在《政府论下篇》第5章着手处理的问题。①

洛克回到《创世记》的描述, 开始证明他对这个问题的解决方法。上帝已经把大地给予人类共有, 而且"亦给予了他们以理性, 让他们为了生活和便利的最大好处而加以利用"(《下篇》, 26)。于是, 凭着上帝在《创世记》1: 28 中的赐予, 并根据自然法(参见《上篇》, 87-89), 人类就有权利通过使用自然提供的那些东西来保存自己(《上篇》, 80)。既然在这种最初的"自然状态"中, 没有任何人的劳动能够开垦所有的土地或是占有一切的自然物品, 因此在那里这些东西足以供每个人享用, 谁都不会通过损害邻居获得财产(《下篇》, 36)。因为这个世界是被给予人类共有的, 所以, 人们能够通过他们的劳动, 想占用多少就占用多少。② 由此, 他们就可以对财产主张排他的权利了。洛克如此说道:

> 土地和一切低等动物为一切人所共有, 但是每个人对他自己的人身 (person) 都享有一种**所有权** (property)。除他以外任何人都没有这种权利。他的身体所从事的**劳动** (labour) 和他的双手所进行的**工作** (work), 我们可以说, 是正当地属于他。所以只要他使任何东西脱离自然所提供的和那个东西所处的状态, 他就已经掺进他的**劳动** (labour), 在这上面掺进他自己所有的某些东西, 因而使它成为他的**财产** (property)。既然是由他来使这件东西脱离自然所安排给它的一般状态, 那么

---

① 请注意, 洛克在更早的时候曾经间接提过这个问题(《上篇》, 87, 90), 这表明他在《政府论上篇》中的讨论是不完整的。《政府论下篇》中的讨论证明了他以人人生而自由平等为前提确立财产权理论的实践意义。

② 哈里斯指出, 其他的财产权理论家如格劳秀斯、普芬道夫和霍布斯也主张财产最初是共有的, 只有政府才能进一步强制将其分成私有财产。然而, 这样的理论可能会导向专制主义, 在霍布斯那里就必然如此 (Harris 1994, 225-226)。洛克的路径是要证明私有财产权如何先于政府, 并且如何与自由相容。

在这上面就由他的**劳动**（labour）加上了一些东西，从而排斥了其他人的共同权利。因为，[134] 既然**劳动**（labour）是劳动者的无可争议的所有物，那么对于这一有所增益的东西，除他以外就没有人能够享有权利，至少在还留有足够的同样好的东西给其他人所共有的情况下，事情就是如此。（《下篇》，27）

这里务必请注意，洛克为他的理论提供了一种圣经基础：上帝在《创世记》1：28 中命令亚当治理大地，还命令亚当在伊甸园外劳动（3：17）。但是洛克在这一段落中远不止看到了对亚当的诅咒和惩罚，即无休止的辛劳和苦工；（还看到了）劳动的命令具有的有益后果。将一个人的劳动应用在土地上，会使土地大大增产，其收获远超土地不曾得到开垦的时候。人们可以多收获十倍的作物（《下篇》，37），而且可以供养十倍以上甚至千倍的人口（《下篇》，40）。因此，根据自然法（指向保存人类的目的），劳动就不是一种自然权利，而是一种神圣的义务（《下篇》，32）。富有成效地利用劳动是一种神圣的命令，因为它有助于支持和供养人类（《下篇》，30，42，43）。劳动也为人们提供舒适和便利的生活，因为我们使用的物品，或许多达百分之九十九都是劳动的结果（《下篇》，40）。劳动容许一种努力使生活尽可能舒适的制度。洛克已经阐述了一种仁慈的上帝观：上帝没有永久地惩罚或者谴责人类，甚至还给人类指明了一条克服自然的缺陷的方法。这符合他关于上帝在人"堕落"之后的行为的看法。上帝并没有因为"原罪"而永久地惩罚人类，（参见 BOD MS Locke f.4，144-151），人类只是由于被逐出伊甸园并被剥夺了吃生命树果子的可能，而丧失了不朽的机会而已。

洛克论证说，财产权的劳动起源并不侵犯他人拥有自己的财产的权利，也不依赖于占用为其生存所必需的东西的其他人的同意

(《下篇》，28，29)。洛克在这里立论反驳菲尔默的主张，后者认为私有财产权——正如亚当和他的继承人对大地拥有的权利——是自然的；洛克在这里还立论反对格劳秀斯和普芬道夫的主张，后者认为是同意确立了私有财产权（Tully 1980，99)。① 在这种原始的状况下——在政府决定一个人的财产权的性质和范围之前（《下篇》，30）——对于人们可以用什么来获得自我保存，没有任何限制（参见《下篇》，33-36）。考虑到自然资源在起初的时候非常富余，"那时对这样确定的财产大概就很少发生争执或纠纷"（《下篇》，31）。提摩太确认了这种允许一个人在其中享有财产权的情况："上帝厚赐百物给我们享受"（《提摩太前书》6：17）。在下一节中（《下篇》，32），洛克又一次回到《创世记》并论证说，"征服大地"的命令（《创世记》1：28）意味着允许人们通过劳动克服自然的缺陷。② [135] 而且，通过考察堕落之后的状况会是什么样子，洛克表明"他的贫乏处境"要求他通过"劳动"来改善条件从而履行保存的自然法。③

必须强调，洛克的劳动理论符合他的自然法前提，以及这一前提的基于圣经的推论：通过将劳动应用于共有的东西，一个人可以

---

① 许多人已经注意到，洛克这里是在回应普芬道夫和格劳秀斯，因为他们两个人都主张财产权源于同意（尤其参见 Olivercrona 1974；另参 Laslett 1988，288，28n)）。塔利指出（1980，97），洛克也是在回应菲尔默对格劳秀斯所作的"不恰当的"攻击，因为菲尔默在攻击格劳秀斯时说，共有的财产权利让盗贼想偷多少就偷多少（Originall，273）。

② 施特劳斯的追随者已经把洛克看作是在反驳人类堕落前曾处于伊甸园状态，但圣经文本是否一定会支持这种立场，仍有待观察，即便支持，圣经文本是否还揭示了这样一个问题，即人类是否适合于这种状态。

③ 重要的是要关注洛克叙述中对征服（subdue）（《创世记》1：28）一词和劳动（labour）（《创世记》3：17）一词的使用。洛克不像他的同时代人那样将堕落前后之间的断裂看作完全的、彻底的，相反，按他的叙述，在上帝的旨在保存其创造物和财产的命令中，可以存在某种一致性和连贯性。

避免浪费或糟蹋,因而就可以实现自然法以及《创世记》的"伟大神恩"——征服大地,统治大地,并在大地上劳动。然而,一个人不能积累超过他(她)能使用的东西,也不可糟蹋或毁灭物品,因为这会违背自然法,那旨在保存人类的自然法(《下篇》,31,37)。这是要表明,劳动以及源于劳动的财产权,更应解读为一种履行自然法的义务,而不是想要多少就拿多少的权利。这就是洛克在财产权一章一直强调垦殖土地的原因。垦殖土地可以给更多的人提供食物,因此占有就可以与自然法的义务相一致了。

> 因为一英亩被圈用和耕种的土地所生产的供应人类生活的产品,比一英亩同样肥沃而共有人任凭荒芜不治的土地(说得特别保守些)要多收获十倍。所以那个圈用土地的人从十英亩土地上所得到的生活必需品,比从一百亩放任自流的土地所得到的更要丰富,真可以说是他给了人类九十英亩土地。(《下篇》,37)

这是洛克在财产权一章通篇坚持的观点。即使土地被圈起来,土地的占有人也有责任不让土地的产品浪费。洛克后来还要论证,囤积或者占取超出一个人所需的东西,也是对(禁止)糟蹋原则的违背,因而也就违反了自然法(《下篇》,46,51)。① 当把劳动施用于被圈起来的土地时,它的出产将会多得多,这样圈用的土地与空闲的土地同处自然法之下,故此都不允许被浪费:"超过他的正当财产的范围与否(exceeding of the bounds of his just Property),不在于他占有多少,而在于是否有什么东西在他手里一无用处地毁坏掉。"(《下篇》,46)换句话说,根据洛克的自然法,一个人可以

---

① 阿什克拉夫特注意到,洛克很早之前就在《论自然法》(*Essays on the Law of Nature*)中得出了这个反对囤积的观点,这也是他用来反对利己主义理论的一个观点(《论自然法》,131-132;Ashcraft 1987,132-133)。

在不浪费财产的情况下，尽可能多地积攒财产。这涉及某种对"其他人"的排除，但这不必然足以导致混乱，因为在一开始就有足够供养人们的土地（《下篇》，33）。对于这种不动的财产权主张，唯一的限制就是不允许浪费它的出产。

这就是早期圣经时代或者洛克眼中的"美洲"（America）这样的"世界的最初时代"的情况（《下篇》，36）。洛克进化框架中的下一个阶段就是[136]圈地和垦殖土地（《下篇》，40-1）。洛克表明，在这一阶段，通过与狩猎和采集相对的耕作，土地能够变得更加多产。洛克使用了圣经和新大陆中的许多例子来确立他的这一观点。事实上，他引证了来自《创世记》的两个例子，来表明这样一种从自然状态到公民社会的运动。第一个例子可能在读者看来异乎寻常，因为洛克使用该隐和亚伯的故事（《创世记》4）来表明，在这些早期时代，圈用的土地和空闲的土地可以和平共存。第二个例子则几乎怪诞：洛克使用了亚伯拉罕和罗得的故事（《创世记》13），来论证关于财产的争议能够通过同意来解决。① 洛克以旁白指出劳动对于人类的生计和保存有多么重要，提出了劳动价值理论（用洛克的话来说就是，"正是劳动使一切东西具有不同的价值"，《下篇》，40；而且"劳动造成了占我们在世界上所享受的东西的

---

① 洛克在这里使用该隐和亚伯的故事，是对菲尔默所引赛尔登《闭海论》（Laslett 1949，63-64，另参 Laslett 1988，295）的转述。完整引用出现在《政府论上篇》第76段，洛克在这一段误认为这种写法出自格劳秀斯。我们应该记得，《政府论上篇》中的财产权问题，关心的是财产权与政治权力之间的差异。在这里，洛克似乎在强调，在人类历史的早期阶段，种种劳动实践（耕种或放牧）都可以导致类似的财产权利，但没有任何人可以（像在长子继承制中一样）比别人拥有更多的权利。同一节中的亚伯拉罕和罗得的例子说明，起初关于财产权利的争议可以通过同意得到和平解决，而不是通过运用将他人排除在外的固有权利来解决。这表明洛克并不认为兄弟相残是由财产争议引起的，而财产争议，如果上帝给一个兄弟独占财产的权利，很可能就会产生。

价值中的绝大部分"，《下篇》，42)。实际上，洛克还进一步描述了劳动价值理论，其风格不免使人想到《创世记》3：16-17中的语言——在亚当和夏娃被逐出伊甸园之前的命令——即所说的，"犁地人所费的力气（Pains）、收割人和打麦人的劳累（Toil）和烤面包人的汗水（Sweat）"（《下篇》，43，强调是我加的)。与其说洛克想努力克服"堕落"的影响，不如说他是在把劳动的命令看作保存人类的必要条件。又一次，洛克的神学观点浮现出来，即与其将劳动命令视为惩罚，不如将它视为更好地符合上帝通过劳动命令所要达到的人类保存的目的。

这一情况随着"货币的发明和人们默许同意赋予货币以一种价值"而改变了（《下篇》，36)。从狩猎-采集时期走出来主要是受交换制度的影响。只要不发生浪费或者糟蹋，就可以用易腐败的东西来交换持续时间长的东西。

> 又假如他把隔了一个星期就会腐烂的梅子换取能保持一年供他吃用的干果，他就不曾损伤什么；只要没有东西在他手里一无用处地毁坏掉，他就不曾糟蹋公有的财物，就不曾毁坏属于其他人的东西的任何部分。（《下篇》，46)

通过交换制度，人们现在可以积累更多超过他们可使用的东西，只要过量的物品被交换或者丢弃而不致腐烂坏掉。在这个交换系统中，只有当（禁止）糟蹋的原则没有被违反时，人们才可以增加自己的财产的数量。对持有的财产数量的真正限制，由与腐烂相关的物品的使用价值所设定。对于洛克来说，下一步合乎逻辑的发展就是发现［137］某种不会腐烂的东西，这样，所拥有的财产在不违反自然法的情况下就可以正当地增加了（因此也就可以供养更多的人了）：

> 货币的使用就是这样流行起来的——这是一种人们可以保

存而不致损坏的能耐久的东西,他们基于相互同意,用它来交换真正有用但易于败坏的生活必需品。(《下篇》,47)

通过货币人们可以避免无用的糟蹋。洛克一直谆谆告诫我们,货币不是自然的东西,而是某种人为的东西,人们通过"相互同意"对其达成一致(《下篇》,47,参见37,45);它是一种用来作为交换媒介的发明(《下篇》,47-48,50)。正是通过货币,才能发展贸易,正是通过货币,贸易才得以在远比易腐商品交换更为复杂、巨大的背景中开展。事实上,货币不仅使贸易变得可能,也更有利可图,它还鼓励勤劳的人利用他们的技能供养家庭,使其生活超出仅只是维持生存的水平(《下篇》,48)。在整个这一章中,洛克对比了使用货币的欧洲文明的舒适与不使用货币的新大陆和圣经早期历史的简陋条件。洛克似乎是要主张,没有货币,人们将沦落到自然状态的简陋处境中去。这很可能就是那个"艰苦而有道德的时代"(《下篇》,110),在这样的时代,正如洛克提醒我们的,"对这样确定的财产大概就很少发生争执或纠纷"(《下篇》,31)。这与他对《创世记》记载的早期圣经历史的看法相类似:"当人们拥有了整个世界,充分利用世上的万物时,在这里,几乎没有空间可以容纳不合常规的欲望。"后来,当"私人的占有和劳动,现在是对土地的诅咒,成为必要时",人类的心灵就被"贪婪、傲慢和野心"占据了(BOD MS Locke c. 28, fol. 113v; in Goldie 1997, 321)。

在这里,很容易把洛克当作资本主义代言人(尤其参见 Machpherson 1972, 124)。然而这里存在一种常遭忽视的货币的道德维度(参见 Machpherson 1987, 123-50)。首先,只要占有人在获得更多货币的过程中没有违反自然法(即他没有不给予穷人、生病的人或者不能工作的人货币),积累资本就没有错。毕竟,货币的价值仅仅是一种约定。例如,如果占有者积累的货币允许他买更好的设备来犁地,那他就可以给更多的人提供食物。既然这会造福于人类,也就可以说它符合自然法。由于发明货币,社会变得更加复杂,也因此,需要制定法律来规定财产的使用和滥用(《下篇》,45)。因此,在曾经很少有争执的地方,[138] 现在就会产生一种让政府来保护财产的需求。在这些关于财产权的很少的简短段落中,洛克从原始的自由和平等状态,转到了保存人类的自然法,转到了实现自然法的对财产的权利,转到了劳动价值理论,转到了货币的需要以及政府保护财产的必要性。正如拉斯莱特所写的:

> 正是通过财产权理论,人们才可以从基于他们与上帝和自然法的关系的自由和平等的抽象世界,进到那个由政治安排来保障政治自由的具体的世界之中。(1988,103)

所以,对洛克来说,最好的政府形式就是能够最好地保护财产权的政府。在他看来,这应该是一个有限政府,而不是一个暴虐专制的政府,因此,在论述父权问题的第6章,洛克再次奋起反对菲尔默根植于亚当的专制政府,死死咬住并特意处理了父权问题。

父权与婚姻社会①

洛克论父权问题的第6章(52-76),重复了整个《政府论上篇》中的许多主张,而且不足为奇的是,本章的矛头对准了菲尔默的父权论证。然而,就在这同一章,洛克还必须在不毁坏家庭结构的同时,区分父权与政治权力;也就是说,他必须解释清楚,为何家长在子女成年以前还有权利对其子女行使某些权力。从童年到成年的转变对洛克来说是重要的,因为伴随成年而来的是理性的能

---

① 洛克告诉我们,他或许应该在本章使用更恰当的术语"父母双亲的"(parental),但他往往做不到这一点。参见 Laslett 1988,以及对《下篇》第52、69段所作的注释。

力、自给自足的能力、为自己做决定的能力，以及从父母的约束中解放出来的能力。如果父权和政治权力实际上是相同的，那么一个人至少在理论上就可以把政治社会留给进入成年的人。洛克将要主张，父权制政府的真正问题是，若要保持它的权力，公民就得一直是孩子，要服从家长的权威。对洛克来说，这很大问题，因为人们将永远不能实现他们全部的潜能，如果他们一直处在童年状态的话。理性，以及随之还有理性的上帝的创造物，将永远不许得到发展。

洛克以断言所有个体都拥有自然的自由和平等开始了他的论证，但又对自己的这个论证稍微做了修改，他提出，存在不同种类的平等（《下篇》，54），而且在现实中孩子也并非生而就进入了与大人的平等状态——孩子和大人在理性能力上不平等，其平等只是潜在的（《下篇》，55）。直到孩子达到理性的年龄——"二十一岁，在某些情况下还要早些"——他们才能享有完全的平等或自由（《下篇》，59）。[1] 自然成熟过程的唯一例外就是亚当，他

---

[1] 尽管洛克并未引用圣经文本来说明成年的确切日期，但一个非常有趣的例子就近在眼前。在《申命记》1:39（参见《以赛亚书》7:15-16），孩子们长到成熟的年龄才"知道善与恶的区别"（参见《列王纪上》3:9）。换句话说，当一个人能区别善恶时，他就成年了（即洛克所说的理性就具足了）。这可能暗示着，"直到亚当偷吃了能使人知道善恶之树的果子"，眼睛开了，他才能成为理性的或成熟的（《创世记》3:7），但洛克承认对亚当来说有一个例外（II，56）。或许洛克所指的是，除非人们获得善恶的知识，否则单靠教育不可能使人成熟，而且人类必须离开伊甸园才能逐渐生长和成熟。关于《创世记》故事的这种解读——人吃了禁果才成长为理性的，由此就与康德的"人类历史起源臆测"（收录于 Beck, ed. 1963, 53-58）一致了。两者的区别可以在洛克对人类中的上帝之声即"理性"（reason）的呼唤中看到（《上篇》，86），在康德看来理性是"本能"。这一不断成熟的过程在洛克看来会在家庭内部和古往今来的时间中持续发生，但在康德看来，理性（rationality）在很久很久之前就已经有了。《创世记》2-3 中的成熟这一主题，在近期的圣经研究中一直有人讨论。例如参见贝克特尔（Bechtel, 1993）、帕克（Parker, 1999）的讨论。

[139] 生来就是一个完整的人,他的身心具有充分的体力和理性,因而他一生出来就能自己维护自己,并照上帝所赋予他的理性法则的要求来支配他的行动。(《下篇》,56)

洛克继续论证说,生而柔弱无助的孩子,最终会达到亚当的理性状态,自己也变成父母。然而,根据保存的自然法,父母有义务养育和保护后代,不是因为孩子是父母自己的财产,而是因为他们是上帝的"创造物"(《下篇》,56)。由此,洛克开始摧毁这样的观念:父母有统治孩子的自然权利。父母统治的权利依赖于某些义务,例如遵守为了社会整体利益的法律。对洛克来说,孩子们一直生活在父母的管教之下,直到达到理性的年龄,能够理解自然法。在这个意义上,自由,或至少是遵守自然法的能力,依赖于理性:

> 人的自由(Freedom)和依照他自己的意志来行动的自由(Liberty),是以他具有理性(Reason)为基础的,理性能教导他了解他用以支配自己行动的法律,并使他知道他对自己的自由意志听从到什么程度。在他具有理性来指导他的行动之前放任他享有无限制的自由,并不是让他得到本性自由的特权,而是把他投入野兽之中,让他处于和野兽一样的不幸状态,远远地低于人所处的状态。(《下篇》,63)

父母有自然法上的义务去"保存、养育和教育他们所生的孩子,并非把儿女看作他们自己的作品,而是看作他们自己的创造者、他们应为之负责的全能之神的作品"(《下篇》,55,参见《下篇》,58)。父母的义务还包括确保孩子受教育从而可以获得理性,并因此获得真正的自由和平等(《下篇》,67)。对洛克来说,唯一的例外是"精神病人和白痴"(《下篇》,60),因为他们没有能力运用理性,也因此绝不能成为一个完全自由的人。孩子成年之后,父母对他们的权力即告终止,尽管孩子仍然有义务尊崇父母(《下篇》,66-69)。洛克甚至引用了《创世记》2:24 中的圣经命令(一个儿子"得到神权准许离开父母而和妻子同居"《创世记》2:24;《下篇》,65)来表明,让孩子离开父母就在上帝的计划之中。洛克认为,孩子在达到理性的年龄之前一直处在父母的管教之下,在这个意义上,父母的自然权利受到极大限制,也不能根据《创世记》来证立专制的父权。

[140] 洛克继续强调,正如他在《政府论上篇》中所做的,父权要与政治权力相区分(《下篇》,71)。如果说两者之间有任何相似,那就是父亲有权利将其遗产和附加条件授予他中意的任何人(《下篇》,72-73)。换句话说,尽管看起来父亲像是凭自然权利进行统治,但实际上他们只是根据习惯和传统进行统治。洛克确实承认政治社会可能始于父权制,而且实际上可能是从家庭结构自然生长而来的,因此父权和政治权力有可能看起来是一样的(《下篇》,74-75)。① 然而重要的是注意到,在这一章,洛克如何使用《创世记》的创造描述来论证政治社会并不是(did not)始于父权论君主制。他在这里对《创世记》的援引是在抽象的理论层面上,与亚当对他的孩子的义务、孩子对亚当的义务有关,与亚当的孩子达到理性的年龄后需要脱离其管教有关。

在论述政治社会起源的相关一章,洛克又一次论及《创世记》中的故事(《下篇》,77-94)。这一章涉及父母对其子女享有的权利,涉及社会如何发展。洛克仍然以引用《创世记》前几章开始本章,因为上帝判断"他单独一个人生活不好"(《下篇》,77;《创世记》2:18),所以上帝把人类赶到社会中。洛克论证说,上帝是为了人类的利益才把他们赶入社会中,但最开始的家庭社会却更适合称为"婚姻的"社会,而非"政治的"社会(《下篇》,78)。

---

① 洛克在他自己的经由同意建立政府这一观念与菲尔默的父权统治之间作了种种区分,关于这些区别的讨论,参见 Schochet 1975, 245-267。

从某种意义上说，进入婚姻社会，是由"生养众多，繁殖丰富，遍满地面"的命令所激发的（《创世记》1：28），洛克认为这是对自然法的实现。首先，婚姻社会为积累家庭生存所必需的物品提供了便利（《下篇》，77，80）。其次，商品和物品的积累能够帮助促进生活的"舒适和便利"。通过遵循上帝的指示，人类可以更容易使用那些上帝充分提供的东西。在《政府论上篇》中，洛克已经论证过人口稀少的国家很不便利（《上篇》，31），而这些人口稀少、不太便利的国家的政府，不巧又都是君主专制国家或暴政国家。通过扩展论证，洛克想要表明，"生养众多，繁殖丰富，遍满地面"的命令，是对抗暴政或独裁统治的有效手段（《上篇》，33，41；《下篇》，42）。

根据洛克的人类学，人类尽力保存他们的年轻人，表明了为什么婚姻社会比其他动物的社会更加持久。人类社会通过遵守保存物种的自然法，以及更好地为他们的孩子做准备，更好地实现了神法（《下篇》，80）。然而，一旦对孩子的照料和养育已经结束（一旦他们达到理性的年龄），[141] 洛克论证说，那就没有必要再保持婚姻的誓言了。婚姻是约定的，不像来自上帝的命令那样是自然的，因此可以经由相互的同意而结束。尽管洛克有时确实主张丈夫的意志要优于妻子的意志，因为丈夫"较为能干和强健"（《下篇》，82），但洛克也指出，丈夫对妻子没有绝对的统治权。正如洛克在《政府论上篇》中说明的，家庭不同于任何类型的社会，父亲对妻子和孩子没有生杀予夺的绝对权力（《上篇》，83-86）。

因此，旨在照管和教育孩子的婚姻社会，与政治社会形成了对比，政治社会是"为了保存所有权"（《下篇》，85）——洛克在此所说的所有权是指"生命、自由和财物"（《下篇》，87）。公民社会是"这样一个地方，在其中，不论多少人这样地结合成一个社会，从而人人放弃其自然法的执行权而把它交给公众"（《下篇》，89）。并且，既然在自然状态中违反自然法的犯罪涉及财产权，那么公民社会就必须制定旨在保护个人所有权的法律。事实上，政府的唯一目的就是保存财产（《上篇》，92；《下篇》，87，94，124），而最好的政府形式因此也就是最能做到这些事情的政府。简言之，在这个社会中，人人生而处于自由和平等的状态之中，并且公民可以免于自然状态的不便。最好的政府形式不是一个人在其中拥有专制权力的政府。正如洛克所写的，"这就是认为，人们竟如此愚蠢，以至于他们注意不受狸猫或狐狸的可能搅扰（在自然状态中），却甘愿被狮子所吞食，并且还认为这是安全的（在专制君主制中）"（《下篇》，93）。于是，最好的政府形式，就是一个财产权利——被理解为生命、自由和财物——在其中按照自然法来保存的政府，在这样的政府之下，"设置在人世间的裁判者有权裁判一切争端并救济国家的任何成员可能受到的损害"（《下篇》，89）。

政治社会的开始和结束

洛克在第8章描述了政治社会的起源（95-122），他的假定是，社会源于社会成员的同意，多数人的意志决定了政府的确切形式（《下篇》，96）。每个人"对这个社会的每一个成员都负有义务"（《下篇》，97）。"多数意志"（majority will）的理念或许是对菲尔默的一种实践性回应，因为菲尔默主张，在基于同意的政府里，在不干涉反对者权利的情况下做决定的唯一方式就是[142]确保每个人都赞同公共政策。然而，"同意"观念对洛克的理论提出了一些其他的难题。事实上，正如许多人已经注意到的，洛克对原始的父权政府模式做了很多让步。然而，我在这里的目的只是表明，洛克如何努力调和圣经与他的经同意产生政府这一理论。有时，他似乎想要从自己的例子中排除掉圣经的模式，因为它既不是一种自然的政府，也不允许人们运用自己的方法来选择自己喜欢的政府形式。洛克认为，以色列人的政府非常独特，因为上帝介入了它的事务，而且，无论如何，它"也完全不支持父权式的统治"（《下篇》，101）。然而，在另外一些时候，洛克确实也用古以色列人的例子来支持他自己的主张，即第一代以色列国王同时也是"他们军队的统帅"（Generals of their Armies）（《下篇》，109）。但是，洛克的圣经论证比这个更为复杂，他还论述了成为一个依神法生活的理性的、自由的个人意味着什么。因为正如人类必须从童年发展到成年，社会也必须如此。①

起初，当家庭大到需使用公共土地才足以维持生活的时候，父亲与国王之间就相差无几了（《下篇》，105）。事实上，如果国王遵守自然法（《以赛亚书》49∶23所说的那些"养父"；《下篇》，110），就很少会有争执。我们可能会得出结论说，"政府自然是君主制的"（《下篇》，106）。在这个原始的阶段，国王的主要政治活动就是领导臣民在战争中对抗外敌，或者至少是对抗那些觊觎他们财产的人。这就是洛克提到的"艰苦但有道德的时代"（《下篇》，110），一个"黄金时代"（《下篇》，111），也就是说，一个在"占有"（《下篇》，107）、"人民和货币"（《下篇》，108）以及"野心和奢华"（《下篇》，111）对社会产生腐蚀性影响而非有益影响之前的时代（《下篇》，111）。一旦这些力量得到释放，就必须重新思考君主政府的习俗性品质了。以政治术语来说，社会从幼年成长为理性的成年人，是由真正的成长痛苦引起的，它的特点是变化无常，常常伴随着人口剧增和由私有财产带来的贫富悬殊。如果货币或财产如此扰乱社会秩序，那么就需要政府来遏制一个社会易于走向的这种过度（excesses）。② 我已经说过，这也是洛克回应普罗斯特（Jonas Proast）的那个问题。米切尔敏锐观察到，尽管"堕落"

---

① 在这里我非常感激米切尔，是他提出了这个重要的观点（Mitchell 1993, 87）。

② 参见 Tully 1980, 154；Mitchell 1993, 88。

教义本来有助于洛克在解释败坏时所抱的目的,但他并没有求助于这种传统观点。洛克可能想要在"作为堕落结果的人的败坏"和"人类总体上可能败坏"之间做出区分。与其说我们[143]继承了亚当的罪,不如说我们在能力和潜能方面与亚当相似。只有考虑人类败坏境况的好政府,才能控制人性中不那么善良的因素。①

非常奇怪的是,只有当野心和贪婪使国内丧失和谐时,在家长统治下的不成熟社会才会从总体上暴露出它的偶然性。社会的构建性是理性的人们所揭示的,因为他们想要保护国家免受进一步的、由君主专制所带来的内部伤害。菲尔默的错误在于把父权与政治权力等同,并主张这两者都被赋予了亚当。菲尔默的社会允许君主控制孩子般的臣民,控制他们的财产(被理解为生命、自由和财物),而结果就是,除非通过国内斗争和倾轧,否则他们完全不可能成长。在洛克看来,亚当(作为人类)被赋予了理性,统治大地和万物,可用以实现"遍满大地"的利益。菲尔默的早期社会并不允许人类按照上帝计划的方式来发展;事实上,只有在人性倾向于过度的时候,社会的发展才是偶然性的。洛克对亚当的"原始的统治权授予"作了修正,这一修正让人的理性成为可能,随之就是人类社会迈向成年社会。

第9章(《下篇》,123-31)考察了这个问题:为什么一些人想要脱离自然状态,并组成政治社会。一旦洛克能够回答这个问题,即人们为什么会希望组建政治社会,他就能讨论正当政治秩序的制度性框架(10—15章),从而也就能讨论区分合法与非法政府

---

① "施特劳斯的错误在于,他认为洛克在其政治理论中想要减轻"堕落"的影响,因此犯了"不信基督教"的罪。洛克想要遏制的,与其说是"堕落"的影响,不如说是人类状况的自然败坏。洛克对人类的邪恶或财富带来的问题并不抱有任何幻想。他不把它们归因于正统所谓"堕落"的影响,这一点丝毫无损于他的基督徒身份,可能只是使他少了一些奥古斯丁主义或加尔文主义的东西而已。

的方法了（16—19章）。在某些方面，第9章是从他的哲学前提中提取出来的最终含意，也是讨论实施一种最好的可能政治秩序所面临的实践挑战的开端。

洛克用下述问题作为本章的开始：既然人如此自由，而且是自己的事务的主人，为什么还要同意服从某种权威呢？洛克回答说，尽管人在自然状态中享有某些好处，但这种享有很不稳定。因此，人们为了"相互保存（Preservation）他们的生命、特权和财物，即我根据一般的名称称之为财产（Property）的东西"，就组成了公民社会（《下篇》，123）。在此过程中，人们必须交出他们执行自然法的权力，即惩罚违反自然法的人的权利，将其交给一个正式建立的执行惩罚的机构。因此，就需要有一个政府的"执行"机构来执行法律。人们在遵守自然法时必须放弃他们想做什么就做什么的自由，并遵守通过普遍同意而确立的法律。[144]因此就需要政府有一个"立法"机构来为公共利益创制法律。洛克论证说，尽管自然法对理性的人来说可能已经足够，但它在遏制"堕落的人的败坏和罪恶"（《下篇》，128）方面是无效的。洛克的自然状态绝对不是一个完美的世界。最后，为了避免不公正，需要有正直而公正的法官来解决纠纷。因此就需要有一个政府的"司法"机构。所有这三种政府机构，在权力上都是有限的，以便达到设立这些政府机构的目的，即保护"大众的和平、安全和福利"（《下篇》，131）。从洛克的哲学和神学前提来看，需要这三种政府机构，而随着这种需要的确立，当他继续描述政府的宪政架构、描述合法与非法政府类型之间的区别时，圣经引证几乎就消失了。圣经在这些问题上不是十分有帮助的，因而洛克对圣经的引用也就相应地停止下来。①

---

① 此处的例外是洛克一再提到的最高上诉手段，即耶弗他（Jepthah）的"诉诸上天"（appeal to heaven）（《下篇》，168，176，241；也见《上篇》，163；《下篇》，21，109）。另一个例外是洛克引用希西家（Hezekiah）和亚哈斯（Ahaz）的故事来证成正当反抗（《下篇》，196）。拉斯莱特对这个段落的

小　结

在《政府论下篇》中，洛克处理了同样的问题：自由、平等、财产权和权力传递。但是不同于《政府论上篇》，《下篇》更少论战性而更有哲学意义。① 然而，这两篇论述都是根植于相同的圣经基础，因此，洛克才能自信地声称人们生来就处于自由和平等的状态，而且这样一种自由和平等与圣经一致。当然，洛克面临的挑战是要创造一个政府，在其中自由和平等得到尊重，每个人都自愿同意通过遵守法律而限制个人的自由。在那里，平等并不意味着平庸；在那里，财产权免受专制和暴虐统治之害。

尽管自然法确实为洛克的自由和平等思想提供了一种哲学基础，然而《创世记》也确实也为这种自然法理论提供了神学基础。《创世记》证明了一位怀有某些目的而创造人类的上帝——这些目

注释表明，圣经历史学家并不接受洛克对亚哈斯、希西家和亚述人故事的解读。这种观点并非完全正确。洛克指出，除了短暂的（得到神的宽恕的）叛乱时期以外，亚述人在亚哈斯和希西家时代确实控制了叙利亚-巴勒斯坦走廊地区（the Syro-Palestinian corridor）。洛克还进一步指出，仅仅是文本证据就能表明亚哈斯和希西家的统治有重叠的部分。参见《列王纪下》18：1-3，这几节文本把希西家登基放在了以色列王何细亚（Hoshea）统治的第三年（约公元前729年），而《列王纪下》16：1-4也表明，亚哈斯在比加（Pekah）（公元前737—前732年）统治期间就登基了，并统治了十六年（在公元前721年到前716年之间的某个时间结束统治）。过去几个世纪的亚述考古学证据已经修正了圣经中的年代异例，但洛克的解读却与圣经文本相一致，这种一致性，他在整个《政府论》上下篇中都一直努力保持着。

① 正是由于这个原因，我才认为这两篇政府论似乎是按照阿什克拉夫特所说的顺序构思的，并且也应该按照这种顺序来解读（而不是按照拉斯莱特重新编排的那种顺序来解读）。不仅其中每一篇都与不同的具体历史-政治情境纠缠在一起（废黜危机和黑麦屋阴谋），而且《上篇》的圣经前提对于理解《下篇》也必不可少。

的最初明确表达在下述命令之中：人类应生养众多，繁殖丰富，遍满大地，应统治栖息于地上和海洋中的某些动物。从最基本的意义上讲，上帝关心人类的繁衍和保存。人类是适合于上帝的目的的创造物的一部分，这可以从上帝赐予人理性辨别出来（在人类身上有上帝的形像；《上篇》，30）。尽管在这种自然状态中所有人都自由地遵守自然法，但许多人显然更关心自我保存而非保存他人，并且有许多人显然也会违反自然法。由于人类在某种意义上［145］不按照自然法行动因而宣布摒弃了理性（正如洛克在关于该隐和亚伯故事的例子中指出的，《下篇》，10），所以他们可能会被惩罚，也就是说，他们可能会受到像他们统治的动物那样的对待。因为，根据《创世记》1：28，如果人类对无理性的动物有统治权，那么从更广的意义上来说，他们就能够统治那些在自然状态中表现得不理性的人。对那些不遵守自然法的行为不理性的人，他们就能够实施自然法的执行权。洛克再次援引了该隐和亚伯的故事，并集中于该隐恐惧自己因违反自然法而被杀死（《创世记》4：14），来表明这一"奇怪的理论"能够与《创世记》的描述相容。之后，该隐的例子再次间接出现，那时洛克指出，不能相信人们会公平和公正地使用自然法的执行权；"一个加害自己兄弟的不义之徒就不会那样有正义感来宣告自己有罪。"（《下篇》，13）因此，需要产生独立的裁判者来解决冲突，从而把人类带出自然状态。

洛克的自然法和自然状态理论产生于自由和平等的境况，如果说这一理论的圣经基础在《政府论下篇》中不那么明显的话，那么，他关于财产权的讨论则充分考虑了圣经的维度，这不免会以某种方式让人想起《上篇》。洛克再次回忆起在对亚当和挪亚赐予中的、包含了所有事物的那个原始共同体，但只是明确处理了通过劳动产生的财产权。洛克从对亚当的指示中推论出了劳动的命令，这个指示就是，亚当不仅可以统治动物，利用大地上结的果实，还要"征服"大地（《下篇》，32）。对大地的耕种有助于为更多的人提供食物，有助于人类种族的延续，因而实现了自然法。但人若积累超出一个人能够利用的东西来糟蹋物品，就违反了保存的自然法，在这种情形下就需要有交换的媒介，例如货币，来进一步减少糟蹋的后果。请注意，征服大地（《创世记》1∶28）以及在土地上劳动（《创世记》3∶17），这两个神的命令如何有助于人类的保存。因此在某些方面，对于洛克的政治学来说（当然是就义务而言），在人堕落前后，情况的差异并不是非常之大。在这两种情形下，人类都是在自然法之下，两种情形都意味着他们要遵守征服大地或者劳动的命令，而劳动反过来也让私有财产权成为可能。① 尽管《创世记》中描述的时间未必就是一个理想的时代，但在那个时代，"贪婪，傲慢和野心"尚未使得政府必须立法来保护财产（生命、自由和财物），一切事物对所有人来说的确都是充裕的。

[146] 此外，洛克在区分父权与政治权力的时候也引用了《创世记》中的证据。尽管孩子生来就要服从父母，但是他们能够在成熟的时候获得自由和运用理性的能力，而且能够离开"他们的父母并与妻子同居"（《创世记》2∶24；《下篇》，65）。通过使亚当成为成熟过程中唯一的例外（因为他被创造时就是理性的、完全成熟的），洛克强调人类在成年之后也变得像亚当一样，自由，并与他人平等。洛克的亚当拥有所有人都有的"权利"，菲尔默的亚当则有不同于其他人的权利。只有实现《创世记》1∶28 中神的指示——遍满大地——社会才能够发展，因为，正如洛克引用的话，"人们独居是不好的"（《创世记》2∶28；《下篇》，77）。协作的社会帮助人们获得那些他们生存所需的东西。洛克承认，尽管这个社会最初可能是父权制的，但它并不是圣经所许可的。腐化的产生增加了财富的占有，使社会陷入混乱，并显示出社会是约定的，而不

---

① 不妨回想一下，洛克在《政府论上篇》中如何坚定不移地认为，通过保存人类这一自然法，财产权利已然在亚当时代和挪亚时代之间发生了变化。

是自然的。不单对个人来说,而且对社会来说,矫正和补救(腐化)的手段,都是长大进入成年并摆脱父权统治的束缚,允许自由、平等和理性的成长繁荣。

洛克政治理论的基本主张是,人类在亚当里是一个人,上帝对亚当的授权代表了政治秩序的模式。在这个方面,他与菲尔默没有区别。然而对洛克来说,事情发生了显著的改变:他在一个仍由仁慈之神统治的世界中为人类活动创造了一个空间,而这个神,与其说他关心惩罚人类,不如说他关心指引人类实现他们的最大利益。菲尔默的"天命论"没有为人类在宇宙秩序之内的活动或改变留有一点余地:上帝已经说话,授予了亚当统治权——故事就结束了。洛克则在一开始就勇敢地将人类的自由与上帝的自由相提并论。事实上,洛克给予了独立个体的行为和创造以正当性。在洛克的神学中,几乎就像是上帝给了人类理性,并让他们自己充分地、最大程度地利用理性。他在《政府论》中对《创世记》故事的解读绝不是正统的,但这种解读也不是完全不符合圣经文本的"明显意义"。当然,这样一种解读能够得出下述结论:洛克颂扬与现代性和资本主义事业联系在一起的理性的力量。人类不必再与"堕落"导致的无可救赎的败坏境况进行斗争,因而能够——至少可能——使世界变得完美。这种乐观主义在随后的几个世纪里粉墨登场了。

结　论

[147] 在本书中，我从洛克对圣经的关注这一角度思考了他的政治思想。洛克不仅认为圣经是基督教的核心宗教文献，还认为它是政治思想的宝库，进一步说，洛克认为圣经不仅包含了关于人们对上帝所负义务和责任的重要教导，还包含了关于人们相互应负的义务和责任的重要教导。《创世记》开篇几章尤其如此，因此洛克在阐述他自己的神学时越来越关心这些篇章。洛克对《创世记》所持的神学观点非常重要，其原因至少有三：

（一）它为洛克提供了一种新的关于亚当究竟是谁、亚当究竟代表了什么的观点，这一观点与他同时代人所支持的悲观主义的"堕落"理论显著不同。

（二）它让洛克有机会去攻击菲尔默和其他父权论者阐述的那种"堕落"观的政治推论，即亚当在创世时被赋予了专制的统治权，君主专制是由上帝规定的，并且必须有一个强大的政府形式来抵抗人类的败坏。

（三）考虑到洛克关于上帝在此世的活动和人类本性的看法，它让洛克有机会来讨论，根据《创世记》，一种正当的政治秩序可能是什么样的。

在自己的成熟作品中，洛克持有这样的看法：传统的"堕落"理论不足以解释人类的贪婪和腐化。尽管洛克从来没有动摇这样的立场，即人们在大多数情况下都是易犯罪的、其能力是极其有限的，但他从来没有把这种罪性或者限制归因于"堕落"。如果原罪理论是对人类行为的正确描述，那就不能相信人们自己能够公正或有道德地作出行动，因此就需要世俗政治权威的强力使人们来遵守规矩。应有一个强大的威权政府这一思想，就是洛克在1660年代早期的《政府二论》(*Two Tracts on Government*)中所持的立场。或许是由于相当厌倦宗教冲突在过去二十年中摧毁了这个国家，洛克才完全以霍布斯式的方法提出主张说，官长应该行使专制权力[148]以便遏制宗教分歧。尽管他确实使用了圣经来支持《政府二论》的观点，但他并不认为原罪理论和随之而来的人类败坏就是需要一个强大政府的原因。他的论证主要是一种默证法：既然圣经并没有明确提到对官长权力的限制，那就没有任何人有权来约束他们。

到1680和1690年代，洛克已经彻底改变了他的政治观念，如果不是神学观念的话。在《政府论》和《宽容书简一》中，他认为人类是自由的和负责任的个人，能够期望以最小的压制来让他们理性地作出行为。过度的强制，总之，会适得其反：不仅偏见会变得根深蒂固，遵守基督教和平宽容的训诫也会变得日益遥远。也就是在这一时期，洛克在原罪理论上不再中立。他在《基督教的合理性》中明确质疑原罪理论，并在《宽容书简三》中回应普罗斯特时暗中挑战了原罪理论：

> 英国国教会信徒承认并必须信仰原罪教义，这是《三十九条信纲》国教祈祷书若干段落明白讲的。不过我要问问你：是否这"对所有那些勤勉真诚寻求真理的人都是明明白白、显而易见的"？一个国教团契中的真诚寻求真理的人，可能并不会向自己提出这种有可能困扰他自己的有关原罪教义的困难，尽管他可能是一个喜好研究的人；并且，他会不会将自己的探寻推进得如此之远，以致要在观点上摇摆不定？(*Works*, 6：411)

如果没有原罪这种东西,并且人类不是一定要经常犯罪,那就不必用官长的镇压来遏制邪恶——事实上,镇压只能挑激起臣民进一步反抗。最好的政府形式,会在宗教事务上最少地干涉人们的生活。通过这种方式,洛克试图在国家中保存少量的宽容,因为国家如果不能满足人们需要的话,就可能会遭到挑战。

当然,负责任的政府的思想在洛克的《政府论》中是一个大问题。但有趣的是,在洛克写《政府论》期间,他也在思考堕落教义,及其对关于上帝和政治秩序的启示之意义。在1680年8月1日的一则日记中,洛克写道:

> 因此,若将上帝看作是无限仁慈的,有无限的权力,那我们就不能想象他会有意创造任何应该遭受痛苦的事物,[149]相反,他应给予受造物一切办法让它们获得它们的本性和处境能够达到的幸福,并且,尽管正义也是我们必须归于上帝的一种完善,但我们却不能认为正义的实施应该超出他的仁慈对正义所要求的范围,因为上帝为了保存他的创造物,已经把每一个造物都放进了国家的秩序和完美里。因为我们的行为不能令他满足,或者给他带来任何利益或损害,因此他对他的任何创造物所施加的惩罚,如给他们带来的痛苦或破坏,也只是为了保存更大的或更值得保存的部分,因此,只是为了保存,他的正义才只不过就是他的仁慈的一部分,他不得不严格地限制不合法的或者是破坏性的部分去施加伤害;因为想象上帝会为这个原因之外的任何其他原因而定意施加惩罚,就是要使他的正义成为一种更大的不完善(for to imagine God under a necessity of punishing for any other reason but this, is to make his justice a greater imperfection),而设想有一种高于他的权力迫使他实施与他的智慧和仁慈相反的规则,就难以想象了:他为何会造出如此无意义的东西,以至于这种东西应该就是为了被毁灭,或

被投进比毁灭更坏的处境之中？（强调是我自己添加的，Goldie 1997，277-278）

对于洛克来说，主张上帝行为任性或者违背他的仁慈和正义，是有悖常情的。上帝，最高的官长，不曾只是因为人类是亚当的后裔就惩罚或者折磨他们，他这样做仅仅是为了保存人类——这是《政府论》阐述的一种观念。上帝，就像官长一样，按照"智慧和仁慈"的规则行事，允许在社会中实施正义。亚当的原罪理论与上帝的特质恰恰相反，而且，将政治秩序建立在这样一种谬误的理论之上实际上也非常危险。

然而，对像菲尔默一样的父权主义者来说，亚当既是专制主义政府的代表（"堕落"之前），也是人类罪性的代表（"堕落"之后）。换句话说，亚当代表了一种神赐予的堕落前（pre-lapsarian）的权威，被用来对抗堕落后腐化的人类。不必证明（堕落前）亚当的统治是正当的或根植于大众要求的（popular claims），因为上帝已经赋予亚当神圣的统治权利，并且，所有的其他政府都是仿效这一理论主张的。政府没有义务倾听民声，因为他们不值得被倾听。如果不能信任人们会做正确的事情，那么，怎么能够相信他们会选择最好的政府形式呢？在对亚当进行解释的时候，菲尔默证明了国王的专制权力、女性和孩子的低级以及限制财产权利的正当性。引入自由平等这类观念，以此来破坏圣经的等级体系，在菲尔默看来，这意味着社会将被导向毁灭：如果每个人都是自由的，那么任何人都不再对他人有义务；如果每个人都是平等的，那么甚至孩子在政治事务中都可以享有发言权。简而言之，菲尔默利用［150］《创世记》来反驳这样的主张，即人们生来处于自由和平等的状态，有权利根据自己的选择组建政府。

为了反对菲尔默的立场，洛克不得不提出下述主张来支持自己的观点：不仅自然权利和种种基于同意的政府理论符合自由和平等理念，就连菲尔默理论所依据的那种圣经基础，也同样可以以一种平等的（甚至更加平等的）方式来解读。就像菲尔默一样，洛克也认为上帝对亚当的授予是一种政治秩序的范例，在这一有限的问题上，他与菲尔默没有什么不同的看法。然而对洛克来说，事情发生了显著的改变。洛克为人类在一个由一位更加自由的神——相较于一种等级制的长幼尊卑制度，这位神更关心一个由平等的人构成的自由社会——统治的世界中的活动创造了空间。在洛克的神学理论中，几乎就像是上帝给了人类理性，让他们自己去充分利用自己的这种条件。尽管洛克在《政府论》中对《创世记》故事的解读绝非正统，但这种解读并未从根本上超出圣经文本的"显白意义"。

在某种程度上，洛克圣经政治学的这种观点也显示了某种圣经基础主义的面相：上帝创造了一个为自由、理性和平等的臣民所栖息的世界，证据就在圣经之中。但是，在洛克的思想中还有某种担忧，那就是这座神的大厦是否可能会整个坍塌，使我们再次进入那个黑暗的王国。有人开始怀疑，洛克到底是按照先行阐述的某种神学给了我们一种关于人类的描述，还是只是将这种描述嵌入了历史偶然性的复杂网络之中。纵观洛克的作品，他表明，人类实际上在极大程度上都深受习俗和教育的锻造和影响。这意味着人类实际上是历史条件的产物，他们的特性主要由他们所处的历史性的偶然环境决定，而不是由他们的基因决定的。洛克暗示，因为教育，并且因为传统在社会中发挥的作用，理性可能并不像它看起来那么值得信任，人类已陷进了超出自己理解力的意识形态强力之中。对于我的计划来说，重要的是要意识到，完善的理性之不能自证，不应归因于原罪导致的整体性败坏，而应归因于社会化，或者说以教育或以习俗为其表达形式的社会化。洛克认为，人类而非亚当才应该受到批评，因为他们未能实现自己的潜能。

洛克的论证必须有神学的支撑，而这一点经常为二手研究文献所忽视。应该说，正是这种神学的必要性激发了《政府论》的写作，进而激发了洛克政治观念的创始。换句话说，洛克自己感觉到，他需要以成熟合理的政治学的和神学的理由来反驳菲尔默提出的圣经父权论。[151] 关于菲尔默的神学立场，洛克自己的感觉是如此强烈，以致他认为仍然必须在《政府论上篇》（尽管有些部分已经丢失了）详尽驳斥菲尔默的圣经论证，尽管菲尔默的政治重要性早已大大减弱，尽管菲尔默自己也"早已不再能够作出回应"。因此，不仅仅是因为"布道坛"（Pulpit）使得菲尔默的神学成了"时代流行的神学"（Currant Divinity of the Times）所以洛克才在其关于政府的作品中包含了这种神学——他并不是一个易于为舆论所动摇的人——原因还在于菲尔默作品中牢固确立的那种洛克极度想要摧毁的危险的神学立场之政治意涵。

洛克对"堕落"的重新解释开启了人性的变易不定之可能性，人性成了一种被冲动和欲望不断冲击、摇来摆去的东西，不再能够用天赋观念或神学立场来明确清晰地进行定义。在洛克的重新解释中，这几乎就像是说，亚当的选择自由比他在伊甸园中极乐的服从生活还要更加重要。亚当用服从、不朽以及毫无确定性的自由，通过交换得到了充满怀疑和焦虑的、自由的、不安宁的、理性的人类活动。在某种程度上，人类成了上帝的目的的合作者，而上帝的目的就是让人通过诸如辛勤劳动和自我负责，来帮助保存人类。而如果洛克的上帝不再是那个暴虐独裁的统治者，那么洛克的人类也就不应再受暴虐独裁统治的支配。

洛克政治思想的神学框架构成了理解早期现代政治思想基础的关键部分，广义来说，构成了理解当代自由民主制的基础的关键部分。洛克深深忧虑人类能否尽最大努力去遵从圣经所安排的上帝的指令。《创世记》中的命令"生养众多，繁殖丰富，遍满大地"对洛克来说有更多的含义，远远超过这一命令在当初对亚当所具有的含义。它意味着，土地，或者大自然，可以将功能转变为供养众多人口，而通过人口遍满大地，会有更多的土地适于耕种、更多的人得以供养。这一神恩构成了财产权利和文化发展的基础。这意味着没有任何人被赋予统治的权利,性别之间是平等的,至少在理论上是平等的——如果不是在实践上的话。国家的存在是为了保存这些界限,而这些界限将成为诸如"生命、自由和对追求幸福"的权利。

重要的是要指出,洛克不是一个无神论者,他也不追求从人类活动的舞台上消除上帝。洛克对圣经持久的兴趣证明,他在自己的政治秩序内为上帝留了位置。上帝是创造、制作我们人类的工艺大师,正因如此,我们才应该互相平等对待。我们所有人都是平等的,因为上帝使得我们如此,他并没有让一个人高于另一个人。

当然,在洛克之后,[152]信仰上帝的理念,或遵守《创世记》的圣经命令以参与或成为既定政治秩序一部分的需要,已不复存在。诸如休谟(Hume)、康德(Kant)或密尔(Mill)这样的哲学家将证明,人们并非必须理解上帝的命令才能成为某种政治秩序的成员——政府的基础是功利和实用主义的信念,而非神学信念;我们不再受我们相信是上帝在《创世记》中启示的东西之指引,而是受我们自己所理解的最佳政治秩序的指引。洛克的世界我们已然丧失,但是,圣经已不再影响政治事务这一事实,并不表明它就应该被排除在外、不能参与对政治思想之起源的讨论。

洛克未必是异常虔诚的,或者,他也未必遵从了正统的圣经解释方法。或许他很早就意识到,没有任何永无谬误的圣经解释者,"最可靠的圣经解释者就是圣经本身,只有圣经本身才是永无谬误的"(Goldie 1997,209)。主权者没有任何权利强加宗教信条,因为没有任何办法可以确保主权者能够正确解释圣经。正因如此,洛克才不像霍布斯那样赞同在宗教问题上绝对服从官长。神学家和神职人员也不能宣称他们对基督教有卓越超群的理解,因为基督教信仰的根本信条——耶稣是弥赛亚——不需要通过漫长复杂的思想描述来获得。从这个意义上说,"日工"和"哲学家"同样都能够进入天国。

然而，在晚年，洛克逐渐开始认为，甚至圣经也并不是永无谬误的。随着他越来越沉浸于圣经解释，他也越来越多地承认圣经的人性维度。他的很多质疑圣经永无谬误性的思考，反映于他如何评论林博赫对莱克拉克质疑圣经某些段落之启示品质的评论：

> 如果圣经中的每件事都不加区别地被视为上帝平等地启示的，那这肯定会让哲学家大大有机会来质疑我们的信仰和真诚。相反，如果圣经的某些部分被认为纯粹只是人的作品，那么在圣经中到哪里去找神圣权威的确定性？——没有这个，基督宗教岂不是要一败涂地？(*Correspondence*, 2: 834)

洛克，在历史批判的顶点，在他的私人日记和信件中表达了自己对圣经之启示品质的疑虑。洛克可能已经逐渐意识到，圣经是被一些人类作者而非一位神圣作者勒之碑石的——但这些人类作者见证了上帝的行为。[153] 这在《保罗书信注疏》中将成为洛克的主要解释方法，而且在18世纪和19世纪圣经研究的历史推进中，这种方法将会变得愈加突出、愈加重要。洛克逐渐开始认为圣经是一部人类的文献——撰写于某个特定地点和时间，人可以通过考查经文文本形成的历史环境来最好地理解圣经——这使他成了将会主导欧洲的历史批判运动的主要健将。在洛克看来，圣经是上帝之言的见证者，它对人类生活至关重要。

洛克不曾发明解读宗教文本以辨明其政治问题观念的做法，而这种做法在他去世之后也没有逐渐消失。然而，正是在洛克这里，我们能够最清晰地看到，政治理论和宗教文本正在双溪汇流。此外，洛克的政治理论，正如其全部主要著作和次要著作所表明的，集中关注《创世记》关于人类处境的本质所揭示的东西。洛克坚持认为人类是自由的、负责任的个体，应该对自己的行为负责，没有任何一个人比另外一个人享有更多的自然权利或特权。这一结论的基础就是洛克关于亚当代表了什么或者不代表什么的看法。在洛克看来,《创世记》揭示了人类并非必然遭遣而处于万劫不复的罪性状态。这固然意味着解决世上的罪恶问题绝非易如反掌,但人类也不是非要与无可救赎的堕落处境斗争,才有可能创造一个更美好的世界。只要遵循《创世记》规定的上帝的命令,人就可以让世界变得更美好;而我们作为上帝的财产,必须为我们自己的行为、教育和政府负全部责任。这样一种观念,会令现代世界血脉奔涌、蠢蠢欲动,尽管它最终竟将洛克的圣经框架撕成了碎条。

附录

洛克、宗教、权利与现代性的兴起[*]

帕克（Kim Ian Parker） 撰

周扬 译[**]

"我们认为下述真理是不证自明的：人人生而平等，造物主赋予他们若干不可剥夺的权利，其中包括生命权、自由权和追求幸福的权利。"——《美国独立宣言》(*the American Declaration of Independence*) 的第二段以此起首。如果我们暂时忽略非包容性语言（non-inclusive language）"不证自明"的问题，或者暂时忽略一个事实，即这个给平权开出了空头支票的社会是由种族剥削和奴隶制度这一体系所支撑的，那么，《独立宣言》主要内容背后的设计师杰斐逊（Thomas Jefferson）就是在论证许多现代西方民主国家至少在原则上都仍然坚持为正确的这样一点：尽管政府可能是人类创造的一种人造物（artificial product），但人类的权利仍是"不可剥夺的"。在此意义上，权利相较政府更为根本，因为权利先于政府且是政府所指向的目的。这就提出了一个问题：我们"不可剥夺的"权利的概念起源于何处？在此我想探寻的是这个观念：人类拥有某些不可剥夺的权利，与造物主赋予人类这些权利，这两种观念之间存在着联系。

---

[*] 选自 *Lumen*，Volume 31，2012。作者帕克为加拿大纽芬兰纪念大学宗教学系教授、系主任，《洛克现代性政治学之根》一书作者。

[**] 译者周扬为慕尼黑大学法学院博士候选人。

为此，我想以间接的眼光审视一下《独立宣言》的神学-政治基础。众所周知，杰斐逊从英国政治哲学家洛克及其《政府论》尤其是《政府论下篇》中得出了他自己在《独立宣言》中的主要理论依据。[1] 例如，"人人生而平等"，或者政府"从被统治者的同意中取得它的正当权力"观念，可以分别追溯到《政府论下篇》第54节和第99节。可能不那么为人所知的是，洛克的《政府论上篇》包含了与君权神授理论的坚定拥护者菲尔默爵士（Sir Robert Filmer, 1588—1653）持续多时的有关圣经的争论。洛克的《政府论上篇》近来读者寥寥，因为很少还有人对这种以好辩风格为特征的类型有兴趣，更少有人还会对其研究对象——关于《创世记》的正确解释的争论——有什么兴趣。人们也想知道，为什么像洛克这样重量级的人物，会自找麻烦地揭露菲尔默圣经政治学的荒谬之处。然而，通过回顾菲尔默的论点，我们就可以明白洛克的《政府论上篇》为什么不可或缺，明白它如何为《政府论下篇》中的政治体系提供神学框架，明白它怎么能被称为建立了一个权利在其中

---

[1] 参见，比如哈茨（Louis Hartz）的《美国的自由主义传统》（*The Liberal Tradition in America*, New York：Harcourt Brace, 1995），他在文中写道："洛克支配了美国政治思想，其他地方从未出现过能支配整个国家政治思想的思想家。"（140）亦参贝克尔（Carl Becker）在《〈独立宣言〉：一种政治思想史研究》（*The Declaration of Independence：A Study in the History of Political Ideas*, New York：Random House, 1958）中提到的观点："杰斐逊复制了洛克。"（79）威利斯（Garry Willis）在《创造美国：杰斐逊的〈独立宣言〉》（*Inventing America：Jefferson's Declaration of Independence*, New York：Doubleday, 1978）、波考克（J. G. A. Pocock）在《美德、商业和历史》（*Virtue, Commerce, and History*, Cambridge：CUP, 1985）中均挑战了这个观点，但我更倾向于赞同谢尔登（Carrett Ward Sheldon）在《杰斐逊的政治哲学》（*The Political Philosophy of Thomas Jefferson*, Baltimore：John Hopkins, 1991）中的观点，尤其是在页41-52，他提出，尽管杰斐逊受到共和主义思想的影响（从亚里士多德、西塞罗、孟德斯鸠到哈灵顿），但在人类本性、政府本质、革命权利领域，则是洛克给他施加了明确的、决定性的影响。人性问题才是这里直接相关的问题。

被认为是"不可剥夺的"的体系。

菲尔默的"圣经政治学"在他的诸多著作中均有所包括,① 尽管看起来是出版于1680年的《父权论》(Patriarcha)才激起了洛克以他自己"得自圣经的政治学"的观念来加以回应。② 菲尔默指望用《创世记》来"证明",上帝在对政府的最初授权中就给了第一个人亚当以无限的财产权利、绝对的政治权力和对于一切事物——包括其他人类——的统治权。亚当作为全世界的父亲和独裁的君主,依靠神权进行统治。在等级秩序中,所有个体都不同程度地从属于君主,而这个等级秩序就是:(1)女人服从男人;(2)年轻的兄弟服从长子;(3)长子服从父亲;(4)父亲服从国王。换句话说,无人生而自由。正如菲尔默在《如何在危险而可疑的时期服从政府》(Directions for Obedience to Government in Dangerous and Doubtful Times)中所写:

那出生的每一个人都绝非天生自由,因着出生,他就成了

---

① 菲尔默作品的标准文本是萨默维尔(J. P. Sommerville)编的《〈父权论〉及其他著作》(Patriarcha and Other Writings, Cambridge: CUP, 1991),它取代了拉斯莱特(Laslett)的版本《〈父权论〉与罗伯特·菲尔默爵士的其他政治作品》(Patriarcha and Other Political Works of Sir Robert Filmer, Oxford: Basil Blackwell, 1949)。拉斯莱特的版本对洛克的研究者来说仍旧相当有用,因为他编辑的洛克《政府论》(Cambridge: CUP, 1967)版本里对菲尔默的互见参引指的就是1949年的菲尔默作品版本。下文所有的进一步引用都来自萨默维尔版。

② 菲尔默的《父权论》再版于1679—1681年废黜危机的中间时段。废黜危机是沙夫茨伯里伯爵(the Earl of Shaftesbury)(洛克的朋友和庇护人)发起的一次尝试,他想通过一项法律,排除一切天主教徒继承王位的可能。甚至有流言说,在这段时期还有一个阴谋,就是刺杀查理,让他信天主教的弟弟詹姆斯取而代之,以使这个国家重返罗马天主教。"天主教阴谋案"和废黜危机进一步加深了英国保皇派"托利"(Tory)党和议会派"辉格"(Whig)党之间的政治割裂。随着《父权论》在1680年的再版,保皇派托利党获得了一种"不可反驳的"意识形态上的支持——国王的神圣权力源于圣经文本。在拉斯莱特看来,罗伯特·菲尔默爵士的政治理论"已经成为皇室和托利党对政府权力根据的官方阐述"(1949, 45)。

那生他之人的臣属。他总是生活在这种从属状态之下，除非得到上帝直接的任命，或因他的父亲之死获得授权，从而自己拥有了那种他曾服从的权力。①

对菲尔默来说，所有人一出生就服从于某种权威，"无论在哪里，只要孩子的服从是自然的，那里就不可能有任何自然的自由"。② 正如菲尔默所推论的，"如果不否定亚当的受造，就不可能设想人类的自然自由"。③ 而且，如果人类的自由仅是指不隶属于他人，那么人类就不是平等的。只有当"无高高在上的权力"时，平等才会存在。既然社会是按照等级安排的，人类就不可能平等。如果所有人都是平等的，一个新生儿就"和世界上最伟大、最睿智的人有着同样的重要性了"。④ 因此，一个假定人人自由平等的政治组织在政治上毫无意义，从《创世记》的政治教导来看也没有任何正当的理由。既然每个人生来都在不同程度上隶属于某个权威，那么每个人也都在不同程度上生而不平等。也就是说，只有国王拥有不可剥夺的权利，且这些权利是绝对的。

菲尔默对圣经的阐释至少在两方面颇值得注意。首先，他的论述并不像许多评论家以为的那样怪异。菲尔默利用了古老的父权传统，这一传统可远溯至奥古斯丁（Augustine），并且囊括了阿奎那（Thomas Aquinas）、帕多瓦的马西略（Marsilio of Padua）、诺克斯（John Knox）等许多名人。菲尔默的圣经父权政治学同样包括了英国的詹姆斯一世（James I of England）、奥维拉尔（John Overall），

---

① 菲尔默，《如何在危险而可疑的时期服从政府》（Directions for Obedience to Government in Dangerous and Doubtful Times），282。
② 菲尔默，《有限或混合君主政体的无政府状态》（Anarchy of a Limited or Mixed Monarchy），142。
③ 菲尔默，《对亚里士多德〈政治学〉之政府形式的评论》（Observations on Aristotle's Politiques Touching Forms of Government），237。
④ 菲尔默，《无政府状态》（Anarchy），142。

麦克斯韦尔（John Maxwell）和大主教乌雪（James Ussher）。[①] 菲尔默对圣经父权制的看法，与许多认为圣经应该构成政治讨论的基础的其他政治理论家并无太大差别，尽管它将君主的绝对权力与对《创世记》开头几章的解读联系起来，这可能有点极端。事实上，在18世纪以前，一个人很难发现有什么政治讨论不对圣经有所关注。在菲尔默的时代，基本的假定是，圣经是上帝在所有事情上的启示之言，而许多政治评注者都在他们的政治理论讨论中转而将亚当作为范例。如何解释亚当是谁、他拥有怎样的政治权力，才是应该考虑的问题，而不是亚当是否与政治讨论有关。

其次，菲尔默的解读证明，在人类之中，差别，继而不公平，才是正当的。既然人类生来就处于由神注定的与他人的不平等关系之中，那么社会等级和政治等级上就不存在上升或下降的移动。权利几乎是不存在的；政府先于且取代了个人权利，而且这是由上帝规定的。因此，统治者或国王拥有绝对权力，也拥有那根植于上帝给亚当的授权并延伸到其余人类的绝对权利。下面这项任务被留给了堂堂政治理论家洛克：将上帝给予一人的统治多人的自然权利，转变为上帝给予每个人自然权利，来选出他们认为能最好地保护他们的生命、自由和财产的政府。

在《政府论上篇》的开篇处附近，洛克着手反驳菲尔默的体系，因为在这个体系中"所有政府都是君主专制政体"，"无人生来自由"。[②] 在这样做的时候，洛克攻击了菲尔默立场的圣经基

[①] 参见肖切特（Gordon J. Schochet）的综合研究《政治思想中的父权论》（*Patriarchalism in Political Thought*: *The Authoritarian Family and Political Speculation and Attitudes Especially in Seventeenth-Century England*, Oxford: Basil Blackwell, 1975）。

[②] 洛克，《政府论上篇》，第三章。此后《政府论》里的引注将以上下篇和章节数的形式（Ⅰ, 3）出现。所有的引用都来自拉斯莱特（Peter Laslett）1967年的版本。若无特殊说明，拼法与斜体都忠实于拉斯莱特的版本。

础——"亚当的统治权"这一观念（《政府论》Ⅰ，11）。洛克指出，菲尔默对亚当的统治权的论证见于他的许多著作，它基于三个前提：（1）上帝创造亚当；（2）亚当统治夏娃；（3）亚当通过父亲的权威统治其子女（《政府论》Ⅰ，14）。在《政府论上篇》的第三、第四章，洛克通过思考亚当凭借被造而拥有统治资格这一假设，抨击了菲尔默的第一个前提，因为洛克发现这一假设缺乏菲尔默需要的圣经依据。在第五章，洛克讨论了菲尔默的第二个前提，也就是由夏娃的服从，亚当获得的统治权利。在第六章，洛克思考了菲尔默的第三个前提，亚当由父权获得的统治权利。在分析和简单处理（并且嘲弄了）菲尔默借以展开其论证的三个前提之后，洛克在第七章进一步思考了亚当的权力在他死后是如何传递的，由此攻击了菲尔默的长子继承权理论，并且思考了"财产权利"和"父权"问题。

占《政府论上篇》一半以上篇幅的最后四章，继续了亚当权力转移的讨论。正如第八章陈述的那样，洛克针对菲尔默的论证提出的问题，是菲尔默没有正确地区分篡夺、授权、继承和选举。洛克提出要依次处理这些问题，但实际上他只在第九章处理了继承，在第十和十一章处理了谁是合法继承人的问题。很可能篡夺、授权和选举的讨论，就是洛克在他的前言里提到的这部作品遗失的中间部分。

在整个相当漫长乏味的讨论中，洛克关心的主要是引申出菲尔默立场的含义。总体而言，他的语气是讽刺俯就的，经常火药味十足，与废黜危机期间的小册子论战颇相合宜。洛克经常反对菲尔默对圣经的使用，他指出，菲尔默恣意处理文本，要么就是"从直白浅易的文字含义"来理解文本。① 但是，尽管洛克可能能够嘲弄他

---

① 《政府论》Ⅰ，36。洛克的"从字面的浅易含义来解读圣经"的观念，在《保罗书信注疏》的前言里有充分体现（一个现代校勘评述版已经由怀因莱

能力稍欠的对手对圣经的解读，这也并不表示他就乐意将圣经或《创世记》从各种政治讨论中驱逐出去。这是很重要的一点，因为洛克不仅不得不削弱菲尔默的可能更为"自然的"立场（如果我们同意肖切特所说，即在17世纪的英格兰，父权制才是自然的社会秩序），而且还要摧毁一个叫亚当的人拥有政治权力这个观念。洛克的亚当虽然依旧保持政治强力，但和菲尔默的亚当已经相去甚远。

最后一点不该轻描淡写地带过。亚当——或者更具体地说，他所代表的东西——对菲尔默和洛克而言都起着创始政治偶像的作用。不像其他的同意派理论家比如霍布斯，后者从亚伯拉罕①开始对圣经的政治讨论，且更感兴趣于在西奈②所颁律法的政治含义，洛克因为亚当对人性所揭示的东西而保留了他作为政治权威的象征。③ 因此，洛克对菲尔默的争议并不涉及亚当是否重要，而是涉

特〔Arthur Wainwright〕编辑出版，全书分为两卷，Oxford：Clarendon，1987）。在这里洛克提出了一种阅读保罗书信的方法，也就是带着最充分地理解作者意图的目的，小心并"仔细地阅读"每封书信。洛克提醒我们尽量避免阅读其他评论，如他在《人类理解论》（*An Essay Concerning Human Understanding*，Peter Nidditch, ed. Oxford：OUP，1975）中所说的神学家们"装模作样的愚陋和学问渊博的妄语"（参见第3卷，第10章，第9段）。洛克的目标是尽量贴近每封书信的原意，避免带着先入之见阅读文本。按照这个步骤，洛克希望（本着现代历史批判法的精神）明白文本面向最初观众时就有的可能含义。

① 参见雷文特洛（Henning Graf Reventlow），《圣经的权威与现代世界的兴起》（*The Authority of the Bible and the Rise of the Modern World*，London：SCMP，1984），他评论道："霍布斯不同于菲尔默，因为他从亚伯拉罕开始。"（210）

② 参见米切尔（Joshua Mitchell），《并不只靠理性》（*Not By Reason Alone*，Chicago：U of Chicago P，1993）。他写道："在霍布斯看来，受众人服从且被授予解释权的摩西，是作为最重要的政治人物出现的。"（70）

③ 关于这点，米切尔表达得最为清晰："因为对洛克来说，亚当是重要的人物，所以他一定要对付菲尔默而不是其他人——比如同样为君权神授思想辩护的霍布斯。菲尔默在此是真正的靶子；而这是因为洛克同意菲尔默提出的

及亚当与上帝之间关系的政治含义到底为何。但是在洛克的想法中，亚当到底是谁或者说他所代表的到底是什么绝不清楚。即使是同情洛克政治理论的学者，比如哈里斯（Ian Harris）[①] 和米切尔（Joshua Mitchell），也不能在亚当的角色上达成一致意见：哈里斯主张洛克的亚当是一个个体，他的行为单单属于他本人，而米切尔则主张洛克的亚当是人类的代表。哈里斯通过如下主张支持自己的论点：洛克需要避免声称亚当是人类的代表，因为这个观点散发着奥古斯丁原罪论的意味，而且暗示不仅原罪被继承，政治权力也被继承了。另一方面，米切尔则将洛克的亚当看作集体的单数形式，因为只有当亚当是人类的代表时，一个人才能为普遍的自由权和平等权辩护。

亚当应被视为一个个人还是人类的共同代表，这绝不是小问题——洛克与菲尔默的论战，涉及作为一个个人或者作为人类代表的亚当可以在何种程度上被保障权利。所以菲尔默和洛克两人都依赖亚当来建立一种"权利哲学"。菲尔默将无限制的权利给了这个叫作亚当的人，也就在很大程度上弱化了别人的权利。相反地，洛克限制了亚当的自然权利，也就使得其他人拥有更多的固有权利。我们随后将要看到，亚当是洛克政治学的范式，这既是在授予他的许可（《创世记1：28》）和由许可所增生的权利的意义上，也是

正式论点，也就是亚当具有重要的政治意义，而且有什么东西在他堕落之后仍然存在。他们仅仅在什么保留了下来这一点上有争议。尽管他的结论让人想到菲尔默的结论，但是霍布斯并不依赖亚当来表述他对政府契约的实证主义理论。洛克和菲尔默勉强称得上是同盟，同时也是对手。《政府论上篇》的写作既是反对菲尔默，与此同时也维护了亚当具有政治重要性这一观点。"（1993，81）也可以参见拉斯莱特："因为罗伯特·菲尔默爵士声称启示（比如，《创世记》）中有证据显示上帝使一些人高于另一些人，使父亲高于儿子，使男人高于女人，使年长者高于年轻者，所以他的学说非常危险，必须驳斥。必须一段一段地分析圣经文本，通过微小的细节说明这种解读是错误的。"（1967，92）

[①] 哈里斯（Ian Harris），《约翰·洛克的心灵》（*The Mind of John Locke*, Cambridge：CUP，1994）。

在洛克的亚当在根本上迥异于菲尔默的亚当的意义上。这个看法可以在洛克《政府论》中关于财产的著名讨论中看到，而我接下来想要讨论的是，《政府论上篇》中关于财产的论证，如何建基于洛克和菲尔默的神学辩论之上，以及在《政府论下篇》中它又如何继续显示洛克关于权利的看法。

对洛克和其他17世纪的政治理论家来说，财产（Property）被定义为"生命、自由和不动产"，这个描述类似于《独立宣言》中所说的造物主赋予人类的"不可剥夺的权利"。[①] 洛克开始在《政府论上篇》中概述财产与权利之间的关系。首先，人类乃是伦理的、道德的上帝的一个作品，从某种意义上说，是上帝的专有财产，不是其他任何人的财产。所以，统治者不能像对待财产那样对待国民，"像是一群一群的牲畜"，因为人类最终是造物主的财产（《政府论》Ⅰ，156）。确实，全部的所有权最终都是上帝的，而人类只被给予一定的额度来使用财产以养活自己与家庭（《政府论》Ⅰ，37）。不管人们索要什么样的财产权利，都不能超出上帝允许的范围之外。正如洛克写的：

> 人类虽然可以被允许对万物的某些部分享有所有权，但就上帝才是天地的创造者和全世界唯一的主人与所有者而言，人类对万物的所有权只能是上帝允许的"使用它们的自由"。（《政府论》Ⅰ，39）

洛克在《政府论下篇》的"论自然状态"一章中重申了这个主张：

[①] 在《政府论》（Ⅱ，87）和其他地方，洛克将财产定义为"生命，自由和不动产"。据谢尔登所说，杰斐逊把洛克的"生命，自由和财产"改为"生命，自由和追求幸福"，乃是因为亚里士多德主义的影响，尤其是在《尼各马可伦理学》中，亚里士多德将人类最伟大的目标和意图规定为"幸福"（Shelden，9，n.25）。

既然人们都是全能和无限智慧的创世主的创造物，都是唯一的最高主宰的仆人，奉他的命令来到这个世界，从事于他的事务，那他们就是他的财产，是他的创造物，他想要他们存在多久就存在多久，而不由他们彼此之间作主。（《政府论》II，6）

洛克对财产和附着于财产之上的权利的解释，立足于人类是造物主的财产这一命题。对洛克而言，这是一个无可置疑的命题。其中包括了如下对造物主的看法：他位于他的创造物之上且拥有对创造物的绝对权力。所有受造物，包括人类，都从属于他，无法摆脱他，亦不能与他相等，而这也隐含着如下含义：在自然的意义上，人类应被视为自由且互相平等的，因为所有人都是上帝的"作品"。对洛克来说，上帝并未"通过任何明显的关于他意志的宣言把一人置于另一人之上，通过一个清晰明显的约定把无可置疑的统治的权利和权力授予前者"（《政府论》II，4）。

洛克在《政府论上篇》的全篇都在强调如下观点：上帝没有给亚当任何私人性的对其他人的统治权或任何私人财产，而是给予亚当和其他人一种共有的权利（《政府论》I，24，29）。《创世记》第1章第28节中的神赐（blessing）就是对每个人的授权，而不仅仅是对亚当的授权。这个神赐，正如《创世记》中写的，是"上帝保佑他们并且对他们说，要生养众多，遍满地面，治理这地，也要管理海里的鱼、空中的鸟，和地上各样行动的活物"（新标准修订版圣经）。在《政府论上篇》详细分析《创世记》第1章第28节时，洛克将希伯来文אדם翻译为人类，一个集体的单数形式，而不是"亚当"，一个专有名字（尤其是《政府论》I，29-31）。而下面这一点也很重要：洛克通过主张上帝给予亚当的授权涉及全人类而非仅仅一个人，开始了《政府论下篇》的"论财产权"一章。他写道：

不论我们就自然理性来说，即人类一出生即享有生存权利，因而可以享用肉食和饮料以及自然为了维持他们的生存所供应的其他物品，或者就上帝的启示来说，即上帝如何把世界上的东西给予亚当、给予挪亚和他的儿子们，上帝"把大地给了人类之子"、给予人类共有这点都是很明显的，正如大卫王所说（《圣经·旧约·诗篇》115：16）。（《政府论》II，25）

如果造物主已经把这个世界和他的创造物一齐给了人类共有，以保存本质上属于他的财产，那么人类继续生存，或者以《创世记》的语言来说，继续"生养众多，遍满地面"就很重要了（《创世记》，1：28）。人类有义务和责任保存自身。因此，在《政府论上篇》中，洛克认为上帝把大地和大地上的一切事物都给了人类，而且给了他们财产上的自然权利"来为了生活的最优化和便利而使用它"（《政府论》I，26；参见I，87）。在《政府论下篇》中他强调了这个观点，声称每个人都有权利维持自身的生存，"因为自然负担了他们的生存"（《政府论》II，25）。因此，提供生存所需以自我保存的义务，就构成了自然权利中财产诉求的基础，这使它免于看上去过于个人主义。这里同样也有每个人义不容辞的义务：当自己的自我保存与他人的自我保存并不冲突时，就要供养他人。

对洛克来说，这意味着只要人的意图和目的在自然法的范围内，他们就可以使用财产——也就是说，亚当可以予取予求以供养自己和家庭，但他不能截留财产以致让别人挨饿。因此，洛克所说的"全能的神"给予亚当的"最大的和首要的赐福"，也就是"要生养众多，遍满地面"，并不能通过允许一个人拥有随意分配财产的独裁权力来达成（《政府论》I，33）。所以，财产上的根本自然权利，并非如很多人所言首先建立于劳动之上，毋宁说，它是基于《创世记》的那个伟大赐福的先验主张（尽管在某种程度上它也确实涉及劳动）。确实，在洛克那里，几乎在所有情况下，自然权利都会受到自然法和圣经的限制，因此，与其说洛克是在支持个人主义的权利，正如别人经常认为的那样，不如说他是在支持一系列义务更为准确。这些义务经常是以保存的名义，即对上帝作品和财产的保存来看待的而不是以个人快乐或财富的最大化来看待的。由此看来，事实上，洛克的权利观念更准确地说关心的是义务而不是任何其他东西。权利于是就来源于个人对上帝所负的责任和个人的承诺（a personal commitment）这一基础。

旨在维持自己和他人生存的自然权利，因此就形成了洛克财产权讨论的基础。这个主张根植于自然法，经由理性和圣经而为人所知。此外，由于它先于政府，它也就明确区分了那些独立于任何形式的政治社会的财产权利，与那些以某个政治社会的相关事物为条件的财产权利，且赋予前者以优于后者的特权。就此而言，洛克的人类权利先于政府的观点，反映了在《独立宣言》中也有所显现的"不可剥夺的权利"这个观念。权利优先于政府而且是政府指向的目的。而且，这些权利平等地分散于全人类之中。换句话说，与菲尔默所说的相反，所有的孩子，不仅仅是新生儿，为了自己的生存都有权利向父母的财产提出主张。更一般地说，处于穷困饥饿中的每一个人，都有权利索要他人多余的财产。就像洛克在《政府论上篇》所说，"任何有财产的人如果不肯从他的丰富财物中给予他的兄弟以救济，任他饥饿而死，这将永远是一宗罪恶"（《政府论》I, 42）。洛克对财产方面的平等自然权利的理解很重要，因为它建立于圣经和自然法的基础之上，而且将这两者与上帝的意图联系起来。洛克总是留心于并回溯到这个神学框架，以此来证立他对自然权利的主张。

之前提到，洛克关于财产权的理论确实包括了劳动的理论，而它常被称为"劳动财产权理论"（a labour theory of property）或者"劳动价值理论"（a labour theory of value）。洛克表明，在自然状态下，一个人通过将自己的劳动附加到自然产品上，就占用了这个自然客体或者可以对其提出主张,同样,他也增加了土地或所说的客体的价值。因为劳动在财产上置入了一种不同的价值,使得财产更富成效,使得更大百分比的人口受益,因此就可以认为,劳动完成了更好地保存人类这一神恩。洛克写道:

> 上帝将世界给予全人类共有时,也命令人们要从事劳动,而人的贫乏处境也需要他从事劳动。上帝和人的理性指示他垦殖土地,也就是说,为了生活需要而改良土地。①

请注意一下《创世记》第三章的语言如何强烈地呼应了这段话。对洛克来说,尽管"劳动在一开始就带来了财产权"是正确的,但这并不意味着劳动给予了多余财产以"不可剥夺"的权利;事实上,可以要求一个人放弃他的劳动成果以转让给其他对此有紧迫需求的人(《政府论》Ⅱ,45)。财产权建立于自我保存和保存他人这一先验主张的基础之上,而这种先验主张又是基于圣经和自然法。劳动的确在人与财产之间建立了联系,但并没有给予一个人超出他生存所需的财产权(《政府论》Ⅱ,31)。进一步说,一个人能够积累的财产,必须以财产不致腐败为限,而这种"(禁止)糟蹋原则"(spoilage principle),其根源同样是在洛克对《创世记》的独特解读中。换句话说,洛克对《创世记》第 1 章第 28 节神恩的理解意味着,如果上帝把这个世界给予人类共有,而且把它给了他们以使他们利用它来繁衍生息,那么——洛克认为——上帝就是想要人类利用他们所拥有的土地,否则它就会浪费和腐坏。所以,人类就有一种神学上的义务来把他们的劳动附加到土地之上——这土地是上帝为了供养更多的人、为了避免它腐坏、为了使他们更好地实现那个伟大神恩而给予他们的(《政府论》Ⅱ,32,35)。劳

---

① 洛克,《政府论》Ⅱ,32;参见Ⅱ,35,洛克在此写道:"上帝命令,[人]和他的匮乏应迫使他去劳动。"

动对洛克而言，不是一个道德上中立的行为，而是一项神学义务。

然而，实现《创世记》第 1 章第 28 节所说的那种神恩，这一义务必然会产生私人占有（《政府论》Ⅱ，35）。很多人都以为洛克在此是为一项"资本主义宣言"背书，因为上帝把这个世界和它的所有物"给予勤劳的和有理性的人们利用"，① 但洛克看起来却又没能在此范围内为防备不受限制的财富聚积做好准备。人们可能会这样理解洛克，但是这样做的代价，却是忽略洛克为每一个人设定的至关重要的神学义务。忽视圣经的这些命令固然可以把洛克归入那些试图保卫无限财富之人的阵营，但是对洛克来说，毫无约束的个人财富积累（如果不是为了惠及人类）甚至就是国家充满焦虑的主要原因。正如他在《基督教的合理性》（*The Reasonableness of Christianity*，1695）中所写的那样，"美德和繁荣并不总是相伴而生"。② 并且，尽管洛克对于与财产积累相对的人类的贪婪并不存

---

① 《政府论》Ⅱ，34。最著名或许也最机巧的论证见于麦克弗森（C. B. Macpherson），《占有性个人主义的政治理论》（*Political Theory of Possessive Individualism*，Oxford：OUP，1962）。

② 参见洛克，《论宗教》（*Writings on Religion*，Victor Nuovo ed. Oxford：Clarendon，2002，202）。在一份题为"堕落前后的人"（homo ante et post lapsum）的未刊手稿中，洛克指出，"私人占有和劳动（对大地的诅咒使其成为必然）逐渐区分了人们的不同境况，这就为贪婪、傲慢和野心留下了空间，而这些东西一旦有了先例，便从者如风，败坏于是就传播开来，盛行人间了"（洛克手稿 c. 28，f. 113，载于《洛克：政治著作集》[*Locke：Political Writings*，Mark Goldie ed. Cambridge：CUP，1996，321]）。相似地，在《政府论下篇》一个晦涩难懂的段落中，洛克间接提到一个黄金时代："那时，虚荣的野心、万恶的占有欲和邪恶的性欲"还没有腐蚀人心，败坏人性（洛克，《政府论》Ⅱ，111）。尽管洛克在这两段中几乎像在暗示腐败和贪婪是堕落的结果，但这个学说与他在其他地方的表述——人类堕落导致的是不朽的丧失而非某种大规模的腐败——又似很难调和（尤参《基督教的合理性》）。洛克在此关心的可能是，一旦个体离开自然状态进入公民社会，贪婪和腐败问题就变得更为严重。不过拉斯莱特指出，他的语气"并不坚定"（《政府论》Ⅱ，111，n）。

在任何幻想，但是明白如下这点非常重要：洛克在处理劳动和财产分配时，是以神圣义务而非个人的自然权利之名来发言的。在此意义上，洛克可以区分那些积聚钱财而违法自然法的人，与那些遵从神圣命令、为了人类的更好发展而积累财富的人。

洛克的自然权利是个人对上帝所负义务的完成，因此，他才能够在一个人可能拥有何种权利与上帝想要一个人做什么事情之间找出联系。权利不是"鉴于我们的人性"就有的东西，也并非建立于对人是什么的某种先验观念之上，而是在一个理性地构建的宇宙内的一系列精细协调的义务。人将劳动加诸土地，就使得土地更具生产力，从而让更多人得到供养，因此，也就同时履行了圣经义务和自然法义务。所以，劳动的命令并未允许无任何道德约束的无限积财。事实上，对于亚当被逐出伊甸园后上帝给予他的统治大地甚至辛勤劳作的命令，洛克并未将其视作一种无休止的劳作苦干的命令，而是将其转变为一种惠及其他人类的义务（《创世记》1：28，3：17）。

洛克对财产权进行解释的最后阶段涉及货币的发明。对洛克来说，认识到这点很重要：金钱没有内在价值，它仅仅是一个代表它所购买的物品的符号（《政府论》Ⅱ，47）。人们也应该知道，货币的价值只有通过同意才能达成。既然它是通过个人之间的同意才达成的，它在洛克的自然法体系中就没有位置；对洛克来说，自然法是不能简简单单通过同意达成的（参见他未出版的《论自然法》[Essays on the Law of Nature]）。尽管货币作为交换的媒介很有用，因为它确实不腐烂，但它却并非自然的，而是约定俗成的，因而就不可能是自然的财产权利主张的一部分。人可以在不违背"（禁止）糟蹋原则"的情况下积累货币，这导致很多人认为洛克由此允许在国民权利体系内有一种不受限制的财富积累的权利。然而，如果我们将洛克对权利的解释放置于一个神学框架之内，就会发现一个人所能积累的货币数量是有限制的，在货币的使用上他也负有义务。一个人不能宣称他对积累超出生存所需的巨大财富拥有自然权利，尽管在实践中这可能发生。对洛克来说，巨大的财富积累不能在自然法那儿找到根据；只有当它惠及人类、供养穷人、给予每个人享受地球产品的机会时，金钱的积累才是好的。既然货币可以促进消费、避免（禁止）糟蹋原则，如果它被广为使用，就可以被视为是在实现自然法的神圣诫命。金钱，在任何情况下，基本上都可以用来实现神圣的意图。

对洛克、杰斐逊和《独立宣言》的其他制定者们而言，权利先于政府，从起初就存在，且平等地分布于人群之中。它们代表着洛克所说的《创世记》里的"伟大神恩"（《创世记》1：28）。所有的人都拥有理性，都能够进行统治，彼此之间都是平等的——没有一个人拥有超出任何其他人的权利，在此意义上，所有的人在亚当那里统一成了一人。尽管人在力量、理性、好恶方面不同，但是亚当所体现的那种根本统一取代了个体间的差异。菲尔默认为人类之间的差异已由神意注定，这个论点可使暴政和奴役大规模发生，也没有给政权更迭以任何可能。洛克并不准备接受这一点，所以攻击菲尔默论点的圣经基础——也就是《创世记》的前几章，对他来说就是必要的。在洛克看来，上帝不曾分配给任何特定的人以统治的权利，只是把大地及其万物给了全人类，以便人使用它们来保存自己和他人。因此，自我保存并保存他人的基本权利，就构成了洛克财产权理论的基础。然而这个权利与任何不受限制的财富积累观念相去甚远，而与基于圣经的神圣义务有着更多的共同之处。尽管我们可能已经失去了安置现代政治讨论的圣经视野，但如果没有洛克政治哲学的神学框架，则我们关于生活在自由民主制中——包括它的"不可剥夺的权利"——意味着什么的观念，将会大异其趣。

自由主义的序言：
洛克的《政府论上篇》与圣经*

福克纳（Robert Faulkner）撰

王涛 译**

问题：人法优先？

现代宪法是一种人为制定的基本法。它设立一个最高政府作为人民的代理人。如果是这样，那位至高上帝的诫命又居于何处呢？人定法和人造政府在上帝面前如何能是根本的、至高的呢？

我将在后面指出，这就是洛克的《政府论上篇》最深层的一个政治神学问题。就这个层面而言，《政府论上篇》主要是破坏性的，虽然它是在做一些修改工作。它破坏了圣经上帝的优先地位，包括他的神意和他的律法。它还修改了圣经的基本准则，使得一个更为理性、更为政治的信仰得以可能。这是本文的两个主要观点。如果它们是正确的，那么对于洛克的自由主义来说，《政府论上篇》就比我们通常认为的更为重要。《政府论上篇》是洛克有关宽容和基

---

* 本文正式发表于《政治学评论》（*Review of Politics*，2005，67［3］：451-472）。关于这篇论文的批评意见，我要感谢 Christopher Bruell、Robert Eden、Susan Shell 以及《政治学评论》的匿名评审人员。本文的原稿是为 2001 年由美国研究院在伦敦大学主办的"美国和启蒙运动：21 世纪的宪政"会议而准备的。我必须向研究院杰出的主任 Gray L. McDowell 表示特别的谢意。

** 译者王涛为中国人民大学法理学博士，华东政法大学科学研究院副研究员。

督教著作的前提，这些著作阐明了一种能够接受公民政府以及更宽泛意义上的"公民利益"的自由宗教。《政府论上篇》同样也是《政府论下篇》的前提。《政府论下篇》是现代代议制政府的开创性表达，但是人们忽视了《政府论上篇》其实是它的必要序言。这就是我要强调的。通过这一论点，我们加入了对洛克的日渐全面的研究队伍，[1] 但这依然是一个较为非主流且颇受争议的观点。我首先将提一下几位当代学者，他们否定《政府论上篇》的重要性，否定它的政治神学问题的重要性以及洛克在这个问题上的开创性。

《政府论上篇》之所以被忽视的一个重要原因，在于这样一个预判：它在哲学上是过时的。历经几个世纪的启蒙和后启蒙，英语世界几乎已经没有学者会将启示真理当作一个重要问题。那些提及启示真理的人，则常常将"犹太教-基督教价值观"等同于人权原则和自由民主的理性原则。但是，这种对启蒙价值的自信本身不是也已经被抛弃了吗？看看那些被宽泛地统称为"后现代主义"的种种怀疑论调。眼下这些知识分子和学者贬斥科学理性主义，认为它仅仅对启蒙价值具有"工具性"意义。他们还揭示说，启蒙价值仅

---

[1] Thomas Pangle, *The Spirit of Modern Republicansim* (Chicago and London: University of Chicago Press, 1988), p. 131-275; Michael Zuckert, *Launching Liberalism, On Lockean Political Philosophy* (Lawrence KS: University Press of Kansa, 2002), p. 129-168; Peter Mayers, *Our Only Star and Compass: Locke and the Struggle for Political Rationality* (Lanham: Roman and Littlefield, 1998), p. 1-65; Nathan Tarcov, *Locke's Education for Liberty* (Chicago: University of Chicago Press, 1984), p. 9-76; David Foster, "The Bible and Natural Freedom in Locke's Political Thought," in *Peity and Humanity*, ed. Kries (Lonham, MD: Rowman and Littlefield, 1997); D. Foster, "Taming the Father: John Locke's Critique of Patriarchal Fatherhood," *Review of Politics* 56, no. 4 (1994); Leo Strauss, *Natural Right and History* (Chicago: University of Chicago Press, 1953, p. 202-251)。这里引用的文本来自 *Locke's* A Letter Concerning Toleration, ed. James H. Tully (Indianapolis: Hackett Publishing CO., 1986), p. 26。

仅是相对的且实则压制性的偏好。无论这些怀疑论调是否中肯，无可否认的是，理性的自我幻灭正围困着晚近的现代理性主义。其中的某些相对主义则困扰着自由主义本身的守卫者。一位罗尔斯主义者或一位罗蒂主义者也许试图挽救这项伟大事业，但它却仅仅是一个"政治"概念或"政治"信念。当代自由社会实践中的那些"我们相信"或"公共理性"即为写照。①

人们常说，罗尔斯以及罗蒂否认或者说质疑我们能够获得一种关于理性原则（特别是那些自由主义原则）的演绎知识。他们实际上质疑存在某种"整全式理解"能够为自由社会提供充分理由。尽管如此，身处自由民主社会中的"我们"仍被告知，我们必须坚持我们的信念。但是，为何"必须"？为何必须信仰自由主义？答案不可能仅仅是，这是一项普遍信念，这样的答案与罗尔斯的主张背道而驰。因为罗尔斯（以及罗蒂）的自由主义版本仅仅是自由主义的一个特定版本，因此也就是一个偏颇的、局部的版本。我们有以财产权为基础的自由主义、以平等尊严为基础的自由主义，更别说那些蓝领民主主义。此外，在某些自由民主国家中还出现了令人尴尬的保守派，包括那些所谓的宗教原教旨派（他们不相信平等尊严或后现代怀疑主义是基本原则）。

问题自然再次出现：为何要相信一种质疑自身合理性的自由主义，特别是还相信它优于一种自信是源于上帝的言辞和命令的信

---

① Richard Rorty, "The Priority of Democracy to Philosophy," in *Objectivity, Relativism, and Truth* (Cambridge: Cambridge University Press, 1991), p. 175-196。关于罗尔斯重新阐述这个问题的最近三篇论文以及他对这种宗教性挑战的回应，参见"Justice as Fairness: Political not Metaphysical"，"The Idea of Public Reason Revisited"，以及"Commonweal Interview with John Rawls,"三篇文章皆收于 Rawls, *Collected Papers*, ed. Samuel Freeman (Cambridge, MA: Harvard University Press, 2001), p. 388-414, p. 573-615, p. 616-27。J. Judd Owen, *Religion and the Demise of Liberal Rationalism* 澄清并探究了这个问题。

念？相应地，自由派有必要想一想自由主义的理由，看一看当下提出的这些难题是否真切。①

在那些关注自由主义困境的人中，有些人在重新审视洛克的成就。最近的一个例子是沃尔德伦（Jeremy Waldron）。他希望学者们回望历史情境，从洛克所提供的更深层理据中有所收获。对于复原一种成功的自由主义平等（liberal equality）理论来说，"《政府论上篇》是不可或缺的资源"，因为它试图解决"神法所提出的那些一般性问题"，而不仅仅是为了处理菲尔默学说中蕴含的那些特殊问题。② 尽管如此，沃尔德伦对洛克的推理涉足尚浅。为了寻找自由主义平等的"基督教基础"，沃尔德伦忽视了由基督教基本原则、神意优先以及神法优先对人类自由和平等所提出的挑战。沃尔德伦尤其忽视了《政府论上篇》在批判和革新方面的多重不懈努力，虽然他不时提到洛克处理亚当和夏娃时在女性解放方面的惊人论述。沃尔德伦试图寻找自由主义的基督教基础，但是他不得不承认《政府论下篇》"几乎没有提及"耶稣、圣保罗和新约。他几乎不得不承认洛克自由主义的自由主义基础。尽管如此，一位学者能够指明一条探寻那块被遗忘领域的道路，对此我们还是应该心怀感激。

但是，对于今天的许多读者来说，《政府论上篇》不仅显得过时，而且具有局限性。从一部主要针对菲尔默爵士有关神圣王权的奇怪理论的书中，我们能够知悉某个具有永恒意义的问题吗？菲尔默为源自父亲亚当的父权君主制张目。一直以来令人困惑的问题

---

① Ernest L. Fortin, *Human Rights, Virtue, and the Common Good: Untimely Meditations on Religion and Politics* (Lanham, MD: Rowman and Littlefield Publishers, 1996), p. 55。

② Waldron, *God, Locke and Equality: Christian Foundations in John Locke's Political Thought* (Cambridge: Cambridge University Press, 2002)；关于后现代的空虚以及洛克的非凡深度，参见页 1-15。这里所引用和涉及的段落为页 1-28，特别是页 13、18-19。

是：洛克为何花如此大的"力气"和篇幅，来反驳一个被《政府论上篇》描述为不那么伟大且早已被人"驳斥过"的"论辩者"？洛克是否如许多人所言，仅仅怀有一个非常有限的目标？洛克是否仅仅在反驳一位二流作家，为他那个时代实行温和君主制的新教英格兰辩护？洛克在政治上和宗教上较为遵循常规，他肯定不是"激进启蒙运动"的支持者——甚至一些严肃学者也都持有这个颇具影响的看法。①

但是，这幅囿于其时代的洛克画像，无法解释洛克那些惊人的创新之处，特别是《政府论上篇》对君主制和贵族制的彻底批判。我们该如何来看待洛克对世袭统治（hereditary rule，包括国王、公爵、绅士的统治）以及长子继承制（世袭君主制和世袭贵族制的经济前提）的尖锐批判（Ⅰ，86-100）？② 我们又该如何来看待构成这些政治-经济剃刀——洛克关于生命、自由和财产的平等权利的非圣经学说——的那些新式信念？就我将要证明的要点而言，传统看法忽视了洛克对所有一切宗教（因此包括所有基督教教义）的彻底批判。传统看法特别忽视了以下这点：洛克在攻击菲尔默时，伤

---

① 借鉴 Jonathan I. Israel, *Radical Enlightenment: Philosophy and the Making of Modernity* 1650-1750 (Oxford: Oxford University Press, 2001)，特别是页516，亦参见页 468-460、470、265-270、70、78、259、583 等。以约翰·邓恩为代表的主要权威主张以下观点：就政治而言，洛克的作品不具有哲学相关性。它们完全是"历史性的"，即它们是令人困惑的加尔文主义夹杂以他那个时代的"传统和变革"的产物。*The Political Thought of John Locke* (Cambridge: Cambridge University Press, 1969)。对此主张的反驳参见 Nathan Tarcov, *Locke's Education*, 页 90、127、142-144，以及 Myers, *Political Rationality*, 页 14-23，页 32 注 66，页 107，页 135 注 52。

② 所有对《政府论》的引用都来自 *Two Treatises of Government*, ed. Peter Laslett (Cambridge: Cambridge University Press, 1997)。［译者注］下文引用《政府论》只简标为 I（《上篇》）或 II（《下篇》）以及相应的节号；有时标明章号。

到的是圣经本身。①

在《政府论上篇》，几乎是它的中心位置，洛克明确开始沿着自己的思路行进："我们不要跟着我们的作者走得离题太远……"（Ⅰ，86）紧接着这段话，也许就是对人类权利的基础——以及相应还有每个人对生存及继承的平等权利——最清晰的洛克式解释。

尽管如此，我们不得不承认，就像洛克的所有攻击一样，他对君主制的攻击也是谨慎而悄然无声的。他对贵族制的攻击显得尤为悄然无声，特别是新的理性原则，它是以一种神学面目出现的。但是，我会指出，这个新原则是经过了理性转化的神学。这种神学所强调的不是上帝的律法，而是人类的需要及其权利，特别是人对启蒙型自立（self-reliance）的权利。"理性"而非启示或恩典才是"上帝的声音"在人心中的表达（Ⅰ，86）。基本"原则"是对"自我保存"的"最强且首要的欲望"，而不是某些传统的自然法或上帝的命令。这也许是一种哲学和理性的个人主义，甚至让人想起霍布斯的说法。这并不是新教教义，除非我们将信仰本身和耶稣的拯救恩典所提供的证明从新教主义中剔除。

如果说这是一种革新，那么它并不是新教革新，而是一种启蒙革新。这种革新与洛克有关自由的公民宗教的阐述一致。其中最重要的阐述就是著名的《论宗教宽容》。在宗教敬拜方面，此书将自由提升到真理之上。"不得以宗教为名剥夺自然权利"，洛克如此自豪地"使人们在宗教事务上摆脱了彼此间的一切控制"。② 在《论宗教宽容》开篇，洛克称"宽容"（而非信仰耶稣）为"真教会的基本特征的标志"。接着，他对任何所谓的"真教会"——仅为一

---

① 参见 Zuckert, "An Introduction to Locke's First Treatise," in *Launching Liberalism*, 页 137。

② *Letter*, ed. Tully, 页 38、55。文中下面的引用来自页 23、26、32、37、42、49、51、52。

个"名称"——以及"宗教的真理"都没有表示任何质疑,"每个教会在它们自己看来都是正统的"。的确,"每个君主的宗教对他来说都是正统的"。无论洛克如何关注信仰的真诚以及教会的独立,他所讲的宽容,到头来都仅仅宽容那些具有宽容性和公民性的宗教。它并不宽容其他宗教,即之前的所有其他宗教。宗教必须"将宽容作为其自身自由的基础",不得鼓吹与"公民社会"所需的"道德规则"相对的观点。的确,"真宗教的生命和力量"在于"心灵内在的完全信念"。但是同样真确的是,由于没有正统和真教会,洛克关于"真诚"的这一著名学说使得信徒可以信仰任何他们恰好信仰的东西。这不正好哺育了在自由之地上出现的下列情况吗:信仰的主观性、不可避免的自我质疑以及众多相互竞争且不具有绝对说服力的宗派?但是,"公民权力在哪儿都是一样的"。《论宗教宽容》在保留一种耳熟能详但被稀释的信仰的同时,带着信徒离开了普世教会,进入了普世的自由和公民政府中。它使信徒带着对自由主义的向往离开了基督教国家。《政府论上篇》所做的革新是《论宗教宽容》这一工程的基础。

《政府论上篇》主要是批判性的而非建设性的,而且它的批判是全方位的。它的批判刺穿菲尔默的理论而直捣那些圣经教义,例如世界是上帝的创造物、上帝将万物馈赠给人类、原罪、父权、长子继承、选民。菲尔默运用这些教义来证立世间的父权君主制。洛克不仅攻击了尘世的君主,而且攻击了国王们的国王、父亲们的父亲。如《政府论》副标题所言,洛克不仅在谈菲尔默的"原则",而且在谈论这些原则的"基础"。这个基础最终就是圣经中的上帝,以及某些关于自然,特别是关于父权之性质的哲学教义。[1] 我们不

---

[1] 洛克意识到了菲尔默论证的基础在于神赐天意,关于这点参见 Tarcov,*Locke's Education*,页 13-21,以及 Zuckert,"An Introduction to Locke's First Treatise",前揭,页 129-146。

能认为洛克的结论仅仅适用于旧约，虽然《政府论上篇》主要涉及旧约。原因在于，在谈及旧约时，洛克也驳斥了在新约中施行统治的那个父权的神圣上帝。由此可见，《政府论上篇》中的论证比看上去更具实质性、更令人震惊，部分原因就在于它所做的批判比看上去更为全面。

我们甚至可以推测，《政府论两篇》形式上奇怪的不完整性，是为了遮掩书中提出的这项批判。作品开头有一个明显的挑逗读者之语：那个著名的"已经遗失的中间部分"。洛克指出，如果"这剩余的文本能够证明这点"（洛克相信是如此），那么这中间部分（比剩余的篇幅更长）虽然不复存在，也"无伤大雅"。洛克并没有告诉我们丢失部分的具体内容是什么，但是他告诉了我们如果要重述这部分内容他必须做些什么，即，为了填补这一部分，他将不得不去追踪"菲尔默那精妙的理论体系"中的"种种蜿蜒、晦涩的内容"。但是，《政府论上篇》进行了许多（太多）此种乏味的追踪工作。所以，遗失的部分究竟是什么呢？如果根据目前所知来推断，我们是否能够根据《政府论上篇》结尾处没有出现的那部分内容（它最显然地处于上篇与下篇的中间）来推断这个已遗失的中间部分？

《政府论上篇》的最后一段详述了犹太人如何被罗马人"毁灭"（Ⅰ，169），从而不再是"上帝的特殊选民"。想想看，被上帝所选的犹太人绝不会认为，他们被神意赋予的重要地位能够被一个政治事件废掉。基督徒（他们当然是洛克的主要读者）则会期待从耶和华的失败转到救世主耶稣。但是，无论是关于一位绝对公正的上帝，或者是关于一位救世主耶稣的说法，都没有出现在洛克笔下。《政府论上篇》结尾和《政府论下篇》开篇都没有此类说法。与此同时，犹太人和基督徒都明白洛克《政府论下篇》的要旨，即公民政府能够使人们免于毁灭。如果这一着实大胆的猜测正确，那么，圣经上帝的悄然消失就是那已遗失的中间部分所包含的事实，而我们可以从《政府论两篇》其他部分所提供的"证据"中看出这一事实。基督徒和犹太教徒的核心教义，已被洛克关于自然自由和公民政府的教义所取代。如此一来，人们不禁会问以下事实是否仅仅是一个巧合，即：自然自由的论证恰好出现在《政府论上篇》的中间之后（Ⅰ，86），而有关政府的"统辖和控制"的论证恰好出现在《政府论下篇》的中间位置（Ⅱ，123）。

即使如此，文本的猜测最多也只是对首要问题的一个补充。这个首要问题就是：洛克对于圣经本质的想法是什么？我认为，洛克的这个想法源自他在菲尔默的政治神学中发现的有关理性的问题（特别是有关政治合理性的问题）。

根据洛克的看法，菲尔默就自己的路数而言其实是一位创新者。他的创新在于，他为圣经本身对上帝事工的解释添加上了一个有关政治正当的理性标准。就圣经关于所有权力来自上帝这一典型主张而言，菲尔默加上了一个衡量正当权力的标准：这项权力继承自上帝的傀儡亚当。"因为他断言，'国家权力的授予是神的规定'，这使得权力的转移及其权力都是神圣的。"（Ⅰ，107，比较Ⅰ，106）但是洛克指出，菲尔默试图通过继承来解释上帝权力的转移是不融贯的。与菲尔默的假设相反，从圣经中推演政治权力，恰恰使我们退回到对上帝神秘神意的遵从。这种建立圣经政治学的努力，使人倒退到一种不可取的对现实权力的被动姿态。下面，我们将对洛克的这个判断一查究竟。

菲尔默的学说是一种建立在圣经上的父权制。由于父亲自然而然应当统治其家庭成员，又因为亚当根据上帝之言是所有父亲的父亲，所以亚当对他的子孙和后代享有一种自然的神圣权威：亚当的子孙和后代就是全人类。由此，菲尔默总结道：亚当的继承人有资格对全人类拥有一种统治性权力。

《政府论上篇》表面上通过三步来证明虽然菲尔默对自己的学说言之凿凿，但他的学说无法确定服从谁或者服从什么才算是正当的。首先，在圣经中，亚当从没有被认为是全人类的统治者（lord）（第3-6章）。其次，即便亚当曾经是全人类的统治者，我们也无法根据圣经来断定，依上帝之法或自然法，亚当将其权威转移给了谁（第7-9章）。第三，即使某人能够知道亚当之前将其权威转移给了谁，他显然也无法知道现在到底谁拥有这项权威（第10-11章）。如此一来，菲尔默关于服从上帝的继承人这一说法就会得出两个极端结论：要么是无政府，要么是无条件服从。他的父权制要么使得所有的政府失去正当性，只认一个我们无从知晓的真正继承人；要么默认了所有现存的统治，不仅包括国王，也包括共和国和篡夺者。前者与菲尔默坚持服从现有政权矛盾；后者与他想要坚持父权君主制矛盾。菲尔默选择了默认所有现存统治的合法性。洛克将菲尔默的学说总结为："一个真正的君主"仅仅在于他握有"最高权力"，"他取得权力的方式是无关紧要的"（Ⅰ，86）。菲尔默"将所有的合法统治归结为当前占有"（Ⅰ，86，比较Ⅰ，134）。这实际上赋予当前占有以神圣正当性。

洛克之前曾抱怨，菲尔默没有对"父亲身份"给出定义，没有用清晰的文字和命题来提出这个问题并加以阐明，而是提出一个关于一种"奇怪而专横的幽灵"（"一个宏伟的形式"）的"故事"。"谁能够捉住这个幽灵，谁就立即获得了绝对支配权和无限的绝对权力"（Ⅰ，6，7，10，13，20）。将合理的权利与神秘的神意目的混合在一起，得出的是敬拜绝对权威、遵从任何权威。

洛克自己既不倾向于纯粹的绝对主义，也不倾向于无条件服从。他主张要依照理性来知晓谁应当正当地进行统治。这一主张是整部《政府论》的基调。"所有公民政府都拥有一个目的"，"人类的审慎与同意"亦是如此（Ⅰ，126）。"谁有权利受到他人的服从"这个政治问题才是"最重要的问题"（Ⅰ，122，比较Ⅰ，106、"前言"）。最终，简言之，洛克明确指控那些在所谓的神意面前保持静默无为的做法。

> 如果有人说，凡是上帝意旨要保存的，上帝便当作是一件事物小心加以保存，因此也被人类当作是必须和有用的予以尊重，那么，这是一种较为特殊的说法，谁也不会以为仿效。(Ⅰ, 147)

"哪个人或哪些人"将得到服从，这个问题对于此世来说具有许多隐含之意，并不仅仅局限于政治统治方面。事实上，洛克以理性根据来代替神意迹象的做法甚至可以延伸到宗教权威方面。洛克至少暗示了，他拒绝信任那些"以牧师之名"称呼自己的人。这些人给出的唯一凭据是声称自己继承了神圣权力，但他们却在为人们对"罪孽"的忏悔提供"赦免"（Ⅰ, 125）。洛克主张依据理性来选择统治者，这可能使他的学说激进得足以在削弱国王和贵族的同时削弱牧师和奇迹。似乎就是这种努力，即将理性的权威置于上帝的恩典以及那些声称继承了上帝恩典的人之上，凸显了《论宽容》和《基督教和合理性》这两本书所做的政治重述（civil reformulation）。我们在这里所能证明的是，这项努力在整个《政府论下篇》对圣经的重新解释中随处可见。

革新《创世记》：上帝统治（lordly rule）的理性化

洛克对上帝之义（righteousness）的优先性以及人类相应义务的攻击具有其一贯的间接性。这一攻击展现在他反驳菲尔默对"亚当对全人类享有权威"的证明中，基本上是一种悄然无声的重述。我们是否应该有更多期待？"在这类性质的论文中，恰当的语言是当然必要的"（Ⅰ, 109），至少在处理"世界上已经通用的一些字眼和名词"（Ⅱ, 52）时应该如此。尽管如此，《政府论上篇》和《政府论下篇》都意欲改变习惯和文字——当"旧名词易于使人陷于错误时，犹如'父权'这一名词一样"（Ⅱ, 52）。洛克表面上的尊重，其实服从于其背后的革新。

(1) 上帝也许创造了亚当，但是依洛克之见，这一创造并没有赋予亚当对于人类的任何特殊权力。原因在于，创造仅仅是生育，而生育本身并不给予生育出来的第一个人以某种特殊权威。否则，狮子也能因更早被创造出来而统治万物了（Ⅰ，15）。这也许是符合圣经的说法，但是它存在许多不符合圣经的未言之意和言下之意。亚当并非以动物那种方式，并不是依照"动物之类"被造出来，而是"照着上帝的形像"被造出来，享有对其他活物的"统治权"（dominium）——亚当的这个特殊地位（《创世记》，1，26）算什么？亚当有义务使自己及其后代服从上帝的正确诫命，例如，不可取"分别善恶的知识"——这个相应的义务（《创世记》，1，27）又算什么？洛克对此缄默不语。稍后，洛克将"照着上帝的形像"进行的创造等同于一种"理智"造物（Ⅰ，30），而非等同于上帝的大义。稍后，洛克自己提供了解释，将正义建基于人们关于自身必然性的知识，而非建基于任何有关上帝之义的启示（Ⅰ，86，87-100；比较Ⅱ，26-33）。我们最多可以说，"理性的声音"被"神的启发所证实"（Ⅱ，31）。上帝对创造的"祝福"（blessing），人们也许会认为自己应当对此怀有无限感激。这又该算什么呢？洛克还是缄默不语。在一些关键段落中，洛克避免将上帝创造万物的行为等同于一种"祝福"，仅仅是过后才略有提及且让其显得不甚重要（例如Ⅰ，30，33）。在其他地方，特别是在《政府论下篇》中处理财产的关键地方，洛克在行文中慢慢得出了下述看法：自然与其说是一个精心照料我们的生母，不如说是一个吝啬的后妈，她为我们提供的不是祝福，而是必须经转化才有用的粗糙原材料。人类自己的努力构成了万物价值中的十分之九，甚至可以说是百分之九十九、千分之九百九十九（Ⅱ，31，40，41，43）。对圣经如此令人费解的重构，使我们似应接受一种关于勤勉自立的理性道德。

(2) 政治和经济方面的属世性改善（worldly improvement）优先于谦卑的感激之情。当洛克解释上帝将万物赠与亚当时（Ⅰ，23

及之后；比较《创世记》，Ⅰ，28及之后），这点显得尤为明显。洛克首先指出菲尔默在这个问题上的偏见，然后开始阐明自己的看法。关键点在上帝的这道命令："要生养众多"（Ⅰ，23及之后；比较《创世记》，Ⅰ，28）。我们最终被告知，这道命令意味着"艺术、科学和生活用品方面的改进"（Ⅰ，33）。此外，它还意味着——"顺便提一下"——废弃绝对君主制。由君主来统治的广大而富饶的国家，特别像土耳其那种君主国，所带来的"生活用品和人口"还不及别的以其他律法加以统治的国家的三分之一，甚至不及其三十分之一、一百分之一（Ⅰ，41，33）。在《政府论下篇》中也有相应的这样"顺便提一下"的表述。一个君主如果通过"既定的自由之法"来保护和鼓励"人们的诚实勤勉"，他"很快就会使他的邻国感到压力"（Ⅱ，42）。洛克笔下的圣经变成了自由政治经济学（即他的国家财富方案）的补充。圣经本身是基于对受造物及人们之所得物的敬意而规定了对万物的使用，正如维德斯德普（George Alan Windstrup）所言，这里的敬意就是对创造万物这个行为以及上帝（我们都是主的财产）的敬意。①

在这一语境中，《政府论上篇》出现了对新约仅有的两处引用中的一处：根据"那位使徒"，"上帝给予我们的一切东西很丰富，供我们享用"（Ⅰ，41；比较《提摩太前书》，6：17）。但是，圣经原文是引导人们虔诚并心怀感激，而不是引导他们去致富和获取外物。富人不应"倚靠无定的钱财，只应倚靠那厚赐百物给我们享受的神"。因此，洛克的重新解释并不是新教教义，它是启蒙了的贪婪的新教教义。我们可以在这个重新解释中看到启蒙的修辞。之后，当洛克将权利的源头放在人的自然必然性上时，他就不再这么

---

① 关于洛克对新约的两处引用、其他的暗指以及他如何曲解新约经文，参见 George Alan Windstrup, "Politic Christianity: Locke's Theology of Liberalism"(Ph. D Dissertation, Princeton University, 1977)，页255。Windstrup这部作品不为人知，却是对洛克政治神学最执着且最具广度的研究之一。

迂回了。尽管没有上帝的"口头赐予",人类仍对"万物"拥有"权利"。洛克甚至在书中质疑(虽然是以附带的语气提出),上帝的言辞是否"一定要严格理解为那些他说出来的话"(Ⅰ,86)。

(3) 从上帝及上帝的义中解放出来,这一点在洛克对夏娃的解释中浮出水面。正如沃尔德伦所言,这一解释将女性从原罪所带来的神罚中解放出来。但是,洛克的说法其实还要更激进:他似乎想要解放全人类。上帝的诅咒并没有迫使夏娃在婚姻中处于服从地位,如果她"自己的条件或者她与丈夫所订的契约"能够使她免去这种服从(Ⅰ,47)。它并没有迫使女性在生育时"接受生育子女时上帝所加的痛苦",如果"有办法避免这种痛苦"的话(Ⅰ,47,67)。它并没有迫使女性在普遍意义上服从于男性(Ⅰ,67,29,44,99)。此外,原罪在普遍意义上仅仅是对全人类的一项"诅咒",而不是一种处于堕落和有罪本性的状态,这项诅咒能够通过人类的各种补救举措尽可能加以克服。理性、律法和劳动就属于这些举措。这里的潜台词是:作为造物主的上帝定然是没有爱心的,因为他的创造使人类身陷痛苦、剥削和贫困。洛克并没有提及恩典的可能性,也没有提及被造的自然与堕落的自然之间的重要区别。所有这一切都与洛克对"自然状态"的定位一致。这个自然状态如果说不是霍布斯式的,那也是某种"恶劣状态",所以人类会"急于脱离"(Ⅱ,127,比较Ⅰ,23-27)。这些也与洛克转向人为技艺的做法一致,后者不仅包括经营技艺,也包括其他自由社会的技艺,如契约婚姻(可以离婚)(Ⅱ,78-83)。

(4) 依照洛克的说法,菲尔默似乎认为基于父亲的"自然统治"(dominion)的论证是"他的整个框架的主要基础"(Ⅰ,50;比较73,6,9),而洛克对此的反驳最为辛辣,也是书中最长的一章(反驳亚当式统治权)。这其实有些奇怪,因为菲尔默的这个从自然角度而非启示角度给出的论证,却被认为对那些圣经父权主义者来说至关重要。圣经有关男性家长和作为圣父上帝的教诲,是否在父亲权力上预设了单纯的顺从,一种未经启蒙的常识,一种洋洋得意的默许(比较Ⅰ,50)?

我们有理由相信,这就是洛克关心的问题。无论是《政府论上篇》还是《政府论下篇》,其最严苛的攻击都指向这个父权优位(paternal superiority)命题,指向这种有关父权优位具有自然性质的哲学辩护(Ⅰ,51-58;比较154),指向这个父权优位在"宗教"甚至在"经文"中的呈现。"当生儿育女的时候,在一千个父亲中,有哪一个除了满足当时欲望外还有什么更长远的思想呢?"(Ⅰ,54)洛克准备好了他的修辞炮火。父亲并没有给予其儿女以"生命和存在",它们来自上帝或自然。即使它们是父亲给予的,那也并非父亲有意为之,它们仅仅是父亲们"当下欲望"的产物(Ⅰ,54)。即使自然在其中起了部分作用,那也并非为了一个更高的善,而仅仅是自然欲望所致。

洛克尤为猛烈地抨击有关父亲权威的自然神学。他隐含地否定了通过后代达致不朽的自然倾向,也否认在父亲身上存在某种依照理智中的更高部分善待子女的倾向。相反,洛克强调了父亲对子女的虐待,而这不仅仅包括那些在未开化心智中导致的情况。在文明世界中,整个部族的父亲也会虐待甚至食用自己的后代(Ⅰ,57)。这种非人道并不仅限于原始人。"杂乱的心灵","其思想比恒河的沙还要多,比海洋还要宽阔",恰恰加剧了非人道的统治(Ⅰ,58)。

我们所需要的不是转向理智(intellect),仿佛那是某种指向神圣"存在"的神圣指引。我们应当转向理性(reason),理性通过开明的规划与人类必然性联系在一起。否则的话,必然风俗当道。风俗来自人的想象与激情,而"习惯"又使之"神圣化"。洛克就父亲祭献子女的故事,猛烈抨击"宗教"以及"政府"和"风尚"所要求的"敬畏",然后是"圣经经文"本身(Ⅰ,58)。祭献子女是令人发指之事的展演,这些可怕之事来自最自然的统治——如果"理性"不是人类的"唯一星辰和指南"的话(Ⅰ,58)。通过科学来掌控自然涉及掌控（特别是父亲身上的）模仿神圣存在的自然倾向。对自然的掌控始于家庭。

洛克关于政治科学的两篇论著详述了对家庭的革新。洛克式婚姻的主要目的是抚养子女，使其能够"对自己和他人有用"，特别是要能够"独立自主"（Ⅱ，55-56；比较Ⅰ，129）。洛克使家庭变得私人化（private）、世俗化、核心化（［译注］仅由父母与子女构成家庭），以子女为中心。洛克否认了父权权威在核心家庭成员之外具有任何支配力。这个自由家庭并不是为了塑造怀有崇敬之心的儿子，而是社会的一个工具。家庭这个机构，其主要责任是培养和教育自立的公民社会"成员"。

在《教育片论》中，洛克提倡家庭教育，反对学校教育。这样一来，也许就能躲开教会学校、古代著作家，甚至那些"已死"的语言，如拉丁文了（"在各地都早已死去的语言"，172，189，比较164及之后，168-169，195）。洛克的家庭教育主要是经济性和公民性的。这种教育特别注重培养实践技艺和实用技艺的经济教育，以此来培养一个"生意人"（164-167，169-171，174，177，181）。遵照这个理念，洛克鼓励让家庭教师（似乎不会由教职人员来担当）锤炼儿童的身体，鼓励孩子学习"一门手艺"（甚至是一门"手工方面"的手艺，201-202），鼓励父亲在商业事务上（特别是记账方面）亲自管教（210-212）。这样一来，孩子们就能学会如何自力更生，而"父母的理性"就能代替"陈旧的风俗"（［译注］217，作者错误地注为216）。

洛克对婚姻概念的革新试图保护妻子，将她们从父权男性手中解放出来，并允许她们在子女长大成人后离婚（Ⅱ，81）。此外，洛克明确用"亲权"权威替代"父权"权威。这种平等化很重要，它不管家庭管理需要怎样的资质。家庭中必然要有一个权威（犹如洛克对政治的判断），而洛克倾向于将这个权威授予父亲，因为他们"天生"较为"有能力且强壮"（Ⅱ，82）。洛克似乎认为，男性在搏斗、捕猎、养家的能力方面都要更为出色（比较Ⅱ，72-76）。洛克明确指出，就训导儿童"任性而不受规矩的天性"而言，[①] 女性的"温柔"是一种缺陷。

洛克几乎只字不提婚姻之外的其他性行为（只是在某处顺带提及了鸡奸、淫乱、乱伦。［译注］Ⅰ，59，作者错误地注为Ⅰ，129）。洛克也许在暗示，人们在这些私事上享有自由。人们在私事方面所需要的训导仅仅是做人勤勉、为人诚信，这些是他们在社会生活中必不可少的东西。洛克的重要革新是将家庭变成纯粹私人的、世俗的，以子女为中心，较为平等，自立而非充满敬意。信仰教育的首要性不复存在。他拒绝赋予卓越家庭的首领本身以政治上的卓越。这一切都要求我们用核心家庭（年轻人被培养得"自力更生"，Ⅱ，83）来代替父权式大（extended）家庭（以家庭财产为其基石，且要求服从地位较高者）。

反对继承的特权

《政府论上篇》最后一章的矛头指向大家庭或者说父权家庭（圣经性的或非圣经性的），接着指向了古代以色列制度。这些讨论是更大范围的批判（开始于第六章）的一部分，关乎如何传承神圣权威的问题。即使菲尔默证成了亚当对全人类的支配权（lordship）——洛克的四个反驳否认了这点——他也没有告诉我们，亚当如何将这个支配权传下去，传给了谁。洛克提出一个一般性问题：如何决定谁在地球上拥有上帝的权威（洛克有时会指出，菲尔默将亚当等同于"绝对君主及世界之主"，Ⅰ.80）。实际情况似乎

[①] *Some Thoughts Concerning Education*, ed. Ruth W. Grant and Nathan Tarcov（Indianapolis: Hackett Publishing Company, 1996），第 4、5、7、39、41 节；比较第 34、35 节，特别是第 78 节。

是，圣经父权主义一方面将属世权威赋予那些强大家族（他们通过长子制继承了财富和统治），另一方面却导致政治权威在非属世意义上被取消，就如上帝选民所体现的那般。第九章的题目是"论从亚当承袭下来的君主制"，第十一章论述犹太人，题目为"谁是这个继承人？"。

菲尔默使用了两个模式来说明神圣权威如何转移：父亲身份和继承。父权具有亚当式的优位性（superiority），而长子能够继承这个优位性。但是，指向同一权威的这两种资格，可能会带来相互矛盾的结果。基于财产的（无论是否通过继承而来）资格可能会指向并不具有父亲身份的统治者。洛克第七章和第八章的论证聚焦的正是这个问题。但是，其实通过父亲身份来传递权力，本身就存在不融贯性。第六章结尾处理的正是这个问题。

如果父亲身份是一项统治资格，那么，是否首位父亲一直保留着这个资格，还是说，他的所有儿子在做了父亲后都获得了这项资格？这个父权主义固有的问题被以下这点所加剧：统治型父亲（lordly father）具有"绝对、无限制且无法被限制的权力"（Ⅰ，69）。如此一来，要么亚当（以及他的继承人）具有那个资格，要么亚当所有已经做了父亲的子孙（即世上所有的父亲）都具有这个资格。洛克由此为政治推导出了两个非政治的结论：要么是不受限制的君主制，要么是不受限制的无政府。试图从亚当的父权权威中引申出政府原理，要么会使所有无法证明自己是亚当唯一真正后代的统治者根基不稳，要么就会解放所有的统治者，包括所有能够声称具有父亲衣钵的篡夺者（例如"奥利弗"）（Ⅰ.79）。菲尔默从父权角度对国王神圣权利的辩护只不过是一个幻象，一个"新的乌有先生"，它无法区分国王与篡夺者（Ⅰ，72，79）。在这个问题上，洛克不仅在指控菲尔默，也在指控"他的信徒们"（Ⅰ，71）。洛克在"前言"中指出，菲尔默的信徒们是那些基督教教士（"牧师""聒噪的神职人员"），菲尔默的教义就是"当今时代流行的神学"。无论事实是否如此，洛克的讨论显然具有教会指向。想一想，"奥利弗"克伦威尔作为所有信徒的牧师而称王是多么不合适。或者，不妨想一想教皇与所有信徒作为基督衣钵传承者的二元对立。

即使到处都是父亲这点并没有为基于父亲身份的统治资格带来困难，菲尔默的第二种资格也存在不融贯的地方。比如说，长子因继承而获得的权利，与其他已经做了父亲的儿子所享有的权利相互冲突。我们看到在圣经中，亚当的各个儿子统治着不同的私人领地，但是根据菲尔默的说法，该隐是作为长子统治着亚伯，享有其父亲的权威（Ⅰ，75-77）。作为全人类的父亲和所有者，亚当这位世界的主，是否在谁能够继承他的权威这个问题上自相矛盾呢？

洛克说，父权主义的这些内在问题"完全可使我不去"进一步考察菲尔默的学说，因为这些矛盾之处对于"任何具备普通理解力的人"来说都是显而易见的（Ⅰ，80）。尽管如此，洛克还是展开了进一步的考察。他从理论转向事件，从一个不融贯但影响颇深的学说转向这个学说如何产生实际影响。人们如何根据菲尔默的"原则"（无论它们如何自相矛盾）来"建立"一个政府？怎么能够从一位"全世界的上帝"中推出"一项绝对支配权"（a right of empire）？（Ⅰ，80，比较74）。

如果人们根据洛克所言之理来判断，菲尔默笔下的神秘上帝只会使得属世政治变得非人道或是效果不佳。一个政府首先似乎是按以下方式"建立起来"的：假定统治作为财产被长子继承，与财富一样。这种神意依据与世袭统治的混合物，造就的是一种特殊类型的贵族制。如果我们根据一些确实有些细小的暗示来推测，它类似于某种封建领主（比较"奴仆"，Ⅰ，42，43）。总体来说，这种统治权威（lordly authorities）并不关照人民。政府被确立的另一种方式，是假定天父上帝的统治，或者至少假定受膏的祭司和古代以色列"士师"的统治。但是，神权政府看不上政治政府，且同样也没能照看好被统治者。在《政府论两篇》中，《上篇》结尾第十一章的标题最为诡秘,且是唯一以设问形式出现的标题("谁是这个继承人?")。似乎亚当和上帝都没有提供一个继承人来福荫天下。无论是有一个世袭的专制政府,还是根本就没有政治政府,两种情况下都没有出现正当政府,即为"每个人的权利和财产之保存"而存在的政府(Ⅰ,92)。

在此背景下,洛克首先驳斥菲尔默的属世继承观,然后提出自己对政府基础的理论,也就是自然而然的举动了。洛克突然从神学迷象转到"事情显然的样子"(Ⅰ,86)。它不是被启示出来的上帝律法,而是人类的理性权利。据此,洛克开始革新继承权以及政府问题。

在说明了菲尔默那无可就药的前后不融贯后,洛克变得更为坚决了。他的确在一开始时保留了那些圣经前提。他指出,世上应该有政府(正如圣经所言),且统治者是亚当或者说上帝的后代(如"我们的作者"所言)。但是,洛克主张,对于这个统治者,我们必须"知道这个人究竟是谁",这样人们才能给以服从(因为"这个人可能是我自己"Ⅰ,81)。洛克认为,必须知道那个被"正当地"赋予权力的人是谁。知晓和正义的首要性使我们将眼光从神秘莫测的上帝身上转向洛克所主张的那种理性正义:人无需上帝或任何人的提前许可就享有供养自己的权利(Ⅰ,86及之后)。

在洛克的启蒙神学中,人可以将"理性和感觉"应用到人类对所需之物的"强烈欲望"上,以此来知晓上帝的意志。于是,即使没有上帝的明确赐予,人也拥有对万物的权利(Ⅰ,86)。道德顾虑不应横加干扰(起码不应比宗教顾虑起的干扰作用大)。获取外物的自然自由并不取决于人类的同意,即不取决于任何有关公正、正直或道德(honestum)的律法和见解。此类万民法(juris gentium)比人类的实际同意还要次要。即使全人类或其中正直的那部分同意这样一个道德见解,它也并不占据首要地位。这种人类的一致意见仅仅是"实定的而非自然的正当"(Ⅰ,88)。由此可见，《政府论上篇》预设了洛克在《人类理解论》中对共同道德观念的批判（Ⅰ，3，特别是2-9，12）。作为对人的虔诚敬畏与人的合理意见的代替，《政府论上篇》确立了"自我保存"的个体权利的首要性。假如人们必须得到他人的默许才去自我保存，那么"尽管上帝给予人类很丰富的东西，人类也早已饿死了"（Ⅰ，86；Ⅱ，28）。

这种新的人定尺度，给了关于政治权力的任何继承论以及所有长子排他性继承论劈头一斧。这一斧的要害在于它对相关理由的逼问，它让所有完全通过继承获得的特权变得令人疑窦丛生。逼问主要来自子女对生命之必需品的平等权利。洛克随后允许父亲将土地遗赠给"最得其心"（Ⅱ，72，73）的子女，并没有给长子以某种独有的特权。这种馈赠也没有否定"平等的应得"这项"通常"原则。《政府论上篇》暗中确立了这项原则，它是《政府论下篇》的基础（Ⅱ，4-15，22-24，72等等）。

年龄较小的子女也拥有继承的"平等资格"，而且基于"他们都拥有的这一权利，他们有权从父母那里获得养育、扶持和一种舒适的生活"（Ⅰ，90）。这就是洛克的家庭生活新原则；这是人权原则，而不是有关父亲或父母的权利与义务的原则。它带来的结果不仅是家庭性的，也是政治性的。财产不再归长子所有，这一否定本身趋向于家庭所有物的民主化。此外，"统治"（dominion）和"绝对支配"（empire）完全不再与继承有关。继承仅限于洛克所说的那种财产，它是满足私人需求的手段；统治仅限于洛克所说的那种政府，它是所有人的代理机构。政府的目的是保存所有人，使之免于"他人的暴力或伤害"（Ⅰ，92）。如此一来，洛克就得出了他为人熟知的公私区分。借助这一区分，洛克使政府不再是某个人或某个阶层的特权。政府从一项特权（特别是家庭首脑享有的特权）转化为一个集合体的职责。洛克称政府为"作恶者的恐惧"，虽然这个说法可能会使我们想到某种实现上帝之义的手段，但是洛克将此问题转向"公共"善以及所有那些个体的做法，纠正了这种联想。政府的目的是尽可能为"这个社会中的每位成员的善"服务（Ⅰ，92）。借助这一有关正当的尺度，洛克才得以确立《政府论下篇》中的普遍政治学："人民"的人造代表，就是每个社会中人人都服从的那个政府。

简而言之，个体权利的基本原理切入所有前现代家庭关系（特别是贵族家庭关系和君主家庭关系）的典型安排中。家庭所有成员都享有平等继承的权利（Ⅰ，87-91）。一同被扳倒的，是长子继承以及只有儿子才能继承这样的制度安排。由于财产仅仅与私人需求有关，而政府是为了平等保护"社会"（Ⅰ，91-97）中的所有个体，所以统治是一种抽象"权力"，而非人类某个阶层的政权。一同被扳倒的，还有父权统治，一切通过继承获得的统治，以及对这些统治的自豪憧憬（较低阶层的顺从强化了这种憧憬）。由于父亲权力仅仅是为了供养其他成员，与其说它是父亲的一项权力，不如说是父亲对子女的义务。如果亲生父亲不提供照护，那么父亲的这项权威就"丧失"了，而被给予某个"养父"（Ⅰ，88-90，93，97，100）。一同被扳倒的还有任何严格意义上的对父亲（或母亲）的尊重。夸张点说，（鉴于洛克改造了自然家庭而没有提供相应的替代物，而且他不仅强调供养，还强调训导，）人应当"尊重你的养护人"。

神 意

菲尔默试图为正当的权力提供一个圣经答案，这使得他倾向于更具世俗气息的旧约。"这是本关于亚当如何创生的书"。（《创世记》5：1）这一进路还使得他倾向于把古代以色列作为典范。洛克最后的总结表明，以色列的实践并不符合菲尔默的推论。尽管如此，《政府论上篇》最后一章的批判对象与其说是错误的推论，不如说是圣经本身。原因在于，菲尔默的混淆和危害在某种程度上映射了圣经的问题,特别是菲尔默没能确定政治统治并确立政治的首要性。在此,洛克更为直接地(尽管仍较谨慎)指向了圣经中的上帝,那个甚至没有向他的选民展现的昏暗"神意"。这章的标题最为神秘,同时它也是《政府论两篇》中最长的一章。

"从古至今最为患于人类的最大问题"并不是是否应该存在权力,也不是权力的起源,而是"谁应该拥有它"(Ⅰ,106)。最后一章由此而展开。谁应该"正当地"拥有权力,洛克再次强调了这一点。他现在加上了一个政治权力的明确概念:"和平与安定,这一政府的事务以及人类社会的目的。"(Ⅰ,106)最后一章始于洛克自己对这一决定性问题的看法。显然,问题的正确答案仍然不为人所知晓。这一章的结束暗示了部分答案:无论谁应当统治,可以肯定的是,不应该是由上帝来统治;启示给出的答案是错误的。这一章的最后一段提到了犹太人的"被掳"及随后的"毁灭"(Ⅰ,169)。这一章似乎没有得出明确的结论,甚至感觉并未完结,但其最终评论得出了这样一个结论:上帝不仅没能为人类提供国王(与菲尔默的说法相对),而且没能为人们提供生养所需之物(与人们的权利相对)。犹太人只在他们存续时间的"不到三分之一"时段里拥有自己的国王(Ⅰ,169,比较150-153,164-169)。他们所拥有的国王不仅基于政治必要性,而且是不顾上帝的反对获得的。洛克所提及的那些圣经段落表明了这点。人们说,"为我们立一个王,像列国一样",他能够"治理我们","为我们争战"(《撒母耳记上》,8章5节、20节、7节)。但是耶和华说,"他们不要我作他们的王","他们侍奉别神"(《撒母耳记上》,8章5节、7节、8节;比较《撒母耳记上》12章17节)。上帝是犹太人的上帝,他的律法首先要求人们服从他。

有关超世俗的士师(judge)的问题在世俗战争中尤为明显。洛克谈到,在某个时期,士师是"他们[以色列民]仅有的统治者"。他们是"那些勇敢的人,在危险的时候,人民推其做将军来保护自己"（Ⅰ，158）。士师的名称与发挥的功能之间的不一致说明了问题的关键：洛克并不关注圣经设定的功能。正如洛克随后所说，士师来是为了"裁判以色列人"（Ⅰ，163），即确立公正，确保以色列人"跟随耶和华之路"，远离"其他的神"。如果犹太人做到了这点，上帝就会照料他们；如果他们没有做到，他们的罪孽和上帝的愤怒就会使他们遭难。战争和被掳是惩罚，义而非将领之才才是主要的补救之道（《士师记》，2：16-19，2：22，3：7，6：10，10：6-8）。

虽然洛克仅仅暗示了这一主题而没有予以正面阐述，这一主题还是不时地浮出水面，特别是在洛克重述巴别塔事件的时候。在《创世记》中，巴别塔的教训关乎人类大为不敬的骄傲（"传扬他们自己的名"）。人们用一座通天之塔来挑战上帝（《创世记》11：4-9）。洛克站在人类这边做出重新解释。这个教训针对的是一个构造了政治统治的"自由民族"的，他们说，"让我们建造一座城"（Ⅰ，146；比较《创世记》，11：4）。鉴于他们的傲慢之举，上帝惩罚了人类，用不同的语言划分了人类，使之成为敌对的人群。洛克欲反对上帝，为人类辩护，尽管这一辩护深藏在他几乎连篇累牍的行文中，使我们很容易错过。只有在这种模糊不明中，洛克才敢攻击以下预设的"恰当性"：人类必须尊重"上帝意旨要保存的东西"，就像这是"上帝小心加以保存的东西"（Ⅰ，147）。以政治和人道之名，洛克迫使我们追问，以色列人是否遭受了一位傲慢但却狭隘的父亲（一个全宇宙性的"专横幽灵"）的折磨。

简而言之，《政府论上篇》以一系列的批判收篇，为《关于公民政府的短论》做好了铺垫。也许，有关《政府论下篇》的那个陈旧的隐喻性概括，即"自由政府的圣经"，比我们现在所设想的更为贴切。至少我们可以说，洛克认为，他的方案而非那老掉牙的圣经才应该在世间占有首要地位。

遗留的问题

《政府论上篇》成功地完成了这项非凡任务吗？洛克成功地反驳了对手的主张吗？洛克证明了菲尔默的主张前后不一、自相矛盾。这一点无可否认。亚当式君主并没有得到圣经中以色列例子（它是菲尔默政治宗教的典范）的支撑。用君权神授来证成君主制，似乎不可避免地在证成君主政府的同时，同时证成了选举政府、大众政府和篡夺型政府，而且它无法在任何政治层面上确定亚当的后裔是谁。由此可见，基于他自己的前提，菲尔默的神圣政治权利似乎既不神圣，也不政治，甚至不是一种确立权利的尺度。

但是，菲尔默及其追随者对此能否有所回应呢？也许他们可以说，考虑到我们的上帝深不可测且行事无法预料，以及我们堕落能力的种种缺陷，菲尔默在这些问题上达到的融贯性已经是一个人能够做到的极致了。也许在不可测度的神意面前，神秘就是我们命运的一部分，彻底的明晰是不可能的。

从这个角度来看，洛克并没有正面处理一个问题，即圣经自称是一位神秘上帝的声音。他仅仅是将其置于一个外在于它的理性标准之下。洛克认为，当上帝"乐于对人类说话时"，他也不会不遵守"人类惯用的语言规则"（Ⅰ，46）。当洛克直接面对"神意"时，他是从理性和正当的"恰当性"这个角度来看的（Ⅰ，147）。洛克带着他自己对于人性和自然的看法，来重新解释创造、原罪等其他圣经教义。诚如后现代主义者所言，他的论辩似乎是"基础论的"。《政府论上篇》从"我们的作者"如是说转到"我如是说"（Ⅰ，86，97），此时它亦转向了自我保存的根本力量，以及随之而来的对生命以及维持生命手段的自然权利（Ⅰ，86-100）。但是，那个有能力推翻自然，用他的神秘意志来统治人类思想的上帝，又该居于何处呢？上帝的创造并不仅仅是物理性生育（按洛克的用法）；亚当和夏娃的堕落；上帝要他的创造物以敬重他的方式得到运用，同时他还要所有父亲服从他的公正统治——这些圣经教义都被洛克替换掉了。但是它们没有被反驳，至少没有被我们之前提到的那些论点所驳倒。当然，如果洛克关于语言、自然和正义的理论不言而喻就是真的、好的，或者说，是明显有理有据的，我们也许会照单全收地接受他的这些批判。但是，经过两个半世纪的政治与哲学上的辩驳后，谁能大言不惭、自信满满地声称确实是如此呢？如果说《政府论上篇》的宗教批判就是最根本的论证，那么这一批判是失败的。

其实，关于洛克的批判还有更多可以说。首先，我们必须重新考虑洛克其他的政治-神学作品。即使《政府论上篇》在这个问题上的论点是权威性的（我觉得是这样），比我更具神学素养的阅读者还是会发现一个更为显著的批判：[1] 菲尔默试图将神秘的神意与清晰的论证结合起来，但他陷入了自相矛盾。圣经是否也存在这个问题？圣经也推崇理性的描述、诫命和保证。带着应许和律法出现在亚当和摩西面前的上帝并非完全神秘的。上帝对人类说话时，是否并不必然要遵循"人类惯用的语言规则"？更为细致的阅读是否会表明，《政府论上篇》从这些保证和应许中找出了诸多矛盾？洛克提供了诸多圣经段落、摘要和引文。它们无疑超出了对表面内容的重述。洛克是否在暗示上帝自己的言辞（从上帝自己的角度来看）如何自相矛盾，或者上帝给出了自相矛盾的诫命？"无限的神祇"是否确实受到"承诺和誓言"的限制（Ⅰ，6）？还是说，上帝许诺给不同男性家长的后代以相同的荣耀和绝对支配地位（Ⅰ，74-78，123-56）？还是说，上帝许诺了繁荣，但又准许"奴役""囚禁"和"灾难"（Ⅰ，169）？洛克的步步反驳不仅以他自己的

---

[1] 可以借鉴潘戈的考察，见 *Modern Republicanism*，页136-149，以及 *Political Philosophy and God of the Bible*（Baltimore and London：Johns Hopkins University Press，2002），页10-11。

理由，也以圣经本身为根据。

尽管如此，洛克的这个做法其实是断章取义、间接和不足信的。一项辩证的反驳应该极为认真地对待圣经的言辞，特别是上帝的言辞。但是，《政府论上篇》（无论它是否偶然间对此有所涉及）试图以"想象""风尚"和"习惯"为由，将神的提示一笔带过。这种还原论看上去很像洛克的《人类理解论》在认识论上打发"神灵"（spirit）时所体现出的还原论。它预设了一种基础心理学，甚至可能还预设了一种相当唯物主义的物理学。① 但是，我们其实很难认真对待那些想象出来的东西。总的来说，除了那些洛克自己需要予以反驳的内容外，《政府论上篇》并没有深入考虑圣经的那些关键性言辞。虽然洛克有时将圣经形容为上帝的神圣言语，但是，洛克从一开始就主要依据语言的通常规则来解释圣经，甚至将其称为"历史"或"故事"（Ⅰ，113，117，等等）。他最终（尽管有些隐晦）将犹太人、圣经和他们的先知与其他政治社会及其"有名望的人"和诗人等量齐观（Ⅰ，141，153）。他将犹太人的命运描绘为一场政治失败。洛克并不去关注犹太人自己的理解，即他们是上帝的选民，承载上帝的义和律法，以及这是一个具有奇迹色彩的戏剧性事件。洛克的处理轻慢了先知、预言和弥赛亚，且绝口不提作为救世主的耶稣。② 特别是，他轻视了耶和华独特理智的重要表达：摩西律法。洛克从没有明确分析十诫的前两项首要诫命。当他动用第五诫命的部分内容（"当孝敬父母"）来反驳父亲权力时，他的引用总是缺了暗示上帝优位性以及人的相应的依存性的那部分内容："当孝敬父母，使你的日子在耶和华你神所赐你的土地上得以长久。"

---

① *Essay Concerning Human Understanding*，Ⅳ.Ⅺ.12 和Ⅳ.Ⅲ.27。
② 拉斯莱特为《政府论》所做的索引并不包含先知、预言、弥赛亚、基督和救世等词条主。

简言之，洛克的论证是这样一个结构：如果履行上帝指派的义务先于财产权，那么人类早就饿死了；如果上帝是以色列的统治者，那么他并没有像一个统治者那样照看犹太人。无论洛克的人道正义（humane justice）是什么（并非微不足道的品质），这个论证并没有反驳，甚至压根没有处理那一启示断言：人类的不幸源于他们违背了上帝之义这一原罪。人们在这里可以看到一种决然的怀疑主义和决然的人道主义，以及对那些无法得到"常识和经验"支撑的盼望的合理的不信任（Ⅰ，137）。但是决然本身是一种故意，而洛克向自然和认识论的转向，使得他无法一以贯之地依赖有关审慎和经验的通常合理性（ordinary reasonableness）。洛克没有从对手的角度来处理对方所说的非同寻常的盼望，他仅仅在次要层面上辩证地应对了这位非同寻常的对手。

如果洛克的反驳仅仅是决然的坚持而非理性的辩驳，那么人们如何能够理解他的反驳呢？是不是他自己也认为这样一种辩驳是不可能的？这个解释似乎是施特劳斯的一个主张。而这种解释并不仅仅针对洛克，还包括通常所讲的那些启蒙运动的伟大哲学家。施特劳斯到底是什么意思呢？根据他的《哲学与律法》一书，近代早期的哲学家怀疑或者至少"觉得"，存在一位神秘神祇这个可能性本身无法驳倒。[1] 他们转而采用了一个新的方式，一种反宗教的嘲弄，或者更严肃点说，一种假想激进的"拿破仑战术"。霍布斯、斯宾诺莎和其他人立志要挫败圣经对审慎和理性所形成的巨大挑战且深知反驳的不可能性，他们认为"别无他路"，只能"试着在不预设一位深不可测的上帝的情况下，确立对这个世界和生活的完整

---

[1] Leo Strauss, *Philosophy and Law*, tr. Fred Baumann (New York: The Jewish Publication Society, 1987), "Introduction", 页 10–14。另见 Matthew Davis, "Locke and the Problem of the Biblical God", 以及 "Ancient and Modern Approaches to the Problem of Relativism: A Study of Husserl, Locke and Plato" (Ph. D Dissertation, Boston College, 1995), 页 25–85。

理解"。如果这一整全性努力获得成功，人类就可以向自己证明，"他自己在理论和实践上都是这个世界的统治者以及他的生活的统治者"。这一证明将徐徐展开，而圣经的上帝将是"无用的"（即使没有完全遭到否认）。上帝的世界在理论上和实践上将被一个人造的启蒙世界取代。

人们能在《政府论两篇》的某些突出特征中发现这一方案的蛛丝马迹吗？正如其标题所示，在《政府论上篇》中，菲尔默体系的"基础"被"查明和推翻了"。这个基础正是上帝和圣经，这一标题与其说是在表明一种反驳，不如说是在表明一种胜利。此外，我们已经看到，洛克的理论学说用某种自然心理学和物理学来解释启示——意图将其搪塞过去。实际上，认识论将启示搪塞过去了。与此相似，所有学说（包括宗教学说）的尺度都是人道的必需品（humane provision）。相应地，《政府论下篇》似乎是遵循这个新颖的推理方法而得出的社会和政治方案。它是一篇短论（essay），即一种尝试——如果我们按照"短论"一词旧有的且仍然为人熟知的意义来理解的话。[①] 它似乎尝试确立一个人造体系，用以解决人类的必然性并弱化人类对一位神圣供给者的渴望。

我的结论是，《政府论上篇》只是开启了下述问题，但没有给出充分的解答：洛克击溃圣经宗教的工作如何能通过理性予以成功的辩护？

[①] 关于"短论"的含义以及短论这一形式的政治意义，参见 Robert Faulkner, "Francis Bacon," in *Encyclopedia of Essay*, ed. Tracy Chevalier (London: Fitzroy Dearborn Publisher, 1997)。

洛克与现代性的圣经基础[*]

怀布罗（Cameron Wybrow）

赵雪纲 译

帕克博士（Dr. Kim Ian Parker）是纽芬兰纪念大学（Memorial University of Newfoundland）宗教研究教授，他写了一部关于圣经与现代政治哲学的出色新著。在《洛克的圣经政治学》（*Biblical Politics of John Locke*）一书中，帕克断言，"在（洛克）的政治观中，圣经是一个重要的组成部分，并且，圣经远不只是为洛克提供了正统的外观，它还为洛克提供了卓越的人性描述"（页1）。这部著作尽管还有某些不足之处，却包含了扎实的学识，帕克在书中令人信服地论证了自己的议题。主流洛克学者必会发现该书能够让人增长知识，而施特劳斯派学者兴许会发现该书以一种建设性方式对他们提出了挑战。

帕克许多年来一直对圣经的政治解释情有独钟。他在麦克马斯特大学（McMaster University）接受研究生教育，受该校康博斯（Eugene Combs）和珀斯特（Kenneth Post）的启发，已经发表了一系列颇有价值的研究成果。他的博士论文研究希伯来圣经，以关注某些特定政治主题的眼光对圣经中的所罗门故事作了一种"细读"（close reading）；此论文即《所罗门统治中的智慧和法律》（*Wisdom*

---

[*] 选自《解释》（*Interpretation*: A Journal of Political Philosophy, Fall/Winter 2006）。

and Law in the Reign of Solomon），1993年出版。然而，此处评论的这部著作，却萌芽于帕克论菲尔默和洛克对圣经的使用的硕士论文。当讨论这一主题时，帕克越来越相信，圣经与现代自由民主之间有一种积极的联系，自那时起，他还发表了一系列作品来探索、深究这种联系，其中就包括《自由民主与圣经》(*Liberal Democracy and the Bible*, 1992) 一书，这是一部有关现代早期思想家——如霍布斯、洛克和康德等人——思想中的圣经主题的论文集。我们在此评论的这部著作，展示了帕克对圣经与自由民主之关系的最新阐释。

帕克此书显然是对两部分人说话的：一部分人是主流洛克学者（历史学家，哲学教授，以及政治学家），这些人当然不倾向于某种"怀疑的解释学"(hermeneutic of suspicion)；另一部分人是施特劳斯派学者，这些人在解释学问题上恰恰相反，本身就倾向于一种"怀疑的解释学"。通观全书，帕克对主流洛克学者（如Richard Ashcraft、Maurice Cranston以及John Dunn等人）的求助引人注目，他在注释中大量引用这些人的作品，频繁引证其内容以支持自己的观点，并且不吝恭维赞扬。帕克把自己看作像这些学者一样在同一葡萄园中耕耘的工人，并说他能写成此书，首先应归功于这些人。另一方面，他明显又非常关注施特劳斯式的洛克解释，因为他不仅在本书正文中明确引述了施特劳斯及其追随者的一些东西，还在脚注中对之做了很多评论，列了不少参考文献。对施特劳斯派的这种关注并不只是次要的和补充性的，它在某种程度上还推动着帕克的研究：在证明圣经对洛克政治思想的重要性时，帕克想要表明，对洛克利用圣经的施特劳斯式解释是错误的。实际上，帕克否定施特劳斯式解释的意图，在上述引用的一个主题句中已经清楚地表明了，也就是"远不只是为洛克提供了正统的外观"这句话，它主要就是指向施特劳斯派学者的。

帕克使用"施特劳斯式的"解释这一说法，首先是指施特劳斯在《自然权利与历史》（Strauss，1953）一书中论洛克的一章，但他也提到了潘戈（Thomas Pangle）、朱克特（Michael Zuckert）和迈尔斯（Peter C. Myers）（导论注释3），以及考克斯（Richard Cox）和福斯特（David Foster）（第四章注释28），并对他们的某些观点作了回应，不过是在注释中。帕克倾向于把施特劳斯派的洛克思想看作完全统一的，这可能是一个错误。尽管帕克引用的施特劳斯及施特劳斯派学者似乎经常把洛克看作圣经思想的暗中颠覆者，并且是一个道德上可疑的"现代人"，但雅法（Harry Jaffa）却是一个不同的施特劳斯主义者，总的来说，他似乎赞同洛克，认为洛克是一位保存了许多古人真理的现代人。雅法也关注《独立宣言》，认为这份文献至少表面上显得把现代自由主义的各种自由建立在圣经中的造物主上帝存在的基础之上，并因此支持了帕克的论题。当然，可能雅法对洛克、《独立宣言》与圣经之间关系的解释最终与帕克的解释并不相容。关键不在于雅法和帕克是否完全一致，而在于帕克不公正且粗枝大叶地对所谓的"施特劳斯派"作了处理。然而，对这篇评论的目的来说，说明帕克对"施特劳斯派"所作的狭隘理解，就足够了。

帕克试图间接而隐晦地驳斥施特劳斯派。在本书中，他不是致力于探讨一个否定性命题（这个命题就是：施特劳斯派错误地说洛克对圣经的使用是不正统、自相矛盾和不真诚的），而是着力支持一个肯定性命题，那就是：洛克的政治思想部分建立在《创世记》前几章关于人性的一些基本假定之上。帕克无疑相信，如果他能在洛克和圣经之间建立确定而积极的联系，那么对施特劳斯派的驳斥也就不用言表、随之而来。这个策略是符合逻辑的，而且它让帕克把本书撰写成了一项研究，而非一项不懈的反施特劳斯主义论战。这就让一些人可能追随帕克的观点了——我说的是那些不关心帕克的异见（对施特劳斯派的洛克论述持有不同看法）的人，或者那些并不熟谙施特劳斯派的洛克论述的人。

帕克观点概要

本书由导论、五章正文和结论构成。导论吁求学者们要更多关注洛克对圣经的使用。导论一开始，帕克就指出，在洛克超过3600册的私人藏书中，有870册（几乎占到总数的四分之一）是有关神学主题的，这与关于政治学主题有390册藏书、关于哲学主题只有仅仅269册藏书形成了对比（页1，"导论"注1）。这一事实，再加上洛克终生关注神学问题并尤其关注圣经这一证据，使得下述事情甚为奇怪：极少有洛克研究者考察过洛克对圣经的使用。帕克指出，确实已经有许多洛克学者评论过洛克频繁参引圣经这一点，但是"几乎不曾有人思考过这些参引对其整体哲学观点的全部重要性"（页1）。他们不曾提出如下问题：是否洛克的政治思想有可能以某种方式依赖于其圣经解释学？这是洛克学中的重大空白，因为，如果洛克的政治学说和洛克的人性观与关键的圣经文本（尤其是《创世记》1-4章）相关，那么自由主义在其形成时期似乎就应部分归功于圣经（页2）。

第一章题为"洛克：终生关注圣经"，本章用文献证明了洛克终其一生在自己出版和未出版的著作中对基督教的一般关注，以及对圣经的特殊兴趣。本章的要旨是，洛克花费数十年心血深入研究圣经，圣经是洛克全神贯注的一部著作，而非仅是其哲学学说的文饰外表。洛克与英国和欧洲大陆各派神学家进行了广泛的对话和通信，而且他私人藏书中的神学书籍到处都是页边评注，这些评注反映了他对宗教问题的全力关注。在人生的暮年，洛克出版了《基督教的合理性》一书，该书为他自己有点不太正统但却显然真诚的基督教信仰观点作了周详的辩护，而且，在他生命最后几年，洛克绝大部分时间都致力于思考研究保罗书信，为之释义并加详尽评注，此著在洛克殁后于1706年出版（页34）。帕克在此的看法不是说洛克是正统的,而只是说,洛克至少是一种自由主义类型的基督徒,并且他信奉的这种自由主义的基督教深受其仔细研读圣经的影响。帕克为这一看法作了有力的初步证明。

第二章题为"理性、启示与堕落"。本章试图做三件事情:(以洛克的《人类理解论》为基础)解释洛克如何关注获取任何确定知识的困难;探究这一困难如何影响了洛克在圣经解释学领域的思想发展;说明洛克的释经学原则如何促成了他更加自由主义的、更加宽容的基督教版本以及他对正统堕落教义的最终抛弃。帕克在本章的第一个难题是洛克的"理性与启示之间不太明确的关系"(页37)。帕克假定,关于理性与启示之间的关系,洛克是以完全坦率的态度撰述的,因此,当洛克在"阐释理性和启示的性质"中遇到"难题"时(页37),帕克似乎就倾向于如下观点:阐释中遇到的难题产生于洛克智识上理解该主题的困难,而非产生于洛克谨慎处理某些论题的需要。这样,他就回避了洛克早期的系列自然法论文所提出的大部分难题,仅顺便评论了"洛克在这些早期的自然法篇什和后来的《人类理解论》推论中存在的难题"(页41)。帕克完全没有提到施特劳斯对洛克《自然法论文集》的详审批判,尽管他深深地意识到,施特劳斯《洛克的自然法学说》一文,是他本人参引过的《什么是政治哲学?》(Strauss,1959)一书中关于洛克的唯一一篇论述。

平心而论,帕克拒绝长篇大论地批评施特劳斯的这篇文章可能是有道理的,因为帕克此书是研究洛克对圣经的使用,而非研究洛克的自然法学说。尽管如此,由于施特劳斯的这篇文章瞄准的是洛克对基督教的忠诚这一问题,所以,帕克甚至没有提及这篇论文,似乎就像是在故意回避了。

但另一方面,本章的其他材料处理得相当不错。帕克先是指出,洛克拒绝圣经的"经文证明"(proof-texting),而接纳后来被称为"历史考证"(historical-critical)的圣经解释方法的核心见解,之后，帕克透辟而出色地讨论了洛克对堕落的理解（页 50-65）。帕克表明，洛克坚定地从其加尔文教养背景中走出来，并最终彻底放弃了下述教义：堕落导致人固有的道德腐化代代遗传。在洛克看来，堕落的结果只是丧失永生，以及必会伴随这种丧亡而来的所有物质的和道德的困难。洛克抛弃奥古斯丁-加尔文主义传统，赞同更朴素、更少修饰地去阅读《创世记》故事，这具有重大的政治义涵。这意味着，政治理论不应从人的绝对邪恶这一令人沮丧的假设开始，而应从下述较不艰巨的假设开始：人类毫无疑问是难免犯错的，与始祖亚当不相上下。确确实实，人可能自私邪恶，但并非必然如此，如果他们在美德和社会生活中受到适当教养的话。人类是可塑的，罪（sin）在某种程度上能够通过教育而离开他们，随之人类就学会遵从自然法的规诫（页57）。进一步，这种教育并非必需一位专制君主的强制性规则，而只需要一个由人民自由选举的政府制定的刚柔相济的规则（页55）。

在第三章"亚当与父权秩序"中，帕克解释了洛克时代盛行的政治的"父权"论——洛克著述所反对的东西。父权理论把专制君权立基于王国与家庭的相似性，因为在家庭中，父亲，即男性之首，对其妻子和子女享有绝对权威。由于子女服从父亲由第五诫所规定（"孝敬你的父母"），由于父亲对母亲的支配由传统所圣化，因此，国王作为扩大了的父亲，就有权利要求臣民绝对服从自己。帕克详细叙述了古代和洛克时代的各种父权理论，然后集中研究了菲尔默爵士（Sir Robert Filmer）的父权理论。在菲尔默的著作中，父权理论的主张在一种圣经的语境中再明白不过，而且有最为清楚的表达。按照菲尔默的讲述，第一个人亚当对全地都有"统治权"，并因此而对其子女，也就是对整个人类，具有绝对权威。这种绝对权威已经经由长子继承权制度或长兄统治（有《创世记》4：7 关于该隐与亚伯之间的关系为证），而传给了地上的各种各样的君主，因而拒绝绝对服从自己的君主就是拒绝服从亚当的现世代表，即上帝拣选的统治者。菲尔默父权论的另一个基本部分是妇女的臣属地位，这是效仿夏娃对亚当的臣属地位而来的（有《创世记》3：16为证）。

第四章为"洛克的亚当：《政府论上篇》"，帕克在本章表明，洛克在《政府论上篇》中如何摧毁了菲尔默的圣经父权论。菲尔默源自圣经的观点主要由一系列佐证经文（proof-text）支撑，但这些佐证经文因偏见或谬误而被曲解了，并且还用某些华而不实的笼统政治推理串联在了一起。通晓希伯来文的洛克，很容易就能通过集中关注圣经文本的确切措辞来处理菲尔默的解读。菲尔默似乎没有意识到，"亚当"在圣经叙事中除了是一个人的名字之外，在希伯来文中还是"人"的总称，而且从《创世记》中（1：26-28），洛克还证明，菲尔默错误求助的那种"统治权"，并不是一个男人亚当对其同类的统治权，而是作为物种的人对不具有理性的生物的统治权（页107-111）。基于对圣经细节的类似关注，洛克指明一个事实，即《创世记》（3：16）中的上帝预言指的只是妇女的从属地位，而非理当（right），这样，他就在妇女的从属地位问题上驳斥了菲尔默（帕克亦如是主张）。

帕克基于这一观点把洛克描绘成了一个原始女性主义者（proto-feminist），并指出洛克在同一语境中提出的另一个"女性主义"观点：当上帝在《创世记》（3：16）中表明妇女事实上将遭受生产的痛苦时，他实际上已经表示，妇女并没有义务遭受这一痛苦，如果可能获得医疗救助的话（页112）。帕克显然赞同这种圣经的女性主义与洛克对"权利"的强调可以相容。

考虑到长子继承权问题，帕克对洛克驳斥菲尔默的讨论令人迷惑。菲尔默求助于《创世记》第四章第七节，而让我们注意这段经文的帕克，却没有说洛克在哪里提出了他的相反解释。事实上，帕克给我们留下的印象是，洛克实际上从未处理过这段经文，他是以其他的圣经基础来驳斥长子继承权的（页116-118）。

第五章是"洛克的亚当：《政府论下篇》"。在这一章，帕克不得不去处理如下事实：《政府论下篇》对圣经的参考要远远少于《上篇》，而且在《下篇》中，洛克似乎是要单单依靠理性而非圣经来论证自己的观点和结论。帕克在此不同意施特劳斯派和非施特劳斯派的学术共识，即洛克的政治理论最终是独立于圣经思想的。帕克认为，对《下篇》而言，存在一个"圣经框架"（页123），这一框架由"人类是模仿上帝的形象而造的这一《创世记》中的大胆断言"（页124）所提供。帕克写道：

> 按照上帝的形象受造，正如洛克在《政府论上篇》中已经主张过的，就是被创造成有理性的（《上篇》，30），而如果人类被造得具有理性能力，那么他们生来就有自由的能力。换句话说，他们的自由依赖于他们的理性，而理性又依赖于上帝的形象……在洛克式的圣经政治学世界中，按照上帝的形象受造就是生来就处于自由的状态之中。（页124）

然而，这个"圣经框架"要比这些远为宽广。在帕克看来，洛克的上帝是一位仁义慈善之神，"与其说他关心惩罚人类，不如说他关心指引人类实现他们的最大利益。"（页146）。这样，通过上帝在《创世记》第三章宣告的劳作这一命令，并通过在《创世记》第一章的治理大地这一训诫，人类学会了利用大地的果实，学会了创造财产权，并学会了在后续的财富基础上建立繁荣的公民社会（页134）。按照洛克对《创世记》的理解，上帝设法从堕落中产生了善，而非利用堕落把人类限制在一种无法控制的恶的状态。

加尔文和奥古斯丁不能从堕落得出任何政治性的东西，只是从中得出了必须由强大的中央权威来统治邪恶这样一种需要（the need for wickedness），而在这里，洛克把堕落看作人类的一个机会，一个主张自己拥有理性和完整道德责任的机会，一个在经济上改善自己命运并学会按照自然法去生活的机会。由此必然得出结论：

"不单对个人来说,而且对社会来说,矫正和补救(腐化)的手段,都是长大进入成年并摆脱父权统治的束缚,允许自由、平等和理性的成长繁荣。"(页146)在帕克看来,洛克对《创世记》的解读尽管不正统,但也并未与文本的"明显意义"(plain sense)(页146)严重龃龉。就像对洛克那样,对帕克来说,《创世记》并不贬损人,而是抬举人。

在结论中,帕克总结了自己的发现。传统的堕落论与需要专制君主统治的"父权"假定相一致。帕克写道:

> 倘若原罪论是对人类行为的正确描述,那就不能相信人民自身能够正道直行,并且因此就需要世俗权威对人民齐之以刑。(页147)

洛克反对这种神学政治立场,并坚持他自己的立场:接受人类的不完美,但却为人类的心智、道德和政治改进铺平道路的、以圣经文本为基础的堕落论。用帕克的话来说,"如果没有原罪这种东西,并且人类不是一定要经常犯罪,那就不必用官长的镇压来遏制邪恶——事实上,镇压只能挑激起臣民进一步反抗"(页148)。而且如果没有原罪这种东西,"人类就是自由的和负责任的个人,就能够期望以最小的压制来让他们理性地作出行为"(页148)。洛克对《创世记》的重新解读,使他得以用一种新的眼光来看待人性,按照这种新的眼光,自由民主制被证明是圣经神学最好的政治表达。正如帕克在结尾处颇为伤感地评论的,确确实实,现代思想发展到后来,"最终竟将洛克的圣经框架撕成了碎条"(页153)。尽管如此,原初形式的自由主义,其圣经之根已然清晰可见。

对帕克论题的评议

帕克的论题对主流洛克学者会有价值。他把对洛克的讨论带进了希伯来圣经和圣经解释史的广阔知识领域之中，而这应该成为对在其他领域受训的洛克学者专业知识颇有价值的补充。但就这一点而言，帕克本来可以做更多工作的。

在讨论对堕落的解释时，在讲述洛克和菲尔默的争论时，帕克很少把自己对圣经的理解带进其中。在大多数情况下，他都满足于描述圣经在传统中是如何被解读的，以及洛克如何不同于传统的解读，或者菲尔默如何解读圣经，而洛克的解读如何不同于菲尔默的解读，帕克甚至没有尝试精确地去说明，究竟谁对圣经的解读更正确，或至少是更好。在这一方面，帕克常常最多只是疏疏落落地偶尔表示支持和赞同，比如说支持和赞同一个简单的观点，说洛克战胜了菲尔默，或者说洛克对堕落的解释可能比正统解释更接近于《创世记》文本。在本就不多的这些情形中，帕克几乎没有用证明的方法来提供什么东西以佐证自己的观点。仅仅在一处地方（页107），他确实提到了希伯来原文的一些细节以支持洛克的解读，但甚至在这处地方，论证也是粗略的，且不易为那些缺乏圣经解释背景的洛克学者所理解。（帕克在这一段中确实使用了未经字译的希伯来文，但这一事实对非希伯来人读者来说也没有什么帮助。）既然帕克试图用自己的圣经训练来补充洛克研究的世界，那他为何不提供更丰富的训练内容呢？

实际上，这项工作本可大大得益于最后一章内容，因为最后一章纯粹是解释学的，也就是说，帕克在其中为读者展示了他自己对《创世记》前几章之政治要旨的解释。这样一章内容，连同这种讨论——讨论一些关键性的希伯来语词，以及这些语词在洛克时代有时如何被误译——本可有助于确立一幅清晰和谐的《创世记》图像，读者也本可以由此把洛克、菲尔默和其他人所提供的散乱的"佐证经文"补缀进这幅图像中去。此外，这样一章也会确立帕克自己的释经学原则和独特的释经结论，以便当帕克站在洛克一边反对奥古斯丁或菲尔默时，读者能够更好地评判其源所自。

帕克的特殊论题是，洛克的政治理论不单单由圣经引文提供了证明，而且实际上建立在圣经所给定的人性描述的基础上。关于这一论题，我们还可以说出很多东西。帕克的论证似乎建基于两个前提：（1）洛克在解释圣经时诚心诚意；（2）洛克把圣经解释为一篇"自由主义"的文献从本质上来说是正确的。在这一部分我要评论第一点，并将在这篇评论的最后一部分评论第二点。

帕克言之凿凿地说，尽管洛克并不正统，但仍然是某种类型的基督徒，并且直至生命终结都一直严肃认真地对待圣经。为了支持帕克，我把霍布斯这位常被人们看作无信仰者的人提出来作为对比。霍布斯在退隐之后迻译《伊利亚特》和《奥德赛》以兀兀穷年，洛克不像霍布斯，他在退隐之后翻译和注释的是圣保罗的书信。不像霍布斯，洛克终生都与基督教神学家们保持着广泛的通信联系，包括牛顿这样的业余神学家。霍布斯对基督教和圣经的评论几乎完全指向政治目的，洛克不像霍布斯，他对圣经——尤其是新约——的灵性和伦理维度也作了许多评议。尽管霍布斯和洛克的政治理论有相似之处，但我们把霍布斯看作无神论者，要比把洛克看作无神论者容易得多。除非我们认为，洛克不仅在欺骗《人类理解论》和《政府论》的读者，也在欺骗他的私人通信者，并且，除非我们愿意相信，一个不信神的人会在风烛残年经年累月精详注释他自己认为充满了迷信谬误的文本，否则，推断洛克至少是一位不拘泥教义和形式的基督徒，或者推断他是一位索齐尼主义者，就合情合理。而如果我们承认洛克是一位基督徒，即使是那种非常自由主义的基督徒，我们就不能排除一种可能性，即他是非常认真地对待自己的圣经解释的。如果洛克的圣经解释，就像帕克所主张的，在某些问题上比它想要取代的正统解释更有文本根据的话，情况就尤其如此。然而，与这一结论相对立的，还有施特劳斯的观点，下面我就转向施氏的论证。

帕克对施特劳斯：现代性是圣经的吗？

关于圣经与现代性的关系，施特劳斯的著述总是模棱两可。他有时候的写作，一方面好像西方思想的巨大断裂是在希腊人与圣经之间，另一方面又好像这种断裂是在希腊人与现代科学和启蒙运动之间。另一些时候，他在写作时，又好像这种巨大断裂是在雅典与耶路撒冷之间——雅典代表着理性和哲学，因此也就是批判和科学，而耶路撒冷代表着启示，因此也就是信仰和传统。可又有些时候，他似乎又不在——一方面在犹太思想与希腊思想之间，另一方面在基督教思想与现代思想之间——作那么明确的区分。在最后这种区分中，包括新约和希伯来经书（后者是通过基督教眼光被解读的）在内的圣经，在现代性的生成中，可能扮演了主要角色。

对施特劳斯而言，这些区分中的哪一种才真正重要？我猜想，施特劳斯对这些关键性区分的变动不居的描述，部分是出于教学目的，并且，他频频强调那种区分，也有赖于他所预期的听众是谁（是普通人还是有学问的人，是犹太人还是一般的人），以及他在撰述某篇具体作品时有何整体目的。当然，我这里并非意在理解这些区分中的某一个，并说这一个，只有这一个，才是施特劳斯的真正教诲。我更愿意把注意力集中于施特劳斯在其最著名的论洛克作品《自然权利与历史》（Strauss，1953，页202-251）中所使用的那种区分。

在这篇讨论中，施特劳斯否认了犹太教与基督教之间任何潜在的重大差异，而把"圣经""旧约""新约"和基督教看作属于同一思想领域的事物。然后，他把这种基督教的或圣经的思想与洛克的思想作了对照。也就是说，施特劳斯主张，洛克思想的一些部分与基督教神学的一些重要部分，并与旧约和新约的某些关键前提不能相容。施特劳斯进一步还认为，洛克完全晓得这种两相对立。既然施特劳斯坚决主张洛克确定无疑地是一个"现代人"而非一个"古人",那他就是在含蓄地主张,圣经或基督教神学的一些关键部分与现代性不能相容;现代性基本上不能被说成是"圣经的"。施特劳斯的见解因此就和帕克的见解发生龃龉了。施特劳斯的洛克是现代的,这不仅是因为洛克离开了柏拉图和亚里士多德,也因为他离开了圣经和基督教。帕克的洛克是现代的,这是因为洛克以圣经之名离开了柏拉图和亚里士多德(以及中世纪神学和父权论)。施特劳斯的洛克是现代的和非圣经的;帕克的洛克则是现代的和圣经的。

乍一看上去非常奇怪,在一部论述洛克圣经思想的著作中,帕克本不应详细回应施特劳斯的评论,因为后者的评论如果正确,对帕克的论题似乎就是致命性的或具有严重的伤害。然而,正如先前说过的,这与帕克的策略是一致的:如果能够证明洛克已经真诚且正确地使用圣经来为自由主义的现代性奠基,那么,施特劳斯的看法从某种角度来说就必然谬误,连驳斥的必要都没有了。对我们这些尊敬(即使我们不完全同意)施特劳斯的批评的人来说,帕克的进路尚不能令人满意。如果我们有两种不同的论证进路,其中之一似乎要证明洛克写了一种真诚可信的圣经解释,而另一条进路似乎要证明相反的说法,那么,这两种论证就一定会势不两立。帕克避开了这种对立。

在此我不会特别细致地考察施特劳斯的观点,而只会突出强调帕克的洛克论述完全没有回答的一些看法。旧约给出了如下定言命令:"孝敬你的父母";而施特劳斯证明,洛克关于对父母应负义务的"自然法"观点可以归结为:"孝敬你的父母,如果他们值得你这样做的话。"(Strauss,1953,页219)除不贞以外,耶稣禁止以任何理由离婚;洛克的"自然法"观点表明,婚姻关系不必是为了生育(Strauss,1953,页217)。洛克说,全部的自然法在新约中都以清晰明白、晓畅易懂的方式提了出来,但洛克又断言说,它是这样一条自然法，即政府"未经人民自己或其代表同意，不能对人民的财产征税"，同时他并没有提供新约中的任何段落说这条自然法就是从这里找到的（Strauss, 1953，页214）。所有这些看法，以及许许多多其他的观点似乎都表明，洛克是一个毫无诚意的圣经读者或一个极为糟糕的圣经读者，或者两者兼而有之。因此，所有这些看法似乎都是要暗示，圣经与洛克式自由主义之间的联系，似乎不大可能。帕克不需要回应这条论证进路吗？我想他应该回应，但我也认为我晓得他为何没有回应。

帕克在研究洛克对圣经的使用时，自觉地把自己限制在洛克对《创世记》前几章的使用。就是在圣经的这些章节中，帕克相信能够找到现代自由主义的源泉。帕克在阐述问题时，就好像被正确理解的《创世记》的教导和被正确理解的基督教的教导是一样的，因此他就把前述主题弄得模糊不明了，但实际上，没有任何理由可以说明情况为何应该就是这样。事实上，帕克借以确立其观点——即洛克比菲尔默或信仰原罪的人更正确——的提纲式论证，根本就不需要任何一种基督教神学，甚至不需要新约。它只要求对《创世记》文本进行"细读"（close reading）就行了。帕克所用的细读《创世记》的基本规则是：（1）对于文本当中不能直接发现的意思，或者不能容易从中导出的意思，不提任何主张；（2）当传统（基督教的或犹太的）说某段文本意味着一种意思，而文本的明显意义（plain sense）或易从文本中导出的意义说该文本意味着另一种意思时，该文本的明显意义总是要胜过传统。基于这些规则，帕克相信，《创世记》的下述教导（我将比帕克阐释得更为清楚）就出现了。

无论男性女性，人都是照着上帝的形像受造的，作为一种理性的存在，人受造即对生物具有统治权，并有权征服大地。所有男人和女人都分有了上帝的形像，并分有统治权。由于男人和女人的任何政治区分都在《创世记》（1：26-28）中找不到基础，因此女人必然被授予了平等的政治自由和平等的政治权利。（洛克自己并没有基于这些经文充分阐述妇女平等，但帕克认为洛克就是在沿着这条正确的经文轨迹向女性主义迈进。）当亚当和夏娃在《创世记》第三章中"堕落"时，他们并没有用原罪玷污自己的后代子孙；他们只是丧失了自己的永生。（洛克放弃了主张原罪论符合圣经文本的显白教导，因为圣经文本只是说，由于他们背命，这男人和女人都必定死。）人民因此并非天生就邪恶堕落（如中世纪神学和宗教改革神学所说的那样），他们并非需要一个严厉、全能的君主来控制他们的罪恶倾向。毋宁说，他们天生就软弱敏感、易受诱惑，并处于渴望之中，但他们有能力通过劳作而获取产业、财富和生活的舒适便利，也有能力使用上帝给予自己的理性而了解自然法——自然法包含了伦理生活和政治自治原理。《创世记》预言但并未认同堕落之后在历史上形成的女人的从属地位；男人并不享有指挥和命令女人的自然"权利"；与此类似，分娩之痛只是一个让人厌烦的事实，而非上帝的惩罚；女人不受任何自然"法"的约束非得遭受分娩之痛，如果她们能够找到方法来避免这种痛苦的话。《创世记》的上帝不是严酷无情的，他也不喜爱女性遭受痛苦。在《创世记》后来的文本中（尽管帕克在书中并未论及这些故事），我们看到，奴隶制并非上帝规定的，而是由挪亚这个人所预言的；我们也看到长子继承权是一种人的制度，而不是一种神的制度，因为有时候上帝所拣选的蒙神祝福的人（比如雅各）是较年轻的儿子，而人所拣选的人（比如以扫）却是较年长的。从这一切当中我们都看到，《创世记》与传统神学（原罪）的一个关键要素相对立，也与父权制这样的习传政治制度的若干关键要素相对立。《创世记》因此是一部激进的著作，是让人舒适的宗教和社会习俗的粉碎者（a shatterer of comfortable religious and social conventions）。它是反传统的，而当洛克这样的人去阅读它时，它就为现代性预备了道路。到目前为止，帕克和洛克就能够坚持自己的立场，而不输给施特劳斯了。

问题是，圣经不只有《创世记》这一卷内容。在洛克看来，圣经包括了新约，而新约包括了保罗的作品。保罗并不是以帕克和洛克解读《创世记》的方式去读《创世记》的。正如帕克指出的，事实上，洛克不得不探察一些误解扭曲，努力为保罗的一些原罪论述作出令人满意的解释（页63-64）。帕克说，洛克的独创性努力成果似乎有些勉强，难以让人信服。这并不意味着洛克的努力毫无诚意，而是意味着我们确实不需要接受洛克柔化保罗神学（Paulinism）的尝试。如果我们通过使徒保罗的眼光来阅读《创世记》（就像正统基督徒必须严格做的那样），《创世记》似乎确实教导，在堕落与玷污一切人类努力的遗传下来的人类罪性之间，存在联系。因此，就施特劳斯自己的观点来看，施特劳斯是正确的：洛克是在努力远离传统基督教的教导。

帕克在这个被部分掩盖的问题上也持有施特劳斯的这种异议。通观帕克的著作，他从头至尾都一再承认，洛克不是正统的。他只是主张，洛克是依据圣经的。帕克推论说，如果正统的神学家并非真正依据圣经，如果他们随意添加圣经文本中找不到的各种各样的不必要的理论，那他们就更糟。实际上，在一个注释中（第四章注释28，中译本页196注释2），帕克对某些施特劳斯主义者表达了一定程度的愤慨，因为这些施特劳斯主义者的正统圣经解读似乎承认，女性的产痛是上帝对妇女的诅咒。帕克显然发现这些施特劳斯主义者是性别歧视论者并且无端地刻毒冷酷（又见第四章注29，中译本页197注释1）。帕克主张，真正的圣经教导呈现的是一位仁慈的上帝，他平等对待自己创造的一切人。自由主义的现代性不是建基于摈弃圣经，而是建基于从传统充满父权式的、独裁主义的解释之根底重新发现原始圣经。

然而，帕克未能处理的是圣经其余的部分。洛克/《创世记》的人性观，或者说民主政治的人性观，与《士师记》或《列王纪》或福音书或保罗书信或《启示录》诸卷中发现的东西一致吗？施特劳斯的细致论证似乎表明并不相合。即使我们认可洛克对《创世记》的非正统解读，洛克总体上的圣经解释学仍然成问题。他的政治理论，尽管或许受了某些圣经教导的启发，却与其他一些圣经教导不能相容。可见，自由民主的现代性与其说是源于圣经教导，不如说是源于从圣经教导中挑选出来的一个子集。

然而，这并非一个不重要的发现。如果帕克是对的，那么，即使承认施特劳斯对洛克前后矛盾使用圣经的所有反对意见，至少圣经教导的某一部分在颠覆前现代的、父权制的、独裁主义的政治秩序中也是有帮助的。照这样说，就一个人把自由民主制视为一件好事而言，圣经应得某种赞誉。

在我看来，帕克需要通过给予我们一种新的圣经政治思想解释，以从本书中得出结论并依赖这些结论。即使不提洛克和菲尔默，不提所有反对施特劳斯主义者的论辩，帕克也应该写出一部有关圣经的人性描述和这种描述的政治意蕴的著作。在这样一部著作中，他应该超越《创世记》第一至四章的内容，进一步深入圣经，并应该利用自己在整体全面解读圣经方面的专业知识，勾勒出某种圣经政治理论，或者换句话说，勾勒出某种基于圣经主体内容的神学政治理论。因为归根结底，帕克与施特劳斯派的争论在理论上并不重要，因为它纯粹是关于历史的争论。这种争论关乎洛克这样的人的动机和隐秘信念。理论上重要的是：（1）圣经是否具有某种前后一贯的政治理论（"正统的"或"不正统的"）；以及（2）这种政治理论是否真确。帕克比任何人都更有资格从事这项探索。

此处具有讽刺意味的是，公正地说，对圣经的这样一种探索可以说是由施特劳斯自己所激发的。在他论述《创世记》的两篇长文《耶路撒冷与雅典》（Strauss，1983）和《论〈创世记〉的解释》（Strauss，1981）中，施特劳斯为我们树立了纯粹基于文本解释圣经的榜样，这种方法原则上是不依赖于传统的犹太教和基督教解经方法的，并且实际上还能对二者提出挑战。施特劳斯并未充分发挥他自己所用的解读方法之激进的、非传统的潜力，但这种潜力确实是有的。从某种程度上说，这种潜力在施特劳斯的一个学生萨克斯（Robert Sacks）的著作中成了现实——以施特劳斯的解读原则为基础，萨克斯对《创世记》撰写了一部大部头评注（Sacks，1990）。在康博斯和珀斯特合著的论述《创世记》第一到十一章的神学政治理论的著作中（Combs and Post，1987），这种潜力再次成了现实，这部著作本身就产生于他们对施特劳斯著述和萨克斯那部评注的初稿的研读。而帕克受教于康博斯和珀斯特，是这两个人引导他认识了萨克斯和施特劳斯的圣经著作。帕克解读圣经的方法，因此就受了施特劳斯以及施特劳斯所影响的作者的决定性影响。如果他能够继续自己的工作，并且明确坚持一些关于圣经政治学的非施特劳斯式结论，那也将是通过使用明显的施特劳斯式解经方法办到的。

帕克写了一部颇有启发意义的著作，一部原创性的著作，一部颇值得赞扬的著作，以及在若干方面都很好的著作。他还能够撰写一部更好的著作，一部带领我们更深入地探测圣经之政治深度的著作。我们拭目以待，期望他让我们如愿以偿。

参考文献

Combs, Eugene, and Kenneth Post. 1987. *The Foundation of Political Order in Genesis and the Chandogya Upanisad*. Vol. 1 of Studies in *Comparative Religion*. Lewiston, NY: Edwin Mellen Press.

Locke, John. 1964. *The Reasonableness of Christianity, as Delivered in the Scriptures*. Edited by George W. Ewing. Chicago: Henry Regnery. [Original: 1695]

——. 1965. *Two Treatises of Government*. Edited by Peter Laslett. New York and Scarborough: Mentor (New American Library). [Original: 1690]

Parker, Kim Ian, ed. 1992. *Liberal Democracy and the Bible*. Lewiston, NY: Edwin Mellen Press.

——. 1993. *Wisdom and Law in the Reign of Solomon* . Lewiston, NY: Edwin Mellen Press.

Sacks, Robert. 1990. *A Commentary on the Book of Genesis*. Vol. 6 of *Ancient Near Eastern Texts and Studies*. Lewiston, NY: Edwin Mellen Press.

Strauss, Leo. 1953. *Natural Right and History*. Chicago: University of Chicago Press.

——. 1959. Locke's Doctrine of Natural Law. In *What Is Political Philosophy? And Other Studies*. Westport, CT: Greenwood Press.

——. 1981. On the Interpretation of Genesis. Text of a lecture given for the "Works of the Mind" series, University College, University of Chicago, Jan. 25, 1957. In *L'homme: Revue francaise d'anthropologie*, XXI (I), 5–20.

——. 1983. Jerusalem and Athens. In *Studies in Platonic Political Philosophy*. Edited by Thomas Pangle. Chicago: University of Chicago Press.

洛克、圣经与现代政治学的渊源（一）[*]

米切尔（Joshua Mitchell）

周榆皓 译

尼采在《超越善恶》（*Beyond Good and Evil*）一书中评论道，"哲学是一种最高类型的返祖现象（atavism）"，他的意思是说，哲学家更多地将他们最深处的冲动投向了宇宙大全，而不是探索"真理"。因此，尼采对康德提出的问题是：何种类型的灵魂确实会需要区分自律和他律的形态？而对达尔文提出的问题则是：难道"适者生存"（survival of the fittest）观念不正相当于把怨恨伦理（the Ethic of Resentment）投射到自然本身？

某种类似的返祖现象似乎在政治思想史领域同样有效。虽然关于作者所属研究领域是哪一个的争议或多或少有了定论，但是关于应该如何解释他们，仍旧分歧重重。比如说，考虑到洛克对自由主义思想发展的贡献，谁都不会怀疑他应位列正典之中（the Canon）；然而，如何去理解洛克的著作，则是另一回事。或许其中争议最大的问题就是宗教。应该如何衡量洛克关于宗教的著作？我们应该怎样理解他在自己的政治著作中对宗教的乞灵（invocation of religion）？他所写的内容是发自本心，还是一种托词，意在向他本人所否定的基督教范畴（Christian categories）嵌入非正统理论？对这

---

[*] 本文选自《论辩艺术》（*Ars Disputandi*, Vol. 7, 2007）。作者米切尔是乔治城大学政府系政治理论教授。

些问题的回答迥乎不同，而其中有一种回答倾向于怀疑这些问题到底是能用更多的学术研究来解决，还是所说的问题实际上是学者的态度问题：学者总体上对宗教的同情，尤其是对基督教的同情，还是对这样一种观念的同情，即现代世俗政治不需要宗教基础，可以作为连贯的整体而自立自持。或许尼采是对的？——洛克研究证实了政治思想史是一种"最高等级的返祖现象"吗？

因学者们的艰辛工作——证明洛克所说确非其本意——而疲惫不堪的读者，将会发现帕克教授（Parker）《洛克的圣经政治学》（*The Biblical Politics of John Locke*）一书令人耳目一新。这部著作完全没有提及让洛克著作晦涩难懂的那些令人费解的解释学步骤（hermeneutical moves），这在很大程度上是因为帕克在任何地方都没有援用古今的启发式教学法（heuristic）——那种教学法阻碍了对宗教改革时期所作的学术研究的并非微不足道的一部分。有一种元叙事（meta-narrative）认为，赋魅的（enchanted）古代世界在规范的意义上优于祛魅（disenchanted）的现代世界，而那种古今的启发式教学法没有为下述这种可能性留下任何余地：现代早期政治思想不仅浸透了宗教改革时期的宗教思想，而且缺少了它就无法连贯一致。因此，采纳那种启发式教学法的人，就是令人费解地想要否认洛克所写的东西全然是其本意所想。帕克的著作完全没有被这样一种符咒镇住。

《洛克的圣经政治学》着重关注了洛克在其几乎所有作品中都重点关注的那个圣经人物，也就是亚当；帕克正确地说，亚当"从总体上型塑了洛克的人性描述"（原书第6页）。然而，洛克关注亚当并不意味着他最终对亚当是谁作了意义明确的理解。另一方面，洛克又非常清楚，在宗教改革时期被迫得出令人痛苦的结论的那个伟大的奥古斯丁洞见就是：亚当转而离开上帝是巨大灾难，自此以后，人再不能够充分使用他的自由。其中的政治义涵不难看出：假如代表权和抵抗权不能发挥作用，政府必将暴虐。通过亚当，死亡和罪（sin）进入世间。对于前一难题［译注：即死亡］，政府无计可施，但对后者却不是如此。

然而，洛克并不满意上述观点。帕克教授的书更有助益的一面是，它不仅证明洛克知晓这种观点，还证明洛克一直在试图缓和宗教改革对罪及其含义的刻板理解。有人不禁想在这里评论一下这位英国人的性情了。洛克的所有作品都给人这样一种感觉：品味良好、适当得体、从不提出极端观点。他的每一丝精力似乎都集中用来反对这样一种看法：罪的观念本来完全可以不像路德和加尔文所说的那个样子。在洛克的自然状态（State of Nature）中，虽存在"不便"（inconveniences），但没有野蛮、残酷以及那种只有"转向黑暗"（turned towards darkness）的生物（奥古斯丁会这样说）才能实施的暴力。洛克愿意承认，通过亚当，死亡来到了世间，但罪却没有。尽管洛克有时非常接近宗教改革的观点，他却无法抛开这个观念：理性，"上主的烛光"——他这样称呼理性——因罪的乌云而熄灭了。正如帕克教授所证明的，洛克的政治学就建立在这种否定的基础之上。

一方面，洛克对这种或多或少还算完整的理性的品格的理解，使他得出了这样一种政治学：任何君主都不能凌驾于理性所能发现的那种法律之上；并且正因如此，理性还为代表制政府和反抗权提供了正当根据。另一方面，由于理性并不意味着完全清晰明了，因此就圣经解释问题来说，没有任何人或者任何机构能够声称永无谬误，也因此，宗教宽容（除了天主教徒以外，这是由于他们对教皇的持久不二的忠诚）应该得到支持。正如帕克教授所巧妙展示的，洛克的政治学整体上就源于这些中心问题：亚当是谁（原书第55页），来自上帝的原初授予是什么，这种原初的授予又如何因亚当的堕落而改变了。

帕克教授的结语——"（洛克的结论）会令现代世界血脉奔涌、蠢蠢欲动，尽管它最终竟将洛克的圣经框架撕成了碎条"（原书第153页)——值得评论一下。一项非常巧妙地证明洛克的政治著作在圣经历史背景的范围内有其连贯性的研究,竟然回避了正题:在一个世俗主义的世界上,自由主义思想的基础到底何在,或者更精确地说就是,在一个公共话语已不复继续存活于圣经历史背景之中的世界上,自由主义思想的基础到底何在。已经有人采纳了一些方案来回答这一问题。由罗尔斯在20世纪70年代提出的康德主义"转向"(move),力求基于没有任何历史背景的理性存在者所作的决定,来证成自由主义。二十多年之后,罗尔斯承认,充其量能够得出的结论就是,拥有特定历史遗产的特定人群,将会选择他早先在《正义论》(*A Theory of Justice*)中所展示的那个世界,但是其他人不会做这样的选择。在康德哲学的范畴中,如此选择相当于从自治领域(the domain of autonomy)转向了他律王国(the realm of heteronomy)。任何"纯粹的"哲学证成都是不可能的,只有依赖极有可能是偶然性的历史遗产这一路径,才有可能获得成功。

基于历史遗产的证成或许可以解决一系列难题,但也会带来其他难题。对于自由主义者来说,这种争论通常是有益的;然而对于反自由主义者来说,他们却降至只去论证"民族"和"文化"、只去关注政治规划的层次,并且很少宽容那些和他们不同的观点。如今,在自由主义者中,存在着一种明显的厌倦:由于很久以来不再相信能用圣经历史背景来为政治观点辩护,并且近来又不再相信能用康德哲学的优势(声称完全不需要历史背景)来证成政治,因此,许多自由主义者已然在哲学的废墟中安顿下来,对于自己周围更古老的宗教建筑,他们要么不甚明了,要么充满敌意;他们认为这种东西已然不再合理,而只满足于某种威斯特伐利亚和约式的休战(a Westphalia-like truce)。按照这种休战观念,世界不同地区各有其不同的内在逻辑,自由主义只不过是其中的一种罢了。的确,许多自由主义者还致力于普遍人权事业、法治以及人的尊严,但是，当这些事物受到压迫时，为它们所作的辩护只会让那些在北美、英国或者欧洲的大学接受教育的全球精英们信服，而不能让全世界那些仍然"迷失于历史中"（lost in history）——借用福山（Fukuyama）的术语——的民众信服。

确实，无论是罗尔斯之后的自由主义，还是自由主义的普世主义，似乎都无法抵抗反自由主义的论证和政治规划。后者正出现在全球诸多现代化转型受阻的地区，比如中东地区，还有——或许令人惊讶——欧洲。我们或许想要知道那不可思议的事情是否还会发生，也就是说，为了巩固自由主义，思想家们将不得不返归最初的源头——不是返归许多人视为第一位具有融贯性的自由主义者洛克，而是返归洛克证其为自由主义政治学之根基的圣经。

洛克、圣经与现代政治学的渊源（二）*

拜林（David A. Pailin）

周榆皓 译

当今世俗环境下的西欧大部分地区的政治争论，当在宗教信念的层面上展开时，有一种晦暗不明的趋向；特别是如果争论中的人坚持表达这样的信念时：只要他们在宣称上帝所启示的东西，他们表达的就是不容置疑的真理。如果持有相反立场的人声称，正是他们的相反立场才表达了上帝的公开意愿，则持有上述宗教信念的人就会变得更加不安。一旦对人类经验和理性反思（rational reflection）的诉求，因对那被称作更高甚至最高和永无谬误的权威的诉求而受挫，对无论什么问题的理性考量似乎就不再可能了。若要与那些坚称其主张具有坚实基础的人进行这一重要争论，唯一途径似乎只能是去探察他们所说的启示"真理"（the revealed "truths"）究竟是什么含义，以及这些"真理"当如何合理应用。

洛克通常被视为一位英国经验主义者，他试图明确人类理解力的本质（the nature of human understanding），以便为下述思想奠定基础：以使用经验和理性反思来认识理解这一诉求，取代对神圣文本或神圣制度的诉求。前一种诉求可以归结为理性准则（the canon of reason），换句话说，就是"一个人如果不论在什么情形下都要

---

* 本文选自《神学研究杂志》（*Journal of Theological Studies*, Oct, 2005, Vol. 56, Issue 2, p. 776-781）。

依照自己理性的指导来信仰或不信仰,则他已经指导好自己的同意,安置好自己的同意了"(《人类理解论》4.17.24)。洛克所阐明的一种含义就是,那些运用所谓启示而非理性观念(rational perception)去判定事情的人,必须证明那些所谓被启示的东西是被理性地证实、被准确地理解并被正确地解释了的。虽然洛克思想的诸多方面都可以说明他是一位名副其实的启蒙思想开创者,但是客观公正地理解洛克本人也很重要——他不是一位现代的世俗思想家,而是一个在17世纪中叶热烈的宗教争论中成长并深受其影响的人。实际上,当洛克声称一个不遵循理性准则的人无法使用"上帝所赐的光明和能力",因此就"误用了天赐的才能,因为上帝给他那些才具,只是为了追寻较明白的确实性,遵循较大的概然性"的时候(《人类理解论》4.17.24),他就为理性准则提供了神学上的论证。洛克思想中的宗教成分并非他从所处氛围中拣拾的偶然性先入之见(baggage),因此很大程度上可被现代人理解其思想时所忽视。虽然不应高估这些宗教成分的作用和重要性,但是对于洛克的思想而言,它们是主要的,有时则至关重要。作为一位17世纪的英国思想家,以及在某些特别的情况下,作为一个寻求与其他把主张建立在宗教信念之上的人进行批判性讨论的人,洛克参与,并且无可避免地参与了宗教争论。

在《洛克的圣经政治学》(*The Biblical Politics of John Locke*)一书中,帕克(Kim Ian Parker)(圣约翰斯纽芬兰纪念大学的宗教学教授)将注意力集中在洛克对圣经和神学,尤其是圣经神学的毕生兴趣之上。虽然许多对神学和洛克均感兴趣的人都会注意到这些洛克作品,诸如《基督教的合理性》、洛克与爱德华兹(John Edwards)和斯蒂林弗利特(Edward Stillingfleet)两人的争论、《保罗书信注疏》(*Paraphrases and Notes on the Epistles of St. Paul*),以及《人类理解论》中关于宗教事务的篇章,但他们很可能会忽视圣经解释在洛克《政府论上篇》中的重要作用。帕克考察了洛克对圣经的毕生兴趣和他对人类堕落（the Fall）的解释，之后明晰且完全以文献作为依据展示了洛克的论证——反对菲尔默爵士（Sir Robert Filmer）在其《父权论》（Patriarcha）中对君主专制的辩护——如何依赖于正确解释和应用《创世记》前几章的某些文本。这就会涉及如下问题：作为一个特定的个体或者代表性人物，亚当是否被赋予了统治权（dominion）；他的"统治权"是否给予了他一种能够及于他人的权威；是否任何正当的（legitimate）"统治权"传承都必须通过长子继承制；以及，这种"统治权"是否意味着其他所有人类以及受造物的从属地位。

在讨论这些问题的过程中，帕克首先说明菲尔默如何通过解释少量文本来确定他所认为的正确答案。根据菲尔默所说，圣经的教导正当化了社会等级制度：国王具有神圣和不受限制的统治权（只要国王认为是合理的），长子的权利高于他的兄弟姐妹，以及女人对男人的从属地位。接着，帕克向细节处考察洛克在其《政府论》中如何揭示菲尔默圣经解释的不合理之处，并且如何在尚有争议的情况下提出了他自己根本不同的圣经解释。根据洛克对菲尔默所引文本的理解，圣经教导证实了人类处于自然的自由状态，而且相互平等。

这一争论包含了对人类堕落导致人类失去了什么的考量。根据洛克所说，堕落让人丧失的仅仅是永生；人类的堕落并没有摧毁人类的理性和道德义务。劳动不应被视为对人类的惩罚；相反，它应被视为实现"要生养众多"（be fruitful and multiply）这一命令的必不可少的职责，因为这项命令需要且持续地需要开垦土地，以便为世人的增长和发展生产足够的食物和资源。此外，情况不仅是，"那个圈用土地的人从十英亩土地上所得到的生活必需品，比从一百英亩放任自流的土地所得到的更要丰富，真可以说是他给了人类九十英亩土地"（《下篇》，第37节），而且还是，对自然所提供之物添加的劳动，也是财产权利的根基，并且导致了政治和法律架构的出现，后者可确保公正地捍卫这些财产权利。

在分析洛克思想的过程中，与"新保守主义批评家施特劳斯（Leo Strauss）和马克思主义政治理论家麦克弗森（C. B. Macpherson）"（原书第96页）的解释相反，帕克极力主张，在洛克关于政府本质和起源的思想中，圣经和宗教因素非常重要。在帕克看来，洛克不只是被拉入了关于《创世记》文本的争论，因为这些文本曾被菲尔默使用，彼时又正受到君主专制主义者推举，而且，"洛克的圣经解释对于他这种类型的自由主义是不可或缺的"（原书第123页）。虽然这种解释是洛克对这些和其他事物的理解的一部分，但是，帕克对洛克思想中圣经因素的近乎排他性的关注，却可能会因对那种思想过于狭隘的描述而遭受批评。尽管在强有力地回应菲尔默引用圣经来证成其极端君主主义立场的过程中，圣经释经问题至关重要，但洛克根据《上篇》的释经材料所作的论证是假设性的，而不像《下篇》那样明确阐述了自己的立场——在《下篇》中，洛克超越了他的论争对手，并且使他自己的论述更具理性的吸引力，即以社会契约来确定政治组织的起源、特性、义务和限制。

帕克似乎也忽视了一些有趣的地方。一是洛克似乎从未试图提供理性的根据，来证实自己对圣经权威的看法。正如帕克所指出的，"最终……洛克认为（assume）圣经是上帝的启示之言"（原书第63页，强调是我加的）。尽管洛克坚持认为理性准则是正当的同意所要求的，但他从未将这一准则用于证明圣经的地位。这或许是因为他害怕别人怀疑自己是异端，因而，如果他想要——也许会失败——说明理性反思如何可以确证他关于作为真正启示的圣经之权威的看法，就会引起人的强烈不适；但更可能是因为，在承认圣经的权威时，洛克未加批判地，或许是不知不觉地接受了他那个时代的流行信念和偏见，尽管他持有自由主义和神学修正主义的观念（这可以从他公然拒绝奥古斯丁式的和加尔文主义的堕落观中看出来)。回望以往这个不同世界的好处就是,我们可以看到他们不曾注意的那些东西。

(帕克所忽视的)第二点就是,他或许会因没有足够重视洛克对使用圣经来证明神学主张的怀疑而遭受批评。帕克确实承认,虽然洛克提倡用常识来阅读圣经——旨在避免让圣经从属于神学体系中"学问渊博的妄语"(learned Gibberish)的"先入之见"(preconceived ideas and notions)——但是洛克自己也意识到,他对"文字的明显含义"的坚持会受到语言本身的灵活性和固有的模糊性的限制(帕克原书页47、166;参见页47-50)。然而,帕克或许已经仔细思考了洛克在《基督教的合理性二辩》(Second Vindication of the Reasonableness of Christianity)中的下述评论之重要性:

> 体系,作为人类的发明物,被弄成了如此许许多多相互对立的信条(gospels);在每一个教派中,除了那适合他们自己的东西以外,没有任何其他东西是真理。

结果就是,"圣经有用,但就像没有主见的人一样任人摆布,好像正好能和不同社会的各种相互对立的正统观念相契合",而且"好像圣经的含义还要由这些正统观念来衡量"(《基督教的合理性二辩》,第28节)。洛克质疑菲尔默时就抱着类似的怀疑态度吗?又或者,他对基于圣经的主张的怀疑,是他后来经历信仰争论的产物?无论如何,鉴于这种对引用圣经来支持任何立场之危险的合理认识,下面这件事对受洛克原则影响的现代自由主义者来说是一件好事:尽管洛克以总结《上篇》的圣经批判而为《下篇》开了头,但在他进一步为其关于"公民政府的真正起源、范围和目的"的思想辩护时,讲的却是一个不甚依赖于圣经解释的故事。

帕克对洛克思想的一个方面做了清晰且完备的研究,这个方面因与政治学相关,所以神学家会倾向于无视,又因涉及圣经和神学,所以政治理论家会倾向于忽视。为此,帕克应感到自豪。或许，从菲尔默与洛克之间的争论中，当今的神学家可以认识到，企图通过富有想象力和创造力地应用零散文本去解决时代问题——无论在政治、社会还是宗教领域，是极难令人满意的。在这一方面，历史给当下敲响了警钟。现如今的那些引用圣经文本的争论（例如，关于对待同性恋的争论，关于女性担任圣职的争论，或者关于创世中的神圣意图和目的的争论），在几百年之后将被如何看待呢？那些和洛克一道，自信地谴责菲尔默的宗教政治观有扭曲之虞的人，必须检视他们自己所看到的东西，看它是否也能避免受来自偏见和信念的"学问渊博的妄语"的扭曲。帕克对思想史的这种有益贡献，也对充满争议的当代思想提出了挑战，为此，他理当荣膺赞誉。

洛克、圣经与现代政治学的渊源（三）*

穆茨（Glenn. A. Moots）

赵雪纲、孙彤 译

在这本书中，帕克对理解洛克独特的圣经解释及其对洛克政治哲学的意义做出了重大贡献。本书总体的研究进路是谦逊的、审慎的、深思熟虑的，理应引发学术通才和洛克专家的兴趣。关于宗教尤其是圣经对政治学的意义，引发了当今之人的广泛争议，而本书对这场讨论也是一种出色的增益，故当颇受欢迎。帕克的贡献当尤能激发人们的热情，因其挑战了当代的种种正统思想，关乎自由主义固有的"世俗"性和启蒙运动是否在实质上反对启示宗教。由于帕克是宗教研究领域的专家，因此本书为这些议题提供了独特的研究进路。他充分、激进地参与了这些政治议题的讨论，尽管热情有所保留，但很显然，他对这些政治议题同样也有着清晰的理解。他的引文、尾注［译按：中译把尾注转换成了脚注］以及参考文献都显示了他对原始文献和二手资料的掌握，其中也包含洛克自己的手稿、笔记和信件。

帕克不仅提醒读者，圣经在 17 世纪被视为政治理论的基本的和正当的支撑资源，他也致力于证明，圣经在洛克自己的政治理论原理中发挥了工具性的作用。帕克写道：

---

* 本文选自《洛克研究》第六卷（*Locke Studies*, Vol. 6, 2006）。作者穆茨为诺斯伍德大学（Northwood University）哲学和政治学教授。

本书证明，洛克在许多方面都是一个典型的理性主义者，因为他有效地粉碎了圣经父权秩序并将自由和平等确立为正当的统治原则。然而，他的政治纲领未必适合于一种现代的世俗主义观念，相反，却适合于某种宗教的观念。这就是说，自由主义，至少洛克所理解的自由主义，深深扎根于一种圣经的世界观。（原书页3）

分辨洛克独特的（也许是独一无二的）"圣经世界观"，构成了帕克论题的第二个部分。帕克断言说，洛克绝不是一个传统的圣经解释者，相反，他应被视为历史批判法圣经解释的创立者之一。当一个时代的洛克研究者通常都是政治科学、哲学或文学等领域的专家时，帕克在这里的专业评价还是极受欢迎的。但是，对洛克解释方法的讨论，常常与政治理论如此紧密地结合在一起，以致读者很难发现帕克完全令人满意地阐述了洛克在历史批判释经学理论或历史连续性中的特殊意义。希望未来能看到帕克更多的相关论述。

也许帕克最重要的贡献就是，他慎重地选择了一个极具诱惑性却常常得不到研究成果的论题。有些学者似乎过度专注于洛克是否正统的问题。这对洛克的堂区牧师而言或许是个好的论题，但对理解洛克的政治学或哲学似乎意义并不明显。这种困惑还掺杂了这样的事实：我们倾向于以二分法和排除法来思考信仰与理性问题，但这些方法恰恰是洛克要反对、要抛弃的方法。鉴于我们与洛克所处时代的历史和空间距离，这种做法太容易犯错了。这并不是说我们对而洛克错，抑或相反。可能我们双方都错了，但相比而言，洛克可能会比我们更能公正和审慎地对待这个问题特有的种种陷阱。

帕克在此得心应手，步步深入，既否认洛克只是在阐述一种公民宗教的温和理论，也抛弃了另一种更激进的观点，即说洛克从总体上否定任何"圣经的"政治学。例如，尽管洛克明确反对传统的堕落解释，但帕克却认为洛克的人类学同样根植于圣经，同样是对圣经所载内容的虔诚解读。这种洛克式人类学的关键就是《创世记》的前几章，帕克这部著作的核心也聚焦于此。根据帕克所述，洛克绝不只是在对这些篇章提供释义，以拒斥一种神学政治论方案而支持一种彻底的世俗主义方案。毋宁说，洛克的政治哲学有其根本性的要旨，绝不只是否定堕落前的父权论。洛克不仅仅是在拆除、瓦解菲尔默的神学政治方案，他也并不是在驳斥任何或者一切政治神学方案，他是在建立一套属于他自己的神学政治方案。根据帕克的陈述，正是在《创世记》这前几章中，洛克植入了他自己的许多首要的政治原则。帕克眼中的洛克位于启蒙运动的特定角色与喜好论战的"狂热者"之间。洛克在总体上的确保持着超然于其所处时代的政治神学的状态，尤其是超然于宗教改革神学家的政治神学的状态，但是，据帕克所述，洛克的人类学正是依赖于圣经文本。正如从"明白浅易"的文本解读中所理解的，在洛克看来，圣经中的亚当对他的自由主义来说不可或缺、极为重要，正如菲尔默眼中圣经的亚当对父权君主制来说也不可或缺，极为重要。

为了衬托自己的主要论题，作为背景，帕克用第一章有效阐述了洛克对圣经的终生兴趣。这种兴趣并不只是履行虔敬的职责，而是全心致力于确定可以从权威性圣经经文中得出何种清晰的应用条款。然而，与此同时，他又对自己所处时代不断增长的怀疑主义怀有同情的理解之心。洛克对这个问题的关注，在帕克全文摘引的一段洛克通信中清晰地表达出来：

> 如果圣经中的一切内容都要毫无差别地、同等地被视为皆是上帝所启示的，这就必定会为哲学家提供质疑我们的信仰和真诚的大好机会。相反，如果某些部分被视为纯粹只是人的作品，那么在圣经中到哪里去找神圣权威的确定性呢？——而没有这种确定性，基督宗教岂不是要一败涂地？（*Correspondence*,

2：834)（原书页25）

帕克在第二章更加详细地探讨了上述问题。关于在洛克看来上帝究竟"启示"了什么这一问题，帕克出于审慎没有给我们提供任何系统的解答。他知道仅仅通过确立"理性"与"启示"之间的截然二分，这个问题并不能得到有效解决。而"按照字面意思"来解读圣经到底是指什么也并不总是明确清楚的。更确切地说，通过检讨洛克如何思考理性运作方式以及理性在遭遇启示时所固有的局限，帕克奋力与上述难题展开较量。也正是在这一点上，洛克的堕落观才与他所标明的他自己独有的释经学关联起来。同样重要的还有，洛克也并不相信神学上的贵族阶层或神职人员的阴谋。

帕克对这些论题的分析之所以能够成功，有两个重要原因。首先，他并没有从洛克非正统的堕落观中得出草率的结论或应用。其次，当帕克主张我们每一个人都应对自己所理解的真理负责时，他完全相信了洛克的话（在帕克看来，洛克那里完全没有非常重要的微言大义）。在这里，帕克学术态度的客观性和审慎明智十分令人满意。由于洛克本身拒绝提供任何明确的释经学方法，因此学者们能够得到的最好建议就是，只在具体的论战中去接近、理解这个问题。尽管如此，我们仍然不能从这些具体的论战中作过于宽泛的推断。

帕克在第三章和第四章研究了两场相关论战，以此明确了洛克对《创世记》的解释以及亚当的情形。正是在这里，帕克的主要论题初具雏形。第三章顺便总结了洛克时代基于圣经和哲学来自我辩护的世俗父权制（civil patriarchy）。与当代某些人将洛克展示为一个"世俗主义者"的做法相反，帕克坚称：

> 然而，要记住的根本事情是，尽管洛克攻击了菲尔默的圣经专制主义，但他并没有攻击圣经本身——他只攻击了菲尔默对圣经的解释。洛克并没有因为父权论而全盘否定圣经。(96)

帕克的论题在未来的学术讨论中大大值得进一步探索、研究。他写道：

> 本章总的目的是要表明，洛克密切依赖《创世记》来阐释他自己的政治观点，不管他的解读可能多么非正统（如果不是似是而非、难以置信的话）。就这一点而言，洛克与菲尔默的争吵更多是**神学的**（theological）而非**政治学的**（political）争吵，或者，更确切地说，尽管两个人都同意《创世记》对于政治学的讨论非常重要，但对于要从各自的解读中得出的政治义务之性质，他们的意见并不一致……我要论证，洛克的现代性是他对圣经的解读的结果（result），而不是不管（in spite）圣经的结果。（原书页 96）

这是一个非常重要的主张，也只有帕克的学术专业训练才让他有能力继续深入探索这一主题。对这个论题的阐释在帕克的著作中已经足够清晰，并且常常也非常漂亮。但是，除了某种程度上明确否认比如说麦克弗森和施特劳斯的解释以外，帕克在当代争论中所处的位置，还不得不从注释中去推断或者窥看。

帕克在第五章提出了另一个相反的观点。这就是，相比于《政府论上篇》，圣经对《政府论下篇》同样重要。他写道："尽管洛克在《政府论下篇》中确实不大使用圣经，但是正如在《政府论上篇》中一样，圣经对洛克的整体理论立场同样非常重要"（原书页 123）。对这个论点来说，最根本的是洛克笔下的那位上帝所具有的特性。依据帕克所说，理解洛克的基督教的关键，并不是传统的那种对信仰教条的集中关注（比如说对基督神性的集中关注），而在于洛克如何理解神意，尤其是如何理解随堕落而来的神意。洛克对堕落及其在神意实施中所处地位的运用，只能说是乐观仁慈地将其用到了政治和经济上。洛克的基督教更强调（负责任的）自由，而不是只将服从作为其基本信条。根据帕克的描述，这是《政府论下篇》前几章的关键。

的确,洛克的圣经解释可能会导致某种他的前辈们无法认可的东西,但这种东西,现在我们却能以"现代性"的后见之明来认识。那些怀旧的和传统的学者可能会反对这个东西,可能会埋怨洛克试图将这样一种政治或经济的视野融入圣经。现代人却可能赞扬这种做法,并且还要试图在洛克那里寻找某种更具革命性的(并且完全世俗化的)东西。但是,据帕克所述,以上两类人皆是错误的。关于洛克,他写道:"他在《政府论》中对《创世记》故事的解读绝对不是正统的,但这种解读也不是完全不符合圣经文本的'明显意义'。"(原书页146)帕克的告诫与福斯特(Forster)和沃尔德伦(Waldron)的告诫一起,号召我们回到一个基本的问题:圣经对自由主义的起源到底意味着什么。鉴于我们所处的时代正纠缠、挣扎于宗教和政治的十字路口,因此这也是一个适时的和相关的问题。

政治与宗教在洛克那里的特定交汇究竟只是一种历史的奇遇,还是在当代仍然具有重要意义,这个问题仍在争论之中。这种历史问题的确有价值,但是,说洛克在当代问题上仍有许多东西值得我们借鉴,也绝非夸张之辞。洛克的确非常在乎挑战——极像我们自己的挑战的那些挑战。关于洛克的圣经资源以及他用来解释圣经的方法,我们还要学习更多才是。我们可能会得出与洛克不同的结论,但我们总能从他那里获得有益的东西。帕克证明圣经如何为一种进步的、包容性的政治哲学提供了非常重要的元伦理学,为此,他应广受赞誉。可以畅想,还有更多的学者会来探索这个问题,这种探索将有助于解决我们自己的一些争议。毫无疑问,洛克将继续在这些值得讨论的问题上发挥关键性的作用。

洛克政治思想中的圣经与自然的自由[*]

福斯特（David Foster）

赵雪纲、李旭 译

当圣经还是伟大的权威之时，自由民主制所特有的道德原则和理论原则就已首度得到了公开的辩护和捍卫。然而，随着这些原则逐渐被民众接纳，圣经的权威性却已逐渐消失了，这一点在与政治相关的事务中体现得尤为明显。待人类发展步入当今社会之时，人们已经广泛认为，上帝的启示智慧可以对我们讲说私人的灵性事务，但与政治全无干系或不应有任何干系。圣经的权威已然下降得如此之甚，以致人们很难理解，自由主义政治学的第一代捍卫者为何要在其著作中花费那么多时间心血，致力于研究圣经主题。他们所引介而为我们所接受的那些原则，掩盖了圣经对他们所具有的重要意义。因此，为了看清这种重要意义，我们必须尽力像第一代自由主义者在其自由主义原则被广泛接受或可能被视为理所当然的原则之前解读圣经那样来解读它。这一工作比看上去远为困难，但无论就理解圣经对于自由主义政治学的重要意义，还是就评判自由主义政治原则本身的真正意义来说，这一工作却都非常必要。

本文试图恢复洛克在其《政府论》（*Two Treatises of Govern-*

---

[*] 本文选自《虔敬与人道》（*Piety and Humanity：Essays on Religion and Early Modern Political Philosophy*, edited by Douglas Kries, Rowman & Littlefield Publishers, Inc, 1997, pp. 187-212）。作者福斯特现为阿什兰大学（Ashland University）历史和政治学系主任，联系方式：dfoster2@ashland.edu。

ment）中对圣经所持的最原始最基础的观点。这部著作对我们来说十分重要，不仅因为该书是一次调和自由主义政治原则和圣经关系的伟大尝试，也因为这种尝试近些年来已经成为一场重大争议的焦点。根据流行的观点，不管洛克当时有没有意识到，他的政治理论都依赖于某些基督教的或者圣经的前提，比如说所有人在造物主上帝面前都是平等的。对于某些人来说，这无疑是一个好消息，但根据这一观点最具影响力的支持者邓恩（John Dunn）的看法，洛克最主要的那些神学假定都是"非常前后不一的"。[①] 这就给我们留下了一个十分严峻的问题，因为许多洛克式的学说仍是我们政治生活中极其重要的构成部分。比如说，到如今我们仍然坚信，同意是合法政府的基础，宗教差异应得到宽容，不同性别在政治上平等。并且首先，我们依旧承认所有这些理念所共有的那个基本假设，也就是说，任何个人或团体都不拥有统治任何其他个人或团体的神授的或者自然的权利。实际上，所有人都拥有平等的权利按照自己认为合适的方式来主宰自己的人生，而不受基于性别、血统或宗教的限制之约束，这或许正是我们这个时代的支配性理念。洛克并不是

[①] *The Political Thought of John Locke: An History Account of the Argument of the "Two Treatises of Government"* (Cambridge: Cambridge University Press, 1982), xi; see also ibid., 21, 29, 88, 94-55, 99, 259, and 263。已经有大量文献（并且还在激增）主张，某些圣经原则是洛克政治思想的基础。其中代表性的有：Richard Ashcraft, *Revolutionary Politics and Locke's Two Treatises of Government* (Princeton, NJ: Princeton University Press, 1986); Eldon Eisenach, *Two Worlds of Liberalism: Religion and Politics in Hobbes, Locke, and Mill* (Chicago: University of Chicago Press, 1981); Henning Graf Reventlow, *The Authority of the Bible and the Rise of the Modern World*, John Bowden, trans. (London: SCM Press, 1984); James Tully, *A Discourse on Property: John Locke and His Adversaries* (Cambridge: Cambridge University Press, 1982)。新近有一部非常出色的作品，试图证明洛克既根据理性又根据启示来作论证，即 A. John Simmons, *The Lockean Theory of Rights* (Princeton, NJ: Princeton University Press, 1992)。

唯一捍卫这些理念的哲学家,但他大概是捍卫这些理念的最具影响力的哲学家。而如果就像邓恩所说的,洛克的学说是基于一种"非常前后不一的"神学,那么这些学说就是站不住脚的,或许还应当遭到摒弃。

这一推论为重新思考我在此要维护的观点提供了理由,按照这种观点,洛克的理论从根本上来说是非圣经的。这一观点在洛克于十七世纪末开始出版其著作不久之后就浮现出来,但其近期最重要的代表人物却是施特劳斯(Leo Strauss)。① 关于施特劳斯的争论主要集中在他的下述论点上:出于审慎和教育的原因,洛克采用了一种特殊的写作方式,掩盖了他自己的理论的异端性质。然而,施特劳斯的主要论点并非基于方法论的理解,而是基于全面详尽地比较洛克与其同时代公认的权威(圣经和胡克[Richard Hooker])关于自然法、慈善和家庭的论述。这些比较对于理解洛克十分重要,而"洛克的思想受惠于圣经"这样一种观点,它的一个重大缺陷就是不能直接、公正和足够细致地处理这些比较。② 最接近于这样做的学者或许就是瑞文特罗(H. G. Reventlow),他认为,洛克是一个不拘泥

---

① Leo Strauss, *Natural Right and History* (Chicago: University of Chicago Press, 1971), 169-170, 221, 29, 231。也见 Thomas L. Pangle, *The Spirit of Modern Republicanism: The Moral Vision of the American Founders and the Philosophy of Locke* (Chicago: University of Chicago Press, 1988); Nathan Tarcov, *Locke's Education for Liberty* (Chicago: University of Chicago Press, 1984); 以及 Michael Zuckert, "An Introduction to Locke's *First Treatise*," *Interpretation: A Journal of Political Philosophy* 8 (1979): 58-74。

② 对这种争议所作的有价值的评论见于 Paul Rahe, "John Locke's Philosophical Partisanship," *The Political Science Reviewer* 21 (1992): 1-43; 以及 Michael Zuckert, "The Recent Literature on Locke's Political Philosophy," *The Political Science Reviewer* 5 (1975): 271-304, 以及 "Of Wary Physicians and Weary Readers: The Debates on Locke's Way of Writing," *The Independent Journal of Philosophy* 2 (1978): 55-66。

教义的、自由主义的圣公会教徒。然而，瑞文特罗接受施特劳斯的看法，即洛克政治学说的基础（自然状态的假定）"完全与圣经相悖"，但引人注目的是，他却没有处理如下严肃的反对意见：这意味着洛克是一个不拘泥教义的宗教上的自由主义者。①

施特劳斯版释义的优点之一是，它将洛克从前后不一的归咎中开脱出来。② 但是，这一解释也引发了一个自身的难题，因为施特劳斯主张说，洛克学说的核心是某种享乐主义，施特劳斯将其描述为"对快乐的毫无快乐的追求"。③ 这一令人困惑的观念表明，不论洛克式的自由主义通过和平和繁荣能为我们的社会带来什么好处，它最终都只会为人类的精神提供一种贫瘠而庸俗的追求。那么，洛克式的政体是否会降低甚或阻碍我们的幸福呢？如果是这样的话，洛克如何还能推进这样一种政体呢？通过主张洛克的理论生发于对圣经的否定与拒绝，施特劳斯向世人表明，答案可能就在于洛克与圣经的对抗。

由此，当代这两种重要的洛克解释，都对自由主义提出了一些严肃的问题。一种认为，我们内心最深处的政治观点其实是无序而混乱的，因为它们是基于无法理解的神学前提；另一种则认为，我们的政治观点是前后融贯的，只不过支持的是一种追求冷酷繁荣的生活方式。与此同时，尽管出于完全不同的理由，这两种看法都认为，深入了解洛克对圣经的态度和处理方式非常必要。邓恩论点的重大言外之意，是敦促我们确信那些所谓的神学前提确实就是洛克自己持有的前提，若真是如此，那么这些前提确实就是不融贯的、前后不一的。另外一方面，施特劳斯则认为，深入理解圣经所提出的这一难题，对于证成洛克的艰难理论来说或许是必需的。

---

① 参见 Leo Strauss, *Natural Right*, 215, 以及 Reventlow, *Authority of the Bible*, 276。

② 参见 Leo Strauss, *Natural Right*, 220, 242, 以及 246。

③ Leo Strass *Natural Right*, 250-251.

本文主张，洛克的相对来说遭到忽视和常被误解的《政府论上篇》（*First Treatise of Government*）中，已经提供了支持施特劳斯的重要证据。① 鉴于洛克的圣经解释应该受到比人们常有的更大更多的关注，我认为，洛克将圣经展示为一个重大问题，与其说是因为圣经表达了一种与洛克的想法截然相反的政治理论，不如说是因为圣经体现了一种对人类处境的定位，自由主义政治学从总体上来说不可能建基于这种人类处境之上。《政府论上篇》从总体上来说不可能成功处理圣经所提出的这种挑战，但它却是洛克对这个难题的最清晰、最直接的表述。

《政府论上篇》的意图

《政府论上篇》当然不是一位毫不夸张地说深受神学问题困扰的作者关于圣经的唯一重要的论述。但《上篇》确实应得到比通常所得到的更大的关注。这是洛克唯一一部我们在其中既能找到对政治学基本问题的阐述，又能发现对圣经进行详尽解释的著作。其次，尽管人们普遍忽视《政府论上篇》，但这部作品对于理解其著名得多、有影响得多的续作即《政府论下篇》（*Second Treatise of Government*）而言，实际上非常关键。很多学者评论说，《政府论下篇》其实是以人类自然的自由，或以人人生而自由平等的理念为前提的。然而，也正如其中多数人同时评论的那样，这个前提在《下篇》中似乎并未得到充分辩护，并且《下篇》关于这一点的论证似乎也充满了种种困难甚或矛盾和龃龉。举个例子来说，洛克看起来好像是在说，人人生而平等是因为我们都是上帝的财产（《政府

---

① 对《政府论》的所有参引均使用拉斯莱特的版本，即 John Locke, *Two Treatises of Government*, Peter Laslett, ed. (Cambridge: Cambridge University Press, student ed., 1988)。

论下篇》，段6），但仅仅就在几页之后讨论财产权时（财产权的保护随之就被说成是政治权力的主要目的甚或唯一目的），洛克却说，"人（是）他自己的主人，（是）他自身和自身行动或劳动的所有者"（《政府论下篇》，段44）。因此，非常难以理解的是，一个人如何可能既是上帝的财产，同时却又"毫无疑问地"是他自身、他的劳动甚至他的生命的所有者（《政府论下篇》，段27，87，123）。正是结合这样一些难题来看，《政府论上篇》才有了其重大意义，因为它是对人类自然的自由所作的长篇且复杂的辩护。① 《政府论上篇》允诺——即便不能解决所有的困难——至少要为充分解释洛克政治学这一基本前提提供必需的信息支撑。

然而，我们依旧很难看出，《政府论上篇》的这个前提是如何完成的，或者说，看不出圣经如何就是《上篇》必不可少的一部分。这个最初的难题关系到方法。这部作品似乎是要为自然的自由进行辩护，方法就是逐行驳斥罗伯特·菲尔默爵士（Sir Robert Filmer）的一部平庸的著作，后者是一位在十七世纪相对而言不甚出名的英国绅士。菲尔默的主要主张有：政治权力源于父亲式的权威，所有的父亲都是专制的君主，所有的丈夫对其妻子都有生杀予夺之权，并且所有的统治者都从亚当那里继承了神授的专制权力。如今谁还会或者还可能把这种无稽之谈当回事呢？甚至，谁还会认为它需要驳斥呢？《政府论上篇》通常被认为是针对一种无足轻重的、不证自明地荒唐的理论所作的啰嗦重复、吹毛求疵的批评。它至多会被当成是一部清场性质的或者说是准备性的作品，对于洛克所面临的那些对手来说，这部作品可能还算有趣，但其论证本身却并没有多大意义，也甚为无趣。这样一部作品，怎么可能教给我们什么关于洛克式自由主义基本原则的东西呢？

---

① 《上篇》段6、67；《下篇》段1。也见Tacov, *Locke's Education for Liberty*, 9–10。

问题的答案在洛克一般性地论述他与菲尔默的对抗时有所指示。洛克旨在捍卫自然的自由这一"假设",他告诉我们,这一假设可以通过回击、批驳菲尔默对这一假设的批评来证明。在对这两种立场之间的关系所作的一项至关重要的陈述中,洛克断言说,如果菲尔默对自然自由的抨击"失败了",那么他的整个政治理论也"便跟着倒塌,政府便不得不照旧由那些运用自己的理性结合成社会的人们通过计议和同意而组成"(《政府论上篇》,段6)。捍卫自然的自由因此就是捍卫这一观点:人类有可能或有必要只运用他们的自然能力去建立社会和政治秩序。政治秩序问题应由人来解答,这当然是启蒙的特殊信条之一,单凭这个原因,为它辩护也会非常有趣。

但是,洛克的论述当中最为令人瞩目的却是这样一种看法,即菲尔默提出了一种挑战,致使驳斥他同时就是成功地捍卫自然的自由。洛克指出,如果驳倒菲尔默,那么自然的自由也就被证明是正确的了;《政府论上篇》阐释的可供选择的立场具有一种非此即彼的性质。有人自然而然就想知道,在菲尔默的观点被驳倒之后,自然的自由是否仍然会受比如说奥古斯丁派或亚里士多德派观点的反对。洛克并没有正面回答这个问题,尽管他向菲尔默提了一个极其相似的问题(《政府论上篇》,段6,行23-27)。但是,在《政府论上篇》的最后总结当中,洛克指出,这部作品已然削弱了关于政府的所有论述,只有一种论述除外,即说政府只是"强力和暴力的产物,人们生活在一起乃是服从弱肉强食的野兽的法则,而不是服从其他法则"(《政府论下篇》,段1)。这个总结以及这部作品整体上的非此即彼的特点表明,关于政府的所有论述(除了认为人类就是野兽这样一种论述之外),也就是说,所有在道德上值得尊重的论述,在某种程度上都包含于洛克和菲尔默所表达的两种观点之中了。这就表明,菲尔默和洛克代表了政治理论中的两种基本选择,而《政府论上篇》则在两者之间建构了争议的平台。

这个看似不大可能的看法之可信性，显然建基于敌对双方立场的内容之上。我们已经说过，菲尔默因主张父权家庭是政治生活的起源、基础和完美模型而声名狼藉。他坚持认为父权和政治权力并非殊途同归，而是同途同归；就像没人可以自主选择他的父母，同样也没有任何个人或民众可以自主选择其统治者和政府形式：从来就"不存在……一种所谓达成契约或合意的权利"（《政府论上篇》，段4、5）。实际上，菲尔默的立场就是，洛克所理解的那种政治学不正当亦不可能。除非洛克证明菲尔默错了，否则他在《政府论下篇》中所建构的政治大厦就会不堪一击。

谁都不会否认，洛克是父权家庭的深刻批判者。那种家庭是洛克"人人生而自由平等"学说的某些最强烈的情感和精神反对意见的源泉。但即使我们承认父权家庭过去比现在要强大得多，它也不可能一直是洛克的首要抨击对象。一旦家庭不被视为政治社会的情感、习惯和类比的泉源，而更多被视为政治秩序——这是洛克坚持认为必须完成的事业——的明确范型，太多重要的问题就将随之出现，因为家庭这时就会成为自然自由的可替代选项。只提一点，任何统治者都不能主张自己是所有臣民的实质上的父亲。因此，洛克对菲尔默观点的展示指向一个更大的主题，也就一点也不奇怪了。

这个更大的主题首先在洛克的下述主张中显示出来：菲尔默假装将其理论"完全建立在圣经证据的基础之上"（前言）。对圣经的参引在数页之后更加明确具体了，那是在解释那个重要的菲尔默式词语"父权"（Fatherly Authority）的时候，洛克此时出乎意料地开始着重强调亚当（《政府论上篇》，段8—14）。但首先是在《政府论上篇》的章节题目中，我们开始看到圣经在洛克思考自然自由时的关键地位，因为大部分章节标题都包含了对圣经的参引或提及："论亚当由于为神所创造而享有主权""论亚当由于神的赐予而享有主权（《创世记》1∶28）""论亚当由于夏娃对他的从属而享有主权""论亚当由于父亲的身份而享有主权""论亚当的最高君主统治权的转移""论亚当的君权的继承者",还有"谁是这个继承人?",最后这个问题包含了很长的反思,反思圣经历史中所描述的上帝是如何对待以色列人的。就像这些标题所揭示的,《政府论上篇》并未围绕菲尔默《父权论》(Patriarcha)的主要议题来组织论述——其中很多议题都被忽略了——而是围绕圣经人物亚当以及"创造""赐予"和"堕落"这些圣经主题来组织的。① 菲尔默关于统治者从亚当那里继承了统治权力的说法,在《政府论上篇》中受到无情抨击。但是同时,我们又必须认真思考这种说法,因为通过这种说法,父权论主题才被纳入圣经对人类和上帝的描述之中,或者说得到拓展从而包含了圣经对人类和上帝的描述。

菲尔默不曾把自己的主张仅仅建立在圣经的基础之上,但这正是洛克首要关注的要素,也是他作品的核心。这也不是说菲尔默只是一种烟幕,让洛克得以在不激起某些读者敌意的条件下对圣经进行批判。相反,菲尔默代表着一种最基本的特性,即试图把政治生活建立在某种启示或某一部类似著作的基础之上;世上总有某个活着的人可以证明,这种启示或文本如何与时代的种种政治问题相关。菲尔默就是这样一种中间人的典型代表,而洛克对其角色的处理就是他分析宗教现象的一个重要部分。为了达到我们的目的,必须充分注意,菲尔默是以如下信念开始其论证的:政治秩序如此重要,我们如此需要政治秩序,所以那种认为上帝只把它交给人类来提供的想法荒谬至极。由于菲尔默也相信圣经是上帝旨意的真正启

---

① 例如,洛克忽略了菲尔默曾诉诸英国宪政。值得注意的还有,洛克实际上思考的那些论点并不是取自《父权论》,而是取自菲尔默在《关于政府起源的评论》(Observations Concerning the Original of Government, upon Mr. Hobs Leviathan, Mr. Milton against Salmasius, H. Grotius De Jure Belli)中评论霍布斯的文章——洛克攻击的是霍布斯的一个敌人(参见《上篇》,段14)。关于这一事实的意义,参见 Pangle, *Spirit of Modern Republicanism*, 140,并请比较 Laslett, *Two Treatises*, 81, and Dunn, *Political Thought*, 79。

示，他就转而求助于圣经来获取关于上帝如何命令或指导政治生活的知识，而他的圣经式论点，即亚当拥有神授的专制权力，构成了《政府论上篇》主题框架的基础。在依次讲述这些观点时，洛克不仅坚持认为它们所根据的那些圣经文本并未赋予亚当或其继承人任何统治的正当性（本来这就足以驳斥菲尔默了），还坚决主张这些文本根本就没有提供任何可靠的政治指导。洛克主张，菲尔默所说的那些圣经文本（以及基于这些文本而阐发，或其中暗含的教义和观点）并不能帮助我们确定政治统治的目的、应履行的义务、政府的形式、政治权力的转移方式，或者应该进行统治的某个特定的人。就像邓恩正确评论的，这些观点累积的结果，就是让旧约"看起来与政治权利事宜几乎毫不相干"。①

为了了解旧约在本质上和政治权利问题毫不相干这一主张意味着什么，我们必须更加认真地思考菲尔默的论证。其中每一个论证不仅例证了亚当何以能获得神授的统治权利，而且例证了上帝据说命令或指导人类生活的重要方式。举个例子来说，根据洛克所言，菲尔默认为亚当因着受造这一事实而成了一个王；但是，洛克指出，创造是上帝的"直接权能"（immediate Power）的重要表现，实际上，它常被视为上帝权能的关键表现（《政府论上篇》，段15）。同样，洛克分别用一整章内容来处理的《创世记》1：28 和 3：16，揭示了上帝对这个世界或在这个世界上行事的另外两种方式：前者是一种赐予，或者说是一种"通过明白启示的授予"；而后者则是神圣的惩罚性正义最重要的例证之一（《政府论上篇》，段 16、25、85、86）。父亲的自然权利又一次指向了自然的秩序，即根据圣经原理必须被理解为揭示了神的旨意的自然的秩序（参见《政府论上篇》，段 89）。至于第五诫，它是圣经中常被引用的关于

---

① *Political Thought*, 99。但请比较页 94 注 1，作者在这里断言说，洛克"极其接近并且毫不迟疑地接受了圣经阐述的这些命令"。

父母权威的文句（the locus classicus），并且按照洛克所说，也是"上帝的律法"或者"圣经中上帝的实在命令"（《政府论上篇》，段60-66）的关键例证。由此，菲尔默就将上帝给我们提供了政治秩序这样一种观点，建立在多处圣经文本的基础之上，其中每一处都代表了上帝干预此世之具体模式的一个关键实例。

洛克回应了每一种情形，他论证说，菲尔默所说的经文与政治秩序的种种极为重要的问题没有任何关系，而这似乎就等于是否认上帝对人类的统治。因为如果上帝不是以洛克所想的任何一种方式来指引或者统治我们的话，那他还能用什么方式来指引或统治我们呢？洛克展示的与菲尔默的辩论于是就表明了一种可能性，即自然自由，或者说人类有能力进行自治这样一个观点的这种巨大障碍，可能并不是世袭的父权君主制，而是人类受制于一种神所命令的秩序的信念。《政府论上篇》因此就会成为洛克为人的自由所作的辩护，对以圣经上帝的名义所提主张的反驳。

关于《政府论上篇》的如上意图的看法，也得到著作中许多重要但却常被忽视的关于上帝和人类的论述的支持。洛克赞同菲尔默的"规则"，即"（像父亲的权力）这样一种来源于上帝或自然的赐予和授予，人类较低级的权力不能加以限制，也不能制定同它们抵触的任何法律"。[①] 结论因此就是，如果统治的权利是凭神圣的权利而分配给了某个特定的人，那便"没有任何考虑，没有人的行动或诡计（可以）将这种（权利）从那个人手中夺去；也没有任何需要或办法（能）用别人来代替他"（《政府论上篇》，段107，另见段116）。因此，洛克认为，神圣的政府形式（或者关于谁应进行统治的）建制"排斥""成文法和契约"，并且"没有为人类的思考和同意留下任何余地"，使之成为妥当解决这个基本政治问题的手段（《政府论上篇》，段126）。相反，如果这种政府形式和

[①] 《上篇》，段6，注释；也见《上篇》，段63、116。

这个享有权力的人物不是"出自上帝的意旨……他们就会是出自人的命令……；如果它不是一种神授的权利，那它就只是人为的，依赖于人类的意志……于是，人类就可以随意将政府交给任何人和选择任何形式"（《政府论上篇》，段140）。这些言论表明，洛克赞同菲尔默的看法，即如果上帝是政治秩序的最终根源，那么理性、同意、审慎和人的其他种种能力就不可能是决定性的，虽然它们当然可以在组建政治秩序时发挥一种从属性的或次要的作用。因此，问题就是：是像菲尔默认为的那样，上帝为人类提供了政治秩序，还是如洛克所坚持认为的，人类必须自己为自己提供政治秩序，而完全不需要神的指导？

圣经对于洛克为人类自由所作的辩护至关重要，这首先是因为，圣经展示了可为那个对立论题所获得的最引人注目和最富启发性的论述，该论题即，存在一位创造世界的上帝，他通过启示、奇迹干预和天意来指引或管理人类。当我们接近21世纪时，神圣权利给人一种完全不可信赖的中世纪教义的感觉。洛克肯定会赞扬这种情绪，他费力提出了这个想法，但我们也可以认识到，对于他而言，神圣的权利是作为一种仍旧值得我们关注的严肃目的而发挥作用的。洛克以一种非常复杂的方式利用这一理论提出并检讨了下述主张：存在一种"先于和高于一切政府的权利"，或者一种"高于人的意志或任何行为"的权威，而政府的基础就端赖于此。

在这篇文章中，我们将思考上述以圣经为基础的主张，但值得注意的是，在《政府论上篇》中，神圣权利的理论代表了这样一种信仰（不管如何表达吧），即政治秩序依赖于某种高于且独立于人的意志的秩序。因此，在神圣权利的范围内，洛克思考了"上帝法或者自然法""自然的权利，或者明确表达的上帝制定的法""自然法或者上帝的启示法"，以及"神圣的自然权利"。[1] 神圣权利或

---

[1] 《上篇》，段111、112、116、119、120、124、126。

者自然权利，神法或者自然法——所有这些都是相关的，因为其中每一种都在某种意义上表达了超越人类的权利。就我们希望理解自身的基本原则这一点而言，洛克对这一主张的检讨必定是关于"我们"的。神圣权利理论暗含了对人类有能力进行自治这一观点的挑战，而这一观点，至少在我们的政治生活中，是我们与洛克所共有的。认真思考这一挑战，将能使我们更好地理解我们的政治生活建基其上的那种观点。

我已经说过，这种洛克式的自然自由观念，暗含了对上帝治理人类这一观念的批判。但对洛克的意图作另一种解释似乎也是可能的：或许他并不相信圣经指示了清楚明白的生活目标或目的，而让人类自由地去确定最能实现这些目标或目的的具体政治安排（政府形式、统治者等）？比如说，他有可能主张，十诫要求一切政制都支持尊重父母，但因具体处境和社会条件不断变化，上帝为人类留下了审慎思考的空间，以让人酌情决定在每一种具体情形中如何履行这一命令。设若上帝并未想要回答洛克声称圣经所没有回答的那些具体的政治问题，那么，对这些问题未被回答所作的证明，就不会构成对圣经的批判，而且人的自由也就能够完全不抛弃圣经的上帝观念而得到辩护。换句话说，洛克绝不是在批判圣经，他的意图是要展示人的自由如何能够与圣经兼容。为了明白洛克的真正观点，我们必须从他的一般性论述转向他对具体圣经文本和主题的处理。

创造和赐予

创造是首要的并且也许是最基本的圣经主题，洛克以简要反思创造开始了对圣经的考察。菲尔默所持的论点是，一个人不可能在假定"人类自由"的同时相信亚当的创造，对此洛克的回答实际上是："为什么不能呢？"洛克主张，亚当受造意味着亚当"是为上帝的直接权力所创造，或仗着这种权力而开始其存在，不须父母的参与，也不须预先有任何相同种属的存在来把他生养出来，只要上帝愿意，他便被创造出来"：创造"只不过是指（亚当）从万能的主和上帝的手中直接取得生命"（《政府论上篇》，段15）。洛克认为，没有任何理由说以这种方式取得"生命"——光是因为这个理由，"再没有其他理由"——就应使亚当在任何方面胜过其他人，即那些通过自然生育而获得其生命的人。洛克甚至表示，亚当的受造绝对没有给予他任何主权，甚至也没有给予他统治同样也是受造的"狮子"的权力。亚当的受造似乎也未指明一个目标，让那些最能实现这一目标的人获得神圣的统治权。还有，亚当的受造完全不意味着人与人之间的等级之分，这一事实也并不意味着所有人皆因是上帝所造就都是平等的，因为在这里所说的意义上其实只有一个人是被创造的。① 总之，洛克表明他碰巧相信创造论，但他又明确表示，创造对于他的自然自由原则而言既不重要也无妨碍。实际上，他似乎认为圣经中有关起源的描述与政治秩序问题毫不相干，因此也与自然自由问题毫不相干。

　　洛克主张，亚当获致其存在的方式并没有给予他统治其他人类的权利，在此，洛克提醒人们注意权威基督教观点的极端主义分子菲尔默。因为菲尔默对创造的政治利用似乎是他所特有的。大多数基督教作家确实都相信创造普遍而言是秩序的起源，但没有任何重要作家跟随菲尔默的观点，主张创世行为是政治秩序的基础。举个例子，圣奥古斯丁认为，"完全不可信，（上帝）竟会将人的国家、它们的统治和役务，放在他神意的律法之外"。② 具体就创造而言，

---

　　① 因此，当洛克在别的地方主张所有人都是上帝的"作品"时，他并不是指所有人都是上帝创造的，而是有另外的含义。创造和作品是两种极其不同的东西，意味着人类与上帝的两种极其不同的关系。

　　② *City of God*, Henry Bettenson, trans. (New York: Penguin Books, 1981), V, 11.

奥古斯丁认为它尽管揭示了上帝对政治秩序的普遍关切，但也只是揭示了人们想要生活在"和而不同"状态中的欲望。① 不像菲尔默，奥古斯丁并没有从创世中推导出这种"和而不同"所应当具有的具体形式。

如果说，洛克认为创造没有给亚当任何统治权这一观点似乎没什么争议，那么，他更泛泛地主张创造丝毫不意味着否定或限制自然的自由，则更成问题。即便创造并未赋予亚当任何统治的权利，这似乎仍可能意味着人在上帝面前是不自由的。正如洛克自己表明的，亚当的受造意味着一位上帝的存在，这位上帝随自己所好，不经父母涉入，不经任何预先存在的其他人而创造了一个人。即便这样一位上帝不是全能的，② 他的这种创造行为也表明了此世其他超自然干预的可能性，并且似乎也表明了某种指引、惩罚或者毁灭人类的权力，而这每一点都揭示了自然自由学说的虚幻。无论如何，这种传统观点即，如果"这个世界和人类都是上帝创造的，那么这个世界和人类都不可能独立存在，而必定相互关联、相互附随、相互伴生"。③ 根据这一传统观点，即便我们每个人在他人面前都是自由的，我们在上帝面前也是不自由的，而如果事情确实如此，那么正如洛克似乎想要主张的，我们在本性上就不是完全自由的。因此，洛克对菲尔默关于亚当的独特主张所作的处理，提出了一个关于人类对上帝的依赖的更宽泛的问题。

洛克不太可能忽视这个重要问题，但是他简洁的讨论让人难以确定他对这一问题的回应。关于创造的讨论或许只是意在提出问题，而答案尚有待以后来提供。即便如此，洛克的讨论可能也在某

---

① *City of God*, XII, 28; 也见 XII, 23。

② 洛克所用的措辞是"全能性（omnipotency），以及上帝之手"，他以此避免断言上帝是全能的；全能性和上帝之手可以是指两种不同的东西。

③ Erich Frank, *Philosophical Understanding and Religious Truth* (London: Oxford University Press, 1945), 58.

种程度上表明了他的研究方法。一种可能性是,与创造联系起来处理的两个主要论题——政治秩序和上帝的权力,是互相关联的。洛克主张说,创造并不意味着否定自然自由,因为创造并没有给予亚当统治的权利。这样主张就是在表明,只有在上帝行使权力帮助建立政治秩序的情况下,上帝的权力才限制人类的自由。因此,在这种特殊的情形下,为了给自然的自由制造难题,创造必须不只意味着"此世某地存在某种权力"——这种权力在过去已经干预并且很可能还会再次干预人类世界;创造还必须提供指引,告诉我们应如何执行政治生活的必要任务,例如决定谁来发布命令、谁来服从命令。① 这似乎意味着,政治秩序就是决定性的秩序,并且是否存在一种真正的神圣秩序这一问题取决于这种秩序是否规定了政治秩序。无论是何种情况,洛克对创造的处理确实都意味着,上帝权力的这种具体行使丝毫不曾确立具有政治意义的秩序。

即便亚当的受造或者上帝的"直接权力"并不意味着对自然自由的否定,人类生活仍然可以受到神所命令的秩序之约束,因为据洛克说,上帝还以其他种种方式对他所创造的这个世界发布了命令。其中最重要的一种方式就是第 4 章的主题,"论亚当由于神的赐予而享有主权(《创世记》1∶28)"。本章考察了这一圣经理论:全世界的人类权威都源于并且依赖于一种启示性的神圣赐予。洛克的目标是反驳菲尔默的主张,后者认为这一理论揭示了上帝对人类政治生活的意愿。洛克这一论证的核心就是仔细解读本章标题所说的那种特殊赐予,正如洛克同时代人本就了解的那样,这一主题从许多方面来看都是《创世记》第一章所讲述的创造的高潮。那时上帝已经结束了创造世界的工作,并宣告了一个让人类统治大地和其他动物的计划。于是,在第 28 节,上帝第一次向人类讲话说:"要繁殖增多,充满大地,征服大地;也要管理海里的鱼、空中的

---

① 《上篇》,段 81;也见《上篇》,段 106、120、122、126。

鸟和地上爬行的所有生物。"① 这种祝福和授权是圣经的经典文句，说的是上帝如何命定受造物的等级，尤其是如何确定人类与其他受造物的关系。② 这段话反映或者表明了一种关于上帝、人类、动物以及三者彼此间关系的具体描述——这种描述既认为需要一种神圣的授权，也有助于解释这种需要。

洛克宣称菲尔默对《创世记》1：28的解释包含了一种要命的模糊性，并由此引入了他在上帝赐予中看到的难题。根据菲尔默所言，上帝在这里给了亚当对全地及地上一切的绝对占有权，从而使亚当成了"全世界的君主"，并表明人类并非生而自由。③ 洛克坦言了自己的困惑：菲尔默是想说，上帝给了亚当对大地以及"所有低等的或非理性的受造物"的所有权，以致其他任何人都不能对任何事物主张一种独立的权利吗？在这样的情况下，所有人都会依赖亚当（或者他的继承人）来获得食物和其他物品，但在事物（things）与人类之间仍然存在根本的区别。亚当对我们所谓经济权力的垄断，会让他具有巨大的影响，但是洛克认为，人们仍会是自由的，他们对政府的服从仍会基于他们的同意，因为人类可以选择忍受饥饿而不是屈从去做臣民（《政府论上篇》，段43）。于是，对自然自由的关键性挑战，必然会从菲尔默下述观点的另一种可能含义中生发出来，此观点即，上帝给了亚当"管理和统治地上所有生物的权力，以及由此而来的管理和统治其子女的权力"（《政府论

---

① 我也追随洛克使用钦定本圣经的译文。

② 犹太传统和基督教传统对这段经文之重要性的精心讨论，连同对这段经文的解释史的出色考察和描述，可在柯亨的著作中看到，参见 Jeremy Cohen, *Be Fertile and Increase, Fill the Earth and Master It: The Ancient and Medieval Career of a Biblical Text* (Ithaca, NY: Cornell University Press, 1989); 也见 Phyllis Bird, "'Male and Female He Created Them': Gen. 1: 27b in the Context of the Priestly Account of Creation." *Harvard Theological Review* 74 (1981): 129–160.

③ 洛克在《上篇》段21和23中所引述的菲尔默的说法。

上篇》，段23）。根据这种解释，上帝同时还给了亚当统治人类的"直接权力"，其方式和大小与上帝给亚当的对万物的财产权一样，这就意味着对人类的统治与对万物的财产权没有根本差异。如果像这第二种可能性所表明的那样，所有人都因神圣的授予而是另外一个人的财产或者奴隶，那么这种赐予就使自然自由的原则不再可能。自然自由意味着同意是政治权威的唯一来源，但如果菲尔默是正确的话，那么所有人都是奴隶，因此也就不再能够表达同意了。

菲尔默的观点或许没有像洛克所说的那么模棱两可，但申述这种模糊性，不免让人疑惑圣经如何区分统治权力与财产权利。由于统治权力是从属于人类关系的权威，而财产权利是人类对动物或万物拥有的权威，① 所以问题来了：人类与非人类之间的本质区别究竟是什么？洛克回应菲尔默的基础是对《创世记》1∶28的认真解读，其主要目的是证明上帝给了全人类统治一切动物的权威，但却没有给予任何人统治任何其他人的权威。这个论点有赖于人与非人之间的区分，我们的任务就是发现这种区分是什么，并思考洛克对这种区分的看法是否与圣经的观点相同。

回答这些问题的唯一途径就是去思考洛克圣经解释的细节。洛克的圣经解释始于努力准确地确定《创世记》1∶28中授予了什么。诉诸"创造史"和希伯来文原本，洛克指出，上帝在创造人类之前创造了各种各样的"活物"，它们按居住的地方来区分：空中的鸟、海里的鱼以及陆地上的动物。陆地上的动物又依次分为三类：野兽、爬行动物和牲畜，后者即"驯服的或可以驯养的动物，[它们] 因此成为某些特定的人的私有物"。② 确定了上帝赐予中所

---

① 不妨思考《上篇》，段23.7-2、3、39。

② 《上篇》，段25。洛克表明他自己完全了解这种圣经分类法的复杂和精妙。更全面的描述参见 Umberto Cassuto, *A Commentary on the Book of Genesis*, Israel Abrahams, trans. (Jerusalem: Magnes Press, 1978), vol.1, 7-70; Leo Strauss, "Jerusalem and Athens: Some Preliminary Reflections." Chap. 7 In *Studies*

使用的这些词语的圣经意义之后，洛克表明，无论是在《创世记》1：26还是1：28中，亚当都不曾被给予任何统治人类的"直接权力"，因为在前一节中上帝考虑的是人对动物享有的统治权，而在后一节中，上帝实际上是在授予这种权力。然后，洛克以各种方式继续论证说，所授予的权力并非意在只给亚当一人，而排除了所有其他人，它是给全人类共有的（《政府论上篇》，段29-36）。

通过表明《创世记》1：28并非在向亚当授予神圣的政治权力，洛克驳斥了菲尔默。然而，关于更宽泛的问题，即赐予本身意味着什么，特别是赐予对人与动物之间的差异来说意味着什么，结论不是那么清楚明白。这个困难与洛克在解经过程中提请我们关注的一个令人困惑的事实有关。第26节，上帝宣称他有意赐予人动物、牲畜和爬行动物，但却没有提到野兽；第28节，上帝在实际贯彻他的意图时，"圣经原文却用表示野兽和爬虫的字眼提到地上的生物，……而漏掉了牲畜"。① 洛克特别强调了这一点，他评论说，当这种赐予"重新"给予挪亚及其儿子时，牲畜又被漏掉了。② 换句话说，上帝创造了三"等"陆地上的动物，但他只授予人类对野兽和爬行动物的统治权力，他的实际赐予没有提到牲畜。那么，牲畜确切来说处于什么地位？赐予的结果是表明人类没有对牲畜的统治之权吗，还是说，至少这种统治权是不完整的或不明确的？如果情况真是这样，那么人类经常食用牲畜、以牲畜的皮子为衣、役使牲畜这样的做法，有什么问题吗？再一次，这种赐予表明牲畜与其他动物之间有某种重要差异，但这种差异反映了圣经看待人类与野兽之间差异的方式的重要性吗？如果是这样，那重要性是

---

in *Platonic Political Philosophy*（Chicago：University of Chicago Press，1983）；"Interpretation of Genesis." *Jewish Political Studies Review* 1（1989）：77-92；以及Augustine, *City of God*, XI, 16。

① 《上篇》，段26，强调是我自己加上的；也见《上篇》，段27.18-21。
② 参见《上篇》段25以及《创世记》9：1-3。

怎样的？简而言之，在上帝赐予中对牲畜的这种处理意味着什么？上帝想让人类对牲畜采取一种什么样的姿态？

这些问题都是由洛克的圣经解释引起的，但他自己似乎认为，认真追究这些问题具有误导性。因为甚至在指明这种赐予并未明确包含牲畜时，洛克就已总结说，就像大多数读者一直以来认为的那样，上帝事实上确曾赐予人以所有动物。然而，由于这一结论并非建基于圣经原文明白、直接的字面意义，所以如此依据这节经文就产生了问题。我认为，如果我们对比洛克关于这种依据的立场与他出自圣经解释的圣经教义观，一个重大难题就会浮现出来。

洛克认为人类对动物统治权威的基础并不是什么神秘的东西。这个基础，当他以某种方式集体性地提及所有动物时，就清楚指明了。圣经所说的"活物"（living creatures），洛克写成"低等生物"（the inferior creatures）或者"世上的非理性的动物"（irrational animals of the world）、"陆地上的非理性动物"（species of irrational animal of the terraqueous globe），或者简单地写成"低等的生物"（inferior species of creatures），以与"全人类"（whole species of Mankind）相对比。① 洛克提醒我们注意，圣经的分类法以诸如居住地和运动方式这些东西为基础，但当洛克以他自己的口吻来谈论这事的时候，他却清楚表明，将人类与动物区分开来并给人类以统治动物的权力的东西，是理性。事实上，仔细阅读第4章，就会发现描述动物及其与人类关系的两套不同词汇。一套是基于圣经的分类，使用的是诸如"活物"、上帝的"形像"和"统治"等术语；另一套则是基于科学的分类，使用的是诸如"非理性的""物种"以及"财产权"等等词汇。

圣经术语和科学术语的混用表明，理性完全可与启示相容，洛克只是在用科学语言来表达圣经教义。洛克毫无疑问是想让他的读

---

① 参见《上篇》段23-7、28、30、39、40，以及段49。

者得出这些结论,而这一点也不新奇,因为在洛克的时代,将这种理性与非理性之间的区别误读进圣经是非常普遍的事情。但也正是部分由于这个原因,洛克的圣经解读才让我们疑窦丛生,因为这一解读并不支持他调和理性或科学与启示的明确期望。重复一遍,根据科学的观点,人类对所有动物都享有一种不受限制的绝对权利,但通过揭示所有赏赐中都漏掉了牲畜这一事实,洛克表明,根据《创世记》,人类实际上并未被赋予统治一切动物的权力。如果科学观点取决于理性(因此也就是取决于洛克对理性与非理性生物之间区分的依赖),那么结论难道不是,圣经对赐予的描述意味着理性并非基本的区分原则?假如在赐予中存在这种区分,哪怕是隐含地存在,那么赐予中肯定就已经包含了牲畜,因为就理性的存在或不存在而言,牲畜与其他种类的动物没有任何区别。换句话说,洛克的圣经解释表明,在对这个世界所作的圣经式理解中,理性并不是决定性的因素。

洛克只为这种包含一切动物在内的解读提供了一个明确的论据。但是,除了表明他并未认为这一点是理所当然的以外,这个论据并不能发挥他想要的作用。洛克认为,"既然上帝确实在一个地方[《创世记》1:28]实现了他在另一个地方[《创世记》1:26]所宣告的意图,我们就只能把这两处理解成一样东西",在此基础上,洛克还得出结论说,上帝赐予全人类所有的动物(《政府论上篇》,段26)。洛克在这里根据这种赐予的"明确"陈述来诉诸神圣意图的宣告和上帝的观点,而根据这种宣告和观点,上帝所宣告的意图完全实现了。这项论证本会给予洛克的结论以一种圣经基础,如果这种意图的宣告或实际的授予列举了所有动物的话。但是正如我们所见,两者都并未列出所有动物。事实上,洛克的包容性解释忽视了宣告和赐予所使用的确切语词。① 因此,尽管洛克的论

---

① 不仅所说的每一段文本都只列举了部分动物,而且这些清单还是不同

证貌似合理，但它并未给洛克对赐予的包容性解释提供一种圣经的基础。相反，这种论证向我们展示出，设若圣经符合理性的话，它看起来会像什么样子，因为我们可以十分合理地做如下设想：一位信实的、全能的上帝会实行他"宣告要做"的事情，并且，如果他因人类是理性的而其他活物不是理性的而给了人类统治其他活物的权力的话，那他就会给予人类统治其他一切非理性受造物的权力。但是，洛克的圣经解释却能够使我们看到，这并非圣经上帝实际所为。洛克表明圣经支持理性教导的唯一一次明确尝试，也是以需要证明的东西为前提的。

如果有人能够通过推断文本阙文或者论证所赐事物中包含了牲畜而解释牲畜在赐予中漏掉的原因，那他就可以调和洛克与圣经了。然而，这两种解决办法都有问题。关于前一种可能性，《创世记》的主要议题之一，实际上也是整体的圣经启示的主要议题之一，就是神的发言，而《创世记》1：28作为上帝在一个至关重要的主题上对人类的第一次发言，具有某种范式性的地位。如果它不可靠或者不精确，我们又怎能承认后来那些发言的权威性呢？特别是后来那些发言还要求我们做出某些艰难的牺牲或履行某些艰难的义务？另外，正如洛克的圣经解释所表明的，《创世记》写得非常小心谨慎，并且事实上上帝还可以通过使用——至少在其中一种恩赐物那里——精确的语词来消除对牲畜的所有歧义。《创世记》中有这样一个语词，它出现在紧接下去的语境当中，但从未用在赐予中。上帝的沉默似乎太过一致，而牲畜在一部主角是牧人的书中太过重要了，以致这种遗漏不可能只是出于偶然。

恩赐的事物中包含了牲畜，这似乎是最有吸引力的解决方案；

的，因此如果洛克一直在用《创世记》1：26的宣告来解释《创世记》1：28的赐予，那就会漏掉野兽；而如果这种赐予一直就是这种宣告的核心，那就会漏掉牲畜。还有一个问题我们在此不能深究，那就是，将《创世记》1：26理解为神的意图的宣告，是不是最好的理解。

几乎所有（人数很少）注意到漏掉牲畜的读者，提出的都是这样一个解决方案。① 为了看到这个解决方案的难题，我们必须更仔细地

---

① 例如参见 Cassuto, *Commentary on Genesis*, 57; Michael Zuckert, "The Garden Died: An Interpretation of Locke's First Treatise" (Unpublished doctoral dissertation, University of Chicago, 1974), 318; 以及 E. A. Speiser, *The Anchor Bible: Genesis* (Garden City, NY: Doubleday, 1986), 6。

对包含论（inclusion）所作的最有说服力的论证，见于 Cassuto, *Commentary on Genesis*, 57。首先，他论证说，之所以没有提到所有的动物，"是为了避免它们连续五次被提到所带来的枯燥乏味"。但是，这种文体上的思考并不能清楚解释为何某些动物而非其他动物在每一种情形中都提到了；尤其是，它解释不了为何牲畜，这种从人的眼光来看最为重要的动物，在两次恩赐中都没有提及。其次，Cassuto 还论证说，"会动的活物"（living creatures moving）这个译法对应于由"野兽"（beasts）和"爬虫"（reptiles）这两个词语构成的一个希伯来词语，这种译法（"会动的活物"）"显然不能在（野兽）一词的严格意义上指称 hayya [生命]，而只能指称所有在地上活动的活的存在者（living beings）（haromeseth 在此是指'活动'[move]）"。Haromeseth 确实可以普遍用来指涉野兽的运动，有别于人类的运动（参见 Zuckert, "The Garden Died," 318; 以及 Speiser, *Genesis*, 6, note on Gen 1: 21），但即使这样，也必须解释，上帝为何要使理解人对牲畜的统治权力如此困难。为何他会明确恩赐人以爬虫和野兽，却只以默示赐予人以牲畜呢？并且为何他要用通常主要是指明确区别于牲畜的动物的词语呢？

朱克特（Michael Zuckert）认为，完全没有必要强调甚或提及牲畜，因为"在三类动物中，牲畜是最卓越的'被赐予的动物'"（"The Garden Died," 318）。他进而说，牲畜的有用性证明它们被赐予了人；必须用这种实际上的赐予，来表明人类对看似不服从我们的野兽也有统治的权力。这个说法非常有趣，但未认识到洛克对赐予所作解释的全部意义和极端重要性。文本中更充分地解释说，如果我们对动物的权力依赖于"明文的赐予"（这是圣经的教义），那不曾明文恩赐的东西就是被禁止的。同样，《创世记》1: 28 是对堕落之前的亚当说的话，那时他还是一个以植物为食的人，因此不需要用动物来作食物什么的。故此，我们不能只认为动物对人的功用就是赐予的证明。事实上，"统治权"的首要意义，可能正在于它排除了功利主义因素（参见 Martin Luther, *Lectures on Genesis*, vol. 1-8 in *Luther's Works*, Jaroslav Pelikan and Walter A. Hansen, eds. [St. Louis: Concordia, 1961], I, 72-73, and II, 132-

审查赐予的确切含义，或者思考人类统治世界的权威源于并依赖于神圣的恩赐这一观念。① 赐予的基本前提就是，上帝是"全世界的唯一主人和所有者"，因为如果这个世界不属于上帝，就不可能存在任何神圣的赠予（《政府论上篇》，段39）。作为全世界的创造者和唯一的所有者，上帝本可以对人类与其他受造物的关系保持沉默，又或者，他本可以禁止某些事情。但事实上圣经教导说，上帝说了《创世记》1：28 中的那些话；用洛克的技术性语言来讲就是，上帝"启示了一种实在的赠予"。洛克明确说，这意味着《创世记》1：28 不应被解读为人类对世界所享自然权力的诗意的或神话式的描述，而应被解读为上帝亲自一字一句所说的"实际的赐予"。② 此外，这项赐予也是"实在的"（positive），这意味着我们只因接受一项恩赐就对被恩赐的事物享有权力；没有这项恩赐，我们就不会享有所说的这种权力。这还表明那种权力不可能以任何其他方式被了解：它不是不证自明的，也不能从人的需要、欲望、目的或能力的自然当中推导出来。这些选项当中的任何一种，都会使实在的赐予变得不再必要。赐予因此就预设了，或意味着人类没有任何内在的或自然的权利来利用世界，以满足自己的需要或达到自己的种种目的。换句话说，赐予意味着，我们的需要或欲望，甚至是那些出于自我保存目的的强烈欲望，本身并不表明满足它们就是正确的。总之，从这一关键假设而来的就是，上帝是世界的唯一所有者，而这意味着人类不可能根据神圣恩赐之外的任何东西去主张对世界的权威。

134；也见 Augustine, *City of God*, XI, 16, 以及 John Milton, *Paradise Lost and Selected Poetry and Prose*, Northrop Frye, ed. ［New York：Holt, Rinehart & Winston, 1966］, IV. 340-352）。

① 如洛克所表达的，"人类对生物的所有权只能是上帝允许过的利用它们的自由"（《上篇》段39；也见段85）。

② 参见《上篇》，段16、段32结尾，段86.15-19。

如果赐予意味着了解我们在世上的正确地位乃是以某种具体的神圣恩赐为条件,那么,确定这种恩赐的准确义涵就变得尤为重要了。根据洛克所言,"一切实在的授予所能给予的东西都不能超出明文所表达的意思",并且他还主张说,这些"明确表达的语词"必须按照浅近明白的字面意思来理解(《政府论上篇》,段25,32,85)。在阐释这种方法时,洛克想要抵制常见的倾向,即读者常常按照他们自己关于最好的、有根据的或者可能的东西的假设、偏见或观点来解释启示的圣经文本(《政府论上篇》,段32-36)。如果允许这样的东西来影响人对神圣赏赐的解释,那么上帝不曾意欲的东西就可能被加进去或被忽略掉。然后,我们就发现不了上帝所希望于我们的东西,而只会发现我们自己想要的东西,这就会让我们完全不了解自己在神圣秩序中所处的正确位置。认真思考我们需要神的指引且这种指引是通过神的发言提供的这样一种主张,要求我们以圣经文本为标准来检验我们的意见,而非以我们的意见为标准来检验圣经文本。洛克的方法因此就是一些假定的结果,一些使神圣恩赐成为必要或可理解的,关于上帝和人类的假定的结果。正如巴特(Karl Barth)关于赐予所作的一般评论所说,洛克的释经学原则意味着,在一种明文的恩赐中,那没有明确表达出来的恩赐,毫无疑问就是被禁止的。[1]

根据这种赐予观念可以看出,我们不能说上帝已将牲畜赐予人,因为实际上没有任何恩赐(grant)——这样的恩赐完全不意味着完整而确切意义上的赐予(donation)是不必要的——中提到牲畜。这就等于拒绝基于赐予所具有的意义来理解上帝和人类。因此,《创世记》1:28与理性的结论相冲突,如此我们就必须断定,

---

[1] *The Doctrine of Creation*, 4 vols. (Vol. 3 of *Church Dogmatics*. G. W. Bromiley and T. F. Torrance, eds. [Edinburgh: T. & T. Clark, 1982]), III I (pp. 208-211); 也见 Cassuto, *Commentary on Genesis*, 58-59。

按照洛克的观点，圣经中那位恩赐性的上帝观念是不符合理性的。这也似乎表明，如果理性是人所独具的能力，就像洛克似乎教导的那样（见《政府论上篇》，段58），那么，建立于圣经基础上的任何政治理论都不可能充分保护人类。

对这种刚刚提出的解释有一种反对意见，关涉到洛克对最重要的圣经主题的处理，即圣经对人之所是——人类是按上帝的形像创造的——的论述。根据洛克的解释，"上帝的形像"（imago Dei）首先是指人类被造得具有一种"理智的本性"（intellectual Nature）。这种看法认为，由于理性是"理智本性"的一部分，因此理性显然就是——要是暗示该多好啊——圣经所理解的人之所是的重要构成部分。① 此外，洛克还写道，这种理智本性"使（人类）对低等造物享有统治权"（《政府论上篇》，段30），在此他显然是想说，既然人类被赋予了这种能力，他们就想要享有这种能力可能带来的最大统治权力。当然，"本性"（Nature）不是《创世记》中出现的一个科学词语，但洛克想让我们相信，在创造我们时赋予我们一种既定本性的上帝，也会认可那种本性所必然产生的一切东西。至于种种赐予，则可理解为某种对我们的本性所包含的东西的确认或详细阐述。与之前的描述相比，这是一种相当弱的赐予观点，但它可以得到证成，因为我们可以说，如果从总体来思考这种描述，则实际的赐予并没有对人的描述那么重要，毕竟人才是创造的顶峰。按照这种

---

① 洛克把"上帝的形像"解释成包含了甚或就在于"理智"，这使他加入了一个影响甚大的悠久传统，其中包括了许多重量级人物，如迈蒙尼德、圣奥古斯丁、圣托马斯以及加尔文等。在一个问题上，尽管这些作家的意见互相之间远非完全一致，但他们可能都不会赞同洛克的看法，这个问题关系到技艺、科学和技术的地位，或者说关系到我们使用自己的理智能力来操纵和控制世界的事情。《政府论上篇》几乎只强调了理智的这个方面；上述其他作家并未忽视这一主题，但委婉一点来说，他们尤为强调的都是理论理智；在实践理智领域，他们对作为圣经叙事主要关注点的道德善恶问题的强调，又要远远超过洛克。

解释,在(洛克式的)理性与圣经教义之间就不会存在任何不相容之处了。

正确解答这一反对意见,需要仔细比较圣经与洛克关于人之所是的理论。此处不宜细究这一问题。相反,我将证明,洛克关于人类在世界中的位置的若干解释,都不能与圣经相一致。虽然这不能解决上述问题,但我确信,无论"上帝的形像"在最初的语境中可能是什么意思,它都不可能等同或包含洛克所说的"理智本性"的意义。

到目前为止,我们已经思考了洛克对牲畜分类问题的处理。然而,作为对人类最为友好且有用的受造物,牲畜也是洛克对人类物质状况所作反思的重要组成部分,并且这一反思还有力地证实了先前提出的论证。不妨先来看看洛克如何理解亚当堕落之前的处境吧。菲尔默认为给予挪亚的要比给予亚当的少,与此相反,洛克认为,挪亚所得的赐予事实上是人类对动物统治权力的重要扩展。挪亚和他的儿子们是最先被允许"食用活物"的人(《政府论上篇》,段38)。这的确就是圣经的观点,但洛克在这种联系中所强调的是,就像在大洪水之前生活的所有人一样,亚当被禁止"从羊群中取走一只小山羊或小绵羊来充饥",甚至被禁止"为了充饥而去与一只云雀或兔子大胆搏斗"(《政府论上篇》,段39)。更普遍地讲,正如潘戈(Thomas Pangle)所说,"人类最初实际上没有任何可以称之为属于他们自己的东西"。[①] 因此,就连他对于自己食物的所有权,都是"很小的、有限的","只有跟兽类一样去吃草本植物"(《政府论上篇》,段39)。这种严酷而穷困的生活,也不只是上帝对人类故意违抗他命令的惩罚,这是传统的观点;按照洛克的观点,这是上帝自己为人类"设计"的生存法则,实际上在堕落之

[①] *The Spirit of Modern Republicanism*, 143,更具普遍性的论述,参见同书页 141-151。

前就"告诉了亚当"(《政府论上篇》,段39)。要不是洛克说服我们相信一件事,上帝似乎还要更好严厉刻薄——洛克说服我们相信,上帝的赐予包括一切动物,因为从圣经的字面意义来看,上帝允许挪亚吃蜥蜴和狮子但却禁止他食用牲畜,而这当然会是一种巨大的挑衅,恰如让一个饥饿的牧羊人与他的羊群同食青草(《政府论上篇》,段39)。

洛克在解释人类堕落之前的处境时引入饥饿和需求,其弦外之音表明,在他看来,圣经严重误解了人类的需求,尤其是与人的生存紧密相连的急迫的生理需求。《创世记》认为人类最初以食用草本植物和水果为生,但洛克则强调,文明生活,甚至可能最基本的生存,都要求我们食肉。这意味着,既然上帝未能充分供养人类,那他就不值得人类去感激他并出于爱戴而服从他。如果是上帝将人类置于极端贫困的境地,那还有什么道理不让人类自己抽身脱困呢?而人又为什么要为堕落负责呢?简而言之,洛克的言论流露了他对圣经的极具批判性的思考方式。

但是,也许洛克并不认为人类最初像我们所说的那样穷困。例如,他承认某些"物质的东西"是由上帝充足赐予的(参见《政府论上篇》,段37,41),这种看法似乎会得出一个更符合传统认知的结论,即上帝是仁慈的。另外,有人可能还会说,上帝赋予我们特定的能力,也赐予我们一些物质的东西,只不过他希望这两者我们都能利用:我们有义务发展上帝所赋予的能力,也有义务完善我们已经获得的物质的东西。洛克的一些言论确实指向这个方向,但这并不是他的最终立场,从他在《政府论下篇》中对这个问题的处理便可看出。在洛克的理论中,决定性的因素是人类自身的福祉,并且,随着他更深思考人类生活和便利所需物品的来源,人类自身努力所带来的贡献在一步步增加,而上帝或自然的贡献则在一步步减少。自然的或神的贡献最开始是人类劳动所作贡献的十分之一,但迅速跌至百分之一,继而就只有千分之一了。上帝对人类福祉的贡献越来越小这样一种说法，其最终的义涵终于明朗起来，因为洛克得出结论说，假如没有人类劳动，那么自然充足提供的这些物质资源"几乎……一文不值"。比如说，"我们甚至把完全听凭自然而未经放牧、耕种或栽培的土地，名副其实地叫作荒地"。① 假如没有劳动，即使拥有再丰富的物质资源，人类仍将一贫如洗。在人类动手改造其所处环境之前，上帝最初赐予的东西实在是少得可怜。

有一种看法认为，这种原始的或自然的状况，可能是有意作为一种机会或激励而给予人类，让他们发展上帝所赋的能力的。但情况似乎更像是，圣经并不赞成而洛克则希望去鼓励这种努力和繁荣。洛克式的繁荣以技艺和科技进步为基础，而这需要相当大规模的有高度组织性的城市人口，但上帝最初更喜爱亚伯的牧人生活方式，而非杀害兄弟的该隐的生活方式——该隐的后代创建了城市，发明了技艺和科学。圣经对技艺和科学的这种基本判断，在《创世记》所讲的最大技术成就——建造巴别塔的故事中有所显示：上帝使人分散各地，言语不通，从而给科学交流和技术进步设置重大障碍，以此惩罚了人类。

此外，洛克还主张，圣经所描述的那种父权生活方式，阻碍了人口的大规模增长，以及为技术进步所需的自由的法律（《政府论上篇》，段33,41）。最重要的是，对于获取和占有物质财富的关心，圣经的态度极其矛盾。巨大的财富（有时候）确实被视为一种福佑，甚至是神喜爱人的标志。但是更经常的情况是，尤其是在新约中，巨大财富的危险性常常得到突出强调。我们得到警告说，富人进天国比骆驼穿过针眼还要难。洛克旁敲侧击地说，当圣保罗说"上帝厚赐百物给我们享用"的时候，他是在承认人应该关心"生活的便利"（《政府论上篇》，段40；参见《提摩太前书》6：17）。

---

① 《下篇》，段37、40-43、45。

但是,这句话只是保罗对"今世的富人"的劝诫的一部分——保罗劝诫的是今世的富人不要太过关心财富,而应警惕并防备巨大财富所带来的有害的道德影响。不要"心高气傲",保罗警告说,"也不要倚靠无定的钱财,只要倚靠那活的上帝"。不是凭着物质财富,而是凭着善行,尤其是包含了施舍财富的仁爱,人类"才能持定永生"(《提摩太前书》6:17-19)。

对于洛克来说,"上帝厚赐百物给我们享用"这句话,意味着上帝给了人类全世界让他们利用,"以为了他们的利益,为了使他们尽可能从它获得生活的最大便利"(《政府论下篇》,段34)。相反,对于圣保罗来说,这句话意味着我们已被提供充足的供养,我们不需要也不应该过于关心"便利"甚或生存问题,以免我们在自己首先应当关心的事情——永生——上分心。总之,洛克热衷于鼓励技艺和科学的进步,以便获取生活的便利,也就是说,他对理性之实践重要性的理解,他对人类基本需要的问题的理解,与圣经的态度有根本性的分歧。

这个分歧同样也反映在洛克对恩赐给挪亚的东西的解释之中。根据洛克的说法,当挪亚得到许可去食用动物时,他就被给予了"人类所能有的最大限度的所有权,也即是,对无论什么东西,都有因使用它而消耗它的权利"。① 但颇值得怀疑的是,上帝本来的意图是不是想要给予人以这种洛克意义上的所有权。上帝允许人把动物用作食物,这是一种具体的因此也是有限的使用,仍然意味着限制。② 然而,按照洛克对人的需要的看法,他悄悄取消了这种限制,将恩赐动物作为食物解释成了这样一种恩赐:"对无论什么东

---

① 《上篇》,段39;也见段86和段92。
② 上帝说:"凡活着的动物,都可以作你们的食物……只是带着生命的肉,就是带着血的,你们不可吃。"(《创世记》9:3-4)这个禁令提醒人们,即使在挪亚获得有关动物的赐予之后,对动物的使用仍然是有条件的。

西，都有因使用它而消耗它的权利。"① 不像给挪亚的恩赐，洛克的观点许可对动物的任何一种使用方式——比如说用作役畜，或用来作活体解剖。圣经似乎是想限制获取，是想指引我们去关心"生活的便利"之外的事情，尽管它承认人有吃肉的需要或欲望。洛克则相反，他根据人对肉食的需要或欲望来解放我们——解放我们摆脱对使用世界来满足我们自己目的的疑虑。

重复一下，按照洛克的观点，这个世界被给予人类，不仅是为了人自己的利益，还是为了"使他们尽可能从它获得生活的最大便利"（《政府论下篇》，段34）。洛克对这种赐予的解释，由一种功利主义甚或掠夺主义的态度所驱使，其发展方向是一个为圣经所摈弃的"次人世界"（subhuman world）。尚不清楚，洛克认为这种克服匮乏的需要是违背了圣经，又或只是一个一旦根据其他理由抛弃圣经方法就会出现的显著目标，但非常明显的是，洛克拒绝了圣经的定向。

1978年，怀特（Lynn White）因主张《创世记》1：28证明了自由开发自然世界的正当性而闻名于世。② 而柯亨（Jeremy Cohen）

---

① 可能有人会认为，由于吃肉是一个人所能拥有的"最大限度的"财产权，因此它是一种特殊情形，而不应认为这里揭示了洛克的根本观点。但是，这里所给出的财产权的定义，是在《政府论两篇》中看到的仅有的对财产权所作的一般定义。此外，吃食物，尤其是吃肉，在洛克《下篇》的主题性讨论，即对财产权的讨论中，被用作财产权的一种范式（参见《下篇》第五章，尤其是段26-30以及段32）。甚至在《上篇》中，洛克也主张，财产权的最初发生"是因为一个人有权利利用低级生物供应自己的生存和享受……因此，在必要的时候，他甚至可以为了使用它而毁坏他具有所有权的东西"（《上篇》，段92）。既然抛弃了"最大限度的"，或者极端的，因而可能也就是非典型的财产权形式的说法，洛克在这里就是把毁坏的权利并入了他对财产权所作的一般性描述之中。

② 怀特的论文最初是一篇演讲，1966年发表于美国科学促进会，这篇论文可以在他的著作中找到，即 *Machina ex Deo*: *Essays in the Dynamism of Western*

则基于全面考察对这一节经文的传统解释,更充分地表达了上述观点:

> 前现代的犹太教徒或者基督徒,很少(如果有的话)把这一节经文解释成对任性开发环境的许可。尽管很多《创世记》的读者都不假思考地认为上帝是为了人类的利益而设计制造了这个物理世界,但《创世记》1:28 相对来说极少引发人们关心对自然的统治问题……别的问题也大大遮掩了这个统治问题,以致它在本卷圣经中得到的极少关注,可能似乎就是不应当的,或者从总体上来说也许是太过分了。[①]

如果柯亨是正确的,那么怀特就是在阐述一种明确的现代性解释,但这种解释的基础早在大约三个世纪之前就被洛克奠定了,尽管没有任何证据表明怀特了解这一点。

洛克超越怀特的地方在于,他对这种典型的现代环境观的神学义涵,要敏感得多。怀特勾勒了作为一个所有者的种种好处,这样一个所有者正是洛克鼓励我们要成为的那种人;他并不鼓励我们成为一个牧人,那是对人类与世界之关系的传统隐喻。洛克认为,

> 如果有一个国家的绝对君主,吩咐我们的作者(即菲尔默)去"征服大地",并给予他以对世界生物的统治权,但却不许他从羊群中取走一只小山羊或小绵羊来充饥,那么我猜想他恐怕不会把自己当作那个地方或在那个地方的畜群的主人或所有者,而会看出一个牧羊人可能具有的支配权和作为一个所有者所享有的完全所有权之间的分别。(《政府论上篇》,段 39)

Culture (Cambridge, MA: MIT Press, 1968), 75-94。对怀特这一主题及其相关问题的出色讨论,参见 Ernest L. Fortin, "The Bible Made Me Do It: Christianity, Science, and the Environment," The Review of Politics 57 (1995): 197-223。

① Be Fertile and Increase, 5.

这个"绝对的君主"——洛克在此要求菲尔默（以及潜在的读者）把自己想象成其臣民——当然是一位属人的王（a human king）。但在紧接着的下文中，上帝被描述成"全世界唯一的主人和所有者"：他拥有世界上的一切事物，包括人类在内；① 就是他命令人类"征服大地"；就是他给了人类统治权；就是他禁止人类食用羔羊；就是他把人类视为牧人（参见《利未记》25：23）。洛克关于一个"国家的绝对君主"所说的话，更准确地描述了这种传统的上帝观而非任何属人统治者。难道洛克不可能是在暗示我们，应把此处参照费尔默的绝对君主所阐发的观点，同样也用于上帝？

洛克可能正在暗中所指的这一点，由加尔文（John Calvin）直接挑明了，尽管其意图与洛克完全相反。加尔文认为，我们的义务在于"追忆我们一无所有，追忆没有任何东西是应该属于我们自己的……这样我们才能常常依赖（上帝）"。② 我们依赖于上帝，我们是他所立的牧羊人，是他的管家或佃户，这样一种意识可以杜绝另外那类想法，诸如"我们是我们自身的所有者"，或者"我们作为所有者对任何事物都有绝对的所有权"。用另一种方式来讲就是，如此热衷并盯着作为洛克政治理论核心的财产权，毁掉了"人依赖于上帝"这样一种真正有价值的意识。如果加尔文的这种观点就是圣经的观点，那么圣经就是洛克式财产权的大敌。洛克似乎已经想到，人类相信这个世界属于上帝，因为部分由于圣经的影响，他们没法充分发挥自己的能力以让世界成为自己的。如果这是真的，那么人类在技艺和科学上的每一种进步，每一种有助于生活便利的新发明，总之，人类治理世界的能力的每一种扩展，都会是我们背离

---

① 参见《上篇》段39、段85.10-11；也见《下篇》，段6。
② *Institutes of the Christian Religion*, 2 vols., John Allen, trans., 7th American ed., revised and corrected (Philadelphia: Presbyterian Board of Christian Education, 1936), II I 1 (266).

圣经上帝观而迈出的一步。人类越是自我依赖，或者感觉到越来越自我依赖，就愈加不能接受圣经的赐予论真正意义。

在《政府论上篇》后来总结自己对赐予的解释时，洛克清楚无误地揭示了他的解释的反圣经倾向。在这个段落中，洛克打破了逐一驳斥菲尔默每个论点时常用的那种冗长乏味的方式，以自己的名义讲述了关于赐予的"显然的情形"（《政府论上篇》，段86）。他认为，从我们单凭理性和感觉对我们自身及动物的了解来看，我们知道我们有权利利用对我们的"保存"或"存在"来说"必要或有用"的任何东西（《政府论上篇》，段86）。据他说，我们是凭着"上帝的旨意和恩赐"才有这种权利的，但这样一种权利，"在上帝于《创世记》1：28-29中宣布这些话以前（尽管这些话一定要理解为用文字说出的），或者连这种文字形式的'赐与'都没有的时候"，我们就已经享有了（《政府论上篇》，段86，楷体强调是我增加的）。换句话说，既然理性，结合我们的感觉以及我们的欲望或需求，足以给予我们使用动物的权利，就像洛克在这里所说，那么启示就是多余的了。启示顶多只是重申一下我们已经知道的东西而已。理性确实可以说是神的礼物，并且其推论也被展示为是神的恩赐（这是洛克所做的），但我们不应该让这种观念掩盖下述事实：理性，而非圣经的启示，才是标准。我们现在已经全然不再尊重明白的文本言辞，甚至也根本不再需要圣经了。

我已经说过，洛克处理赐予时出现的那个关于牲畜的不同寻常的问题，引发了种种大得多的问题，比如人之所是以及人与动物、人与上帝的关系，等等。我也已经表明，洛克所理解的圣经对这些问题的答案，与洛克自己的答案是不能相容的。这清楚表明，洛克与菲尔默相反，他不只是在主张圣经在政治问题上是中立的——圣经在这种问题上的中立这一观念会让我们既相信自然的自由，也相信圣经。因为洛克对赐予的处理表明，他拒绝接受圣经观点中没有任何直接的政治义涵这一原则。他的圣经解读表明，自然自由意味着，或要求某种独特的人类与上帝、人类与动物关系的观点。《政府论上篇》实际上是洛克为自己的政治理论奠定前政治背景的一种努力。

堕　落

除了创造和赐予之外，菲尔默对自然自由理论的第三个挑战，是以众所周知的堕落故事为基础的。不同于洛克认为人类最基本的需求是食物，或者更宽泛地说是财产，堕落故事告诉我们说，人类并非在起初就穷困：人类的穷困是对不顺从上帝或罪恶的恰当惩罚。堕落的人类需求财产，因此也远不如他们需求宽恕和恩典那样急迫，这后一种需求，因当前人类道德能力和理智能力的败坏而愈加急迫。基本的假设就是，人类起初是完善的，一旦失去这种完善，人将无力凭靠自身的行为重新获得它。这个堕落故事教导我们，在我们能够不服从上帝的意义上，我们是自由的；但这个故事也表明，我们并非独立自持，而是极端需要上帝并且依赖上帝。①

当写到堕落时，洛克时代的宗教权威们考虑的主要还是灵魂的救赎。当把这种教义适用于政治学时，常有人主张说，政府的主要目的，就是遏制那些因我们的骄傲本性而来的毁灭性的反社会倾向。政府的意图是要战胜野心，证明顺从习惯的正当性，因为承认一个人天赋能力的堕落败坏，就是不再信赖这些能力。堕落论承认现状的缺陷，但由于把这些缺陷看作不可避免，由于深刻怀疑人可凭自身的努力克服这些缺陷，因此堕落理论不免倾向于强烈支持维护现状。

---

① 对堕落的经典论述见于奥古斯丁的《上帝之城》，参 *City of God*, XI 12, 15, 17, 22, 27, 28; XII 3, 6-9, 22, 23, 28; XIII 1-15, 19, 20; XIV 1, 3, 4, 9, 10-15, 18, 19, 21, 22, 27; and XIX 12, 14, 15, 17, 21。另见 Calvin, *Institutes*, II i-iv。

不可否认，洛克拒绝这种传统的堕落解释。如果他对赐予的描述正确，那么这种传统的堕落论就前后不一，因为正如洛克指出的，如果人类原初的状况本就非常不完美，那我们现有的痛苦就不能解释为从完美状态的堕落。解救之道也不能是对上帝的依赖，因为那不曾造就一个完善开端的上帝（尽管他应对此负有全责），现在如何可能让我们回复到完善呢？尤为特别的是，洛克公然拒绝了传统方法建基其上的假设，也就是说，对亚当悖逆的惩罚意味着全人类落在诅咒之下（《政府论上篇》，段45）。根据洛克所说，这种惩罚只适用于亚当"个人"：我们都会死，但只有对亚当来说，必死（mortality）才是一种来自神的重大惩罚。

洛克确实关心由人类"与生俱来的虚荣和野心"造成的政治问题，这可被理解为洛克谈论骄傲的方式——骄傲是堕落的根本原因（《政府论上篇》，段10）。但与传统的基督教观点相反，洛克认为堕落教义恰恰非常危险，因为它鼓励某种太过不加区别的服从。他认为，人类天生的野心非常强烈，对成功篡权带来服从犒赏的期望，只能激励潜在的篡权者。除此之外，由于我们与生俱来的野心"随着权力的掌握而特别容易增长"，因此任何像堕落论这样看起来会增加统治者权力而不对之设立明确限制的东西，都只能促使统治者索取更多（参见《政府论上篇》，段10，106）。如此，堕落论就"为不断的斗争和扰乱埋下了永久的祸根"。①

然而，我们越来越走近洛克拒绝堕落论的主要原因了，因为我们是从现今为人熟知的下述洛克式主张开始的：如果堕落论要在政治上有用，它就必须为服从提供不止一个一般理由（general reason），它必须有助于确定应当服从哪个具体的人。洛克认为，

> 只是谈服从和顺从，而不告诉我们谁是我们应当服从的

---

① 《上篇》，段10、106。也见Tarcov, *Locke's Education for Liberty*, 65-66。

人，那是没有用处的。因为……如果没有一种标志使人能认识他，并把具有统治权的他同别人区别开来，那么任何人以致我自己都可以是这样的人了。

洛克继续说道，这样一来，"海盗与合法的君主之间便没有分别，一个强有力的人就可以毫不费劲地受人服从了"，于是，人们"也就可以随时和幼稚无知地更换他们的统治者，如同他们改换自己的医生一样了"（《政府论上篇》，段81）。所有人都有罪且因而必须服从，如果这就是我们的全部理论，那么这种理论就毫无用处，甚至极其危险。正是在这里，菲尔默又一次发挥了重要作用，因为他坚持认为，《创世记》3：16最早恩赐了政府（《政府论上篇》，段44）。他坚持认为，当上帝对夏娃说"你应渴慕你的丈夫，他将统治你"时，上帝是在表明男人应该统治女人，并且，由于那时只有两个人活在世上，因此君主制就要比平等或两头政治（dyarchy）都好。如果菲尔默是对的，那么这个故事就是教导我们，对于政体我们无可选择，只能拥有君主制；我们也不可能建立洛克所提倡的那种男女政治上平等的君主制。洛克并不认为这是一种必需的、丝毫不能错误的指导，但这种指导确实排除了某些其他的选择，而如果情况就是这样，它就会成为对我们自由的重要限制。

这一关键问题涉及夏娃的从属地位，正是这一从属地位为至少某种等级制度提供了坚固的圣经基础。然而洛克认为，《创世记》3：16是对夏娃说的，并非对亚当说的，因而根本不能解读成对亚当的恩赐。洛克还指出，就像亚当的情形一样，夏娃是一个特定的个体，而不是她的性别类属的代表，对她所讲的或者关于她所讲的话，并非必定能够同样地适用于女性本身。最重要的是，洛克指出，即使夏娃被视为女性的代表，她在"丈夫"一词的语境中而非在诸如"国王"或"主权者"这些措辞的语境中出场，无疑也表明，当上帝说到"统治"一词时，他想的不是政治关系，而是夫妻关系。并且，这段文本中也没有任何语句支持菲尔默的观点——亚当对夏娃具有生杀予夺之权（按照洛克的看法，要是上帝给了亚当政治权力的话，那他就有这种权力）。洛克论证说，上帝至多不过给了亚当所有丈夫都拥有的那种权利，即"在家庭中丈夫作为财物和土地的所有者而具有的处理有关私人事务的权力，以及在一切有关他们的共同事务上，丈夫的意志优于他的妻子的意志"（《政府论上篇》，段48）。然而事实上，洛克认为，上帝

> 据我看并没有给予亚当以对夏娃的任何权力，也没有给予男子以对其妻的任何权力，而只是预言女人可能遭受的命运，即依照上帝的意旨他想要作出规定，使她必须服从她的丈夫，正如人类的法律和各国的习惯一般规定的那样。（《政府论上篇》，段47）

正如这些段落所显示的那样，洛克远不只是在驳斥菲尔默对堕落的政治运用。他直接否定了那个几乎为时人所公认的观点：婚姻必定包含了不平等。洛克所说的"婚姻社会"（conjugal society）建立在一个契约的基础之上，而这个契约预设了伴侣之间本质上的平等地位。此外，圣经提出婚姻应是永久的结合，可按照洛克的看法，婚姻契约可以随伴侣双方的条件或便利程度的变化而变化。①男人与妻子构成的联合的确应比雄兽雌兽的结合更持久，但这是为了"可以鼓励他们的勤劳，可以使他们的利益结合得更紧密，以便对于他们共同的子女提供给养并进行储藏，而夫妻社会如果随意结合或者经常很容易地宣告解散，那就会大大地危害他们共同的子女"（《政府论下篇》，段80；强调是我自己添加的）。因此，尽管洛克在表明观点而赞同婚姻的（相对）持久性时似乎接近了圣经教义，但他却引入了一种完全非圣经的财产权主张。

---

① 例如参见《下篇》，段81-82。

于是，正如在赐予的情形中一样，洛克并不只是主张堕落完全没有菲尔默声称的那种政治意义。洛克还否定了圣经对与圣经教义密切相关的那些次政治问题（the subpolitical issues）——在这里就是男人与女人之间的正当关系问题——所持的观点。此外，就像洛克对赐予的描述一样，他对婚姻的描述也有着重要的神学含义。他提出，对夏娃的诅咒所包含的意思，

> 也不外是女人们通常对丈夫应有的服从，但是或者由于她自己的条件，或者由于和她丈夫所订契约的关系使她可以免去这种服从，那就不能说这里存在着什么勉强妇女要接受这种压制的法律，如同若有办法避免生育儿女的痛苦，也没有什么法律规定她非受这种痛苦不可，这也是上面所说的对她的同一诅咒中的一部分……我料想也不会有什么人因为这些话而认为女性好像受了一项法律的拘束应当服从这句话中所包含的诅咒一样，她们就有义务不得去进行避免苦楚的努力了。（《政府论上篇》，段47；强调是我加的）

洛克提醒我们，对夏娃的诅咒包括两个部分，一部分涉及怀孕和分娩，而另一部分则涉及对亚当的服从。他的论证始于前者。洛克问道：人会说，如果夏娃或任何妇女"在分娩时没有感受到像上帝在这里恫吓她的那样多的苦楚"，就是犯罪吗？（《政府论上篇》，段47）当然不会，预期的答案如下：我们知道这种痛苦是生理上的或者自然的问题，减轻这种痛苦的正确"治疗措施"便是医药技艺。有谁会反对这一点吗？但是根据人类堕落的教义，女性所遭受的痛苦特别被认为是一种来自神的惩罚，以致只把它作为医学问题来处理，就是暗中否认其惩罚性质，从而也就否定了这种惩罚性质所依托的权威。但是，一旦否定这种权威，也就没有任何理由再接受诅咒的其他部分了，尤其是夏娃应受制于亚当这个部分。这个诅咒总的来说源自上帝：你必须要么全盘接受，要么完全否定。洛克

关于这种痛苦的评论，因此就意味着拒斥这个诅咒整体上所依赖的权威。故此，他接下去就可以说，上帝没有赋予亚当对夏娃的任何权力，这个诅咒本身也没有约束力。

洛克承认，从历史上来看，女人几乎总是受制于男人。事实上洛克确曾写道，上帝"想要作出这样的规定"；他甚至还承认"这种规定具有一种自然的基础"（《政府论上篇》，段47）。但是，从总体上来说，洛克的论证表明，平等要比不平等坚实得多地根植于自然。此外，不是自然，也不是上帝，而是"人类的法律和各国的习惯"实际上决定了"女人可能遭受的命运"（《政府论上篇》，段47）。并且，正如我们已经看到的，洛克指出，如果"条件"或者对"治疗措施"的探索允许有更好结果的话，那么人类未必非要受上帝的约束而满足于任何现状。在洛克的解释中，母亲生儿育女遭受的痛楚和性别的不平等，不再具有神学或道德意义。它们变成了问题，仅是和其他任何问题一样应该得到处理的问题。

洛克抛弃对人类堕落的传统理解时，乃是诉诸人类减轻痛苦的欲望，诉诸一个理解上的难题，即一位仁慈的上帝如何可能反对人去努力寻找疗救痛苦的措施。他的论证可能还有另一种成分。作为那个时代一位出色的医生，洛克依个人经验知道，在克服分娩的痛苦和危险上，彼时的医学已经取得了很大进步。在一个认为这些形式的痛苦都是源自神的诅咒的背景下，人们可能认为这种进步会诱使人去怀疑神对世界的统治权。这些由医学技艺上的进步经验带来的希望很可能让洛克认为，我们遭受痛苦的唯一原因就是我们对治疗措施的研究探索还不够努力、不够充分。这并不是像传统所认为的那样过分自恃，而是太过不自恃，因此是我们自身的问题。由此角度观之，堕落教义让我们在寻求摆脱痛苦之法时太过被动。这种被动，与其带来的不可避免的苦楚一起，强化了我们受制于神的权力这一信念。从另一角度来讲，技艺和科学的进步，似乎能够持续扩张人类的权力并削减上帝的权力。然而，要想让这种进步能够出现，人类一定要停止以神学观念来思考痛楚，或者还有一种办法也能够让这种进步得以发生，那就是，人类必须开始思考，对治疗措施的科学探索完全不存在神学上的反对意见。

结　论

思考了"堕落"之后，洛克声称，他已经驳倒了菲尔默支持亚当主权并反对自然自由所依凭的所有圣经论据。但这并不意味着本书超过一半篇幅的余下内容就与圣经无关了，只不过，圣经在此后是与圣经文本并未直接展现的主题和问题关联起来一起探讨罢了。比如在第六章，洛克探讨了第五诫，只不过他是将其作为思考父亲自然权利的一部分：自然，而非圣经，才是最高的权威或标准。①我们已经认真研读过的那些段落，都是洛克凭释经学并以圣经本身的词句直接批驳圣经的最重要的部分。由于这个原因，它们也显示了洛克对圣经的基本态度。

我已经说过，洛克仔细审查了圣经，以回应下述基于圣经形成的主张：人并非生而自由，因为有神授的王权管辖他们。菲尔默认为，这个政治观点源于正确研究圣经关于创造、赐予和惩罚堕落的教导，而洛克的主要主张只是要证明菲尔默错误解释了神的这些行为方式的意义。但我还想努力证明，洛克所做的远不止这些。首先，他关于神的这些行为方式没有任何政治意义的观点，引发了一个问题，即世界是否由一个有意志的上帝主宰。其次，圣经对神的每一种行为方式的描述，都紧密相关于涉及人类生活某一重要方面的某种具体观点，我说过洛克反对这个说法。更确切地说，在论述

---

①　关于洛克对第五诫及其相关问题的处理，参见拙文"Taming the Father: John Locke's Critique of Patriarchal Fatherhood," *The Review of Politics* 56 (1994): 641-670。

"赐予"的一节中，洛克企图把我们对人类基本物质条件的思考引向一种非圣经的方向，而在处理堕落主题时也对婚姻做了同样的事情。《政府论上篇》为洛克式的政治学预备了基础，因为它展示了一种关于财产权和家庭的新的思考方式，一种不与神学和道德观念（与自然自由的理论相龃龉）纠缠在一起的思考方式。由于这些神学和道德观念多数情况下都主导多数人的思想，因此洛克的政治理论要想获得成功，最根本的事情就是让人开始以他的方式来思考这些观念。

本文认为，要接受洛克关于人类自由的观点，就要反对圣经关于上帝、财产和家庭所教导的核心原理。这个重点一直就在表明，事实确实如此，这不仅是因为洛克自己有意隐藏了这一点，也是因为学界主流观点坚持认为洛克是与圣经一致的，这就使我们更加难以理解洛克政治思想的原始动机和意图了。这个重点已使系统地确定和评估可以证成洛克立场的那些论据完全不再可能，因为这会需要花很多篇幅并深切思考洛克的观点，思考圣经对这些观点的可能反对意见。然而，总的来说，提及其中一种反对意见可能是合适的。洛克的观点预设了摆脱贫穷和痛苦对我们来说是好的。可能谁都不会否认这一点，但堕落论却会说，人类不能正确地判定什么是"好"，所以，当我们满足于我们自认为"好"的东西时，从圣经的观点来看，我们却是在回避问题的实质。此外，问题不仅在于从痛苦中解脱是否对我们而言就"好"，还在于我们是否应当，或者在何种程度上应当致力于寻找解救之道。现代经济和医学的发展固然颇为可观，但接受人生道路上的苦难，将之视为一种诅咒，而不是致力于永无止境地追逐健康和安乐，这样做对我们来说是不是更加不好，仍然是一个问题。洛克对财产、便利和安乐的强调，意味着一种松懈（softness）或不节制（immoderation），这或许会使最高人类修为和成就所需的个人和集体的严肃朴质的努力，变得不再可能。

参考文献

Ashcraft, Richard. *Revolutionary Politics and John Locke's Two Treatises of Government.* Princeton, NJ: Princeton University Press, 1986.

Bath, Karl. *The Doctrine of Creation*, 4 vols. Vol. 3 of *Church Dogmatics*. G. W. Bromiley and T. F. Torrance, eds. Edinburgh: T. & T. Clark, 1982.

Bird, Phyllis. " 'Male and Female He Created Them': Gen. 1: 27b in the Context of the Priestly Account of Creation." *Harvard Theological Review* 74 (1981): 129-60.

Cassuto, Umberto. *A Commentary on the Book of Genesis*, Israel Abrahams, trans. Jerusalem: Magnes Press, 1978.

Cohen, Jeremy. *Be Fertile and Increase, Fill the Earth and Master It: The Ancient and Medieval Career of a Biblical Text.* Ithaca, NY: Cornell University Press, 1989.

Dunn, John. *The Political Thought of John Locke: An History Account of the Argument of the "Two Treatises of Government."* Cambridge: Cambridge University Press, 1982.

Fortin, Ernest L. "The Bible Made Me Do It:Christianity, Science, and the Environment." *The Review of Politics* 57 (1995): 197-223.

Foster, David. "Taming the Father: John Locke's Critique of Patriarchal Fatherhood." *The Review of Politics* 56 (1994): 641-70.

Pangle, Thomas L. *The Spirit of Modern Republicanism: The Moral Vision of the American Founders and the Philosophy of Locke.* Chicago: University of Chicago Press, 1988.

Reventlow, Henning Graf. *The Authority of the Bible and the Rise of the Modern World*, John Bowden, trans. London: SCM Press, 1984.

Speiser, E. A. *The Anchor Bible: Genesis.* Garden City, NY: Doubleday, 1986.

Strauss, Leo. *Natural Right and History.* Chicago: University of Chicago Press, 1971.

——. "Jerusalem and Athens: Some Preliminary Reflections." In his *Studies in Platonic Political Philosophy.* Chicago: University of Chicago Press, 1983.

——. "Interpretation of Genesis." *Jewish Political Studies Review* 1 (1989): 77-92.

Tarcov, Nathan. *Locke's Education for Liberty.* Chicago: University of Chicago Press, 1984.

White, Lynn. *Machina ex Deo: Essays in the Dynamism of Western Culture.* Cambridge, MA: MIT Press, 1968.

Zuckert, Michael. "An Introduction to Locke's First Treatise." *Interpretation: A Journal of Political Philosophy* 8 (1979): 58-74.

——. "The Garden Died: An Interpretation of Locke's First Treatise." Unpublished doctoral dissertation, University of Chicago, 1974.

参考文献

洛克的一手文献

抄本

Amsterdam: University Library
  Remonstrants' MSS J. 20
  Remonstrants' MSS J. 27a
  Remonstrants' MSS J. 57a
London: British Library
  BL Add MS 15,642
  BL Add MS 22,910
  BL Add MS 28,723
  BL Add MS 28,728
  BL Add MS 28,929
  BL Add MS 38,771
  BL Birch MS 4,290
London: Public Records Office
  PRO 30/24/47/1
  PRO 30/24/47/3
  PRO 30/24/47/7
  PRO 30/24/47/22
  PRO 30/24/47/27
  PRO 30/24/47/30
  PRO 30/24/47/33
Oxford: Bodleian Library
  BOD MS Locke b. 2
  BOD MS Locke b. 5
  BOD MS Locke c. 8
  BOD MS Locke c. 21
  BOD MS Locke c. 27
  BOD MS Locke c. 28
  BOD MS Locke c. 29
  BOD MS Locke c. 33
  BOD MS Locke c. 34
  BOD MS Locke c. 39
  BOD MS Locke c. 42
  BOD MS Locke c. 43
  BOD MS Locke d. 1
  BOD MS Locke d. 10
  BOD MS Locke e. 2
  BOD MS Locke e. 3
  BOD MS Locke e. 10
  BOD MS Locke f. 1
  BOD MS Locke f. 2
  BOD MS Locke f. 3
  BOD MS Locke f. 4
  BOD MS Locke f. 5
  BOD MS Locke f. 6
  BOD MS Locke f. 7
  BOD MS Locke f. 8
  BOD MS Locke f. 9
  BOD MS Locke f. 10
  BOD MS Locke f. 14
  BOD MS Locke f. 26
  BOD MS Locke f. 27
  BOD MS Locke f. 28
  BOD MS Locke f. 29
  BOD MS Locke f. 30
  BOD MS Locke f. 31
  BOD MS Locke f. 32
  BOD MS Locke f. 33
  BOD MS Film (Locke) 77
  BOD MS Film (Locke) 151

注释本经卷和圣经

作为个人版本引用的圣经和其他经卷也藏于牛津博德利图书馆洛克藏室，按照架号排列（如 BOD Locke 16.25），架号后是哈里森和拉斯莱特图书编目（Harrison's and Laslett's library catalogue）号（如 LL 309）

English Bible (1648) 16.25 (LL 309)
English Bible (1654) 10.59–10.60 (LL 307)
English Bible (1682) 8.171 (LL 330a)
Hebrew Bible (1546) 14.17a (LL 303)
Hebrew Bible (1546) 14.17b (LL 303)
Greek Bible (n.d.) 9.40 (LL 2862)
Interlinear Latin, French, and Greek, New Testament (1673) 9.103–107 (LL 2864)
Henry Ainsworth, *Annotations upon the Five Books of Moses* (1639) 14.10 (LL 41)
T.P. Blount, *Censura Celebriorum Authorum* (1690) 15.38 (LL 358)
Nicholas Toinard, *Evangeliorum Harmonia Graeco-Latina* (manuscript copy) 18.1 (LL 2934)

公开出版的洛克著作

A Collection of Several Pieces of Mr John Locke. Edited by Pierre Desmaizeaux. London, 1720.

Further Considerations Concerning the Raising of the Value of Money. London, 1695. In *Works* 5:131–204.

Some Considerations of the Consequence of Lowering the Interest and Raising the Value of Money. London, 1692. In *Works* 5:1–116.

The Correspondence of John Locke. Edited by E.S. De Beer. 8 vols. Oxford: Oxford University Press, 1976–89.

Drafts for the Essay Concerning Human Understanding and Other Philosophical Writings. Edited by Peter Nidditch and G.A.J. Rogers. Oxford: Oxford University Press, 1990.

An Early Draft of Locke's Essay. Edited by R.I. Aaron and Jocelyn Gibb. Oxford: Clarendon Press, 1936.

An Essay Concerning the Understanding, Knowledge, Opinion, and Assent, by John Locke. Edited by Benjamin Rand. Cambridge, MA: Harvard University Press, 1931.

An Essay Concerning Human Understanding. London, 1690. Edited by Peter Nidditch. Oxford: Oxford University Press, 1975.

Essays on the Law of Nature. Edited by W. von Leydon. Oxford: Oxford University Press, 1954.

John Locke as Translator: Three of the Essais of Pierre Nicole in French and English. Edited by Jean S. Yolton. Oxford: Voltaire Foundation, 2000.

John Locke: Two Tracts on Government. Edited by Philip Abrams. Cambridge: Cambridge University Press, 1967.

John Locke: Political Essays. Edited by Mark Goldie. Cambridge: Cambridge University Press, 1997.

John Locke: Writings on Religion. Edited by Victor Nuovo. Oxford: Oxford University Press, 2002.
"John Locke's 'Essay on Infallibility': Introduction, Text, and Translation." Edited by John Biddle. *Journal of Church and State 19* (1977): 301-27.
A Letter Concerning Toleration. London, 1690. Edited by James Tully. Indianapolis: Bobbs-Merrill, 1983.
A Second Letter Concerning Toleration. London, 1690. In *Works* 6:59-137.
A Third Letter for Toleration. London, 1692. In *Works* 6:139-546.
A Letter to the Right Reverend Edward, Lord Bishop of Worcester. London, 1696. In *Works* 4:1-96.
The Library of John Locke, 2nd edition. Edited by John Harrison and Peter Laslett. Oxford: Clarendon Press, 1971.
The Life and Letters of John Locke. Edited by Peter King. London, 1884. Reprint, New York: Burt Franklin, 1972.
Locke's Travels in France, 1675-1679. Edited by John Lough. Cambridge: Cambridge University Press, 1953.
Mr. Locke's Reply to the Bishop of Worcester's Answer to his Second Letter. London, 1698. In *Works* 4:191-498.
A Paraphrase and Notes on the Epistles of St Paul to the Galations, 1 and 2 Corinthians, Romans, Ephesians. London, 1706. Edited by Arthur W. Wainwright. 2 vols. Oxford: Oxford University Press, 1987.
The Political Writings of John Locke. Edited by David Wootton. New York: Penguin, 1993.
The Reasonableness of Christianity. London, 1695. Edited by John Higgins-Biddle. Oxford: Clarendon, 1999.
Some Thoughts Concerning Education. London, 1693. Edited by James L. Axtell in *The Educational Writings of John Locke.* Cambridge: Cambridge University Press, 1968.
The Two Treatises of Government. London, 1690. Edited by Peter Laslett. Cambridge: Cambridge University Press, 1988.
A Vindication of the Reasonableness of Christianity. London, 1695. In *Works* 7:159-190.
A Second Vindication of the Reasonableness of Christianity. London, 1697. In *Works* 7:191-424.
The Works of John Locke in Ten Volumes. London, 1823. Reprint, Darmstadt: Scientia Verlag Aalen, 1963.

洛克之外其他作者的一手文献

Allestree, Richard. *The Practice of Christian Graces, or the Whole Duty of Man.* London, 1656.
Aristotle. *The Politics of Aristotle.* Edited by Ernest Baker. Oxford: Oxford University Press, 1975.

Augustine. *City of God*. Edited by Vernon J. Bourke. New York: Image Books, 1958.
Bagshawe, Edward. *The Great Question Concerning Things Indifferent in Religious Worship*. London, 1660.
Bodin, Jean. *Les Six Livres de la République*. Paris, 1576.
Burnet, Gilbert. "A Sermon Preached at the Funeral of Robert Boyle." London, 1696.
Calvin, John. *Institutes of the Christian Religion*. Translated by F.L. Battles. 2 vols. Philadelphia: Westminster, 1977.
Cumberland, Richard. *A Treatise on the Law of Nature*. London, 1672. Translated by John Maxwell. London, 1727.
Dodd, William. ed. *A Common-Place-Book to the Holy Bible*, 5th ed. London: 1766.
Dryden, John. *Absalom and Achitophel*. London, 1681.
Edwards, John. *Socinianism Unmask'd*. London, 1696.
———. *Some Thoughts Concerning the Several Causes of Atheism*. London, 1695.
Field, Richard. *Of the Church*. London, 1606.
Filmer, Sir Robert. *An Advertisement to the Jurymen of England touching Witches*. London, 1653.
———. *Anarchy of a Limited or Mixed Monarchy*. London, 1648.
———. *Directions for Obedience to Government in Dangerous or Doubtful Times*. London, 1652.
———. *Observations upon Aristotles Politiques touching Forms of Government*. London, 1652.
———. *The Freeholders Grand Inquest*. London, 1648.
———. *The Necessity of the Absolute Power of all Kings*. London, 1648.
———. *Observations Concerning the Original of Government*. London, 1652.
———. *Patriarcha, or the Natural Power of Kings*. London, 1680.
———. *Patriarcha and Other Political Works of Sir Robert Filmer*. Edited by Peter Laslett. Oxford: Basil Blackwell, 1949.
———. *Patriarcha and Other Writings*. Edited by Johann P. Sommerville. Cambridge: Cambridge University Press, 1991.
Gee, Edward. *Divine Right and Original of the Civil Magistrate from God*. London, 1658.
Hall, John. *Of Government and Obedience as They Stand Directed and Determined by Scripture and Reason*. London, 1654.
Harrington, James. *The Political Works of James Harrington*. Edited by J.G.A. Pocock. Cambridge: Cambridge University Press, 1977.
Herle, Charles. *An Answer to Doctor Fernes Reply, Entitled Conscience Satisfied*. London, 1643.
Hobbes, Thomas. *Leviathan*. London, 1651. Edited by C.B. Macpherson. Oxford: Clarendon, 1962.
———. *The Questions Concerning Liberty, Necessity and Chance*. London, 1656.
Hooker, Richard. *Of the Lawes of Ecclesiasticall Politie*. London, 1632.
Hooper, John. *Godly and Most Necessary Annotations in ye.xiii Chaptyer to the Romans*. London, 1551.
Hunton, Philip. *Treatise of Monarchy*. London, 1643.

Kant, Immanuel. "Conjectural Beginnings of Human History." In *On History*. Edited by Lewis White Beck, 53–68. Indianapolis: Bobbs-Merrill, 1963.
Knox, John. *The Political Writings of John Knox*. Edited by Marvin A. Breslow. London: Associated University Presses, 1985.
le Clerc, Jean, ed. *La Bibliothèque Universelle*, Amsterdam, 1686–1693.
———. *Sentiments de Quelques Théologiens de Holland sur L'Histoire Critique du Vieux Testament*. Paris, 1685.
Lucy, William. *Observations, Censures and Confutations of Notorious Errours in Mr. Hobbes His Leviathan and Other His Bookes*. London, 1663.
Maxwell, John. *Sacro-Santa Regum Majestas; or, The Sacred and Royal Prerogative of Christian Kings*. London, 1644.
Milton, John. *The Complete Poems and Major Prose*. Edited by Merritt Hughes. New York: Bobbs-Merrill, 1957.
Molyneux, William. *The Case of Ireland*. Dublin, 1698.
———. *Dioptrica Nova: A Treatise of Dioptricks*. London, 1692.
Nicole, Pierre. *Essais de Morale*. Geneva, 1672.
Overall, John. *The Convocation Book of 1606*. Oxford: Library of Anglo-Catholic Theology, 1844.
Parker, Henry. *Jus Populi; or, A Discourse Wherein Clear Satisfaction Is Given*. London, 1644.
———. *Observations upon Some of His Majesties Late Answers and Expresses*. London, 1642.
Plato. *The Collected Dialogues of Plato*. Edited by E. Hamilton and H. Cairns. Princeton: Princeton University Press, 1963.
Pufendorf, Samuel. *De Jure Naturae et Gentium*. Lund, 1672.
Ross, Alexander. *Leviathan Drawn Out with a Hook*. London, 1653.
Rutherford, Samuel. *Lex, Rex: The Law and the Prince*. London, 1644.
Selden, John. *Mare Clausum*. London, 1652.
Sidney, Algernon. *Discourses Concerning Government*. London, 1698.
———. *The Very Copy of a Paper Delivered to the Sheriff*. London, 1683.
Simon, Richard. *Histoire Critique du Vieux Testament*. Paris, 1678.
Spelman, John. *A View of a Printed Book Intituled Observations upon His Maiesties Late Answers and Expresses*. Oxford, 1642.
Spinoza, Benedicti de. *Tractatus Theologico-Politicus*. Amsterdam, 1670.
Stillingfleet, Edward. *Discourse in Vindication of the Doctrine of the Trinity*. London, 1696.
Stubbe, Henry. *Essay in Defence of the Good Old Cause*. London, 1659.
Taylor, Jeremy. *Discourse on the Liberty of Prophesying*. London, 1647.
———. *Unum Necessarium*. London, 1649.
Tyrrell, James. *Patriarcha non Monarcha: The Patriarch Unmonarch'd*. London, 1681.
Ussher, James. *The Power Communicated by God to the Prince, and the Obedience Required of the Subject*. London, 1661. 2nd ed. London, 1683.
van Limborch, P. *Theologia Christiana*. Amsterdam, 1686.
Whately, William. *The Neuu Birth*. London, 1618.

Winstanley, Gerrard. *The Works of Gerrard Winstanley*. Edited by George Sabine. New York: Russell & Russell, 1965.

二手文献

Aaron, Richard I. *John Locke,* 3rd ed. Oxford: Oxford University Press, 1971.

Aarsleff, Hans. *From Locke to Saussure: Essays on the Study of Language and Intellectual History.* Minneapolis: University of Minnesota Press, 1982.

Ajzenstat, Samuel. "Liberal Democracy and the Biblical Account of Creation." In *Liberal Democracy and the Bible*, edited by K.I. Parker, 19–37. Lewiston: Edwin Mellen Press, 1992.

Allen, J.W. *A History of Political Thought in the Sixteenth Century.* London: Methuen, 1961.

Anglim, John. "On Locke's State of Nature." *Political Studies* 26 (1978): 78–90.

Ashcraft, Richard. "Faith and Knowledge in Locke's Political Philosophy." In *John Locke: Problems and Perspectives*, edited by J.W. Yolton, 194–223. Cambridge: Cambridge University Press, 1969.

———. "Locke's State of Nature: Historical Fact or Moral Fiction." *American Political Science Review* 62 (1968): 898–915.

———. *Locke's Two Treatises of Government.* London: Unwin Hyman, 1987.

———. *Revolutionary Politics and Locke's Two Treatises of Government.* Princeton: Princeton University Press, 1986.

Barr, James. "The Bible as a Political Document." *Bulletin of the John Rylands Library* 62 (1980): 268–89.

Betchel, Lyn M. "Rethinking the Interpretation of Genesis 2.4b–3.24." In *A Feminist Companion to Genesis*, edited by Athalya Brenner, 77–117. Sheffield: Sheffield Academic Press, 1993.

Biddle, John. "Locke's Critique of Innate Principles and Toland's Deism." *Journal of the History of Ideas* 37 (1976): 410–22.

Black, Sam. "Toleration and the Sceptical Inquirer in Locke." *Canadian Journal of Philosophy* 28 (1998): 473–503.

Brown, Francis, S.R. Driver, and C.A. Briggs. *A Hebrew and English Lexicon of the Old Testament.* Oxford: Clarendon, 1973.

Butler, Melissa A. "Early Liberal Roots of Feminism: John Locke and the Attack on Patriarchy." *American Political Science Review* 72 (1978): 135–150.

Chadwick, H. *Augustine.* Oxford: Oxford University Press, 1986.

Clark, Lorenne. "Women and Locke: Who Owns the Apples in the Garden of Eden?" In *The Sexism of Social and Political Theory,* edited by Lorenne Clark and Lynde Lange, 16–40. Toronto: University of Toronto Press, 1979.

Cooke, Paul D. *Hobbes and Christianity: Reassessing the Bible in Leviathan.* Lanham, MD: Rowman and Littlefield, 1996.

Coole, Diana. *Women in Political Theory.* Boulder, CO: Lynne Rienner, 1988.

Cox, Richard. *Locke on War and Peace.* Oxford: Clarendon, 1960.

Cranston, Maurice. *John Locke: A Biography*. London: Longmans, Green, 1957.
Daly, James. *Sir Robert Filmer and English Political Thought*. Toronto: University of Toronto Press, 1979.
Dumouchel, Paul. "The Political Problem of Religion: Hobbes's Reading of the Bible." In *English Philosophy in the Age of Locke*, edited by M. A. Stewart, 1–28. Oxford: Oxford University Press, 2000.
Dunn, John. *John Locke: 1632–1704*. Oxford: Oxford University Press, 1984.
———. "Justice and Interpretation in Locke's Political Theory." *Political Studies 16* (1968): 68–87.
———. *The Political Thought of John Locke*. Cambridge: Cambridge University, 1969.
Dworetz, Steven M. *The Unvarnished Doctrine*. Durham and London: Duke University Press, 1990.
Foster, David. "The Bible and Natural Freedom in John Locke's Political Thought." In *Piety and Humanity*, edited by Douglas Kries, 181–212. New York: Rowman and Littlefield, 1997.
———. "Taming the Father: John Locke's Critique of Patriarchal Fatherhood." *Political Studies 56* (1994): 641–70.
Fox Bourne, H.R.F. *The Life of John Locke*. 2 vols. London, 1876.
Frei, Hans. *The Eclipse of Biblical Narrative*. New Haven: Yale University Press, 1974.
Gesenius, W., E. Kautzsch, and A. Cowley. *Hebrew Grammar*. Oxford: Oxford University Press, 1971.
Goldie, Mark. ed. *Locke: Political Essays*. Cambridge: Cambridge University Press, 1997.
Grant, Ruth W. *John Locke's Liberalism*. Chicago: University of Chicago Press, 1987.
Greenleaf, William. "Filmer's Patriarchal History." *Historical Journal 23* (1966): 157–71.
Hacking, Ian. "Locke, Leibniz, Language and Hans Aarsleff." *Synthese 75* (1988): 135–53.
Harris, Ian. *The Mind of John Locke*. Cambridge: Cambridge University Press, 1994.
Harrison, John, and Peter Laslett, ed. *The Library of John Locke*, 2nd edition. Oxford: Clarendon Press, 1971.
James, D.G. *The Life of Reason: Hobbes, Locke, Bolingbroke*. London: Longmans, Green, 1949.
Judson, Margaret. "Henry Parker and the Theory of Parliamentary Sovereignty." In *Essays in History and Political Theory in Honor of Charles Howard McIlwain*. edited by Carl Wittke, 136–57. New York: Russell and Russell, 1967.
Keynes, John Maynard. *Essays and Sketches in Biography*. New York: Meridan, 1956.
Kretzman, Norman. "The Main Thesis of Locke's Semantic Theory." *Philosophical Review 77* (1968): 58–71.
Lovejoy, Arthur O. *Essays in the History of Ideas*. Baltimore: Johns Hopkins, 1948.
Macpherson, C.B. *The Political Theory of Possessive Individualism*. Oxford: Clarendon, 1972.
Marshall, John. *John Locke: Resistance, Religion, and Responsibility*. Cambridge: Cambridge University Press, 1994.

———. "Locke, Socinianism, and Unitarianism." In *English Philosophy in the Age of Locke*, edited by M.A. Stewart, 111-82. Oxford: Oxford University Press, 2000.

Mayer, Arno. *The Persistence of the Old Regime*. New York: Pantheon, 1981.

Mitchell, Joshua. *Not by Reason Alone*. Chicago: University of Chicago Press, 1993.

Moore, J.T. "Locke's Analysis of Language and the Assent to Scripture." *Journal of the History of Ideas* 37 (1976): 707-14.

Mouffe, Chantal. "Radical Democracy: Modern or Postmodern?" In *Universal Abandon? The Politics of Postmodernism*, edited by Andrew Ross, 31-45. Minneapolis: University of Minnesota Press, 1988.

Myers, Peter C. *Our Only Star and Compass*. Lanham, MD: Rowman and Littlefield, 1998.

Neil, W. "The Criticism and Theological Use of the Bible." In *The Cambridge History of the Bible, vol 3, The West from the Reformation to the Present Day*, edited by S.L. Greenslade, 238-93. Cambridge: Cambridge University Press, 1963.

Nuovo, Victor. ed. *John Locke: Writings on Religion*. Oxford: Clarendon, 2002.

———. "Locke's Theology, 1694-1704." In *English Philosophy in the Age of Locke*, edited by M.A. Stewart, 183-216. Oxford: Oxford University Press, 2000.

Olivecrona, Karl. "Locke on the Origin of Property." *Journal of the History of Ideas* 35 (1974): 211-30.

Pangle, Thomas L. *The Spirit of Modern Republicanism*. Chicago: University of Chicago Press, 1988.

Parker, K.I. "Mirror, Mirror on the Wall, Must We Leave Eden Once and for All: A Lacanian Pleasure Trip through the Garden." *Journal for the Study of the Old Testament* 83 (1999): 19-29.

Pahl, Gretchen Graf. "John Locke as a Literary Critic and Biblical Interpreter." In *Essays Critical and Historical Dedicated to Lily B. Campbell*, edited by the Department of English, University of California (Los Angeles), 137-57. New York: Russell and Russell, 1968.

Pateman, Carol. *The Sexual Contract*. Stanford: Stanford University Press, 1988.

Pearson, Samuel. "The Religion of John Locke and the Character of His Thought." *Journal of Religion* 58 (1978): 244-62.

Pocock, J.G.A. *The Ancient Constitution and the Feudal Law*. Cambridge: Cambridge University Press, 1957.

Reedy, Gerard. *The Bible and Reason: Anglicans and Scripture in Late Seventeenth-Century England*. Philadelphia: University of Pennsylvania Press, 1985.

Reventlow, Henning Graf. *The Authority of the Bible and the Rise of the Modern World*. London: SCM Press, 1984.

Richardson, Alan. "The Rise of Modern Biblical Scholarship and Recent Discussion of the Authority of the Bible." In *The Cambridge History of the Bible, vol. 3, The West from the Reformation to the Present Day*, edited by S.L. Greenslade, 294-338. Cambridge: Cambridge University Press, 1963.

Schochet, Gordon J. *Patriarchalism in Political Thought: The Authoritarian Family and Political Speculation and Attitudes Especially in Seventeenth-Century England*. Oxford: Basil Blackwell, 1975.

———. "Sir Robert Filmer: Some New Bibliographical Discoveries." *Transactions of the Bibliographical Society* (June 1971): 135–60.

Schouls, Peter A. *Reasoned Freedom: John Locke and the Enlightenment*. Ithaca and London: Cornell University Press, 1992.

Schwartz, Regina. "Adultery in the House of David: The Metanarrative of Biblical Scholarship and the Narratives of the Bible." *Semeia* 54 (1991): 35–55.

Seliger, Martin. *The Liberal Politics of John Locke*. New York: Praeger, 1969.

Sell, Alan P.F. *John Locke and the Eighteenth-Century Divines*. Cardiff: University of Wales Press, 1997.

Smith, Constance. "Filmer and the Knolles Translation of Bodin." *Philosophical Quarterly* 13 (1963): 248–52.

Soles, David E. "Locke on Ideas, Words, and Knowledge." *Revue Internationale de Philosophie* 42 (1988): 150–72.

Sommerville, Johann P. "From Suarez to Filmer: A Reappraisal." *Historical Journal* 25 (1982): 525–40.

Spellman, W.M. *John Locke*. New York: St. Martin's Press, 1997.

———. *John Locke and the Problem of Depravity*. Oxford: Oxford University Press, 1988.

Strauss, Leo. "Locke's Doctrine of Natural Law." *American Political Science Review* 52 (1958): 490–501.

———. *Natural Right and History*. Chicago: University of Chicago Press, 1965.

———. *What Is Political Philosophy?* Glencoe: The Free Press, 1959.

Tarcov, Nathan. *Locke's Education for Liberty*. Chicago: University of Chicago Press, 1984.

Tarlton, Charles D. "A Rope of Sand: Interpreting Locke's First Treatise of Government." *Historical Journal* 21 (1978): 43–73.

Tennant, F.R. *The Sources of the Doctrine of the Fall and Original Sin*. New York: Schoken Books, 1965.

Thompson, John. "*Creata ad Imaginem Dei, Licet Secundo Gradu*: Woman as the Image of God According to John Calvin." *Harvard Theological Review* 81, no. 2 (1988): 342–54.

Thompson, Martyn P. "The Reception of Locke's Two Treatises 1690–1705." *Political Studies* 24 (1976): 184–91.

Tillich, P. *A History of Christian Thought*. New York: Harper & Row, 1968.

———. *Systematic Theology*. Vol. 1. Chicago: University of Chicago Press, 1951.

Tully, James. *An Approach to Political Philosophy: Locke in Contexts*. New York: Cambridge University Press, 1993.

———. *A Discourse on Property: John Locke and His Adversaries*. Cambridge: Cambridge University Press, 1980.

Urban, L. *A Short History of Christian Thought*. Oxford: Oxford University Press, 1986.

Vogt, Philip. "Locke, Eden and Two States of Nature: The Fortunate Fall Revisited." *Journal of the History of Philosophy* 35 (1997): 523–44.

Wallace, John M. "The Date of Sir Robert Filmer's Patriarcha." *Historical Journal* 23 (1980): 155–65.

Walsh, Mary B. "Locke and Feminism on Private and Public Realms of Activities." *Review of Politics* 57 (1995): 251–77.

Westfall, Richard S. *Never at Rest: A Biography of Isaac Newton.* Cambridge: Cambridge University Press, 1983.

Williams, N.P. *The Idea of the Fall and Original Sin.* London: Longmans, Green, 1927.

Williams, R.J. *Hebrew Syntax: An Introduction.* Toronto: University of Toronto Press, 1976.

Wootton, David. *Divine Right and Democracy: An Anthology of Political Thought in Stuart England.* Harmondsworth: Penguin Books, 1986.

———. ed. *John Locke: Political Writings.* New York: Penguin, 1993.

———. "John Locke: Socinian or Natural Law Theorist?" In *Religion, Secularization, and Political Thought*, edited by James Crimmins. 39–67. London: Routledge, 1989.

Yolton, John. *Locke: An Introduction.* Oxford: Oxford University Press, 1985.

———. *Locke and the Compass of Human Understanding.* Cambridge: Cambridge University Press, 1970.

———. "Locke on the Law of Nature." *Philosophical Review* 57 (1958): 477–98.

———, ed. *John Locke: Problems and Perspectives.* Cambridge: Cambridge University Press, 1969.

Zagorin, Perez. *A History of Political Thought in the English Revolution.* London: Routledge & Kegan Paul, 1954.

Zuckert, Michael P. "An Introduction to Locke's First Treatise." *Interpretation: A Journal of Political Philosophy* 8 (1979): 58–74.

———. *Launching Liberalism.* Lawrence: University Press of Kansas, 2002.

———. *Natural Rights and the New Republicanism.* Princeton: Princeton University Press, 1994.

索 引

（索引所标页码为英文原书页码，本书行文中以"[ ]"标出）

absolutism, 3, 28, 141; and Adam, 54–55, 85, 110, 138; and Filmer, 81–82, 174n3; and freedom, 131; and knowledge, 48; and morality, 16; and patriarchalism, 72, 73–75, 113–114; and property, 183n22; supported by Locke, 12–13, 147–148, 156nn6–7; undesirability of, 143. *See also under* monarchy

Adam, 5, 49, 169n50; exemplifies government, 4, 138; and imputation of sin, 4, 35, 50–52, 54–55, 57, 59, 63–66, 105, 143, 149, 166n27, 168nn40, 42, 182n15; loses immortality, 59–61, 65, 151, 169n49; political position of, 66, 73–77, 84–91, 103–119, 120, 132–133, 146, 147, 149–150, 153, 171nn4, 9, 173n22, 174nn30, 32, 177nn16, 18, 177n20, 178n22, 178n26, 182nn18, 20; and reason, 61–62, 124, 138–139, 143, 163n3, 168n42. *See also* Fall

agency, 57, 58

Allestree, Richard, 168n40

Althusius, Johannes: *Politica Methodice*, 71

Anglicanism. *See* Church of England

Aquinas, 178n23; *Commentary on the Politics*, 71

Aristotle, 71, 82, 90

Arminianism, 25, 26, 157n13, 162n49

Ashcraft, Richard, 39, 99, 128, 158n19, 175n3, 181nn11, 14, 183n26, 184n35

atheism, 16, 26, 88, 151, 163n7

Augustine, 51, 55, 60, 63, 105, 182n15, 184n33; *City of God*, 71

authorial intention, 46–47

Bagshawe, Edward: *The Great Question Concerning Things Indifferent in Religious Worship*, 11–12, 51–52

Banks, Caleb, 21

Barr, James, 155n5

Bernier, François, 20

Bible: and class structure, 101; divinely inspired, 25–26, 152–153, 159n36, 164n12; exegetical difficulties of, 4, 13, 16, 19, 27, 38, 48–50, 118, 152, 158n21, 160nn37, 39, 165nn18–19, 174n3, 176n10, 180n36; foundations of government in, 4–5, 16, 70, 91, 140, 146, 149, 172n20, 180n38, 184n34; as guide to morality, 30, 35, 56; justifies patriarchy, 3, 5; manipulation of, 13, 45, 100–102, 155n3, 171n12, 175n7; political influence of, 2–3, 4–5, 12–13, 67–68, 71–72, 91–93, 100, 119, 147–153, 155nn4–5, 170n1, 171n10, 180n38; and reason, 23, 38, 46, 163nn8–9; as revelation, 41–42, 153, 165n15, 177n19, 177n21, 181n14; truth of, 83. *See also* Genesis

Bibliothèque Universelle, 27, 30

Black, Sam, 41

Bodin, Jean: *Les Six Livres de la République*, 71, 81

Boehme, Jacob, 49

Boyle, Robert, 10, 15, 18, 156n5

Busby, Richard, 8–9

Butler, Melissa, 178n24

Calvinism, 7, 9, 23, 97, 157n13; and biblical interpretation, 10, 25, 32, 162n50, 173n24; on corrupt humanity, 21, 50–53, 56, 65, 166n22, 167n29, 182n15, 184n33; and reason, 14; on salvation, 17

Cambridge Platonists, 17

Cary, Lucius, 17

Catholicism: exempted from toleration, 11, 26; Locke's attacks on, 13; and monarchy, 20, 28, 97–98, 159n27

Cave, William, 20

charity, 110, 178n23
Charles I, 4, 73; defence of, 81; execution of, 9, 75, 92; unpopularity of, 8, 80
Charles II, 4, 68, 82; dissolves Parliament, 22, 98; opposition to, 19, 22, 99, 158n19; restoration of, 11; successor to, 22, 97, 159n27
Chillingworth, William, 39
Christ Church. *See* Oxford
Church of England, 8, 157n13; on human nature, 50; on innateness, 14; *King's Book*, 71–72; patriarchalism in, 70–71, 73; power of, 19–20; on reason, 39; on theology, 32, 148; on toleration, 29
Civil War (English), 8, 9, 73, 80, 92, 172n13
Clarke, Edward, 24, 27, 30, 56, 156n3
Clovel, John, 158n22
College, Stephen, 22
Collins, Anthony, 160n37
concupiscence, 55
Cooper, Anthony Ashley (first Earl of Shaftesbury), 15–16, 17, 19–20, 21–22, 97–98, 99, 158n19, 159nn26–27, 29, 165n15
Cox, Richard, 182n15
Cranston, Maurice, 31
Cromwell, Oliver, 10, 11, 80, 82, 92, 176n12; biblical justification of, 68, 171n10
Crook, Dr. Samuel, 8
Cumberland, Richard: *De Legibus Naturae*, 79

Daly, James, 155n5, 171n6, 172n18
Dare, Thomas, 24
Digges, Dudley, 175n4
Dunn, John, 33–34, 93, 96–97, 128, 166n28, 174n36, 174nn1–2, 176n11, 182n16

education, 56–58, 150, 168nn39–40, 183n29
Edwards, John, 26, 175n9; *Socinianism Unmask'd*, 33, 169n49; *Some Thoughts Concerning the Causes and Occasions of Atheism*, 32–33, 169n49
Elizabeth I, 72
enclosure, 135–136
Enlightenment, 7, 36
Enthusiasts, 164n13
Enyendi, George: *Explications Locorum Veteris et Novi Testamenti*, 23

Epistola de Tolerantia. *See Letter Concerning Toleration*
equality, 100; biblical basis for, 95, 105–106, 114, 120, 144; and gender, 111–112, 178n25; Hobbes on, 78–79; impossibility of, 89–90, 91, 93, 149; necessity of, 3; natural, 121, 129, 138, 144, 182n21. *See also* inequality
Essay Concerning Human Understanding (Locke), 29; on human agency, 57; on language, 47–48; on limitations of human understanding, 27, 39–40, 47–49, 56, 125, 163nn5–6, 165n19, 167n36; on morality, 113; on natural law, 180n2, 182n16; origin of, 19, 168n36; reason defined in, 38–39; relationship between reason and revelation in, 4, 27, 37, 65, 174n36; on religious certainty, 40–41, 43; replies to, 30, 31–33, 158n22, 175n9; theology of, 26, 52–54; toleration in, 54
Essays on the Law of Nature (Locke), 14, 41, 65, 113, 125, 179n33, 183n26
Essex, Earl of, 22
Exclusionist Crisis, 22, 82, 97–98, 99, 104, 158n19, 184n35

Fall, 6, 50, 136, 145, 147, 151, 163n2, 179n28, 182n15; and human depravity, 56–57, 65, 71, 142–143, 184n33; and impaired reason, 4, 14, 27, 37–38, 49, 54, 62; immortality lost in, 65, 134, 166nn27–28; and imputation, 4, 14, 50–52, 63. *See also* Adam
Field, Richard: *Of the Church*, 73
Filmer, Robert, 4–5, 66, 170n2; on absolutism, 54–55, 123, 173n23, 176n12; biblical understanding of, 83–88, 90, 91–93, 173nn27–28, 174n34, 177nn13, 21, 178n26; equates biblical and paternal power, 112–116, 123; importance of, 80–81, 82, 151, 172n18, 175n4; opposition to, 5, 22, 29, 46, 54–55, 83, 95–124, 128, 134, 138, 141–142, 147, 150–151, 171n8, 174n3, 175n5, 176n10, 177nn13, 16, 20, 180n39; on origins of state, 71, 128, 172n20, 174n32; patriarchalism of, 68, 77, 80, 83–89, 149, 171n6, 179n29; on property, 87–88, 133, 173n22, 183n23; on succession, 86–87, 116, 180n37. Works by: *An Advertisement to the Jurymen of England touching Witches*, 82, 175n4;

索引 383

The Anarchy of a Limited or Mixed Monarchy, 81, 105, 172n20, 173n29; *Directions for Obedience to Government in Dangerous or Doubtful Times*, 82, 90, 173n23, 176n12; *The Freeholders Grand Inquest*, 81; *Observations Concerning the Originall of Government*, 81; *Observations on Aristotle's Politiques Touching Forms of Government*, 81–82, 88; *Of the Blasphemie against the Holy Ghost*, 80. See also *Patriarcha*; patriarchalism

Firmin, Thomas, 17–18

First Treatise, 5, 127, 176n11, 180n39; absolutism in, 141; Adam in, 107–118, 132; inheritance of power in, 116–119, 123, 173n28, 180n34; natural law in, 182n15, 184n36; purpose of, 83, 97, 105, 138, 151; reason in, 44, 113. See also *Second Treatise*; *Two Treatises of Government*

Fletcher, Andrew, 24

Foster, David, 177n21, 179n29

Fowler, Edward, 17, 18

freedom, 3, 100; biblical basis for, 105–106, 120, 124, 144; impossibility of, 89–90, 93, 149–150; and individualism, 95; and knowledge, 127; limitations on, 124, 126–127; natural, 114, 121, 124, 128–129, 138–139, 144, 153, 181n6, 182n21; and reason, 128, 139, 148; of will, 30–31, 51, 151, 161n45, 181n6; for women, 111–112, 120, 178n27

Furly, Benjamin, 28

Gee, Edward: *Divine Right and Original of the Civil Magistrate from God*, 77–78, 82; replies to Filmer, 82, 172n17

Genesis, 1, 36; implication for humanity, 4, 5–6, 38, 50, 114, 124–125, 134–135, 153, 173n27; and model government, 129–130, 136, 182n16; justifies patriarchialism, 69, 73, 79, 85–87, 91–93, 123, 171n9, 173n28; politics in, 2, 67, 70, 84, 96, 103, 106–107, 117–119, 147, 150, 151, 155n5, 178n26; property in, 132–138, 144–145. See also Adam; Bible; Fall

God, 150, 177n21, 184n29; beneficence of, 134, 148–149, 151; dependence on, 126, 180n3, 181n10; existence of, 40, 126; humans as property of, 128, 131–132, 153; will of, 126–127, 128, 144, 151, 180n4, 181n13

government: biblical basis for, 4–5, 16, 70, 91, 140, 146, 149, 172n20, 180n38, 184n34; chosen, 65–66, 106, 150; by consent, 88–90, 103, 117, 141–142, 143–144; contractual, 72, 79, 82, 92, 164n15; necessity of, 51–52, 55, 58, 71, 132, 142–143, 147–148; origin of, 71–72, 75, 76–78, 84–85, 88–89, 92, 107, 172n20; principles of, 3; proper form of, 132, 143–144, 146, 147–148, 152, 184n34; and protection of property, 101, 133, 138, 141, 151, 177n20; religious authority of, 16, 18–19, 26–27; self-, 62; and succession, 116, 117–118, 121. See also patriarchalism

Grant, Ruth, 103

Grey, Ford, 24

Grotius, Hugo, 83, 134, 174n32, 183nn22–23; *De Jure Belli ac Pacis*, 81

Hall, John: *Of Government and Obedience as They Stand Directed and Determined by Scripture and Reason*, 76–77

Harrington, James: *The Commonwealth of Oceana*, 77; *Perogative of Popular Government*, 77

Harris, Ian, 58, 104–105, 182n16, 183n22

Herle, Charles, 171n10; *An Answer to Doctor Fernes Reply, Entitled Conscience Satisfied*, 74

Hobbes, Thomas, 2, 7, 12, 45, 56, 103, 152, 164nn12, 15, 177nn14–16; on free will, 31; on hedonism, 54, 89; *Leviathan*, 31, 78–80, 81, 128, 162n49, 174n35; patriarchalism in, 79–80, 171n12; on property, 183n22; *The Questions Concerning Liberty, Necessity*, and Chance, 161n45; responses to, 78–79, 83, 86, 89, 130

Hooker, Richard, 39; *Laws of Ecclesiastical Polity*, 14

Hooper, John: *Godly and Most Necessary Annotations in ye. xiii Chaptyer to the Romans*, 72

humanism, 77

Hume, David, 152

Hunton, Philip, 83; *Treatise of Monarchie*, 81, 173n25

inequality: biblical basis for, 105–106, 111–112; importance of, 3; natural, 79, 90, 91–92, 95, 124, 133. *See also* equality

James I, 22, 26, 28, 67–68, 73, 97, 99, 100, 159n27
James, D.G., 163n6
Jansenism, 21, 53
Jesus Christ: necessity of, 60, 63; purpose of, 63, 65, 169n48

Kant, Immanuel, 152, 183n29
Knolles, Richard: *Necessity of the Absolute Power of All Kings*, 81
Knox, John, 171n8; *The First Blast of the Trumpet against the Monstrous Regiment of Women*, 72

labour, 133–135, 145, 183nn24–25
Laslett, Peter, 83, 97, 98–99, 138, 172nn13–14, 18, 177n20, 182n16, 184nn34–35
latitudinarianism, 16–18, 26, 32, 157n13, 162n49, 166n27
le Clerc, Jean, 152, 156n4, 160n37, 162n52; *Bibliothèque Universelle*, 27, 30; *Sentiments de Quelques Théologiens de Hollande sur l'Histoire Critique du Vieux Testament*, 25
Letter Concerning Toleration, A (Locke), 26, 160n42; reason in, 65, 66, 148; replies to, 29, 58, 175n9; *Second Letter Concerning Toleration*, 29, 58; *Third Letter for Toleration*, 29, 58, 59, 148
Letter from a Person of Quality to His Friend in the Country, A (Locke/Cooper), 20, 158n19
liberalism, 58, 84; biblical basis of, 3, 123, 151; conditions for, 62, 105, 178n27; development of, 2–3, 92–93, 106, 129
Lightfoot, John, 20
Locke, John, 157nn13–14, 174n36; absolutism refuted by, 16, 26–27, 143; absolutism supported by, 12–13, 147–148, 156nn6–7; on Adam, 57, 59–65, 66, 104–106, 146–147, 153, 169n50, 170n52, 177n20, 178n26, 182n18; biblical interest of, 1, 3, 7, 23, 24–25, 35, 159n35, 162n52; on biblical interpretation, 13, 19, 21, 27, 63–64, 107–109, 118, 119, 152–153, 160nn37, 39, 163nn8–9, 170nn51–52, 177nn20–21, 180n36, 182n16; as biblical scholar, 3, 4, 5–7, 20–21, 45–46, 152–153, 158n22, 164n14, 178n26; Calvinist upbringing of, 7–8, 9; as capitalist, 96, 120, 137, 146, 175n7; career of, 14–16, 19–20, 34; education of, 8–11, 156n4; on education, 56–57, 66, 168n39, 183n29; effect of civil unrest on, 10–12, 18, 27, 147–148, 157n15; on executive privilege, 129–131, 143–145, 182n16; exegetical methodology of, 31–32, 35, 45–50, 102, 158nn22–23, 164n14, 165nn16, 18, 176n10; on the Fall, 51–53, 54–57, 59–60, 63–65, 142–143, 145–147, 151, 163n2, 166n27–167n29, 179n28, 182n15, 183nn24–25, 184n33; and feminism, 111, 120, 178nn24, 27–179n28; in France, 20–21; hedonism of, 54, 101; Hobbesian tones in, 56, 96, 101–102, 119–120, 147, 161n45, 181n8; in Holland, 24–29, 99, 159n35; on human nature, 23, 51–53, 56–58, 147, 148, 150–151, 168n39, 179n33, 184n33; on identity, 93; influences on, 14, 17–19, 20–21, 26, 29–30, 35, 158n24, 160n43, 166n27; on language, 37–38, 47–50; and liberalism, 84, 92–93, 105, 120, 123, 129, 151, 178n27; on limitations of knowledge, 19, 27, 37–38, 39–40, 41–42, 48–50; minimalist theology of, 17–18, 25, 32, 35, 62, 152, 162nn49–50, 166n27; on miracles, 42–43; on morality, 62–63, 160n44; on natural laws, 14, 41–42, 101–102, 107, 110, 113–114, 117, 121, 124–132, 143–144, 162n1, 178n23, 180n36, 180nn2, 4, 181n6, 181nn11, 15; political theories influenced by Bible, 1–2, 5–6, 12–13, 35–36, 52, 96–97, 102–103, 110–111, 120, 123, 129, 134, 142, 144–153, 155n3, 174nn1–2, 177n13, 179n28, 180n38, 181nn14–182n16, 184n34; on power, 123, 138–141, 146, 179n31; on property, 76, 100–102, 109–114, 111–117, 127, 129, 132–138, 182n21–183n27, 184n36; on reason, 3, 7, 14, 37, 38–45, 52–53, 58–59, 65–66, 146, 150; replies to Bagshawe, 11–12, 51–52; replies to Edwards, 33, 175n9; replies to Filmer, 5, 18, 23, 46, 68, 83, 86, 95–124, 128, 134, 138, 141–142, 147, 150–151, 171n8, 173nn27–28, 174n3, 176n10, 177nn13, 16, 20, 180nn37, 39, 183n23; replies to Parker, 18; replies to Proast, 29–30,

142, 148, 175n9; replies to Stillingfleet, 33, 175n9; on responsibility, 57–58, 60, 63, 65, 66, 105, 126–127, 167n28, 168n45; separates property and power, 112, 115–118, 120–121, 180n34, 183n27; spied on, 22–24, 159nn29,33; on succession, 117–119; on toleration, 11–12, 15–18, 27–28, 29, 53–54, 148, 157nn11–12, 158n19, 163nn5,7, 164n13, 167n32. Works by: "Discourse on Miracles," 42–43; "Essay on Infallibility," 13, 165n18; "Essay on Toleration," 15, 16, 18, 26; *Further Considerations Concerning the Raising of the Value of Money*, 34; *Homo ante et post lapsum*, 59; *Paraphrase and Notes on the Epistles of St. Paul, A*, 4, 31, 34–35, 37, 46–47, 63–65, 153, 164n14; "Society of Pacific Christians, The," 28; *Some Considerations of the Consequences of Lowering the Interest and Raising the Value of Money*, 34; *Some Thoughts Concerning Education*, 24, 30, 56, 65, 66, 156n3, 168n39; *Some Thoughts Concerning Reading and Study for a Gentleman*, 164n9. See also *Essay Concerning Human Understanding*; *Essays on the Law of Nature*; *A Letter Concerning Toleration*; *The Reasonableness of Christianity*; *Two Tracts on Government*; *Two Treatises of Government*
Locke, John, Sr., 7, 8
Louis XIV, 26
Lowth, William: *A Vindication of the Divine Authoritie and Inspiration of the Writings of the Old and New Testament*, 160n36
Lucy, William: *Observations, Censures and Confutations of Notorious Errours in Mr. Hobbes His Leviathan and Other His Bookes*, 79
Luther, Martin, 166n22

Macpherson, C.B., 96, 119–120, 169n48, 175n7, 181n8; *The Political Theory of Possessive Individualism*, 100–101, 102
magistrate: absolute power of, 12–13, 156nn6–7; limited power of, 78, 148, 167n32; religious jurisdiction of, 16, 18–19, 29, 58, 60, 63, 152. See also government; monarch

Marshall, John, 15, 26, 52, 53, 158n19, 162n50, 167n29, 175n5
Marsilius of Padua: *Defensor Pacis*, 71
Mary Stuart, 72
Mary Tudor, 72
Masham, Damaris Cudworth, 10, 29, 159nn26, 35
Masham, Francis, 29
Maxwell, John: *Sacro–Santa Regum Majestas*, c.; *The Sacred and Royal Prerogative of Christian Kings*, 74–75
Mill, John Stuart, 152
Milton, John, 83, 175n4; *Defensio pro Populo Anglicani*, 81; *Paradise Lost*, 173n24
Mitchell, Joshua, 62, 104–105, 106, 133, 142, 177n16, 182n20
Molyneux, William, 30–31, 160nn42,44; *Case of Ireland, The*, 34
monarchy: absolute, 3, 55, 72, 74, 81–82, 85, 90–92, 98, 100, 103, 110, 123, 131, 143, 147, 182n17; authority of, 74, 81, 90; biblical basis of, 108, 118–119, 121, 149, 174n30; divine right of, 4–5, 22, 67–68, 69, 90, 98; original government as, 84–88, 103, 142; patriarchal, 69–70, 74, 76–77, 173n29; and succession, 98, 115–119, 121; and property, 87–88, 115–116. See also government; magistrate
money, 136–138, 145
Monmouth Rebellion, 24, 28
morality, 62–63, 168n41; absolute, 16; innate, 14, 56, 113, 125–126, 167n29; legislated, 58; revealed, 61, 102, 160n44, 163n9, 168n38; universal, 17, 41
Mouffe, Chantal, 95

Newton, Isaac, 29–30, 35, 160n43, 177n13
Nicole, Pierre: *Essais de Morale*, 21, 53, 65, 167n32
Noah, 109–110
Nuovo, Victor, 162n50

Oates, Titus, 159n27
Osborne, Thomas, 20
Overall, John: *Convocation Book of 1606*, 73
Owen, John, 10, 11
Oxford, 9–11, 17

Pangle, Thomas L., 178n23
Parker, Henry: *Jus Populi*, 74;

Observations upon Some of his Majesties Late Answers and Expresses, 73–74
Parker, Samuel: *A Discourse on Ecclesiastical Polity*, 18
Patriarcha: A Defense of the Natural Power of Kings against the Unnatural Liberty of the People (Filmer), 10, 80, 171n4, 172nn13–14; absolutism in, 86, 96, 98, 176n12, 178n22; parental authority in, 173n26; replies to, 82, 103–122
patriarchalism, 3–4, 18, 106, 146; biblical basis for, 67–80, 82, 84–93, 120, 149–150, 171nn7,9,12; government parallels family in, 104, 112–116, 124, 140, 143, 171nn4,10, 173nn23,26,29, 179n31; hierarchies in, 4, 95, 170n3; inferiority of women in, 72, 74–75, 85–86, 91, 111, 120, 149, 171n8, 173n24, 178n25, 179nn28–29; naturalness of, 89, 104, 107, 140; opposition to, 74, 77–78, 107, 110, 119, 147, 174n3; and property, 77, 104; and succession, 86–87, 91, 104, 115–119, 180n37. *See also* Filmer, Robert; government
Patrick, Simon, 20
Paul, 50, 63–64, 66
Pelagius, 51
Plato, 71
Popham, Alexander, 8
Popish Plot, 22, 97, 159n27
primogeniture, 116, 117–119, 121, 173n28
Proast, Jonas, 29, 58, 66, 142, 148, 175n9
property, 89, 149, 151, 177n20, 182n21; and capitalism, 96, 100–101; communal, 75–76, 133, 174n32, 183n23; and inheritance, 115–117, 121, 178n22; and labour, 133–136, 145; and monarchy, 87–88; and power, 77, 100–101, 115–116, 183n27; and preservation of species, 109–114, 116–117, 120–121, 127, 129, 132, 133–136, 138, 145, 178n23, 180n36, 181n8, 183n25, 184n36; and reason, 100, 106; and waste, 135, 136–137
Pufendorf, Samuel, 128, 134, 181n10, 183nn22–23
Puritanism, 8, 9; and toleration, 10

reason: and biblical interpretation, 23, 38, 41–42, 46; and capitalism, 100–101; and Christianity, 17–18, 58, 61–63, 163n8; defined, 38–39; difficulties of, 19, 41–42, 66, 179n33; and dominion, 109; fallibility of, 14, 48–50, 65, 150, 163n5, 164n9; and freedom, 124, 139; and human improvement, 55, 150–151, 168n38; impaired by Fall, 4, 14, 27, 37–38, 60–61; limitations of, 44–45, 65; maturity of, 59, 65–66, 106, 138–139, 146, 183n29; and morality, 56, 102, 163n9; and natural law, 101, 125, 130; as revelation, 65, 163n3, 181n13, 184n29; and tradition, 113, 150; for understanding revelation, 3–4, 37, 39, 43–45, 49–50, 52–53, 93, 127, 144, 155n3, 164nn9, 11–13, 169nn47–48, 177nn19,21
Reasonableness of Christianity, The (Locke), 17, 158n23, 164n14, 174n36; the Fall in, 59–63, 66, 148; minimalist doctrine in, 25, 166n27; rationality in, 37, 41–42, 46, 101, 163n9, 169nn47–48, 177n19; responses to, 32–33, 101, 175n9; *A Second Vindication of the Reasonableness of Christianity*, 45, 169n49; theology of, 26, 31–33, 51, 54, 168n41
Reformation, 4, 50, 71, 73, 106, 166n22
Régis, Pierre, 20
Remonstrants, 25, 32
Restoration, 8
revelation, 174n36; hierarchy of, 43–44; and miracles, 42–43; and morality, 102; and natural law, 14, 41–42, 144; necessity of, 93; and tradition, 113, 162n48; and reason, 3–4, 37, 39, 43–45, 49–50, 93, 155n3, 163n3, 164nn11,13
Reynolds, Edward, 11
Roland, John, 26
Ross, Alexander: *Leviathan Drawn out with a Hook*, 79
Royalists, 9, 10
Russell, William, 22
Rutherford, Samuel: *Lex, Rex: The Law and the Prince*, 74
Rye House Plot, 22, 99, 184n35

Schochet, Gordon, 69, 70, 72, 79–80, 84, 104, 171n6, 175n3
science, 10, 18, 56, 168n36
Second Treatise, 5, 83, 176n11; Adam in, 107, 121; biblical framework for, 123, 144–146; on forms of government, 141–144, 182n15; on power, 115, 124,

138–140; property in, 133–138, 145, 180n36, 182n21; on resistance to tyranny, 99; on responsibility, 105, 125
Seliger, Martin, 174n3
Shaftesbury, Earl of. *See* Cooper, Anthony Ashley
Sherlock, William, 39
Sidney, Algernon, 22, 80, 86, 178n24; *Discourses Concerning Government*, 82; execution of, 82; *The Very Copy of a Paper Delivered to the Sherriff*, 82
Simon, Richard, 3, 7, 45, 158n21, 164n12; *Histoire Critique du Vieux Testament*, 20, 25
slavery, 131
society, 95–96, 127–128; maturity of, 142–143, 146; origins of, 140–141; patriarchal, 68–70, 146
Socinianism, 17–18, 23, 26, 32, 157n13, 162n50, 179n28
Spellman, William, 11, 166n27, 168n39
Spelman, John, 73–74; *A View of a Printed Book*, 74
Spinoza, Baruch (Benedicti de), 2, 3, 7, 45, 164nn12, 15; *Tractatus Theologico-Politicus*, 165n15
Stillingfleet, Edward, 17, 26, 31–33, 39, 158n22, 164n15, 175n9; *Discourse in Vindication of the Doctrine of the Trinity*, 33
Strauss, Leo, 96, 100, 101–102, 119–120, 130, 175n8, 179nn28–29, 181nn8, 11, 15, 183n24, 184n33; *Natural Right and History*, 155n3
Stubbe: *Essay in Defence of the Good Old Cause*, 11
Suárez, Francisco, 181n10

Tarcov, Nathan, 177n19, 179n32
Tarlton, Charles D., 180n36
Taylor, Jeremy: *Discourse on the Liberty of Prophesying*, 17, 166n27; *Unum Necessarium*, 166n27
Tillotson, John, 17, 18
Toinard, Nicholas, 20–21; *Evangeliorum Harmonia Graeco-Latina*, 21
Two Tracts on Government (Locke), 12–13, 14, 15, 156n2; advocates authoritarianism, 51–52, 147–148; the Fall in, 65; *First Tract*, 12
Two Treatises of Government (Locke), 4, 10, 28–29, 66; authorship of, 29, 100, 160n42; capitalism in, 100–102; dating of, 98–100, 119, 175n5, 184n35; exegetical methodology in, 46–47, 103, 104, 184n34; Filmer refuted by, 5, 29, 46, 82, 83, 97–122; human nature in, 51–53, 148, 162n1, 179n33; patriarchalism opposed in, 5; political power in, 103; political rights in, 34, 58, 129; property in, 132; reason in, 44, 61–62, 65, 163n3; theology in, 23, 31, 54–55, 149–151. *See also First Treatise; Second Treatise*
Tully, James, 178n23, 181n10
Tyrrell, James, 10, 19, 31, 80, 86, 160n42, 168n36, 178n24; *Patriarcha Non Monarcha*, 10, 82, 175n5

Ussher, Archbishop James, 10, 173n28, 180n39; *Obedience Required of the Subject*, 75; *The Power Communicated by God to the Prince*, 75

Vane, Walter, 14
van Limborch, Philipp, 26, 31, 152, 160n42, 162n49, 164n14; *Theologia Christiana*, 25
Vogt, Philip, 162n1

Wade, Nathaniel, 24
war, 130–131
Westrowe, Thomas, 11
Whately, William, 50, 57
Whichcote, Benjamin, 16–17, 18, 166n27
Wilkins, John, 10
William and Mary, 28–29, 68, 97, 98, 100
Winstanley, Gerrard, 75–76; *Law of Freedom*, 76; *The New Law of Righteousness*, 76
Wootton, David, 158n19, 175n5

Yolton, John, 168n45

Copyright © Wilfrid Laurier University Press
版权所有　翻印必究
北京市版权局著作权合同登记号：图字 01-2023-5642 号

图书在版编目（CIP）数据

洛克现代性政治学之根 /（加）金·Ｉ. 帕克（Kim Ｉ. Parker）著；张杰译 . -- 北京：华夏出版社有限公司，2024.8
（西方传统：经典与解释）
书名原文：The Biblical Politics of John Locke
ISBN 978-7-5222-0691-2

Ⅰ.①洛… Ⅱ.①金…②张… Ⅲ.①洛克（Locke, John 1632-1704）-政治哲学-思想评论 Ⅳ.①B561.24

中国国家版本馆 CIP 数据核字（2024）第 068264 号

洛克现代性政治学之根

作　　者	［加］金·Ｉ. 帕克
译　　者	张　杰
校　　译	赵雪纲
责任编辑	李安琴
责任印制	刘　洋
出版发行	华夏出版社有限公司
经　　销	新华书店
印　　装	北京汇林印务有限公司
版　　次	2024 年 8 月北京第 1 版 2024 年 8 月北京第 1 次印刷
开　　本	880 ×1230　1/32
印　　张	12.875
字　　数	329 千字
定　　价	95.00 元

华夏出版社有限公司　地址：北京市东直门外香河园北里 4 号　邮编：100028
网址：www.hxph.com.cn　电话：(010) 64663331（转）
若发现本版图书有印装质量问题，请与我社营销中心联系调换。